出版价值
引导研究

方卿 徐丽芳 许洁 等著

商务印书馆
The Commercial Press
创于1897

2018年·北京

|目　录|

前　言

　　出版是一种文化传播与传承活动。在阶级社会中，出版业具有鲜明的阶级属性，它通过传播与传承特定阶级或社会集团的价值观以服务于特定阶级或社会集团的根本利益。中外出版发展史无一例外地证明了这一点。我国出版业是我国社会主义文化事业的重要组成部分，它必须服务于广大人民群众的根本利益，必须坚持为人民服务、为社会主义服务的方向，坚持以马克思列宁主义、毛泽东思想、邓小平理论、"三个代表"重要思想、科学发展观和习近平新时代中国特色社会主义思想为指导，传播与传承社会主义核心价值观。

　　然而，文化体制改革以来，我国出版业被逐步推向市场，一些出版单位在出版价值导向要求上开始有所放松，偏离了正轨，跌入了"市场陷阱"。低俗出版物，甚至背离社会主义核心价值观和社会主流意识形态的出版物开始充斥市场，给广大读者，尤其是青少年读者造成了极坏的影响。2014 年 10 月 15 日，习近平总书记在北京主持召开文艺工作座谈会并发表重要讲话。习总书记指出，"文艺不能在市场经济大潮中迷失方向，不能在为什么人的问题上发生偏差，否则文艺就没有生命力"。习总书记的重要讲话，既是对当前包括出版在内的文化市场存在着的上述严重问题提出的警醒，又是对包括出版在内的文化工作坚持正确的价值导向所提出的期待与要求。

在市场经济条件下，要确保出版业坚持正确的价值导向，必须建立起健全的出版价值引导机制，强化出版发展管理。本著作作为国家社会科学基金项目"文化产品创作生产引导机制研究"（批准号11AZD017）的终期成果，正是针对当前我国出版管理的这一现实需求撰写的。

著作从讨论出版价值的概念、功能和构成等基本理论问题切入，从经济、文化等不同视角系统分析了对出版价值进行引导或干预的必要性，解析了出版价值引导的主体与对象，尝试建构起出版价值引导的工具与方法体系。在此基础上，逐一探讨了社会、媒介、财税金融政策、行政管理与法律法规、出版基金、图书评论和出版奖励等不同工具与方法，引导出版价值的机制与机理。

著作由项目负责人方卿提出编写大纲，课题组成员共同撰写完成。其中，第一、二章由方卿、王一鸣、方菲执笔，第三、四章由徐丽芳、邵萍、王慧、张琦、曾李、刘遹菡执笔，第五、六章由许洁、叶翠、王雯执笔，第七、八、九章由曾元祥、王一鸣、白雪、梅若冰、王涵、刘芬、冯明、贺欢、王宁完成。由于水平和能力所限，加之多人分工撰写，错误或不当之处在所难免。希望得到专家和同行的指正。在后续的研究中，我们还将围绕本主题开展进一步研究，以期取得新的研究成果。

方　卿

二零一八年五月十日

第一章　出版价值

出版，被一些经典百科全书定义为"公之于众"，它是出版人或出版机构为满足社会精神文化需求生产和传播书、报、刊等出版物产品的一种社会活动。书、报、刊等出版物产品具有经济与文化的双重属性。它在给作者和出版者带来经济效益的同时，还一定程度上反映出作者和出版者的价值取向，影响着读者和公众的人生观、价值观与世界观。因此，出版业的价值追求、价值取向自然也就具有了重大的研究价值。

第一节　出版价值的内涵

出版价值，既是出版学研究的一个重要理论范畴，也是出版人必须严格把握的一个重要实践命题。它是本研究的核心概念，明确出版价值基本内涵、特征与功能是开展本项目研究的前提与基础。

一、出版价值的内涵

"价值"（value）一词，源于拉丁语 valere。从词源学视角看，其词根的意义十分模糊，意义所指遍及所有方面，包括从好的到具有体力或勇猛的等多种内涵。14 世纪，"价值"开始进入英语范畴。19 世纪时，该术语主要是作为一个经济学和政治经济学概念被使用，指的是一件事物具有的、可以被某种标准衡量的、能够满足人的某种需要的属性，是一种关系范畴，表示客体对主体的意义，是客体满足主体需要的关系。到 19 世纪后半期，新康德主义者、叔本华、尼采等哲学家扩展了它的含义，"价值"得以成为一个重要的哲学术语[1]。在道德哲学中，"价值"一词实际上被用作"善"的等同词，所以，它是与"目的性"密切相关的概念。因为只有有了确定的目的，才有相对于目的的好（善）和坏（恶），才有所谓"价值"的观念。符合目的性要求的，就被规定为好（善）的，即有正价值的；与目的性背道

---

[1] 尼古拉斯·布宁、余纪元编著：《西方哲学英汉对照辞典》，人民出版社 2001 年版，第 1050 页。

而驰的，就被规定为坏（恶）的，即有负价值的；与目的性无关的，就是无价值的[1]。可见，从词源学、经济学或政治经济学、哲学等不同学科视角看，"价值"一词有着不尽相同的含义。

基于上述认知，我们将出版价值界定为：出版活动满足人们需求的关系，或者说是出版活动所具有的能够满足人们需求的特殊属性，或者更简单地表述为出版对人们的有用性。这一概念大致包括出版价值主体、出版价值客体和出版价值判断（或称作出版价值关系）三个基本要件。

1. 出版价值主体

价值判断的主体通常是人，出版价值主体自然也是人。例如，"当前出版市场普遍存在严重的低俗现象"就是一个典型的出版价值判断命题。在这一价值判断中，判断出版价值"低俗"的主体显然是人，或曰读者，而不是其他，因为"低俗"只能是人或曰读者的判断。

然而，在此需要特别强调的是，我们所关注的出版价值主体并不是独立的社会个体，不是社会中每个人所持有的价值简单相加的总和，而是社会的主流群体，或者说是占统治地位的价值目标和价值观念的权威表达。正如马克斯·韦伯所指出的，在社会科学研究中，研究者不能随主观臆念去选择相关价值，而是将在一定历史时期占主导地位的价值原则作为价值关联的前提[2]。正是基于这一原因，我们将出版价值主体界定为社会的主流群体，而不是独立的社会个体。从这个

---

[1] 曾小五：《环境物的"内在价值"——第三种思路》，《科学技术与辩证法》2007年第2期。

[2] 马克斯·韦伯著、朱红文等译：《社会科学方法论》，中国人民大学出版社1992年版，第136页。

意义上讲，做出"当前出版市场普遍存在严重的低俗现象"判断的不是某一个人，而是大多数人，即社会的主流群体。

虽然出版价值主体是社会的主流群体，但在很多情况下政府或出版行业组织往往也代行出版价值主体的角色。一些国家或地区设立的优秀出版物奖项，如美国国家图书奖、法国龚古尔文学奖、英国布克文学奖、我国的出版政府奖等，均是政府或出版行业组织代行出版价值主体角色的体现。

出版价值主体在出版价值构成中处于核心地位。它是我们研究出版价值问题的出发点和归宿。没有出版价值主体，一切出版活动都没有任何价值可言。研究出版价值的目的正是为了使出版活动更好地满足出版价值主体，即社会主流群体的精神文化需求。

2. 出版价值客体

一般而言，价值客体是价值的承载者。出版价值客体是出版价值的承载者，是作者与出版者、出版业务活动及其出版物产品。它们各自围绕着出版价值的形成、传播和承载发挥着不同的作用。

作者与出版者是出版价值的创造者。出版的价值取向、价值高低等总是与作者和出版者直接相关的，他们的立场、观点与方法直接决定着出版的价值取向、价值高低。正因为如此，各国政府都高度重视作者和出版者的出版价值创造活动，期待通过各种手段利用这一活动服务于自身的意识形态建设。如果说作者创造出版价值主要是基于自身价值观而难以为政府所左右的话，那么，出版者的价值创造活动则往往容易为政府所影响。即便是在出版业高度市场化的美国，政府对出版者的影响也无处不在。美国政府一方面通过司法等手段直接干预出版者的出版行为，另一方面还开设专门的政府出版机构（如美国政府印刷局，简称 GPO）直接参与出版活动。可见，作者与出版者在出版价值客体中具有十分重要的地位。

出版业务活动是将作者手稿物化为出版物产品的价值创造活动，它在作者手稿转化为可以在市场上发行的出版物产品的过程中不断追加出版价值。作为出版价值客体的出版活动，大致包括选题策划、编辑加工、印刷复制与营销发行等基本内容。其中，选题策划是确定出版选题方向，决定具体出版品种的出版创意活动。读者在市场上可以看到什么样的出版物产品、什么样的作品可以转化为市场上销售的出版物产品等均取决于出版选题策划工作。一定意义上讲，选题策划是作者手稿能否转化为出版价值的关键环节。编辑加工则是根据出版规范要求对通过选题策划列入出版计划的作品进行的内容审定修改和呈现形式上的技术处理。它决定着出版物产品以什么样的形式呈现于出版市场。在市场经济条件下，出版物产品的市场表现以及其是否受读者欢迎等与出版物的呈现形式高度相关，而编辑加工工作正可以在这个方面为出版物产品追加更多的价值。印刷复制乃是将经过编辑加工的作品物化为正式出版物产品的一项生产性技术活动。它虽然与出版物产品的内容价值无关，但却是出版价值形成不可缺失的环节。营销发行是创造出版物发行价值的一项重要商业活动，它对出版物产品发行范围的大小、销售量的高低，甚至出版物产品的市场影响等都是至关重要的。可见，选题策划、编辑加工、印刷复制与营销发行等出版业务活动，作为出版价值客体，分别从不同角度创造着出版价值。

出版物产品是出版价值的承载者。无论是作者和出版者创造的出版价值，还是出版业务活动所追加的出版价值，终究只能通过图书、报纸、期刊、音像制品、电子出版物等出版物产品得到体现。离开了出版物产品，出版价值也就没有了载体，更遑论如何实现所谓的出版价值了。出版物的价值与功能早就得到了全社会的广泛认同，出版物产品生产与传播的重要性同样为各国政府广泛认知。各个国家和地区一方面不断积极扩大出版规模，增加出版物产品的市场供应量；另一方面通过强化监管以提升出版物产品的内容与思想品质，确保所提供的出版物产品在内容和思想上与政府的期待相一致。

3. 出版价值判断（或称作出版价值关系）

众所周知，价值判断是人们对事物能否满足主体需要以及满足程度的一种认知。而价值判断结果，则可以简单地理解为，价值客体对价值主体的属性及其效用，或称为有用性及其程度，包括是否有价值以及价值的大小。

出版价值判断是人们对出版（涉及出版物、出版活动和出版业等方面）有用性的判断。出版价值判断结果，主要取决于出版价值主体的需要与出版价值客体的属性及其效用之间的关系。不同的出版价值主体，因其自身的性质差异而具有不尽相同的内在价值需要，并据此对出版价值客体的价值属性及其效用做出感受和判断，进而出现不同的出版价值判断结果。从这个意义上讲，出版价值判断结果，本质上是出版价值主体内在价值需要的体现。

出版价值判断结果是出版价值主体协调其与出版价值客体（尤其是作者和出版者）之间关系的基本依据。出版价值主体通常是基于价值客体对自身有用性的性质和强度来协调其与客体的关系。当出版价值客体对主体的有用性为正面时，价值客体的发展通常能够获得主体的支持；相反，当出版价值客体对主体的有用性为负面时，价值客体的发展不仅难以获得主体的支持，而且还可能为主体所限制和打压。需要强调的是，出版价值主体基于出版价值判断结果协调与价值客体关系的目的是为了满足自身的价值需要，从本质上看，是对出版价值客体的一种利用。

二、出版价值的特征

出版价值是价值论的理论与方法在出版学科中的应用，属出版学研究范畴。与其他学科领域的价值范畴相比，出版价值兼具人文学科与社会科学的双重属性。这也就决定了它具有与其他学科范畴的价值不同的特征。具体地讲，出版价值具有如下显著特征。

1. 主体性

出版价值的主体性是指出版价值主体决定出版价值关系的一种价值属性。在出版价值关系中，出版价值主体在出版价值关系中处于支配地位，出版价值客体处于从属地位，出版价值判断结果受制并服务于出版价值主体。出版价值的主体性主要表现在以下两个方面：

第一，出版价值是因为出版价值主体而存在的，离开了出版价值主体，出版价值也就没有了存在的价值。

出版价值的主体性决定了出版价值客体必须服务于出版价值主体。无论是作者的创作活动、出版者的编辑加工业务活动，还是出版物产品本身都必须为服务于出版价值主体而存在。出版价值客体的活动只有能够满足出版价值主体的需求，才能获得出版价值主体的支持。凡是与出版价值主体需要相违背的活动，或者不被允许、或者直接遭到主体的禁止。无论在自诩所谓"价值中立"的西方发达国家，还是社会主义中国，这种现象概莫能外。

第二，出版价值主体决定着出版价值客体的价值属性。

出版价值客体对价值主体的意义因价值主体及其需要的不同而不同。虽然说出版价值是出版价值主体需要和价值客体属性效应的统一，但是，这种统一必须符合出版价值主体的需要。出版价值主体的需要既有其固定性，也会随着社会发展变化而表现出某些时代特性；但总体上它是与价值主体自身的性质及其所代表的阶级利益相一致的。从这个意义上讲，同一出版价值客体（如同一种出版物）对于不同价值主体而言，其意义的性质和程度完全不同；即便是对于同一主体，在不同的社会历史条件下，其意义也存在差异。

2. 客观性

出版价值的客观性是指出版价值不依赖于人的主观意志而存在的一种规定性，它是我们研究出版价值的基础。出版价值的这一规定性既反映在出版价值主体、出版价值客体上，也同时反映在出版价值关系上。

首先，出版价值客体具有客观性。出版价值客体与出版价值的关系不是实体与属性的关系，而是实体及其属性同出版价值主体活动的关系。在出版价值客体中，无论是作者手稿的创作活动、出版者的编辑业务活动，还是书报刊出版产品本身，都是对自然或社会现象的反映，是一种客观存在。出版价值客体及其属性的这种客观性是出版价值关系存在的前提条件。

其次，出版价值主体也具有客观性。出版价值主体是出版价值关系的目的和归宿。在出版价值关系中，出版价值主体通常是社会的主流群体，其文化担当和价值追求是人类社会文明进步的直观表达，具有客观性。

最后，出版价值关系也是客观的，是真实存在于出版价值主体与出版价值客体之间的关系。这种关系是出版价值主体需要与出版价值客体属性效用的统一。虽然在不同的社会历史条件下，出版价值主体的需要和出版价值客体的属性效用并不相同；但是这种关系却总是客观存在的，也是不以人的意志为转移的。

3. 社会历史性

出版活动本身就是一项纯粹的社会历史活动。无论出版价值主体还是出版价值客体，都是一定社会历史条件下的产物，都具有鲜明的社会历史性。正是出版价值主体和出版价值客体的社会历史性决定了出版价值也具有了社会历史性。

由于社会历史条件的不同，出版价值主体的需要自然也就不尽相同。封建社会的出版活动是以满足君主的封建统治需要为目的的，资本主义社会的出版活动是以满足少数资本主义利益集团的利益诉求为目的的，而社会主义社会的出版活动则是以满足广大人民群众日益增长的精神文化需求为根本目的的。不同社会历史时期，出版活动的目的正是当时出版价值主体需要不同的具体体现。

不同社会历史条件下，人们对于出版价值客体的属性效用有着不尽相同的认知，甚至完全相反的判断。在我国历史上的不同时期，儒家著作出版遭遇完全不同际遇（从秦始皇焚书坑儒到后来独尊儒术）的事实正好说明了这一现象。

由此可见，用社会的和历史的眼光考察出版价值现象是出版价值自身属性的要求。

4. 引导性

出版价值的引导性是指出版价值主体为满足自身需要而干预出版价值客体价值创造活动的一种行为属性。应该说，出版价值的引导性是出版价值主体性的体现。

正如前述，出版价值关系是出版价值主体需要与出版价值客体属性效用的统一；但是这种统一是由出版价值主体主导的，是出版价值客体向出版价值主体的统一，而不是相反。由于价值取向的多元性，出版价值主体出于服务自身需要的目的，总会根据需要以一元价值导向来干预出版价值客体的出版价值创造活动，以引导出版价值创造活动按照出版价值主体需要的方向发展。这就是所谓"价值取向是多元的，但价值导向是一元的"在出版价值关系中的反映。

　　一般而言，出版价值主体，或者通过制度与政策鼓励符合其需要的出版活动的发展，或者通过一定的手段与方式限制甚至打压不利于自身价值取向的出版活动。在上述制度与政策、方式与手段的作用下，符合出版价值主体需要的出版活动才能得到较好发展，而不符合其需要的出版活动则会受到限制。因此，各个时期的出版活动通常总是与当时的出版价值主体需要趋于一致。

三、出版价值的功能

　　出版价值是作者和出版者通过编辑出版业务活动创造出来的以书、报、刊等出版物产品为载体的出版效用，是社会精神文化价值的重要组成部分。出版价值的功能不仅体现在作者和出版者身上，同时也体现在读者甚至是统治者身上。

　　1. 反映作者价值观

　　作者是出版物产品内容的创造者，也是出版价值的直接创造者。作者创作的动机、立场、观点与方法等则是其价值观的反映。其中，创作动机则是作者价值观的最直接反应。我们通常所讲的"文如其人""文以载道"正是从作品审视作者价值观的最通俗的表述。

　　众所周知，作者的著述活动总是在特定动机的驱使下进行的。杨立元先生就曾从多个不同视角分析揭示了作者的创作动机，出版了

《创作动机论》[1]。不同的人有不同的创作动机，不同的创作动机反映出不同的价值观。

清代吴敬梓《儒林外史》第三十五回言："将南京元（玄）武湖赐与庄尚志著书立说，鼓吹休明。"从这段文字中不难看出，庄尚志"著书立说"的动机是"鼓吹休明"，即赞美齐武皇帝休明。毫无疑问，这正是封建社会文人士绅忠君报国价值观的真实写照。

"立言传世，使命使然"[2]是袁国义先生界定的著述出书三种境界中的第一种境界。他分析认为，鲁迅弃医从文，愤而著书，为的就是警醒世人，"揭出病苦，引起疗救的注意"，以求改造国民劣根性，表现出"为天地立心，为生民立命，为往圣继绝学，为万世开太平"的文化担当。这种"弃医从文，愤而著书"之举也是鲁迅先生作为"中国文化革命主将"人生观、价值观的体现。

2. 映射出版者价值观

出版者，即书、报、刊出版机构。表面上看，它们扮演的虽然主要是出版价值物化者的角色；但实际上，它们也是出版价值的创造者之一。通过选题策划、编辑加工等业务活动，出版者为作者原稿追加了特定的出版价值。因此，出版价值也能部分映射出版者的价值观，反映出版者的价值取向与价值追求。无论是商业出版，还是政府出版，都有一个价值取向或价值追求问题。

商业出版是当今出版活动的主体。既然是商业出版，其首要目的自然也是商业或经济的。但是，古今中外的所谓商业出版活动在追求商业目的的同时，往往也肩负着非商业使命，代表着相关党派或利益

---

[1] 杨立元：《创作动机论》，吉林大学出版社 2007 年版，第 1—10 页。

[2] 袁国义：《著述出书"三境界"》，《人民日报》2014 年 3 月 18 日第 24 版。

集团的利益。美国是世界上最强的商业出版大国，其所谓的商业出版机构大多为少数利益集团所操控。正如中国社科院美国所张国庆研究员所指出的，"美国媒体拥有话语权，是与其物质基础密切相关的"，而"利益集团对媒体话语权有很强的控制能力"。[1] 即使在处理国际事务中，只要涉及自身利益，美国媒体也从不缺席。例如，在中亚"颜色革命"期间，西方资助的出版社、报刊社等起到了推波助澜的作用。2002 年，吉尔吉斯斯坦"颜色革命"发生时，具有美国政府背景的基金会就在吉尔吉斯斯坦首都比什凯克开办"独立"出版社，印刷了至少 60 种出版物 [2]。2005 年，在吉尔吉斯斯坦议会选举进行前，受到西方资助的《MSN》刊载了一幅修建中的阿卡耶夫总统的"豪宅"照片，立即在"全国范围"引起强烈反响，激起了民众对执政者的不满。此后，该报不断刊登所谓"民调"，并在全国范围内免费发放。"革命"开始后，该报的日印刷量达到 20 万份，而全国人口不到500 万，人均占有量达到 4%。中亚发生"颜色革命"的国家中的所谓"独立"媒体，多是由美国等西方国家的非政府组织或基金会，甚至是由国外政府背景的基金会赞助。其中，索罗斯基金会最引人注目。《格鲁吉亚信报》总编辑贾切奇拉泽说："这里的舆论普遍认为，索罗斯就是谋划推翻谢瓦尔德纳泽的幕后黑手。"[3]

　　与商业出版不同，政府出版是以服务于政府自身利益诉求为目的的。特别是对那些通过市场手段以商业出版方式难以满足的需求，政府就只得直接参与其中。以美国为例，不少人以为美国的出版业都是私营的，美国政府不参与出版活动。事实上，这是一个误解。美国政

---

[1] 张国庆：《美国利益集团对媒体话语权的控制》，《红旗文稿》2014 年第 9 期。

[2] 党生翠：《"颜色革命"中的媒体乱象分析》，《西安交通大学学报（社会科学版）》2010 年第 4 期。

[3] 刘明：《街头政治与"颜色革命"》，中国传媒大学出版社 2006 年版，第 53 页。.

府不仅直接参与出版活动，而且美国政府还拥有美国出版发行量最大的出版机构——美国政府印刷局。美国政府印刷局设有自己独立的大型印刷厂和发行中心，每年公开出版发行数以万计的政府出版物。这些所谓的出版物正是直接服务于美国政府利益诉求的。例如，每年关于中国的所谓人权报告都是由美国政府印刷局出版的。我国历史上的"官刻"也是典型的政府出版机构。官刻，即政府刻书，是我国封建社会一种十分重要的出版类型，是封建社会的五大出版系统之一，在我国出版史上占有重要地位。北京大学肖东发教授指出，"中央官刻的最大特点，就是直接在皇帝的领导和参与下进行。从机构设置、人才召集、经费来源、物资供应到选定底本、确定印数、校印质量、成品颁行，常常是由皇帝直接发布敕令"。"封建官刻的宗旨，是把出版当作向人民灌输封建意识、巩固统治的手段。"[1]

3. 塑造读者价值观

出版物是为读者的阅读消费而出版发行的，服务于读者的阅读需求是出版的根本目的。离开了读者的阅读消费，出版业就没有存在的价值。出版物的阅读消费对于读者价值观的形成具有重大而直接的影响。

赵小兵认为，"出版具有天然的教化功能，教育特征是其与生俱来的、不可磨灭的本质属性，虽然因出版观念、时代风貌乃至文化氛围不同，其教育功能的表现程度与层次可能会有较大差别"。赵小兵还进一步分析了出版与出版物教化功能的实现主要体现为"成人"教育。他指出，"让个体在生物学层面成长、成人的同时，在文化精神层面同步成熟，认识到如何做人、做怎样的人；如何掌握生存技能，

---

[1] 肖东发：《中国图书出版印刷史论》，北京大学出版社 2001 年版，第 210—211 页。

并在此基础上，懂得个体生命的存在不仅需要物质支撑，还需要精神支持，从而在心灵上确立超越物欲的追求"。"体认'人'的概念的丰富内涵，领悟生命个体对社会、世界的责任与义务，把握生命存在的真谛，为日常生存注入意义，从而超越'沉重的肉身'，使肉体生命转化、提升为'价值角色'。"[1] 可见，出版是塑造读者价值观的一种重要方式。

古今中外，没有哪一个国家不重视出版塑造读者价值观这一功能。这一点尤其体现在教科书，特别是中小学教科书的出版与选用上。即使在出版业高度市场化的美国，虽然其中小学教科书是由商业出版机构自由出版发行的，但是政府仍然会通过教材的"选用审核"机制来对进入中小学课堂的教科书施加影响。赵光敏先生在《美国中小学教材的出版与选用》一文中指出，"美国实行的是教材选用制，即由各州或学区的教育委员会对市场上的各种教材进行审核，然后提供入选的教科书目录，各中小学再根据目录自行选用"[2]，而并不是一些人想象的学校可以没有任何限制地选用教材。日本的教科书审查之严格更是名声在外。日本的基础教育教科书由民间组织编写，但须由文部省进行审定。其程序是：由教科书编写者或出版者向文部大臣提出审定申请，文部大臣将提请审定的样书转交给专家委员会进行审读，文部大臣以审定委员会的推荐意见为基础，对每种送审图书做出通过或不通过的决定。自 1991 年起，又增加了对送审教科书进行公示的环节[3]。近年来，日本又在一再提高教科书审核标准。2013 年 4 月 10 日，首相安倍晋三在国会答辩时就现行审定标准指出，"没有体现

---

[1] 赵小兵：《出版的教育功能新论》，《编辑之友》2002 年第 5 期。

[2] 赵光敏：《美国中小学教材的出版与选用》，《上海教育科研》2007 年第 10 期。

[3] 杨明博、黄燕云、韩晓荣：《日本基础教育教科书的出版与选用》，http://www.chinalibs.net/ArticleInfo.aspx?id=308837

出包含了热爱国家和家乡的《教育基本法》修订版的精神"[1]，要求研究改善措施。各个国家之所以在教科书出版与选用方面严加管理，正是由于这类出版物在塑造青年学生价值观方面具有独特作用。

4. 传播政府与执政党价值观

作为传媒业重要组成部分的出版业，总是在特定管理体制下运行的。实践表明，各国政府与执政党为了顺利推行其执政理念与价值观，总会通过一定的方式对出版业施加其影响。它们或者通过法律法规，或者通过行政与经济手段；或者直接参与、干预，或者间接施加影响。总之，古今中外没有哪一个国家的政府和执政党会放任出版商去传播与其执政理念完全相悖的价值观念。因此，在这样一种机制的作用下，出版业实际上发挥着传播政府和执政党执政理念与价值观的作用。

美国政府和政党通过包括大众媒体在内的多种方式推动着美国价值观的践行。正如王英所指出的，"美国的文化产业占 GDP 高达25%，占全世界文化产业高达 43%。强大的文化产业，为传播美国的思想文化提供强大的载体和平台。美国宪法规定出版集会结社的自由是公民的基本权利，但这种'自由'却无时无刻不受到国家机器的影响和限制。新闻传播将各种观念灌输到美国人的脑子里，人们该看到什么、该听到什么，都是由那些控制传播工具者来决定的"[2]。美国出版业不仅对内传播政府和政党价值观，而且在对外宣传中也扮演着十分重要的角色。华中科技大学国家治理研究院欧阳康院长、钟林研究员在论及美国通过文化渗透向国际社会推广美国价值观时，就曾特别

---

[1] 关超：《日自民党拟修订教科书审定标准"近邻诸国条款"》，http://world.huanqiu.com/exclusive/2013-04/3871098.html

[2] 王英：《美国社会核心价值观的建立与启示》，《城市建设理论研究》2012 年第 11 期。

强调"新闻、广播、图书、电影、电视"等文化载体和渠道的作用 [1]。美国如此，英国、法国、德国等欧洲发达国家也都无一例外。

在我国历史上，历朝历代的封建统治者也都善用出版或出版物宣传推广其价值理念。历史上的多数朝代都有所谓"官定正本"的出版传统，即通过政府组织大规模文献校勘活动，颁布官定正本。据姚名达的《中国目录学史·校雠篇》统计，"汉代校书七次，魏吴两晋六次，南北朝十余次，唐代四次，宋代五次" [2]。官定正本成为其他诸如私刻、坊刻等出版系统出书、刻书的母版。这些官定正本正是封建统治者基本价值观的重要载体。

中华人民共和国成立后，党和政府十分重视出版工作。王建辉在《新中国出版事业的良好开端》一文中指出，"几乎与开国大典同时，中国共产党就在北京召开了全国新华书店会议。朱总司令等国家领导人出席会议，并做了重要讲话，毛泽东主席也特地做了'认真作好出版工作'的题词" [3]。1950 年 9 月 15 日，第一届全国出版工作会议召开，确立了我国社会主义出版工作的性质、方针与任务。至此，出版事业成为我国党和政府宣传思想工作的重要阵地。

第二节　出版价值体系及其构成

以满足人类社会精神文化需求（具体表现为阅读需求）为根本目

---

[1] 欧阳康、钟林:《美国如何宣传自己的价值观》,《北京日报》2014 年 10 月 13 日第
    18 版。
[2] 肖东发:《中国图书出版印刷史论》,北京大学出版社 2001 年版，第 186 页。
[3] 王建辉:《新中国出版事业的良好开端》,《出版科学》1998 年第 3 期。

的所创造的出版价值有着极其丰富的内涵，它不仅涉及社会的意识形态建设，而且直接关乎社会的教育、科学与文化发展等不同方面。出版价值体系是一个内涵丰富的完整的价值体系。只有掌握出版价值体系的内涵及其构成，才能充分利用出版价值，更好地发挥出版价值的功能，更好地满足人类社会的精神文化需求。

一、出版价值体系概述

出版价值和出版价值体系的关系可以类比为要素与系统之间的关系。出版价值是要素，出版价值体系则是系统。研究出版价值体系的目的在于解构不同出版价值要素之间的结构关系，建构功能完备的出版价值体系。

1. 出版价值体系的内涵

众所周知，作者创作的意图各不相同，出版者从事出版活动的目的也不尽相同，读者阅读消费的初衷也存在某些差异。因此，出版物产品所承载的价值对于不同的读者群体而言显然也不尽相同。正是出版价值的这种多元属性导致了出版价值体系的形成。那么，什么是出版价值体系呢？

出版价值体系是一定历史时期人类社会通过出版活动创造的全部出版价值的集合。出版价值体系是出版活动作用于人类社会的集中反映，由出版商业价值、意识形态价值、教育价值、文化价值和科学价值等一组价值所组成。从本质上看，出版价值体系则是通过出版活动满足的人类社会的物质与精神文化需求的一个价值系统，是人类社会的物质与精神文化需求的一个映射系统。

从人类社会物质与精神文化需求视角看，出版价值体系大致由满足人类社会物质需求的商业价值和满足人类社会精神文化需求的精神文化价值两个部分构成。其中，前者即商业价值是出版的外在价值，后者即精神文化价值是出版的内在价值。也就是说，出版价值体系是一个由外在价值和内在价值组成的一个"二元"结构。其中，外在价值是手段，内在价值是目的，外在价值和内在价值两者缺一不可，共同构成完备的出版价值体系。

2. 出版的外在价值

如前述，出版的外在价值是出版企业通过出版活动创造的商业价值，是出版企业通过书、报、刊等出版物产品销售所获得的商业利益。出版的外在价值也是出版企业创造的直接价值。

之所以将商业价值界定为出版的外在价值，是因为出版的本质属性是精神文化属性，出版活动主要表现为一种精神文化活动；而商业属性只是实现出版精神文化目的的附属属性，出版的商业目的是服务于其精神文化目的的。也就是说，出版是以商业手段服务于其精神文化目的的。出版的精神文化价值才是内在价值，商业价值只是外在价值。

商业价值虽然只是出版的外在价值，但是，它却是出版价值体系中不可或缺的重要组成部分，是出版价值体系二元结构中的一元。作为出版外在价值的商业价值对于出版价值体系的重要性主要体现在这样两个方面。第一，出版的商业价值是其精神文化价值传播与推广的手段或载体。虽然说出版的本质属性是精神文化属性；但是，出版的精神文化价值的传播与推广却必须借助经济或商业手段，必须依靠出版企业的市场化运作，必须依托书、报、刊等出版物产品的生产、销售与消费。因此，出版企业通过出版物产品的生产与销售获取商业利益、创造商业价值就成了传播与推广出版内在价值的手段或载体，也就是以商业手段实现精神文化目的。第二，商业价值的普世性有助于出版内在价值的传播与推广。1455 年，德国人约翰内斯·古登堡(Johannes Gutenberg) 发明的印刷机不仅直接导致了现代出版业的迅猛发展，而且极大地推动了以书、报、刊出版业为核心的现代文化工业的发展，进一步强化和突显了出版的产业属性。今天，在一些西方发达国家，包括出版业在内的文化产业业已成为国民经济的支柱性产业，为国民经济发展做出了重大贡献。研究表明，出版产业属性的强化不仅没有削弱其精神文化价值的发挥，而且甚至在更大程度上提升了出版内在价值推广与传播的效率与效益。当今出版业在社会政治、文化、教育和科技等方面所做出的越来越大的贡献显然是与出版的产业化发展分不开的。不仅如此，借助商业价值的普世性，以商业贸易之名行文化渗透之实业已成为西方发达国家推销其所谓主流价值观的主要方式。以美国为首的西方发达国家推销其所谓主流价值观的手段正是建立在发达的文化产业基础上的。其价值观的推销是以具有普世性商业价值的文化产品贸易为依托来实现的。大量富含西方价值观的图书、报纸、期刊、影视等文化产品都是借助商业贸易方式堂而皇之地进入目的地市场的。这种借助商业贸易方式输入的书、报、刊、影视等文化产品对输入国的影响甚至超过了当年殖民主义者的枪炮。

　　出版的商业价值主要通过三个相互关联路径得以实现：一是出版活动的产业化；二是出版单位的企业化；三是出版物产品的商品化。纵观世界主要出版大国，出版活动几乎都是基于市场的产业化运作，出版企业根据市场需求组织出版物的出版和发行，书、报、刊等出版物产品以商品形式进入市场参与流通。2003 年以来，我国开始试点文化体制改革，至今包括出版业在内的文化体制改革业已完成。经营性出版单位全部完成"转企改制"，非时政类报刊出版单位成为独立经营的市场主体。出版体制改革的完成为我国出版业更好地创造商业价值，完善出版价值体系提供了可靠的制度保障。

3. 出版的内在价值

出版的内在价值是出版企业通过出版活动创造的精神文化价值，是出版企业通过书、报、刊等出版物产品的出版发行给社会和公众所带来的精神文化利益。出版的外在价值具体表现为出版物产品对读者或社会的影响，可见，出版的外在价值是出版企业创造的一种间接价值。

在出版价值体系的"二元"结构中，出版的内在价值处于核心地位，外在价值处于辅助地位。包括出版业在内的大众媒体之所以有所谓"政府第四部门"之称，正是因为出版业创造和传播的内在价值所致。在阶级社会中，发展出版业的根本目的虽然不排斥商业方面的考虑，但政府更为看重的则是其所创造和传播的内在价值对社会和公众的影响。在出版业高度市场化的美、英等西方发达国家，出版业的商业价值虽然发挥得淋漓尽致；但是，在商业的外衣之下它们仍然代表着各自的阶级利益。为确保出版业创造和传播符合自身利益的内在价值，"西方发达国家政府通过立法限制、利用行政权强加干扰和惩处等各种手段干扰和限制不利的政治传播"[1]，对出版业实行严格管制。例如，在英国，"出版业的各个环节都置于政府与法律的控制之下"[2]。

出版的内在价值是一个内涵丰富的价值体系，它至少包括以下四个方面的内容：

一是意识形态价值。众所周知，作为人类文化重要组成部分的意识形态，具有鲜明的阶级性，有"软国家机器"之称，对公众的人

---

[1] 孟迎辉、邓泉国：《西方国家对意识形态的管制措施及启示》，《党政干部学刊》2009
　　年第8期。
[2] 同上。

生观、价值观和世界观有着重大影响[1]。作为出版价值载体的书、报、刊等出版物产品既可以看作特定意识形态的产物，它充分反映出作者、出版者的意识形态；又是影响社会和公众意识形态的工具，它潜移默化地影响着社会和公众的意识形态。从这个意义上讲，出版物产品既是意识形态的载体，又是意识形态传播的工具。可见，出版价值具有鲜明的意识形态属性，意识形态价值是出版内在价值的重要组成部分。

二是教育价值。历史上，国人习惯将"上学"称作"读书"，将学生称为"读书郎"。这些表述很好地揭示出了教育与书籍或出版之间的关系。教科书等出版物产品是教育活动的必需品，它所承载的价值观念、文化知识和科学技术等教学内容对学生会产生重大而深远的影响，肩负着"育人"重任。因此，各国政府无不重视教科书的编辑出版工作。事实上，出版的教育价值远非如此，教科书之外的各类出版物产品同样无时无刻不在影响着读者、授教于读者、教育着读者。

三是文化价值。出版的文化价值，首先体现为书、报、刊等出版物产品是文化传承和传播的基本载体。千百年前的古老文化得以传于后世、多姿多彩的异域文化得以汇集交融正是出版文化价值的体现。出版的文化价值同时还体现为出版方式对文化消费的引领和塑造。可以说，用麦克卢汉的"媒介即信息"来描述出版与文化的关系并不为过。手工出版时期，学在官府，文化也只是少数人的"专利"，机械印刷出版的兴起与发展极大地助推了大众文化的繁荣，新世纪以来数字出版的崛起则将娱乐文化消费推向一个全新的高度，"娱乐至死"已成为一种典型的媒介文化现象。

---

[1] 中央电视台课题组：《新形势下提升国家主流媒体意识形态传播能力的方法与途径》，http://www.zzdjw.com/GB/165248/178467/11891172.html

四是科学价值。出版的科学价值同样体现在两个方面。一方面，科学出版是科学研究成果发布的基本方式。在世界上最早的科学期刊——英国皇家学会会刊《哲学汇刊》（*Philosophical Transactions*）1665年诞生前，科学研究成果发布的基本方式是"无形学院"。《哲学汇刊》诞生后，科学期刊便肩负起了科学研究成果发布的重任。至今科学期刊仍然是科学研究成果发布的最重要方式[1]。另一方面，学术期刊等科学出版物是科技成果传播的基本载体，是科技成果认证和评价的重要工具。例如，汤森路透（Thomson Reuters）、爱思唯尔（Elsevier）等世界著名科学出版公司推出的"高被引学者"榜单均是以学术期刊发表论文的被引数量作为主要依据的。

二、出版的意识形态价值

出版的意识形态价值，可以理解为出版业服务意识形态建设的功能或效用。作为人类文化重要组成部分的意识形态具有十分重要的社会意义。纵观人类历史，不难发现，在阶级社会中统治阶级无一不重视意识形态建设工作。正因为出版业具有鲜明的意识形态属性，所以，它不可避免地被统治阶级用作传播和推广其意识形态的主要工具或手段。这是出版业创造意识形态价值的逻辑基础。出版的意识形态价值几乎体现在全部哲学、人文学科和社会科学类出版物的出版活动中，其中尤其以政治、法学等学科出版最为突出。一般而言，自然和技术科学出版物的出版活动较少或几乎不涉及意识形态价值。

出版的意识形态价值具有以下两个鲜明特征。

第一，与法律、新闻等意识形态工具相比，出版的意识形态价值

[1] 方卿、徐丽芳：《科学信息交流研究》，武汉大学出版社2005年版，第32页。

传播具有鲜明的隐蔽性特征。众所周知，从运作方式上看，出版主要表现为一种经营性文化活动，按市场需求组织书、报、刊等出版物产品的生产经营活动，以商品交换方式满足消费者需求。这种按市场规律、以商业形式传播意识形态的方式，不像硬性的意识形态宣传工作那样容易引起受众的反感或抵触，具有润物细无声、潜移默化的效果，隐蔽性更强，效果更好。正因为如此，在阶级社会中，出版的意识形态价值是出版的内在价值体系中最为统治阶级所看重的一个价值要素。这从出版业受到古今中外统治阶级的高度重视中就可以得到印证。

第二，出版的意识形态代表着社会的主流意识形态。虽然在哲学视阈中意识形态的"一元性"和"多元性"一直是个争论不休的议题；但是，在阶级社会中意识形态的"一元"主导却是个不争的事实。正如中国人民大学沈江平博士所指出的，"古今中外，任何国家和社会，不论社会形态如何不同，不管社会思想多么复杂，都有一个占主导地位的符合统治阶级利益的思想体系作为整个社会上层建筑的思想基础。在意识形态领域，占支配地位的思想总是统治阶级的思想"[1]。在出版业所传播的意识形态价值中虽然不可避免地存在思想"多元"现象；但是，其核心意识形态价值一定是社会的主流意识形态价值。造成这种现象的原因是，政府与执政党在采取各种积极措施鼓励与倡导有利于其意识形态价值传播的出版行为的同时，通常还会借助制度、政策或法律等多种手段控制传播非主流思想的出版行为。在这种背景下，传播非主流思想的出版活动被抑制，出版的意识形态自然也就可以代表社会的主流意识形态。

出版的意识形态价值，在受到统治阶级高度重视和广泛利用的同

---

[1] 沈江平：《论意识形态研究中的一个重大问题》，http://www.cssn.cn/sf/bwsf_zx/201312/t20131209_897781.shtml

时，也遭遇到不少非议。一些人从文化多元化等不同角度分析其负面效应与危害，批判统治阶级对出版的管制与不当利用。意识形态具有鲜明的阶级性，统治阶级对出版意识形态价值的利用自然也是从其各自的阶级利益出发的。因此，在不同的阶级社会中，统治阶级重视与利用出版意识形态价值的性质也是完全不同的。

三、出版的教育价值

出版的教育价值是指出版及出版物产品对社会主体——人（特别是青少年）成长成才所产生的影响或效用。教育是家庭、学校和社会共同的责任与义务，但无论是哪种形式的教育都不同程度地与出版和出版物产品直接相关。家庭教育虽以言传身教为主，但也离不开蒙学经典、童话故事等各类启蒙教育读物；学校教育更是一种基于教科书的知识传授；社会教育同样离不开出版或出版物，古今中外广为流行的各类"推荐书目""全民阅读"等就在社会教育中扮演着十分重要的角色。千百年来的教育实践表明，出版和出版物为教育活动的开展提供了强有力的支撑，以教科书为核心的出版物品质的优劣对教育质量的高下有着重大而深远的影响。正因为如此，政府、学校、教育工作者和家长等教育相关方都十分关注包括教科书在内的各类教育读物，特别是青少年读物的编辑、出版和选定工作。

出版的教育价值集中体现在服务于读者"成才"和"成人"教育两大方面。其中，服务于"成才"教育，要求出版物产品关注科学精神和科学文化知识的传播。既要重视科学文化知识的传播，又要重视科学精神与方法的传播。从当前我国的出版实践看，科学文化知识传播是出版工作的重点，而传播科学精神与方法的出版物产品所占市场份额明显不足。不仅如此，"伪科学"，甚至"反科学"的出版物在出版市场也不少见。显然，这与出版的教育价值是完全相悖的，应该引起出版界的足够重视。服务于"成人"教育，则要求出版工作关注和重视读者，特别是青少年读者健全人格的塑造，关注青少年人生观、价值观和世界观的教育。出版物产品，特别是青少年读物应该向青少年读者传递"正能量"，传播社会主流价值观，宣传"真善美"。今天的中国出版业，要服务于读者的"成人"教育，就应该坚持社会主义核心价值体系，传播与弘扬社会主义核心价值观。当前，教育界普遍认为"成人"比"成才"更重要，全社会应该更加关注青少年的"成人"教育。因此，出版界无疑应该积极呼应社会的这种关注，进一步加强青少年读物的出版工作，特别是强化服务于青少年读者"成才"教育类出版物的出版。

鉴于出版的教育功能主要作用于广大青少年读者，要有效发挥出版的教育价值，重在做好教科书与青少年读物等两类出版物产品的编辑出版工作。教科书是出版市场中规模和效益俱佳的一个细分市场，向来受到出版业界的高度重视。无论是发达国家还是发展中国家，对教科书的编辑、出版和选用都有较为严格的规范和要求。即使是一些所谓出版业完全市场化的发达国家，虽然教科书的编辑、出版是由出版企业来操作，但是政府会以各种不同的方式对教科书的选用予以管制。只有符合政府执政理念及相关规定的教科书才能进课堂。2015年初，教育部部长袁贵仁关于高校宣传思想工作的讲话在涉及教材"进课堂"问题时指出，"绝不能让传播西方价值观念的教材进入我们的课堂"[1]。这个讲话不仅符合我国高等教育发展的要求，而且也完全符合各国教科书编辑、出版和选用的惯例，是有效发挥教科书教育价值

---

[1] 袁贵仁:《全面深化综合改革　全面加强依法治教　加快推进教育现代化——袁贵仁部长在 2015 年全国教育工作会议上的讲话》,《中国教育报》2015 年 1 月 12 日第 1 版。

的体现。青少年读物既是出版物市场的一个重要组成部分，也是陪伴青少年读者成长成才的一种重要精神食粮。青少年读者正处在人生观、价值观和世界观的形成时期，青少年读物的价值取向对青少年读者人生观、价值观和世界观塑造具有极其重要的影响。健康向上的青少年读物可以帮助青少年读者树立正确的人生观、价值观和世界观，有助于青少年读者的健康成长。同样道理，价值导向扭曲和错误的读物将会贻害青少年读者的成长。正因为如此，西方发达国家针对青少年读物的出版通常有着严格的规定。例如，英国就有《淫秽出版物法》《青少年有害出版物法》等专门的法律法规来规范青少年读物的出版与发行活动。

在出版业产业化的大背景下，一些出版企业过分强调经济效益，推出大量有害青少年读者身心健康的"低俗"青少年读物。这种现象违背了出版的教育价值要求，严重影响了出版的社会效益。对这种现象，政府和全社会都应该给予高度重视，并采取有效措施加强监管。

四、出版的文化价值

出版的文化价值是指出版及出版物产品传播和传承人类社会文化成果所产生的影响或效用，是出版业促进文化发展的表征。众所周知，文化是人类在社会历史发展过程中创造的全部精神财富[1]，有民族的"血脉与灵魂"之称。从学理层面上讲，"文化发挥着整合社会、凝聚力量、塑造行为的三大作用"[2]。文化与出版有着极为密切的关系。一方面，出版本身就是文化的重要组成部分。即使在出版产业化的背

---

[1] 科学意义上的文化，不仅包括人类创造的精神财富，还包括物质财富。

[2]《文化是民族的血脉与灵魂》，http://bbs1.people.com.cn/post/1/1/2/131476878.html

景下，出版业依然保持着其固有的事业特质，出版仍然是一个国家或地区文化事业不可分割的重要组成部分。另一方面，出版又是文化传播与传承的重要方式和载体。千百年来的人类文化发展史表明，无论是传统文化的历史传承，还是区域内或地区间文化的横向传播，都对出版业或出版物有着高度的依赖。一个国家或地区历史文化典籍的丰富程度是其文化传承的重要尺度。一个国家或地区出版物的数量或人均占有量是衡量其文化发展程度的重要指标。包括出版物在内的文化贸易数量业已成为国家或地区之间文化交往或文化传播的重要标准。出版的文化价值正是体现在这样三个方面。

首先，出版的文化价值体现为服务于文化传承。文化传承是文化发展与创新的前提。在多种多样的文化传承方式与渠道中，出版物是文化传承的基本载体，出版业是文化传承的主要方式。对此学界和出版业界早已形成广泛共识。英国哲学家和科学家弗朗西斯·培根曾经指出，"书籍是思想的航船，在时代的波涛中破浪前进。它满载贵重的货物，运送给一代又一代"。深圳大学李凤亮教授认为，"阅读是最基本的文化行为，也是最有效的文化传承方式之一"[1]。中华书局前总经理李岩在第二十二届全国书博会上指出，"出版业在保护和传承中华传统文化方面做出了巨大贡献"[2]。宁夏大学人文学院朗伟教授指出，"祖先们给我们留下的传统文化宝藏极其丰富，而出版社的工作就是把这些文化的'金器''银器'擦亮发光，以现代的方式向人们展示传统文化的魅力，让现代人对这些文化财富有亲近感"[3]。从出版实践

---

[1] 李凤亮：《阅读是最有效的文化传承方式——访深圳大学副校长李凤亮》，《深圳商报》2014 年 11 月 19 日第 C01 版。

[2] 张亮、赵倩：《出版业应做中华传统文化的传承者与弘扬者》，http://news.xinhuanet.com/newmedia/2012-06/04/c_123232006.htm

[3] 同上。

看，无论是面向市场的出版企业还是各国政府，都十分重视出版业在文化传承中的作用。出版市场不断推出的大量新版传统文化典籍，既有政府资助出版的，更有大量由出版企业主导推出的。值得庆幸的是，在我国出版业市场化进程不断推进的今天，传统文化典籍的整理、编辑与出版工作不仅没有被弱化，而且还得到了加强。无论从传统文化读物出版的品种数量看，还是从质量标准看，我国传统文化类出版物的出版工作都比体制改革前做得更好。这也恰好印证了李岩在第二十二届全国书博会上谈话的要旨。

其次，出版的文化价值还体现为服务于文化传播。文化传播，可以简单地理解为，文化由文化源地向外辐射或散布的过程，是文化"从一个社会传到另一个社会，从一区域传到另一区域以及从一群体到另一群体的互动现象"[1]。弗朗西斯·培根关于知识传播的著名论断，"知识的力量不仅取决于其本身价值的大小，更取决于它是否被传播，以及传播的深度和广度"同样也揭示了文化传播的重要性。文化的传播及其传播的深度和广度是衡量文化功能的重要测度指标。与教育等文化传播方式不同，出版业是以商业方式组织书、报、刊出版物产品生产，并借助市场推广出版物产品的。出版物产品发行分销的广度可以看作文化传播的广度。从传播效果看，出版这种以商业手段传播文化的方式相对有利于"大众文化"或"通俗文化"的传播和推广，而不利于"精英文化"或"高雅文化"的传播和推广。中国政法大学李德顺教授就曾注意到这一现象。他指出，"伴随着整个社会向市场经济的转型，在文化领域也出现了'重心下移'的趋势，普通大众的文化需求日渐成为市场的主导力量，而'精英文化'却在市场上受到某

---

[1] 郑金洲:《教育文化学》，人民教育出版社 2000 年版，第 69 页。

种程度的冷落"[1]。因此，要促进"精英文化"或"高雅文化"的传播和推广不能单纯依靠出版业，还需要更多地借助非商业手段。

最后，出版的文化价值还可以体现为服务于地区间不同文化的交流。从前文可知，地区间不同文化的交流同样属于文化传播范畴。我们之所以将其单列并做专门论述，主要考虑到不同国家或地区间文化交流的重大意义。本书所指的"地区间不同文化的交流"特指不同国家或地区间的文化交流现象。地域是文化区隔的一个重要指标，不同国家或地区往往有着不同的亚文化。区域亚文化之间的交流除了人员之间的交往之外，主要方式就是依托出版物产品的交流。东西方交往的历史表明，无论是"西学东渐"还是"中学西传"，书籍文献都是重要媒介。国人了解西学，西方世界初识中华文化主要都是从阅读对方的书籍文献开始的。即使在所谓全球化的今天，人员流动日益频繁、网络日趋便利，但国家或地区之间出版物产品贸易、图书版权贸易却有增无减。这表明出版物仍然在地区间不同文化交流中扮演着重要角色，出版业依然在服务地区间文化交流方面创造着文化价值。

五、出版的科学价值

出版的科学价值是指出版业作用于科学信息交流的效用，是出版业对科学发展的贡献。苏联科学院院士米哈依洛夫对科学交流的意义曾做过专门研究[2]。科学交流既是促进科学进步的条件，也是实现科学功能的前提。没有交流也就没有科学。科学发展的历史表明，科学的

---

[1] 李德顺：《"大众文化"与"精英文化"辨》，http://www.china.com.cn/review/txt/2008-02/02/content_9638165.htm

[2] 米哈依洛夫著、徐新民等译：《科学交流与情报学》，科学技术文献出版社 1980 年版，第 1 页。

进步与科学功能的实现总是与科学交流方式的演进密切相关。在《哲学汇刊》诞生前，科学交流主要以"无形学院"方式进行，科学信息只能在有限范围内缓慢传播。科学期刊出版产业的兴起，彻底改变了科学信息交流的方式，为科学自身的发展和科学功能的更有效发挥提供了便利。20 世纪末以来，数字出版的兴起和迅猛发展，为基于网络的科学交流创造了全新的环境，改变了科学交流的方式，进一步提升了科学信息传播的效率。我们的研究表明，出版的科学价值主要体现在服务研究成果发布、认证和科学评价三个方面。

第一，出版是科学研究成果发布的基本方式，服务于科学成果的发布是其科学价值的基础。一般而言，科学研究成果完成之后，往往需要采用一定的方式予以发布或公开。对科学的发展及其功能的实现而言，科学成果的发布意义十分重大。菲利普斯教授在《科学代表什么》(*What Science Stands for*) 中就曾指出，"以适当的形式来发表新知识的确是关系到整个行业的事。"[1]考察科学发展的历史不难发现，科学成果的发布方式是与出版业的发展紧密联系的。在近代自然科学发展的初期，由于科学期刊尚未产生，科学信息的发布方式主要通过"无形学院"的方式实现。"进入 17 世纪后期，随着科学期刊的出现，科学信息的发布方式也随着发生了相应的变化，在科技期刊上发表科学论文便成为此后科学研究成果发布的主要方式。"[2]科学期刊至今仍然是科学研究成果发布的最重要方式。科学期刊出版，不仅为科学家发布科学成果创造价值，而且还为同行专家（其他科学家）获取科学信息创造价值。科学研究的成果正是借助科学期刊的出版得到广泛传播的。基于这一理解，服务于科学成果的发布是出版的科学价值之

[1] 转引自方卿：《基于载体的科学信息发布模型初探》，《图书情报知识》2003 年第 4 期。

[2] 方卿、徐丽芳：《科学信息交流研究》，武汉大学出版社 2005 年版，第 32 页。

基础。

第二，科学出版物是科学研究成果认证的基本工具，出版具有服务于科学研究成果认证的功能。科学研究成果认证是确定科学研究成果创新性及其著作权归属的一项重要科研管理工作，是科学评价、科学奖励的基础性工作，对促进科学事业的发展具有十分重要的意义。科学期刊、科学数据库、科学著作等科学出版物则是科学成果认证的基础工具。无论是判定一项科学研究成果的创新性，还是确定著作权归属，都必须以科学出版物为基础。离开了科学出版物系统，科学研究成果的认证也就难以实现。

第三，科学出版物是科学评价的主要依据或工具，出版业具有服务于科学评价的重要功能。科学评价是判断、分析科研成果、科学家、科研机构或科研活动等影响或绩效的一项重要科研管理工作，对提升科研效率、促进科学发展具有重大意义。随着科研投入和科研产出的不断增长，社会对于科研活动影响或绩效的评价也越来越重视。政府科研管理部门、科研院校、独立科学评价机构等纷纷建立各自的科学评价体系。研究表明，无论是哪种科学评价体系，基本都是建立在科学出版物系统基础上的。国内外一些知名科学机构推出的所谓"高被引学者"榜单、"大学排行榜"、"高被引论文"、"国际高被引论文"、"最具影响力学术论文"、"CNS 论文"[1] 等，无一不是建立在科学出版物系统基础之上的。这正是出版创造科学价值的重要体现。

---

[1] CNS，系 *Cell*、*Nature* 和 *Science* 三种国际顶级科学期刊的首字母。

第三节 出版价值的演进历程

出版是人类精神文化活动的一个重要组成部分,具有鲜明的社会历史性。在不同社会历史条件下,出版价值主体的需要不同,人们对于出版价值客体属性效用的认知自然也不尽相同。因此,必须用社会的和历史的眼光考察出版价值现象。本节将分别对抄写时期、刻印出版时期、机械印刷出版时期和数字出版时期四个历史阶段出版价值的形成与发展作简要分析。

一、抄写时期

众所周知,出版业有着悠久的历史。尽管出版具体起源于哪个时间点尚有不同的看法;但是,多数学者将我国出版业的起源定位在先秦时期。肖东发教授[1]、张煜明教授[2]、吴永贵教授[3]等都持有这种观点。一般来说,出版史学界通常将"刻印技术诞生之前"的出版阶段称作"抄写出版时期"[4]或"抄写时期"[5]。抄写时期,是我国出版史的第一个阶段,其时间跨度从先秦至隋唐时期。

在纸张作为出版载体之前,甲骨、青铜器、石头、简牍或缣帛就

[1] 肖东发:《中国图书出版印刷史论》,北京大学出版社 2001 年版,第 19 页。

[2] 张煜明:《中国出版史》,武汉出版社 1994 年版,第 27 页。

[3] 吴永贵:《中国出版史》,湖南大学出版社 2008 年版,第 42 页。

[4] 张煜明:《中国出版史》,武汉出版社 1994 年版,第 38 页。

[5] 吴永贵:《中国出版史》,湖南大学出版社 2008 年版,第 79 页。

曾被用作出版的载体。在这样的历史背景下，受制于载体自身特性的局限及其他社会历史因素的制约，当时的出版业整体水平相对低下，出版活动基本处于零散的自发状态，尚没有形成可以支配全社会出版活动的所谓价值观。

东汉元兴元年（105 年）"蔡侯纸"的出现，改写了出版业的历史。正如宋原放、李白坚等所指出的，"纸的发明，是中国出版史上的第一道曙光"[1]。从纸张的发明到隋唐是我国抄写出版的繁荣时期，图书出版业渐成规模，图书出版的目的与功能也发生了显著变化，出版价值的多元格局初步形成，出版价值体系的内、外在"二元"价值结构得以形成。

其一，出版的精神文化属性更加明晰，意识形态价值、教育价值诉求得以强化。汉至隋唐时期的纸张抄写出版不仅继承了金石简牍出版所具有的精神文化目的，而且进一步强化了出版的意识形态和教育两个方面的价值诉求。意识形态价值诉求的强化，主要表现为官府抄书的快速发展和"官定正本"规范作用的发挥。隋唐时期，官府出版与官府藏书融于一体，其管理虽沿用旧制，但其规模和影响远大于前朝。庞大的官府藏书机构，一方面大量出版宣扬统治阶级思想的出版物，另一方面通过大规模文献校勘活动颁布"官定正本"以示范和影响私家出版。教育价值诉求的强化，则主要源于隋炀帝大业二年（606 年）的"开科取士"。封建科举制度的建立不仅提升了教育的影响和地位，而且促进了图书出版业的繁荣发展，强化了出版业服务于教育的功能。隋唐之所以成为抄写出版书籍的"极盛时期"[2]，显然是与科举制度密切相关的。

---

[1] 宋原放、李白坚：《中国出版史》，中国书籍出版社 1991 年版，第 25 页。

[2] 张煜明：《中国出版史》，武汉出版社 1994 年版，第 133 页。

其二，出版的商业价值诉求开始出现，出版的经济目的渐趋明朗，出版业的外在价值得以形成。与金石简牍出版不同，纸质抄写出版表现出明确的商业价值诉求。汉代"书肆""槐市"的出现是出版商业属性的重要标志，它表明抄写出版不再是一种单纯的教化活动，而是具备明确的商业目的。杨雄之"好书，而不要诸仲尼，书肆也"；《三辅黄图》所载"仓之北，为槐市，列槐树数百行为队，无墙屋，诸生塑望会此市，各持其郡所出货物及经传书记、笙磬乐器相与买卖"的繁荣景象等，均是对其时图书商品性的描述。槐市中"诸生"所持之"经传书记"显然是为"买卖"目的而生产的商品，这表明此时的抄写出版具备了明确的商业价值诉求。此后至隋唐，图书作为商品的属性、出版的商业目的还在不断得到强化。

二、刻印出版时期

虽然"隋唐五代时期，我国早期的刻书业已经出现"[1]；但是，它毕竟不是当时的主流出版技术与方式。因此，大多数出版史学家均将这一时期界定为宋元明清。这一时期，国家政权由分裂走向统一，封建专制制度进一步强化，社会矛盾错综复杂，但科学文化得到高度发展。进入宋代，"刻板印刷术达到了完美辉煌的境地"[2]，改变了前朝手工抄写的出版方式，中国出版业也随之进入了一个全新的发展阶段——刻印出版时期。其后，元明清三代的出版业仍以刻板印刷术为主，与宋代一起构成我国出版史的刻印出版时期。

与抄写出版不同，刻印出版具备了现代出版业的全部特征和属

---

[1] 叶再生:《出版史研究》，中国书籍出版社1997年版，第37页。
[2] 张煜明:《中国出版史》，武汉出版社1994年版，第122页。

性。宋原放、李白坚等认为："正是从这个时候起，出版才作为一种社会的公共事业，一种手工业体系，一种文化的最新积累手段，一种牵涉许多门类的文化分支而相对独立出来，逐步形成了它的独特的形式、机构、格局以及人员建制。"[1] 作为一种相对独立的文化与商业形态，刻印时期的出版价值也有了进一步发展。官府刻书、私家刻书和书坊刻书等三个不同刻书系统各自有着自己的价值追求。

官府刻书，简称官刻，也称政府刻书，是我国封建社会中央及地方政府机构主办的图书出版活动。官刻，"始于五代，兴于宋元，盛于明清"[2]。中央官刻处于政府刻书的核心地位。宋代国子监、崇文院，元代秘书监、艺文监、太史院，明代国子监、司礼监，清代武英殿等是各朝管理官刻的机构。封建官刻书籍"宗旨明确，内容集中，多为经史御纂之书"。从出版价值视角衡量，封建官刻"主要把刻书作为教化及维护封建统治的工具"；同时，在保存文化典籍、普及文化知识等方面的贡献也是"相当大的"。[3] 官府刻书，虽然并没有直接的商业目的，但是这并不阻碍其以商业方式向市场推广其出版物。例如，宋代国子监所设刻书机构"印书钱物所"所刻书籍"不但供皇上作宣赐之用，而且向士人出售，此外还常常把版片租出去，让人们自备纸墨印刷"。[4]

私家刻书，又称私人刻书，简称私刻或家刻，是指私人出资刊刻出版图书，是我国封建社会三大刻书系统之一。私刻始于唐代，至宋代"已成为一种风尚，以至形成与官刻、坊刻争鼎之势"[5]。宋代私刻

[1] 宋原放、李白坚：《中国出版史》，中国书籍出版社 1991 年版，第 65 页。

[2] 肖东发：《中国图书出版印刷史论》，北京大学出版社 2001 年版，第 210 页。

[3] 同上书，第 211 页。

[4] 同上书，第 215 页。

[5] 同上书，第 237 页。

本质量高，但后世传本很少。元代私家刻书之风不亚于前朝，其私塾刻书极为盛行，所刻之书质量上乘，深受藏家青睐。明代是私刻的高峰，技术水平最高，刻本质量也最好。清代虽继承了前朝遗风，私刻盛行；但受制于严格的思想控制，内容题材迥异于前朝，多以经学、考据、前贤诗文为主。纵观宋元明清四代不难看出，私家刻书与官府刻书有着完全不同的目的和功能。私刻的主体多为官宦豪门、名流望族、文人学者等，他们不仅家境殷实，而且家学深厚。一些刻书家本身就是大学者，他们的"刻书活动大多是与他们的学术研究结合在一起的"[1]。他们刻书并不是出于维护封建统治的目的，"多以学问崇尚、文化推广、知识传播为目的，注重青史留名，并不以赢利为动机"[2]。

书坊刻书，简称坊刻，是我国封建社会以赢利为目的的商业刻书活动。坊刻的主体是书坊、书肆等书商。在我国封建社会三大刻书系统中，坊刻历史最长、分布最广、数量最多、影响最大。"在由唐至清长达千年的历史中，全国各地出现了不少刻书世家，子承父业，世代相延，苦心经营，历久不衰。"[3]坊刻广泛分布于一些经济文化相对发达的地区，"自宋开始，全国出现许多出版中心，如宋有杭州、成都、建阳、平阳，元代有杭州、建阳，明有南京、苏杭等"，"这些地方之所以成为出版中心都是因为坊刻兴旺。"[4]从主观意图来看，坊刻是典型的商业出版活动，其目的就是通过刻书、卖书以获得经济利益。正如古籍版本专家毛春翔先生所言，"坊刻旨在谋利"。但是，如

---

[1] 肖东发：《中国图书出版印刷史论》，北京大学出版社 2001 年版，第 244 页。

[2] 《中国古代的刊印书籍》，http://hanyu.100xuexi.com/view/otdetail/20120821/1cdd9
　　b32-674c-4478-b19c-0c11ab6d5141.html

[3] 肖东发：《中国图书出版印刷史论》，北京大学出版社 2001 年版，第 250 页。

[4] 《中国古代的刊印书籍》，http://hanyu.100xuexi.com/view/otdetail/20120821/1cdd9
　　b32-674c-4478-b19c-0c11ab6d5141.html

果从实际效果衡量的话，坊刻在我国封建社会图书出版系统中扮演着十分重要的角色。它在普及文化、传播科技和服务教育等方面均起到了十分重要的作用。作为一种商业性出版活动，坊刻面向普罗大众，刻印了大量雅俗共赏的文化读物；以实用为目的，刻印了不少医书、农书等科技读物；以满足科场考试之需，刻印了大量的应试读物。

上述三大刻书系统，虽然各自定位不同、目标与功能不同，但从整体看，刻印时期三大系统的出版价值结构完整。官刻凸显的是服务统治阶级的意识形态价值；私刻强调的是服务文化传播与传承的文化价值；坊刻主观上追求的是出版的商业价值，但客观上起到了普及文化、传播科技和服务教育的作用。从出版的外在价值视角看，形成了相对独立的坊刻商业出版系统。商业出版的快速发展又整体上推动了我国出版业走向成熟，从而促进了出版业整体价值的提升。

三、机械印刷时期

机械印刷出版时期是我国出版史发展的第三个重要历史阶段。这一时期发端于晚清，直至当下。虽然 20 世纪末数字出版业已兴起；但是，机械印刷出版在当下出版业中仍然扮演着十分重要的角色。按技术手段区分，机械印刷大致可以分为石印、铅印与激光照排印刷等不同工艺形式。尽管激光照排印刷的工艺与效率与铅印存在显著差异；但是，我们在此仍然将其界定为机械印刷。

机械印刷的发明与普及从根本上改写了出版业历史，极大地提升了出版业在人类社会发展中的作用与地位。有学者认为，古登堡印刷术的发明，"对西方文艺复兴以来的宗教改革、文化传播、以及科技进步均起到了巨大的推动作用。后来经过欧洲工业革命的推动，16 世纪以来，西方近代印刷技术逐渐改良，产量急剧增加，并因此形成了庞大的出版工业，使得印刷媒介开始在社会生活中扮演越来越重要的角色，从而使人们的思想和社会结构发生了强烈而根本的变革"[1]。

从出版价值视角看，随着印刷工艺的改善、效率的提升，机械印刷时期出版业的内外在价值都得到了极大的拓展与提升。大型印刷出版企业纷纷涌现，高效的专业化运作为企业带来了丰厚的经济利益，出版的外在商业价值进一步凸显。出版物产品的丰富、价格的大幅度下降、出版市场的繁荣等客观上放大了出版业的教育、科技与文化价值。机械印刷出版业的迅速发展为近代中国社会的变迁和现当代社会的发展提供了必要的科技、文化、教育、舆论与思想支持。出版业集中度的提升为统治阶级管理和控制出版传播提供了可能和便利，使得出版的意识形态功能得以进一步放大。

其一，出版的商业价值进一步凸显。18世纪60年代首先发生于英国的第一次产业革命，正是肇源于机械的发明和使用。机械印刷的发明与普及同样极大地推进了出版产业的发展。随着机械印刷的普及，大量的社会资本陆续进入出版业。与历史上的其他时期不同，这一时期社会资本进入出版业主要是出于商业目的。晚清时期，"民营出版机构大量涌现"；民国出版业"黄金十年"，出版业三大巨头商务印书馆、中华书局和世界书局实力不断壮大[2]；新中国出版业在中国共产党的领导下更得到了空前发展，业已成为国民经济的重要部门，为国民经济发展做出了重要贡献。随着文化产业地位的不断提升，出版业的经济贡献还将不断扩大。研究表明，到2020年，我国新闻出版产业总产值将占当年全国GDP的5%左右，成为经济发展的重要产业。

---

[1]《古登堡和他的印刷术的历史意义》，http://www.peoplewang.com/news/?613.html

[2] 吴永贵:《中国出版史》，湖南大学出版社2008年版，第280页。

　　其二，出版的教育、科技与文化价值进一步放大。民国时期是我国出版业现代化进程的起步阶段。伴随着现代印刷技术的普及，民国出版业的教育、科技与文化价值得到了全面发展和不断放大。从教育价值视角看，"商务""中华"两大出版巨头紧盯教科书和教育类图书市场，出版了大量体现当时先进教育理念的高水平教育读物，为民国教育事业的发展做出了重大贡献。吴永贵教授在评价中华书局教育出版的意义时就曾指出，其意义"超出了单纯的知识教育范畴，同时它还肩负了人生教育、社会教育的重任"[1]。从科技价值视角看，辛亥革命，特别是新文化运动后，国民的科技意识逐步觉醒，为科技出版发展提供了空间。包括"商务""中华"在内的出版商积极顺应这一趋势大量出版各类科技读物，以满足广大国民对科技读物的需求。夏文华博士以权威目录《民国时期总书目》为依据，对民国时期自然科学图书出版情况进行的计量分析结果表明，民国时期的科技图书出版"在中国出版史上占有继往开来的重要地位"[2]。从文化价值视角看，企盼民族复兴、崇尚民主与科学、寻求中西文化交汇与融合的文化精神结构为民国出版业文化价值的拓展带来了良好的契机。商务印书馆等出版机构本着旧学新知并重的原则，一方面注重保存国粹，开展大规模古籍刊印；另一方面大力引进西学，大量翻译出版西学名著。胡适、包笑天等曾把商务印书馆形容为"一股文化的大势力"。李家驹先生则认为，"在重塑近代文化的组成机构与形态，促进近代知识分子群体的孕育与发展，影响图书市场与阅读风尚的形成等方面，'商务'发挥着核心的力量"[3]。

---

[1] 吴永贵：《中国出版史》，湖南大学出版社 2008 年版，第 288 页。

[2] 夏文华：《民国时期自然科学图书出版的特点及其原因》，《晋中学院学报》2013 年第 4 期。

[3] 李家驹：《商务印书馆与近代知识文化的传播》，商务印书馆 2015 年版，第 134 页。

其三，出版业服务于意识形态的价值或功能进一步强化。机械印刷技术的发展在强化出版商业属性的同时，也为统治阶级控制集中度更高的出版业提供了可能和便利。事实上，早在文化工业兴起初期，法兰克福学派的霍克海默、阿多诺等就预计到了这一后果并对此进行了深入分析与批评，并建立起影响深远的大众文化批判理论。随着文化工业的崛起，包括出版在内的传媒业的确在服务统治阶级意识形态建设与传播方面发挥着越来越重要的作用。中国共产党自成立以来，就十分重视书、报、刊的出版工作。建党初期成立的人民出版社、上海书店、长江书店等出版机构"围绕共产党的政治主张，宣扬马列主义，鼓吹工人运动，推动革命斗争"[1]。此后的各个不同历史时期，党领导的出版工作不断得到强化，出版业在党的宣传思想工作中扮演着越来越重要的角色。中华人民共和国成立以后，通过社会主义改造，建立起了单一的国有出版管理体制，出版工作更是成为党宣传思想的重要阵地，为党的意识形态建设做出了重大贡献。

四、数字出版时期

上世纪末与新世纪初期，数字技术的发展又一次改写了出版业的发展历史。基于网络的内容创作、编辑出版与分销传播逐步发展成为当今全球出版业的重要甚至主流形态。2010 年被称为数字出版的"元年"。正是在这一年，我国广义数字出版产业的产值得以超过传统出版产业，出版业正式进入全新的数字出版时期。

与传统出版相比，作为一种全新业态的数字出版，在管理方式、出版主体、业务流程、产品功能等方面具有许多不同于传统出版的特

---

[1] 吴永贵：《中国出版史》，湖南大学出版社 2008 年版，第 265 页。

征。这些全新的特征不同程度地影响着出版的价值与功能。在数字出版时期，出版价值具有以下三个方面的突出特征。

其一，出版的商业价值进一步放大。如果说机械出版时期商业价值成为出版的重要价值追求，那么，数字出版时期出版的商业价值则被进一步放大。一来传统出版企业发展数字出版业务更多地也是出于商业目的，期待在高速成长的网络市场中分一杯羹；二来大量的互联网企业、出版业外资本为商业利益纷纷涉足数字出版。研究表明，这些新兴的数字出版企业看重的主要是数字内容产品市场快速增长带来的商业利益。他们追求的是内容产品的点击率、网站的人气指数。产品或网站一旦引起了资本市场的关注，其所带来的商业利益往往难以估量。近年来，国内外一些知名的网络文学网站、网络游戏产品纷纷获得资本市场的青睐而获得丰厚回报的事例恰好印证了这一点。不仅出版企业如此，作者同样看重数字出版的商业利益。例如，在网络文学创作中，网络"写手"更像是商业流水线上的体力劳动者，他们按字取酬，多劳多得。一些知名"写手"为获取更丰厚的商业利益，往往雇佣他人，以自己的名义进行写作。正如张书乐在分析了当前网络文学写手的创作模式后所指出的，"商业力量确实在左右着网络文学的走向"[1]。

其二，出版的意识形态价值更趋多元。互联网的普及性与草根性为意识形态的多元化发展提供了机遇。中国互联网中心第 35 次互联网发展统计报告显示，截至 2014 年 12 月，我国网民规模达 6.49 亿，其中，手机网民规模达 5.57 亿。从数字出版视角看，每一个网民就是一个出版者，他们可以自由发布各种形态的网络作品。这就为出版的意识形态多元化带来了便利。正如中共中央党校党建部党的领导与

---

[1] 张书乐：《商业流水线上的网络文学》，《中国文化报》2014 年 2 月 14 日第 6 版。

领导科学室主任蔡志强教授所指出的，"所有网民均可以成为意识形态信息的发布者、接收者和改造者"[1]。可见，网络环境下出版的意识形态价值更趋多元已是一个不争的事实。在这种全新的出版价值格局下，出版管理工作应该采取积极措施以巩固马克思主义在意识形态领域的指导地位，确保出版的价值导向不出现偏差，不背离社会主义的出版方针。

其三，出版的娱乐功能被发挥到了极致。出版本是一种精神文化活动，娱乐消闲是出版的重要社会功能之一。然而，进入数字出版时期，出版的娱乐消闲功能却被发挥到了极致。借用尼尔·波兹曼的"娱乐至死"来形容这一现象可以说是恰如其分。在众多的网络出版类型中，最受市场欢迎的当推网络文学和网络游戏这两类以娱乐为基本功能的数字出版活动。以网络文学为例，中国互联网络信息中心数据显示，2013 年中国网络文学的用户规模达到 2.6 亿人。其中，青少年是网络文学的最主要的受众群体，24 岁以下的用户比例高达 56.9%。智能手机则是青少年网络文学用户的第一大阅读设备，使用比例高达 67.2%。随着网络文学的蓬勃发展，学生们也越来越依赖网络文学。对网络文学有依赖感的用户超过 50%[2]。那么，网络文学为何如此吸引人，尤其是吸引广大青年学生呢？我们的调查发现，无非有这样几个方面的原因。一是消闲类的题材。绝大多数网络文学作品多以玄幻、后宫、穿越、言情等非现实生活为题材，这些远离现实生活的题材本身就具有吸引眼球的内在潜质。二是结构化的情节。网络小说往往是凭借情节来吸引读者的，而这些情节

---

[1] 蔡志强:《如何克服意识形态工作中"沉默的螺旋"现象》，http://theory.people.com.cn/n/2015/0721/c40531-27335895.html

[2] 姜涛:《中国网络文学作品良莠不齐》，http://www.cankaoxiaoxi.com/china/20150111/623826.shtml

通常是"写作班子"根据青年读者的心理诉求来精心设定的，因此
更能迎合年轻消费者。有人曾归纳出网络文学的所谓"十大"情节
设定模式[1]，多数网络文学作品都逃不出这些程式化的情节设定模式。
三是"重口味"的表达。大多数网络文学作品的语言文字表达有失
文学的严肃性，"卖肉文""种马文"[2]等竟成为一些网络文学作品表
达的"标签"。这种"重口味"的表达方式同样是吸引年轻读者的重
要"卖点"。

第四节　当代社会主义出版价值体系

出版价值体系是不同历史时期和不同社会制度的产物。从古代
抄写出版时期、刻印出版时期，到近现代机械印刷出版时期，再到
当代数字出版时期，出版价值体系的内涵和外延是不断发展变化的，
其时代性特征非常鲜明。从封建社会，到资本主义社会，再到社会
主义社会，出版价值体系的功能与意义也是不断发展和进步的。在
封建社会，它代表着官僚贵族集团的利益；在资本主义社会，它代
表着少数资产阶级的利益；到社会主义社会，它则代表着广大人民
群众的根本利益。出版价值的阶级性决定了当代社会主义出版价值
体系是社会主义的，而非封建的和资本主义的，是服务全体人民的
而非少数剥削阶级的。明确当代社会主义出版价值体系的内涵、发
展历程与功能是发展社会主义出版业，满足广大人民群众精神文化

---

[1] 游荡公仔：《网络小说的十大狗血情节设定》，http://tieba.baidu.com/p/1712364116

[2] 老土猫：《从"网络文学十年盘点"看当今网络文学现状》，http://bbs.tianya.cn/post-no124-6896-1.shtml

需求的前提和基础。

一、当代社会主义出版价值体系的内涵

出版价值是出版活动满足人们需要的属性，出版价值体系是出版活动所具有的满足人类社会物质与精神文化需求的价值系统。那么，什么是当代社会主义出版价值体系呢？

当代社会主义出版价值体系，是指在当代社会主义的崭新历史条件下，以社会主义核心价值体系为指导，以满足最广大人民精神文化需求为归宿，运用新型出版技术和出版资源创造的全部出版价值的集合。在"当代社会主义"这一具体语境中，出版价值体系具有全新的内涵和功能。要全面把握当代社会主义出版价值体系的内涵，必须把握以下三个基本要件。

1. 当代社会主义出版价值体系的指导思想

价值体系是不同历史时期和不同社会制度的产物，它总是在统治阶级的主导下形成并服务于统治阶级的利益。当代社会主义出版业，不同于历史上任何一个时期的出版业，它肩负着满足广大人民群众精神文化需求和建设社会主义文化强国的重要使命。因此，它必须以中国特色社会主义理论体系，即马克思列宁主义、毛泽东思想、邓小平理论、"三个代表"重要思想、科学发展观和习近平新时代中国特色社会主义思想重大战略思想为指导。中国特色社会主义理论体系的基本立场观点与方法及其关于社会主义精神文化建设、宣传思想工作、意识形态建设的理论与方法是当代社会主义出版价值体系建设的指导思想。特别是在深化出版体制改革过程中，以市场为导向的出版单位和出版从业者一定要牢固坚持这一指导思想。

2. 当代社会主义出版价值体系的价值基础

当代社会主义出版价值体系是社会主义核心价值体系在出版业中的反映和体现。社会主义核心价值体系是建设社会主义文化的根本，是社会主义意识形态的本质体现，应该成为当代社会主义出版价值体系的价值基础。面对全球化背景下价值观较量的新态势和市场经济条件下思想意识多元化的新特点，我们要始终把社会主义核心价值体系作为当代社会主义出版价值体系的指南和归依，充分落实出版宣传工作在树立社会主义核心价值观方面的实践价值。"社会主义核心价值体系的宣传教育，应该成为宣传思想工作的重中之重，而且应当融入国民教育和精神文明建设的全过程，贯彻到新闻出版、广播影视、文学艺术、社会科学等各方面工作中。"[1]

3. 当代社会主义出版价值体系的核心内容

以中国特色社会主义理论体系为指导，以社会主义核心价值观为基础的当代社会主义出版价值体系的核心内容是：为人民服务，为社会主义服务。"为人民服务，为社会主义服务"是社会主义文艺工作的总任务和根本目的，是当代社会主义出版价值体系的核心内容。是否坚持为人民服务、为社会主义服务，是判断当代社会主义出版价值的标准与尺度。

为人民服务，作为当代社会主义出版价值体系的核心内容，就是要牢固树立以人民为中心的创作与出版导向，把满足人民精神文化需求作为当代社会主义出版业的出发点和落脚点。习近平总书记 2014年 10 月 15 日在文艺工作座谈会上的重要讲话中指出，"文艺不能在

---

[1] 秋石：《论社会主义核心价值体系》，《求是》2006 年第 24 期。

市场经济大潮中迷失方向，不能在为什么人的问题上发生偏差"[1]。文艺要坚持以人民为中心的创作导向，出版业同样要坚持这一导向。坚持以人民为中心的创作与出版导向，就是要创作、出版人民群众喜闻乐见的出版物产品，就是要自觉抵制背离广大人民群众价值诉求的出版行为，充分发挥出版鼓舞人、引导人的功能和价值。

为社会主义服务，要求出版业要为建设中国特色社会主义这一前无古人的伟大而艰巨的事业服务，为社会主义政治、经济、文化、社会等各项事业发展服务。在今天，就是为实现中华民族伟大复兴的中国梦服务。坚持为社会主义服务的出版价值，就是要以旗帜鲜明的出版价值判断"告诉人们什么是应该肯定和赞扬的，什么是必须反对和否定的"，就是要"把爱国主义作为文艺创作的主旋律，引导人民树立和坚持正确的历史观、民族观、国家观、文化观"。[2]

二、当代社会主义出版价值体系的发展历程

人们在认识世界、改造世界的过程中必然会形成一定的价值观念，当这些价值观念经受住实践检验得到政府权威认可并最终被大多数人认同时，就上升成为一个社会的主流价值。主流价值居于先导和统摄地位，对全体社会成员的世界观、人生观、价值观产生着深刻影响。在当代中国社会，社会主义核心价值体系就是主流价值。它约束并指引着包括出版价值体系在内的各个文化部门价值体系的运行。

探究当代社会主义出版价值体系，必须始终将其置于社会主义核心价值体系的宏阔背景之下。出版价值的时代属性，决定了社会主义

---

[1] 习近平：《在文艺工作座谈会上的讲话》，http://culture.people.com.cn/GB/n/2014/1015/c22219-25842812.html

[2] 同上。

出版价值体系必然要经历一个由萌芽到发展再到确立并不断丰富、不断完善的动态演进过程。出版价值的阶级属性，又决定了社会主义出版价值体系的每一次丰富完善都是在党的文化思想、方针指导下进行调整的结果。纵观中华人民共和国成立以来党的文化指导思想的历史演进脉络，以 1978 年党的十一届三中全会为分水岭，当代社会主义出版价值体系的发展历程大致可分为旧"二为"时期和新"二为"时期两个阶段。

1. 旧"二为"时期

1942 年 5 月，毛泽东在延安主持召开文艺座谈会，集中解决了无产阶级文艺"为谁服务"和"如何服务"的重大文艺理论问题，创造性地阐发了"文艺为无产阶级政治服务""文艺为工农兵服务"的"二为"思想。毛泽东的这一论断是基于马克思主义关于文艺反映社会生活的观点。但其先声可追溯到中国共产党成立之初，恽代英、瞿秋白等共产党人的文学主张，即要求"文学成为革命的工具，成为启发人们的革命觉悟、鼓舞人们的革命勇气、激发人们的革命情感的有效工具"[1]。经过近二十年的革命斗争实践，毛泽东进一步发展了这一主张，在《新民主主义论》中提出"一定的文化（当作观念形态的文化）是一定社会的政治和经济的反映，又给予伟大影响和作用于一定社会的政治和经济"[2]，此后在延安整风运动中最终确立了中国共产党的文艺指导思想。

以"二为"为核心的文艺指导思想是中国共产党领导下开展一切

---

[1] 杨凤城：《从两个"二为"方针说开去——中国共产党的文艺指导思想的历史演进》，《河南师范大学学报（哲学社会科学版）》2006 年第 3 期。

[2] 中共中央文献编辑委员会：《毛泽东选集（第二卷）》，人民出版社 1991 年版，第 58 页。

文化事业的准绳。出版作为党的文化事业和宣传工作的重要部分，自然也必须坚持这一价值导向。"为无产阶级政治服务"的方针规定了出版的内在价值，即出版通过自身所具有的思想宣传和教育功能为无产阶级革命的胜利以及人民民主政权的建立发挥应有的引导价值。对此，毛泽东在《在延安文艺座谈会上的讲话》中进行了深入阐述，"在现在世界上，一切文化或文学艺术都是属于一定的阶级，属于一定的政治路线的。为艺术的艺术，超阶级的艺术，和政治并行或互相独立的艺术，实际上是不存在的"；"党的文艺工作，在党的整个革命工作中的位置，是确定了的，摆好了的，是服从党在一定革命时期内所规定的革命任务的"。[1]

"为工农兵服务"的方针则规定了出版的主体属性，即中国共产党领导下的出版事业必须始终将广大工农兵当作出版价值判断的主体。毛泽东的这一论断与其一贯坚持的"人民史观"一脉相承，并结合了新民主主义革命时期"工农兵"（尤其是农民）作为人民革命军主体力量的历史实际。关于"工农兵"的涵括范围，毛泽东在《讲话》中做了明确界定："什么是人民大众呢？最广大的人民，占全人口百分之九十以上的人民，是工人、农民、兵士和城市小资产阶级。"[2]

毛泽东在延安文艺座谈会上的讲话精神从此成为中国共产党指导文艺工作的理论基石。从1949年新中国成立到1978年十一届三中全会，我党的文艺理论和基本方针在实质上始终没有越过"文艺为政治服务、为工农兵服务"的总体方针。这一点从1949年7月、1953年9月、1960年7月召开的三届"中华文学艺术工作者代表大会"（自第二届起改名"中国文学艺术工作者代表大会"）中传达出的会议精

---

[1] 中共中央文献编辑委员会：《毛泽东选集（第二卷）》，人民出版社1991年版，第176页。

[2] 同上书，第233页。

神中可以得到充分体现。尽管历次大会的主旨和侧重点有所不同，但均是紧紧围绕着"文艺为政治服务、为工农兵服务"的总纲开展的。出版作为文艺工作的重镇，"二为"方针因此也成为这一时期社会主义出版价值体系的核心。

　　然而，真理的相对性决定了任何真理只有在一定条件、一定范围下才能成立。毛泽东"二为"思想是革命斗争年代特定历史条件下的产物，一旦脱离了具体的社会实际就难免暴露出局限性。正如胡乔木在回忆录中指出的，"长期的实践证明，《讲话》中关于文艺从属于政治的提法，关于把文艺作品的思想内容简单地归结为作品的政治观点、政治倾向性，并把政治标准作为衡量文艺作品的第一标准的提法……虽然有它们产生的一定的历史原因，但究竟是不确切的，并且对于建国以来的文艺的发展产生了不利的影响"[1]。1956 年"三大改造"完成以后，中国步入社会主义阶段，中国革命的主要任务随之从武装斗争转向和平建设，毛泽东基于革命斗争实践的"二为"思想运用到社会主义建设中来，就不可避免地出现了偏差。这一点从"大跃进"、反"右倾"运动直到"文化大革命"的爆发可以清楚看到。20 世纪60 年代后期，伴随着"以阶级斗争为纲"的愈演愈烈，文艺尤其是出版彻底沦为政治的附庸。"文革"十年间，除马列著作、毛泽东著作之外的大量优秀文化遗产和进步出版物被一概否定，当作"封、资、修毒草"封存起来。出版发行毛泽东著作成为压倒一切的任务，政治读物的重心是"两报一刊"，文艺读物是"革命样板戏"的天下，连少儿读物也主要是根据"样板戏"改编的连环画。大批出版人遭遇政治下放和革命批判，出版部门被"四人帮"控制和利用，成了"紧密

---

[1] 胡乔木:《胡乔木回忆毛泽东》，人民出版社 2003 年版，第 65 页。

配合当前斗争"的革命工具 [1]。

"文艺为政治服务、为工农兵服务"的革命文艺观亟须与时俱进，以邓小平为核心的第二代领导集体接过了理论创新的重担，开启了新"二为"时期。

2. 新"二为"时期

随着十一届三中全会的召开，解放思想、实事求是的思想路线在中国确立，党的文艺指导思想也随之发生了重大转折。1979 年 10 月，邓小平在中国文学艺术工作者第四次代表大会上的祝词中提出，"我们的文艺属于人民"，"要防止和克服单调刻板、机械划一的公式化概念化倾向"。[2] 此后，邓小平在 1980 年 1 月中共中央干部工作会议上进一步指出，"不继续提文艺从属于政治这样的口号，因为这个口号容易成为对文艺横加干涉的理论根据，长期的实践证明它对文艺的发展利少害多"[3]。同年 7 月 26 日，《人民日报》发表的题为《文艺为人民服务，为社会主义服务》的社论指出，"我们的文艺工作总的口号应当是：文艺为人民服务、为社会主义服务"，"这个口号概括了文艺工作的总任务和根本目的，它包括了为政治服务，但比孤立地提为政治服务更全面，更科学"。至此，"文艺为人民服务、为社会主义服务"的新"二为"方针成为新时期社会主义出版价值体系的核心。

新旧两个"二为"方针的转变体现了社会主义出版价值体系的继承与创新。从"文艺为政治服务"到"文艺为社会主义服务"，是党依据和平时期社会主义现代化建设的根本任务而提出的，是充分结合

[1] 龚晨：《毛泽东"二为"思想在我国新时期的践行与理论思考》，湖南师范大学 2014 年硕士学位论文。

[2] 邓小平：《邓小平文选（第二卷）》，人民出版社 1994 年版，第 216 页。

[3] 同上书，第 234 页。

时代主题、充分尊重艺术规律的理论升华。从"文艺为工农兵服务"到"文艺为人民服务"，体现了群众路线贯彻下出版价值主体的拓展与开放，展现了破除文化服务对象唯阶级论桎梏的胸襟与心态。循着新的"二为"方向，以江泽民、胡锦涛、习近平为总书记的党中央在社会主义现代化建设进程中不断探索文化建设的新路径，赋予了社会主义出版价值体系新的时代内涵。

1997年9月，在党的第十五次全国代表大会上，江泽民全面论述了中国特色社会主义文化理论，"建设有中国特色社会主义的文化，就是以马克思主义为指导，以培育有理想、有道德、有文化、有纪律的公民为目标，发展面向现代化、面向世界、面向未来的，民族的科学的大众的社会主义文化"[1]。中国特色社会主义文化理论是对"二为"思想的深化与拓展，揭示了新时期中国出版业的主要任务。

2004年9月，十六届四中全会通过《中共中央关于加强党的执政能力建设的决定》，首次提出"构建社会主义和谐社会"的命题。此后胡锦涛在省部级主要领导干部提高构建社会主义和谐社会能力专题研讨班上发表讲话，对社会主义和谐社会的内涵进行了阐释和说明，并在此基础上形成了社会主义核心价值体系的重大理论成果。社会主义核心价值体系是"二为"思想的理论延伸，规定了社会主义出版价值体系的根本导向。

2014年10月15日，习近平主持召开文艺工作座谈会并发表重要讲话。他强调，文艺工作者要"坚持以人民为中心的创作导向，努力创作更多无愧于时代的优秀作品，弘扬中国精神、凝聚中国力量，鼓舞全国各族人民朝气蓬勃迈向未来"，"文艺不能在市场经济大潮中迷

---

[1]　江泽民：《高举邓小平理论伟大旗帜，把建设有中国特色社会主义事业全面推向二十一世纪——江泽民在中国共产党第十五次全国代表大会上的报告》，http://www.china.com.cn/inf

失方向，不能在为什么人的问题上发生偏差"，"不能当市场的奴隶"。这为当代社会主义出版事业指明了前进方向，为社会主义出版价值体系注入了新的活力。

经过党中央几代领导集体的理论探索，到今天最终确立了以"为人民服务、为社会主义服务"为核心的当代社会主义出版价值体系。"价值取向是多元的，但价值导向是一元的"，新"二为"方向就是当代社会主义出版价值体系所必须遵循的价值导向，而广大人民日益丰富的多样化精神文化需求就是一元价值导向引领下的多元价值取向。当代社会主义出版事业正是在这条基本路径上根据出版价值主体的需要，以一元价值导向来引导出版价值客体的出版价值创造活动，逐步担负起自身所承载的历史文化重任。

三、当代社会主义出版价值体系的功能

当代社会主义出版价值体系的功能，可以理解为"当代社会主义"语境下出版价值体系的功能或效用。在"当代社会主义"这一特定语境下，出版价值体系的功能不再是泛化或抽象的，而是特定或具体的，它对当代社会主义出版业健康发展具有积极的引领作用。本书将当代社会主义出版价值体系的功能概括为以下三个方面。

1. 满足并引导广大人民群众的精神文化需求

满足广大人民群众日益增长的精神文化需求，既是我国社会主义出版业的根本目的所在，也是当代社会主义出版价值体系的功能要求。众所周知，精神文化需求是随着物质需求的增长而增长的。改革开放以来，我国经济社会发展已进入到一个全新的发展阶段。2003年，我国人均 GDP 超过了 1000 美元。这被普遍认为是人们需求结构

发生根本变化的一个重大转折点，人们的精神文化需求将迅速增长。就在这一年，中央适时启动了包括多家出版社在内的文化体制改革试点工作。2003 年以来的文化体制改革极大地释放了我国的文化生产力，较好地满足了广大人民群众日益增长的精神文化需求。

当代社会主义出版价值体系还具有引导广大人民群众的精神文化需求的作用。人民群众的精神文化需求多种多样。有积极的，也有消极的；有健康的，也有病态的。如果一味地去迎合那些消极或病态需求，于消费者自身和社会都是不利的，更有悖于当代社会主义出版价值体系要求。虽然不乏"一些文化出版单位见利忘义，为了票房价值，打'擦边球''吸引眼球'，一些格调低下、甚至明显含有色情的作品在社会上招摇过市"[1]；但大多数出版单位都能够按照当代社会主义出版价值体系的要求严格自律，坚持主流价值导向，服务积极健康的精神文化需求。

可见，当代社会主义出版价值体系不仅具有满足广大人民群众精神文化需求的功能，更内在地包含了引导其精神文化需求回归主流价值的功能。

2. 实现并约束出版机构的价值诉求

出版机构是出版价值的重要创造者，其价值诉求包括以追求经济效益为目的的商业诉求和以追求社会效益为目的的精神文化诉求。

商业价值诉求方面，根据马克思政治经济学的基本原理，商品具有有用性是进行市场交换并获得价值补偿的最基本前提。因此，当代社会主义出版价值体系具有实现出版机构商业价值诉求的功能，这也

---

[1] 周中之：《社会主义核心价值体系在当代中国文化发展中的引领作用》，《马克思主义
    与现实》2008 年第 5 期。

是其外在价值的具体体现。在中央出版体制改革不断深化、出版单位"转企改制"基本完成的时代背景下，经营性出版机构参与市场竞争、获取经济回报不仅是出版产业化的必然要求，也是实现出版机构价值诉求的应有之义。

然而，商业价值毕竟只是当代社会主义出版价值体系的外在价值。出版业本质上属于社会文化创造与传承的重要部门，不像其他物质产品生产部门可以纯粹由利益驱动实行经济效益最大化。出版业必须在坚持社会效益优先的原则下追求适当的商业价值。出版机构一旦罔顾社会效益，盲目追求暴利，就和当代社会主义出版价值体系的本质追求相违背。因此，当代社会主义出版价值体系就应发挥其约束价值诉求的功能。

就精神文化价值诉求而言，从手稿到用于市场流通的出版物商品，不仅仅是一个精神文化产品物化的过程，同时也附着了出版机构特定的文化立场和价值追求。当代社会主义出版价值体系既是不同出版机构文化价值诉求的集合体与统一体，同时也是约束出版机构实现其特定文化价值诉求的重要机制。

尽管出版价值取向是多元的，出版机构可以相对自由地表达其文化价值诉求；但出版价值导向是一元的，即出版机构的文化价值追求必须在主流价值容许的范围之内。一旦出现某些不正当甚至危害社会主义核心利益的价值追求，就应当充分发挥当代社会主义出版价值体系的导向功能，约束这些出版机构的不当价值诉求。

3. 传播社会主流价值，推动社会主义核心价值体系建设

任何社会在长期的探索与实践中必然都会形成广泛认可的主流价值。主流价值是维系一个社会团结、稳定运行的精神纽带和思想基础。当代中国，社会主义核心价值体系就是我们的主流价值。它在一

切社会价值体系中居于统摄和先导地位，引领着包括出版业在内的所有社会文化部门。当代社会主义出版价值体系就是社会主义核心价值体系在出版领域的具体表现。正是社会主义核心价值体系的本质要求赋予了当代社会主义出版价值体系鲜明而丰富的内涵，塑造了当代社会主义出版价值体系的理论内核与功能属性。

当代社会主义出版价值体系反过来又以自身具有的文化传播和文化引导功能反哺社会主义核心价值体系的建设。出版天然具有的教化功能使其成为引领社会文明风尚、传播社会主流价值的绝佳载体，借由当代社会主义出版价值体系多元统一的价值结构模式和出版物产品特有的潜移默化之力，有利于形成一种主旋律鲜明而又不失多样性的社会文化局面，进而为传播社会主流价值，推动社会主义核心价值体系建设起到支撑作用。坚持"为人民服务、为社会主义服务"的基本原则，创作生产出更多无愧于时代、无愧于人民的文化精品，坚持用奋发昂扬的出版精神鼓舞人、用积极健康的出版导向引领人，大力传播弘扬主旋律的出版价值，正是出版业反哺社会主义核心价值体系建设的具体体现。

第二章　出版价值引导

出版价值是出版活动具有的能够满足人们精神需求的特殊属性，是出版物产品对读者或公众的精神影响或曰有用性。作为影响读者或公众精神生活的出版价值，一旦偏离了统治阶级的主流意识形态或价值观，就会对社会的稳定造成消极影响，甚至直接危害政权或社会的稳定。因此，在阶级社会中，出版价值应该且必然会受到各国政府的高度重视和关注。实践证明，世界各国政府均会以不同的方式或手段对其出版活动进行干预，对出版价值导向进行引导。

第一节　出版价值引导引论

出版价值引导是出版管理工作的一个主要组成部分，它是指以社会主流价值观和主流意识形态为导向，引导出版业的发展方向，引导出版物产品的创作生产，引导出版物市场消费。掌握出版价值引导的概念、了解出版价值引导的必要性、科学运用出版价值引导的方式方法是科学开展出版价值引导的基础。本节将对这三个问题作简要分析。

一、出版价值引导的内涵

出版价值引导这个概念，是随着"十二五"初期我国文化改革发展的不断深化开始引起人们的关注的。2010 年 7 月 23 日，中共中央政治局就深化我国文化体制改革研究问题进行第二十二次集体学习。中共中央总书记胡锦涛在主持学习时强调，深入推进文化体制改革，促进文化事业全面繁荣和文化产业快速发展，要加快文化体制机制改革创新，加快构建公共文化服务体系，加快发展文化产业，加强对文化产品创作生产的引导，推动社会主义文化大发展大繁荣。正是在胡锦涛总书记这一讲话精神的基础上，国家出台了"十二五"期间我国文化改革发展"三加快一加强"的重要指导思想。此后，出版价值引导开始进入出版管理工作者的视野，并进而成为当前我国出版管理工作的重要内容。

那么，到底什么是出版价值引导呢？事实上，到目前为止，这一概念的内涵和外延都还很模糊，并没有形成一个为大家广为接受的定义。本书尝试给出一个定义：出版价值引导，是指党和政府等引导主体借助各种不同的引导手段或工具，以社会主流价值观和主流意识形态干预和影响出版物的创作、生产、发行和阅读消费的一种出版管理活动。这一定义涉及引导的性质、目的、主体、对象和手段等五个基本要件。

1）出版价值引导的性质

出版价值引导，属于出版管理范畴，是党和政府等管理主体针对出版业开展的管理活动。一般而言，政府对于社会化生产活动的管理主要是为了维护社会化生产活动开展的有序性。但是，党和政府对出版业的管理则不仅仅是出于促进出版业有序运行的目的，更是为了确保出版业发展能够坚持正确的方向。出版业作为具有鲜明意识形态属性的一个产业领域，其发展方向是否正确事关重大。因此，各国政府都十分重视对出版业发展的管理。尽管不同国家或地区管理出版业的理念、手段和方式不尽相同，但是，它们都不会放任不管。

从世界范围来看，以价值引导的方式来管理出版业是一种十分普遍的做法。欧美等出版业发达国家，均不设专门的出版政府管理机构。从形式上看，它们对出版业的管理似乎与对一般工商企业的管理没有什么区别。但事实上，它们却在通过"引导"的方式管理出版业。例如，法国基于其所谓"文化例外"考量，给予出版业等文化行业一系列财政、税收与金融优惠政策。在出版物出口方面，这些优惠政策的力度更大。美国政府、日本政府等则经常以"国家安全""文化安全"等为借口，干预出版企业的经营活动等。政策的直接优惠也好，政府的借口干预也罢，其实都是政府对出版业的管理，是政府对出版方向的一种控制。只不过，其管理或控制的方式更为隐蔽，通常以"引导"的方式出现。

作为出版管理范畴的出版价值引导，其管理出版业的方式相对于法律手段和行政手段等更为温和。它通常是以鼓励、提倡或激励等方式来引导出版业按照其意图发展的。因此，不妨将出版价值引导称为对出版业的一种"弱干预"，以区别于其他直接的硬性的干预手段。尽管称其为"弱干预"，但是，这并不能改变出版价值引导的性质，它仍然具有政府出版管理的性质，是政府对出版业发展方向的一种管理。

2）出版价值引导的目的

在阶级社会中，出版价值引导的目的总是与统治阶级的利益直接相关，宣传与传播统治阶级的价值观和意识形态是出版价值引导的根本目的。出版业是党的宣传文化工作的重要阵地，是我国文化事业的重要组成部分。传播社会主义意识形态和社会主义核心价值观是当代中国社会主义出版业肩负的神圣使命，是党和政府对出版业发展的根本要求。然而，在市场经济条件下，经济目标与利益诉求，动摇了出版业的这种使命感和责任感，少数出版单位在强调经济效益的同时忽视了社会效益。这不仅不符合我国出版体制改革的要求，也是严重背离我国出版业发展目的的。出版价值引导，正是希望通过一些相对柔性的管理手段，规制和约束出版单位的经营行为，以确保出版业发展坚持正确的价值导向和出版方向。当前，我国出版价值引导的这一目的具体表现在以下两个方面。

第一，引导出版业坚持"为人民服务、为社会主义服务"的出版方针。"二为"方针既是我党文艺工作的总任务和根本目的，同样也是出版工作的总任务和根本目的。它不是一句空洞的口号，具有十分丰富的内涵。现阶段，坚持"二为"方针就是要坚持贯彻落实习近平总书记在文艺工作座谈会上的重要讲话精神，"坚持以人民为中心的创作导向，努力创作更多无愧于时代的优秀作品"。虽然我国出版业在坚持"二为"方针上总体表现不错；但是，也有一些出版单位放松了这一方针的要求，一味迎合文化消费中与社会主义核心价值体系相悖的庸俗需求。

第二，引导出版业坚持把社会效益放在首位，实现社会效益和经济效益相统一的出版评价标准。坚持把社会效益放在首位，实现社会效益和经济效益相统一，一直以来就是党和政府评价包括出版业在内的文化工作的首要标准。应该说，在出版业走向市场的当下，强调出版业这一绩效评价标准更具现实意义。转企改制后成为独立市场主体的出版单位，一般都基于现代企业制度建立起了以董事长、总经理为核心的"二元"法人治理结构。强调经济效益优先原则、着眼点是股东利益最大化，成为这一法人治理结构的核心价值诉求。因此，不少出版单位不是把社会效益放在首位，而是相反，一味地追求经济效益。显然，这是与我国的出版评价标准相悖的。在这种体制背景下，必须依靠加强出版管理、强化出版价值引导方能将出版业引导到正确的发展轨道上来。

3）出版价值引导的主体

既然出版价值引导是政府的一种出版管理行为，那么，政府无疑就是出版价值引导的主体。但是，从操作层面看，出版价值引导这一管理行为又总是要通过特定的组织或机构来实施或执行。从这个意义上讲，实施或执行出版价值引导的组织或机构才是实际意义上的出版价值引导主体。

出版价值引导主体主要由政府（政府部门）、媒介组织、中介组织、教育与文化机构四类构成。但是，这些主体在出版价值引导中扮演着不同的角色，发挥着不尽相同的作用。其中，政府是出版价值引导的核心主体，通常是以中央和地方的政府出版行政管理部门为主，政府的其他职能部门，如财政、金融、税收等共同参与。政府使用的出版价值引导手段或工具主要有出版行政管理、法律法规等。媒介组织，主要包括报刊、广电和网络等传播机构，是出版价值引导的重要主体。媒介往往借助其传播的价值导向来引导出版物的创作、生产和消费导向。当代社会，大众媒介和新媒体对出版价值的影响力呈明显上升态势。充分利用媒介组织的影响，对正确引导出版价值导向意义重大。出版类中介组织，如出版行业协会、出版信息服务组织等，出于行业自律的目的能够起到规范和约束出版单位和出版业从业人员的重要作用。出版类中介组织引导出版价值的手段主要有出版奖励、出版基金等。教育与文化机构，如学校、图书馆等，具有与出版机构类似的社会功能，它们主要通过影响大众的文化消费来影响或引导出版价值。

作为出版价值引导的主体，上述四类组织或机构各自的功能定位各不相同。只有它们彼此密切配合，才能有效履行出版价值引导的完整职能。因此，在我国出版价值引导机制建设中，应该科学区分各类主体的功能定位，建立起能够充分发挥各自优势与特长的出版价值引导主体体系。

4）出版价值引导的对象

出版价值引导的对象，是出版价值引导的客体，是出版价值引导主体试图影响或作用的对象。出版价值引导的效果终究是通过引导对象来体现的。在出版价值引导机制的建设中，出版价值引导对象处于十分重要的地位。出版价值，形成于出版物的创作、生产和发行过程中，并作用于读者或公众的出版物消费。因此，出版价值引导的对象也就具体涉及出版物的作者、出版单位、发行单位以及读者或公众四类客体。

　　创作是出版的前提，作者是出版价值的主要创造者。作者的世界观、价值观和人生观，作者创作的立场、观点和方法等决定了出版物作品价值的性质和价值的高低。因此，出版价值引导首先必须瞄准出版物的作者这一关键对象。在出版价值引导体系中，作用和影响作者的机制或手段主要包括创作的宏观社会环境、教育因素、作品评价机制和文化消费因素等。积极向上的社会政治文化环境，有利于催生或成就伟大的作品。完备的教育目标及教育内容体系，有利于作者树立正确的世界观、价值观和人生观。科学的作品评价机制，有利于优秀作品脱颖而出。积极健康的文化消费需求，则有利于遏制低俗读物的流行并带动优秀读物的畅销。可见，从作者这一引导主体视角来看，营造积极向上的社会政治文化环境、建立完备的教育目标及教育内容体系、建立科学的作品评价机制和培育积极健康的文化消费需求，都是实现出版价值引导的途径。

　　出版社是出版物产品的直接生产者，它通过确立出版选题、审读、编辑加工等环节参与出版活动，创造出版价值。出版社的经营理念、出版流程管理、绩效评价体系等是直接影响出版价值创造的三个重要因素。首先，只有科学的出版理念，才能成就具有重大社会价值或意义的出版行为，生产出更多优秀的出版物产品。因此，全社会都应该高度重视出版单位的出版理念建设。出版行政管理机构、出版行业协会和媒介组织等，都可以为科学的出版理念建设贡献各自的力量。其次，建立严格规范的出版流程管理是确保出版物内容质量的有效举措。对选题、审读、编辑、加工和印制等各个环节进行严格规范，避免出现出版物内容质量问题。出版行政管理机构和行业协会可以通过建立相关制度引导出版单位进一步规范出版流程。最后，建立社会效益优先的绩效评价体系对于引导出版单位关注出版价值具有重要意义。对此，唯有政府出版行政管理机构可以发挥一定的作用。

发行单位则是通过出版物的销售和推广来服务出版业的发展，它创造的是出版物产品的分销和推广价值。在出版物产品供过于求的市场条件下，发行单位卖什么书，重点宣传什么书，都能一定程度上反映其出版经营价值观念。因此，引导发行单位多卖好书、重点宣传优秀出版物应该成为一种社会共识。在这一方面，政府、出版发行行业中介和媒介组织都可以发挥各自的引导功能。

读者或公众是出版物产品的消费者，其阅读消费的价值取向直接影响着作者的创作取向、出版社的出版取向和发行单位的销售取向。只有积极健康的阅读消费需求，才可能带动积极健康的创作、出版和发行。由于读者的阅读消费取向，除了自身教育背景外，主要受制于社会的文化消费环境和媒介舆论环境。因此，政府和各类文化组织可以通过健康的文化环境营造、媒介组织可以通过积极的舆论环境营造充分发挥各自的作用和功能。

5）出版价值引导的工具与手段

出版价值引导主体作用于出版价值引导对象，必须借助特定的工具与手段。所谓出版价值引导的工具和手段就是指引导主体作用于引导对象的各种载体，是荷载引导主体意图、影响引导对象行为的各种载体形态。可以作为出版价值引导工具和手段的载体多种多样。概括起来讲，大致可以分为经济手段、传播手段、评价手段和管理手段四大类。

经济手段，是指政府用以调控产业运行的财政、税收、金融等经济杠杆，它是国家宏观调控的主要手段。众所周知，在市场经济条件下，市场是配置资源的主要手段。在价值规律的作用下，经济效益的高低成为各类社会资源流向的主要依据。经济效益高的产业领域往往较容易吸纳社会资源，而社会效益显著但经济效益相对较低的产业领域却难以吸纳到所需要的社会资源。包括出版在内的文化生产并非以创造经济效益为唯一目标，因此，许多社会效益良好而经济效益欠佳的出版领域长期得不到社会生产资源的有效补给，从而导致整个出版产业忽视文化性而朝着趋利化的方向发展。为克服市场资源配置的不足，引导出版业健康发展，政府必须采用财政、税收、金融等经济杠杆调节出版资源的配置。通过制定相应的出版财政、税收、金融优惠政策，以解决社会效益良好而经济效益欠佳的出版领域的资源短缺问题。

传播手段，是指具有议题设置、舆论引导和社会教化功能的报刊、广播、电视和网络等传播媒介，它是一种社会化的引导手段。与经济手段相比，传播手段的引导功能具有间接性、隐蔽性和广泛性等特点，它是通过设置传播议题、引导社会舆论和教化社会公众等间接方式来潜移默化地影响受众的观念和行为的。现代社会，媒介的力量越来越大，被称为具有"塑造历史和社会的隐蔽力量"。对于出版物的创作、生产和阅读消费而言，传播媒介同样具有巨大的影响。因此，借助传播手段引导出版价值具有重要意义。

评价是管理工作的前提和基础。只有科学的评价，才有科学的管理。无论是质量评价、效益评价，还是评优评先，都是服务于科学管理的。评价手段也是出版价值引导的重要工具或手段。在出版价值引导活动中，常见的评价手段主要有图书评论和出版奖励。其中，图书评论是一种学术评价工作，部分具有质量评价的属性。优秀的图书评论对读者的阅读消费具有很好的引导作用。出版奖励是对优秀出版物作品、出版单位和出版人的一种甄选和激励，属评优评先范畴。出版奖励可以通过树立典范或标杆对出版同行起到一定的示范或引导作用。因此，建立有效的出版评价机制，也应该成为出版价值引导机制建设的有机组成部分。

这里的管理手段，特指政府的出版行政管理和出版行业协会的行业管理。尽管不少国家没有设立专门的出版行政管理机构，但这并不意味着就没有出版行政管理，只不过是其出版行政管理的职能分算在政府的其他行政部门。我国则设有专门的出版行政管理机构，这对于促进和规范出版业的发展很有意义。出版行政管理主要是运用行政命令、指示、规定等措施来调节和管理出版活动。行政手段具有较强的强制性，如果运用得当，效果很好。行业协会的行业管理，是一种行业自律手段，主要目的是规范行业行为、协调同行利益、促进公平竞争和维护行业正当利益。出版行政管理和出版行业管理，均可服务于出版价值引导活动，对于出版价值引导建设能起到很大的促进作用。

二、出版价值引导的必要性

如前述，出版价值引导是党和政府以社会主流价值观和主流意识形态干预和影响出版物的创作、生产、发行和阅读消费的一种出版管理活动。那么，在市场经济条件下，党和政府为什么要通过各种手段干预或影响出版物产品的创作、生产和消费呢？事实上，马克思主义、经济学和管理学的相关理论早就从不同的角度回答了这个问题。

首先，马克思主义经济基础与上层建筑关系的基本理论是政府引导出版价值的哲学基础。例如，中国传媒大学罗贵权教授运用马克思主义经济基础与上层建筑关系的基本理论分析了文化产业必须坚持社会效益优先的必要性。他认为："社会主义文化属于上层建筑中的意识形态范畴。这就决定了必须坚持正确的思想舆论导向，必须用社会主义主流意识形态和社会主义核心价值体系来武装头脑，创作出贴近实

际、贴近生活、贴近群众的，反映人民主体地位和现实生活的优秀
精神文化产品。只有这样做才能促进社会主义经济基础的巩固和发
展。"他进一步指出："始终把社会效益放在发展文化事业和文化产业
的首位，是我们党在新时期对上层建筑适应经济基础发展状况的规
律的创造性运用。"[1] 出版业是文化产业的核心组成部分，它必须坚持
社会效益优先原则。马克思主义经济基础与上层建筑关系的基本理
论正是出版价值引导的哲学基础。

其次，经济学中的"市场失灵"、劣币驱逐良币的"格雷欣法
则"与政府规制理论等也都为此提供了学理支持。著名经济学家、
西南财经大学名誉校长刘诗白教授对此进行过深入系统的研究。刘
诗白认为，市场配置资源的积极功能是通过优胜劣汰的竞争规律来
实现的。竞争与优胜劣汰的市场规律鲜明地体现在物质生产领域中。
但是在商品性文化生产中往往存在次品重复生产，市场上次品充斥
甚至劣品泛滥的现象——这是商品性文化生产中一种难以消除的趋
势，显示物质产品生产中的优胜劣汰规律对文化生产并不是充分有
效的。商品性文化生产中出现的"庸品排挤良品"和"市场失灵"
现象，其深层根源是商品性文化产品的内在矛盾：艺术价值、社会
价值与商品价值的矛盾。这一矛盾的表现是文化生产中一些创作者
往往会产生将商业价值追求超越和脱离艺术价值、社会价值创造这
一精神生产本质目标的非理性行为。文化工作者陷入"市场陷阱"，
抛弃和失去了人类灵魂工程师的崇高职责，将严肃的精神生产变成
了一般营利活动。文化生产由此出现"畸化"，偏离了正轨。市场机
制对文化生产来说是一把双刃剑。它既是促进文化生产发展的有力

---

[1] 罗贵权：《把社会效益放在文化产业的首位》，《人民论坛》2008 年第 9 期。

杠杆，但也有诱发文化艺术活动"畸化"的负效应。[1] 因此，强化政府对文化生产的规制就显得十分必要。显然，这为出版价值引导提供了充分的经济学理论支持。

最后，管理学中的企业伦理思想、社会营销哲学等也为出版价值引导提供了有力的学理支持。企业伦理是企业管理中的一个重要流派，它强调企业行为不仅具有经济价值，还必须具有伦理价值。企业在追求经济目标的时候，往往不由自主地将获利作为衡量行为价值的唯一尺度，于是为了实现利润最大化不惜损害他人或社会利益的行为在现实生活中时有发生。这说明企业行为需要伦理目标的调节和制约。企业行为不仅不能违背以法规形式体现出来的经济活动规则，而且要进一步以伦理准则来约束自己，主动实现道德自律。这一理论显然为出版企业通过自律方式避免违背文化目标、为政府出于社会文化建设目的干预出版企业行为提供了有效的理论支撑。管理学中的社会营销哲学是基于消费者和整个社会的长远利益发展起来的一种具有普遍意义的工商哲学理念。出版社属文化企业，应该奉行社会营销哲学理念，一味地迎合那些庸俗、低俗、媚俗的需求不符合公众利益和整个社会的长远利益。按照公众利益和整个社会的长远利益组织图书产品出版才符合社会营销哲学的要求。显然，这就为基于消费者和整个社会的长远利益来干预或引导出版活动提供了学理支持。此外，文艺理论、传播学、出版学及文化产业管理理论等也不同程度地涉及出版价值引导的学理依据问题，此处限于篇幅不作述评。

---

[1] 参见刘诗白：《论现代文化生产（上）》，《经济学家》2005 年第 1 期；《论现代文化生产（下）》，《经济学家》2005 年第 2 期。

三、出版价值引导的方式

出版价值引导是出版价值引导主体作用于出版价值引导对象的过程。然而，在出版价值引导对象中，出版单位和发行单位都是独立的出版市场主体，出版物产品是通过市场交换实现其价值的商品，读者则是纯粹的出版物商品消费者。引导主体在作用于引导对象时，既不能违背出版物生产活动的基本规律，又要达成引导的目的，是一项难度极大的工作。出版价值引导工作主要有以下几种主要的方式与方法。

1. 鼓励与倡导

作为一种出版管理活动，出版价值引导最常见的管理方式就是鼓励和倡导。从宏观层面讲，党和政府制定的各种文化事业和文化产业发展政策大多是以这种方式来引导包括出版业在内的文化产业的发展的。例如，我党的文化工作"为人民服务、为社会主义服务"的"二为"方针以及把社会效益放在首位，坚持社会效益和经济效益并重的"双效"评价标准等都是以鼓励和倡导的方式对包括出版业在内的文化产业发展的正面引导。此外，出版行政管理机构所制定的出版业发展规划和相关出版产业政策等，也经常采用鼓励与提倡的方式引导出版业发展。例如，在国家新闻出版总署制定的《新闻出版业"十二五"时期发展规划》中，在其不同的目标任务下就有诸如，"鼓励有条件的新闻出版企业跨区域跨行业跨所有制经营和重组""鼓励内容创新""鼓励和支持企业技术研发与改造"等鼓励与倡导性的措施。一般而言，采用鼓励和倡导方式的引导主体，通常是政府管理机构。与其他管理方式相比，鼓励和倡导方式的柔性较强、约束力较弱。但是，由于它主要是政府经常使用的一种管理手段，它往往会与其他手段有机地结合在一起被使用，因此，其引导效果不可低估。

2. 激励

激励是通过奖励先进，树立典型，以示范同行，影响社会，是一种导向性很强的正面管理方式。出版价值引导的各类主体，几乎都可以运用这一引导方式。事实上，这一方式在我国出版价值引导中也得到了相当广泛的应用。例如，国家新闻出版行政管理部门设立的"中国出版政府奖"、全国出版工作者协会设立的"韬奋出版奖"、百道网和百道新出版研究院组织的"中国好编辑"评选活动、新浪读书频道的"中国好书榜"以及一些高等学校或图书馆定期发布的"推荐书目"等，都具有不同程度的激励效果。作为一种出版价值引导方式，激励具有多个方面的功能：一是奖励获奖对象，进一步刺激其工作热情和积极性；二是示范同行，为同行出版单位或出版人提供一个可以学习的标杆或榜样；三是影响社会公众，获奖作品或推荐书目与畅销书榜的上榜图书往往会刺激读者的购买或消费。因此，充分利用好激励方式对于出版价值引导可以起到很好的效果。

3. 资助或补偿

资助或补偿是一种经济管理手段，它是对特定出版机构、出版物或出版环节以税收优惠、财政补贴或基金资助等方式给予的一种经济支持。在出版价值引导工作中，使用资助或补偿方式的主体主要是政府的财税部门和出版类基金会等。例如，包括我国在内的不少国家和地区均对学术著作出版、盲文图书出版、对外图书出版、图书零售等给予相当可观的税收减免，对大型文化出版工程、优秀出版项目等以出版基金的方式给予直接的财政补贴或基金资助。在市场经济条件下，出版单位是独立的市场主体，只追求社会效益而不顾经济回报的经营行为不仅不符合市场规律和企业的目标追求，而且也难以持续。只有在追求社会效益的同时，还能获得相应的经济回报，出版单位才有进一步追求社会效益的积极性和可能性。因此，在市场经济条件下，应该进一步强化对资助或补偿方式的有效使用。

4. 限制

所谓限制，是指国家基于文化安全与文化导向等方面的考虑，针对出版单位、出版人和出版物设定相应的准入条件以限制不符合条件者的进入。在出版市场管理中，常见的限制方式主要有：一是针对出版单位的资质限制。例如，我国《出版管理条例》规定，设立出版单位需要"报国务院出版行政主管部门审批"，并规定了设立出版单位应该具备的六个方面的条件。二是针对出版人的资质限制。《出版管理条例》强调，根据有关规定对出版从业人员进行管理。其中，具体包括针对新闻出版行业领导，如出版社社长、总编辑等的"持证上岗制度"和针对出版专业技术人员的"职业资格制度"。根据上述规定，只有获得了相应资质的人员，才能上岗从事相应岗位的出版工作。三是针对出版物的条件限制。在出版环节《出版管理条例》规定了禁止含有特定内容的出版物的出版，总计包括10种情形。同时，对重大选题还要求实行选题备案制度，未备案的重大选题不能出版。在出版物发行和进口环节，也有针对出版物内容的明确规定。国家出台的限制措施对于促进出版业的健康发展显然是有积极意义的。

5. 惩罚

出版管理中的惩罚，是对违反相关制度或规定的出版单位或出版人给予的一种制裁。其执行主体是国家司法或行政机构。惩罚大致包括法律处罚和行政处罚两种类型。对出版活动中的违法行为，依据法律规定，依法追究责任人的法律责任。对违反相关制度或规定的出版单位，处以停业整顿、没收出版物和违法所得、罚款，直至吊销许可证；对违反相关制度或规定的责任人也要给予相应的行政处罚。在出版实践活动中，不仅有违反规定的经营行为，而且也有不少涉及出版内容导向的行为。其中，后者正是与出版价值引导直接相关的。严格惩罚措施、加大惩罚力度，有利于防止或杜绝违法违规行为，有利于出版市场的健康发展。

第二节　出版价值引导主体

出版价值引导是出版价值引导主体运用一定的引导工具和手段，对特定对象的出版价值创造活动进行引导的一系列过程。在此过程中，引导主体是进行出版价值引导的承担者和实施者，居于核心地位。明确出版价值引导主体的构成、职能及其作用方式，是发挥出版价值引导机制、推进我国出版业繁荣有序发展的先决条件。出版价值引导主体主要由政府、媒介组织、中介组织、教育与文化机构四类构成。

一、政府

如前所述，出版价值具有鲜明的时代性和阶级性，任何时期的出版价值都是统治阶级主导形成的体现国家意志的产物，政府作为国家意志的象征体和行为体，在出版价值引导方面责无旁贷，是进行出版价值引导的主导力量，是出版价值创造活动的基本引导主体。具体来说，国家新闻出版广电总局等出版行政管理部门，以及中宣部、文化部、财政部、公安部等相关职能部门，是构成政府这一基本引导主体的具体实施者。

政府进行出版价值引导的主体职能主要体现在三个方面：一是确立出版导向，正所谓"价值取向是多元的，价值导向却是一元的"，政府的首要职能就是确立这种一元的出版价值导向。在当代社会主义中国，一元的出版价值导向就是指最符合广大人民出版价值需要的出版价值效用的集合，高度凝练为当代社会主义出版价值体系的内核。政府通过价值表述和权威确认，塑造并传播意识形态，形成广泛认同的社会主流价值，在此基础上衍生出作为某一细分领域的出版价值导向，最终达到以一元出版价值导向引领多元出版价值取向的目的。正因价值导向的确立属于意识形态顶层设计的范畴，政府才责无旁贷成为发挥这一主体职能的唯一选择。具体来说，中宣部、文化部和新闻出版广电总局是履行导向职能的重要推手，中宣部和文化部在国家整体文化方针层面对全体社会文化部门所应共同遵守的价值规范做出权威性表述，新闻出版广电总局和地方各级出版管理部门再根据国家总体文化布局进行契合出版业发展的出版价值导向的具体阐发，从总体到局部、由抽象到具体，内化为当代社会主义出版价值体系的出版导向就是循着这一逻辑确立下来的。

二是优化出版资源配置。市场与政府是资源配置的两种基本手段，鉴于出版产品具有的公共品属性和外部性特征，市场对出版资源的配置极易出现效率低下甚至失灵现象，因而有必要发挥政府宏观调控、防治市场失灵的职能，优化出版资源的配置。就出版产品创作生产的现实情况而言，出版领域大量存在的"三俗"问题，正是由于市场在资源配置上的失灵所导致，这也就决定了出版产品的创作与生产不能完全交给市场，需要政府的适度干预与引导。因此，政府的主体职能之二在于优化出版资源配置，引导出版资源流向市场所需的、符合当代社会主义出版价值体系的生产部门，以促进我国出版业的大发展、大繁荣。具体来说，中宣部、新闻出版广电总局和财政部是政府优化出版资源配置的基本力量，一方面对某些经济效益不足而社会效益明显的出版领域，如专业出版、少数民族语言、盲文等公益性出版，中宣部、新闻出版广电总局联合财政部、科技部等，对这类公益性出版和其他精品出版项目进行政策扶持和财政补贴，促进出版资源的正向流动；另一方面对部分盲目生产甚至"三俗"生产领域，行政管理部门可起到规范市场行为、抑制出版资源流动的作用。由于市场具有一定的盲目性，会导致一定时期内某类出版产品的盲目生产与泛滥，进而滋生大量文化废品。同时，市场总是趋利的，在这个"娱乐至死"的时代，出版产品的泛娱乐化倾向日益突出，这就需要政府加以引导，规范市场生产活动。

三是对偏离出版导向的出版活动进行行政规制甚至司法干预。出版业在社会文化生活中扮演着重要的意识形态塑造与传播角色，纵观世界各大出版强国，无不高度重视出版的意识形态属性、奉行文化例外政策。即便是在号称自由市场的美国，当出版市场活动与国家意志相冲突时，也会毫不犹豫进行行政、司法干预。而在当前我国出版业市场体系尚不健全、社会转型时期主流价值尚需强化的现实背景下，对偏离社会主义出版价值体系、危害出版业健康发展甚至文化建设的出版活动，就更应该发挥政府引导职能，积极进行行政规制和司法干预。如全国"扫黄打非"办公室不定期开展的"扫黄打非"行动，就是由中宣部、政法委、新闻出版广电总局、公安部等27个部门组成的全国性执法活动，其根本宗旨就在于净化出版市场环境、打击偏离正确出版导向的出版违法活动，使污染文化环境、破坏社会安定、危害国家安全的非法出版物制作、流通行为得到有效遏制，引导出版价值创造活动回归正确导向。

　　为切实履行上述三大职能，政府可使用的引导工具和手段主要有财政、税收、金融和行政管制。财政、税收和金融作为国家宏观调控的工具主要以政策的形式发挥作用。作为财政政策的一个重要部分，税收政策往往与财政政策并称为财税政策。金融可以理解为资金的融通，其本质是价值的流动，国家通过中央银行制定金融政策，采用各种方式调节货币、利率和汇率，利用金融工具，影响资金的融通和价值的流动，以实现宏观调控和价值引导。出版市场中广泛存在的外部性现象和出版物的公共品属性为政府进行财税金融引导提供了理论依据，财政补贴和税收减免是政府常用的资助公益出版、扶持出版产业的经济手段，而金融引导出版价值则可以从两方面入手：一方面，有效解决金融资本流入出版产业的问题，即金融融资问题；另一方面，有效引导金融资本流入"优质"出版企业和符合出版价值导向的"优质"出版项目，即金融导向问题。通过财政、税收和金融工具的合理使用，政府最终实现其弥补市场失灵、优化出版资源配置的引导功能。

　　除了财税金融等经济手段，行政管制也是政府适用的重要引导工具。且就应对市场失灵的效果而言，行政管制往往来得更加直接、迅速，这也是管制经济学得以形成发展的原因之一。作为政府进行宏观管理的主要手段之一，行政管制是国家机关和政府职能部门凭借行政组织权力发布命令、计划、规定、意见、决定、通知等，对社会进行直接管理的方式。在我国，党和政府的宣传部门是出版行政管制的主要主体，当前实行中央统一领导下的分级、分类管理制度，其根本目的是用正确的出版价值导向引导出版业发展，以主流意识形态引领包括新闻出版产业在内的各项文化产业和事业的发展，积极行使文化领导权。根据管制经济学理论，政府可以从企业准入限制和产品质量限制两方面，规范、引导文化工作者及文化单位的创作生产活动[1]。就出版业而言，政府利用行政管制进行出版价值引导主要通过出版单位的设立许可和出版物的内容管理两个方面来实现。在出版单位设立方面，实行严格的市场准入制度，根据《出版管理条例》第十一规定，设立出版单位必须具备"有出版单位的名称、章程""有符合国务院出版行政部门认定的主办单位及其主管机关""有 30 万元以上的注册资本和固定的工作场所"等条件；在出版物内容管理方面，则实行了选题备案制度和书号管理制度，确保了党对出版工作的意识形态领导权。此外，出版规划和出版奖惩也是政府进行出版行政管制的重要方式，为切实贯彻落实党的文化建设精神，我国出版行政管理部门把对文化精品的出版工作作为重中之重，将科学编制、有效实施和动态管理"十二五"国家重点出版物规划，作为推动精品生产，打造中华民族文化品牌的重要举措。同时，为鼓励优秀出版人和精品出版物创作，政府还设立了多种出版奖励，以表彰评奖的形式对出版价值进行引导，如中国出版政府奖；与之相对，对违反政策规定、背离社会主义出版价值体系的出版行为，出版行政管理部门也会予以行政处罚，部分情节严重的违法行为还将诉诸司法程序。

二、媒介组织

任何意识形态只有被社会大众广泛认可，才能成为具备黏合剂功能的核心价值观，出版价值作为意识形态的一种，也不外如是。正如英国学者汤普森在《意识形态与现代文化》中所指出的：意识

---

[1] 丹尼尔·F. 史普博著、余晖等译：《管制与市场》，格致出版社 2008 年版，第 53 页。

形态被视为一种"社会胶合剂",而大众传播则被认为是一种特别有效的涂抹黏胶的机制[1]。可见,意识形态内化为全民认同的价值观,必须经历一个"形成—传播—认同"的过程,而媒介组织就是传播意识形态(或曰出版价值)的绝佳载体。基于此,本书认为,媒介组织也是出版价值的重要引导主体,包括报刊、广电和网络三大媒体类型。需要指出的是,报刊、广电、网络作为媒介组织一方面是引导出版价值创造活动的主体,另一方面作为传播手段也是进行出版价值引导的工具。

媒介组织引导出版价值的主体职能集中表现在媒体天然具有的"把关人"、议程设置和意见领袖的功能。美国社会心理学家卢因指出,"信息总是沿着含有门区的某些渠道流动,在那里,或是根据公正无私的规定,或是根据'守门人'的个人意见,对信息或商品是否被允许进入渠道或继续在渠道里流动做出决定"[2]。在大众传播领域,媒介组织就扮演着"把关人"的角色,对流向市场的出版产品进行把关、过滤和筛选,犹如一张"过滤网"将不符合出版价值导向的出版产品筛选出来挡在门外,决定了什么样的出版产品能够被传播给受众,对受众的出版价值需求与出版产品消费具有积极影响,同时还能够间接告知出版工作者与出版单位应该创作、生产什么样的出版产品,以此来刺激、引导其响应市场需求生产适销对路的出版产品。由此可见,对流入出版市场的出版产品进行把关和筛选,是媒介组织的主体职能之一。

议程设置的理论雏形最早由美国学者沃尔特·李普曼在《舆论

---

[1] 约翰·B. 汤普森著、高铦等译:《意识形态与现代文化》,译林出版社 2013 年版,第 230 页。

[2] Wikipedia.Gatekeeper, https://en.wikipedia.org/wiki/Gatekeeper

学》一书中提出，"新闻媒介影响'我们头脑中的图像'"[1]；1972 年马尔科姆·麦肯姆斯和唐纳德·肖在对李普曼的思想进行实证研究之后，得出了议程设置的完整表述，"大众传播媒介在一定阶段内对某个事件和社会问题的突出报道会引起公众的普遍关心和重视，进而成为社会舆论讨论的中心议题"[2]。简而言之，媒介组织在决定社会大众"想什么"方面取得了惊人的成功。媒介组织基于其对社会舆论的影响力，通过设置弘扬正确出版价值导向的文化议程引导社会文化舆论焦点的形成，并潜移默化地影响、塑造公众的文化审美与认知，推动形成积极健康的社会文化舆论，而社会文化舆论也决定着包括出版产品在内的文化产品创作生产者的价值取向。因此，将反映出版价值导向的文化议程设置为大众"头脑中的图像"并潜移默化影响读者和作者及出版单位的价值取向，是媒介组织的主体职能之二。

意见领袖一般是指在传播体系中具有较高信息说服力和权威性的个人或组织，出版价值在由一般意识形态上升为普遍认同的价值观的传播过程中，遵循着"大众传播—意见领袖—普通受众"的模式，而媒介组织作为信息传播的中介，就具备了成为意见领袖的可能。在媒介组织内部，依据公信力的大小本身存在着分级现象，权威性较强的媒介组织通常能够影响权威性较弱的媒介组织，成为广泛影响全体社会大众的意见领袖。意见领袖对自己先期接收到的信息进行加工与阐释、扩散与传播，正是为了释放其对追随者或被影响者的态度和行为起支配、引导的功能，不仅影响着追随者说什么、想什么、做什么，而且还支配着他们怎么说、怎么想、怎么做。如前所述，媒介组织既是出版价值引导主体，也是出版价值引导的工具与手段，相对于政府

---

[1] 沃尔特·李普曼著、林珊译：《舆论学》，华夏出版社 1989 年版，第 158 页。

[2] 甘惜分主编：《新闻学大辞典》，河南人民出版社 1993 年版，第 93 页。

来说，又是被引导对象，如果能够凭借政府的权威确认塑造一批具有较高公信力的媒介组织（如党报），帮助其掌握意见领袖能力，可以想见，必将极大地促进包括正确出版价值在内的核心价值观的传播与认同。由此，占据意见领袖的制高点、掌控出版价值传播的主导权，是媒介组织的主体职能之三。

　　媒介组织对作者、出版者和社会大众的引导职能的发挥是建立在媒体有着高度的道德自律、能自觉践行社会主义核心价值观的假设之上的；然而，在现实生活中，媒体很多时候非但未能引领社会文明风尚，反而对一些假丑恶现象推波助澜。这就需要切实加强媒介组织的自身建设，强化对媒体的监管与引导，提高其媒介素养，严格行业自律，从而发挥媒体引导出版价值创造活动的功能，使其肩负起抵制"三俗"之风的"守门人"和意见领袖职责。为此，可以从以下几方面入手：一是提高媒体从业人员的职业素质与道德操守，使其从根本上自觉承担起抵制庸俗、低俗、媚俗之风，弘扬社会文化风尚，践行社会主义核心价值体系的责任。二是严守媒体的文化把关功能，严格把关出版产品的内容、方向的质量，最大限度防止出版庸品的传播，净化出版市场。这就需要一方面在媒体内部建立对出版产品创作、生产、传播进行审查引导的制度机制，另一方面还需引入政府监管和社会监督，规范其把关行为。三是加强对文化领域的宣传报道，引导社会文化的方向与风尚，推动形成文化规范的力量与社会意义。梅尔文·德弗勒在 1966 年出版的《大众传播理论》一书中，就提出了大众传播媒介能够形成一种道德的文化的规范力量。而媒体文化规范作用的实现，是以媒体舆论领袖地位为前提的。这就需要媒体树立人文关怀的社会责任，同时摒弃过度娱乐化和哗众取宠的话语体系，构建亲民化、大众化的话语体系，构筑其意见领袖地位。

三、中介组织

出版中介组织是指那些介于出版行政管理部门和出版企业之间，为出版的生产和经营者提供各种中介服务的组织，主要包括出版行业协会、出版信息咨询及外包服务公司等[1]。根据市场中介组织理论、第三部门理论和公民社会理论，出版中介组织可分为两类：出版行业协会是非营利性的自我服务、自我管理的出版单位自主联合体；其他为出版企业提供信息咨询服务、版权代理服务及装帧策划服务的外包服务公司则属于营利性的社会机构。但不管是何种类型，出版中介组织最显著的特征就是其独立于第一部门（政府）和第二部门（企业），具有沟通政府和企业的桥梁纽带作用，因而能够弥补政府职能的不足，是进行出版价值引导的重要社会力量，也是出版价值创造活动的引导主体之一。

出版中介组织具备如下主体职能：一是促进信息交流。包括政府和企业、企业和企业之间的信息交流，一方面作为沟通政府和企业的桥梁，出版中介组织最基本的职能就是上传下达，将党和国家的政策、方针及出版行政管理部门的指令、意见及时传达给出版企业，确保由国家意志决定的出版价值导向贯彻落实到出版价值创造主体的出版活动之中；另一方面，作为出版企业的服务者，提供信息服务是出版中介组织很重要的职能之一，行业内部的资讯、动态有赖于出版中介组织（主要是出版信息咨询及外包服务公司）进行传播与扩散。同时由出版中介组织（主要是出版行业协会）牵头组织各类行业交流活

---

[1] 朱建伟：《建立出版中介组织的问题与对策》，《苏州大学学报（哲学社会科学版）》2006 年第 4 期。

动，也是促进企业间信息交流的重要方式。二是制定行规行约。在科学研究中，被某一学科内全体研究人员所共同认可的理论和原则称为"范式"；在实践性的行业内部，同样有着所有从业人员共同遵守的规范和标准，即行规行约。出版中介组织就承担着制定出版行业行规行约的职责，包括技术性的行业标准和道德性的行业规范。虽然政府通过法律规定和行政命令的手段同样可以达到确立行业准则的目的；但政府手段往往只能规定行业内部较宏观、普遍的技术范式，对涉及从业人员观念、操守的行为范式鞭长莫及，此时出版中介组织身为第二部门"调停人"的角色就发挥作用了。由于出版中介组织本身是以出版企业自主联合或者服务者的形式构建起来的，通过这种自我管理、自我服务、自我监督的方式确立下来的行规行约就具备了政府所不及的弹性和适宜性，尤其是在涉及价值观念的出版导向塑造方面，中介组织更具有天然的优势。三是进行认证和激励。行业标准和行为规范确立之后，就需要按照规约对出版单位及个人的价值创造活动进行评判，对表现优异、能自觉践行正确出版价值导向的出版单位和个人，可予以资质认证和激励。其中资质认证包括针对出版单位的出版许可和个人的出版职业资格认证，激励主要是指对出版单位及个人的资助和奖励。通过设立行业标杆，使旗帜鲜明的出版导向和风清气正的行业规范内化到全体出版工作者的理念及行动中来。

通过上述对出版中介组织的主体职能阐述，可以看到，出版评奖、出版基金和行业管理是出版中介组织可用的主要引导工具与手段。出版评奖是由特定的组织，依据正式的奖励章程和评价标准，按既定的评奖运作程序评选出优秀出版物、优秀出版单位及个人的活动，按照评奖主体的不同通常可分为政府奖励、行业协会奖励和企业奖励。其中政府和行业协会是最主要的评奖主体，且政府奖励往往依托于行业协会进行组织与承办，因此以出版行业协会为代表的出版中介组织在出版评奖活动中扮演了极其重要的角色。中介组织通过出版评奖对出版产品进行甄别、评选，树立起出版产品创作生产的典范，继而通过对出版典范的奖励、褒扬引领出版工作者积极向获奖作品看齐，是一项以精神激励为主、物质激励为辅的认知强化制度。与之相对，出版基金则更侧重对出版单位及个人的经济激励，中介组织作为我国出版基金的设立主体之一，通过这种直接资助较好地保障了公益性出版项目的开展，促进了出版资源向导向正确、社会效益高的出版用途上流动，起到了引领示范出版价值创造活动的作用。此外，行业管理更是出版中介组织最重要的引导工具，在当前"小政府、大社会"的国家治理结构改革背景下，以行业管理为依托的行业协会逐步成为承接政府职能的后备力量。如前所述，出版行业协会是自我管理、自我服务、自我监督的出版单位的自主联合体，在推动行业发展、制定行规行约方面卓有建树。行业管理作为政府行政管理的有益补充，对出版物内容的价值引导和正向舆论导向环境的形成起到了重要的辅助引导作用。

综上所述，出版中介组织作为沟通政府与企业的社会组织，既能弥补政府职能的不足，同时也能纠正市场的缺陷，因而成为出版价值引导的重要主体。然而，由于我国出版中介组织的半官方性质及其职能的缺失，导致其引导作用的发挥受到限制，以行业协会为代表的出版中介组织的地位和功能长期被忽视。为此，应大力加强出版行业协会改革的力度，进一步解放思想、创新机制，通过加强行业协会组织机构自身建设，使出版行业协会的行业管理作用，尤其是价值引导作用得以实现。应借鉴国外先进经验，进一步推进出版行业组织改革，理顺关系，发挥行业管理的作用。积极倡导由行业资深从业者和专家、机构组成的出版行业协会立足本行业，制定行业标准、自律规范，从而实现对出版业的服务和监督。通过行业活动、行业激励以及行业监管等各种手段进行出版价值引导，进一步完善对出版价值引导的宏观管理，弥补行政管理效率低下、管理成本过高等现实问题。

四、教育与文化机构

从确立到传播，再到认同、践行，出版价值的引导归根结底是一项改造人心的工程。无论是作为国家意志化身的政府，还是以意见领袖身份出现的媒介组织，抑或是承担行业管理职能的中介组织，都只能针对价值引导的某一阶段发挥特定作用，无法做到春风化雨、润物无声，将出版价值内化到每一个出版工作者和普通读者心中。而学校、图书馆等教育与文化机构是进行全民教育和文化熏陶的场所，具有潜移默化塑造大众观念的作用，在出版价值引导方面具备其他三类主体不可替代的教化功能，因而教育与文化机构也是进行出版价值引导的重要社会主体。

相对于其他引导主体而言，教育与文化机构具有间接性、渗透性的特性。不同于财政税收、舆论宣传、文艺评论与评奖等引导手段，对出版产品创作生产者的市场经营行为会起到明显直接的激励或抑制作用，教育文化机构利用教育天然具有的净化人心、移风易俗的作用塑造社会公众的文化审美、价值追求，间接起到规范、约束出版产品创作生产者及其行为的作用。作为一种社会文化现象，"三俗"问题及其他偏离正确出版导向的现象具有广泛性、深刻性、复杂性等特点，以政府直接调控为中心的引导手段确实在很大程度上可以起到立竿见影的效果；但这种带有强制性的引导方式往往容易呈现出时效性短、刺激性强的弊端。而教育机构所具备的渗透性特征可以引领整个社会风气、文化氛围，深入到社会生活的方方面面，形成一种强调"治本"而非"治标"的长效机制。

学校是最主要的文化教育组织，通过开展常规的教育活动，能够提高公众的文化素养与文化审美水平。从熏陶公众的文化品味、增长公众文化知识的角度而言，图书馆、博物馆、艺术馆、文化馆等公共文化服务机构也属于广义的教育与文化机构，通过开展公共阅读活动、文化展览、艺术汇演等公共文化活动，能够引导公众阅读、提升公众的文化审美情趣。此外，图书馆的引导作用除了表现为促进全民阅读，还能以馆配图书的方式直接影响出版企业的创作生产活动。近年来，国家大力投入建设的"农家书屋""社区书屋"，都成为了出版企业重要的销售对象。在图书零售市场状况不佳的境况下，图书馆利用馆配图书的形式，通过对选购书目有针对性的取舍和重购，极大地影响了出版企业的出版倾向和价值创造活动。由此，教育与文化机构通过提高公众阅读水平与审美趣味、影响出版企业的生产经营活动，使之树立健康、积极的审美导向和出版观念，使得坚决抵制不正之风成为一种广泛的社会共识。而为了与社会文化共识保持一致，出版产品创作生产者也会调整其创作、生产动机与活动，教育与文化机构出版价值引导的功能也就得以实现。

当前，我国教育与文化机构引导功能的发挥主要局限在普通学校的常规教育方面，而纵观国外发达国家，已形成了"学校—家庭—社会"三位一体的终身教育体系。例如美国的社区教育，强调一种全民性终身教育的哲学理念，"它建立在社区学校的基础之上，致力于为每一个社区成员创造机会，满足每一个成员的多种需要"[1]。再如日本的"公民馆"，"是依据法律设立的与图书馆、博物馆等场所功能平行的综合性社会教育设施，是日本进行社会教育的重要实施场所"[2]。我

---

[1] 周琼：《美国社区教育的发展及其运行机制的分析》，《世界教育信息》2007 年第 9 期。

[2] 梁晓玉：《日本公民馆在公共精神培育中的作用及对我国的启示》，上海师范大学 2012 年硕士学位论文。

国社区教育组织的建设起步于 20 世纪 90 年代，经过 20 多年的发展尽管取得了不少成就；但仍存在着管理机制不够健全、教育理念稍显落后、课程设置不尽合理等问题。因此，需要借鉴国际上成功的社区教育模式，革新教育理念、加大政府投入。公共图书馆、博物馆等公共文化服务机构，也不应仅满足于提供基础的普及性文化服务，更要积极举办多种形式、针对不同人群的读书会、知识竞赛等活动，有意识地加强对公众的文化引导。

充分发挥教育文化机构对出版价值创造活动的引导功能，仅仅依靠学校常规教育显然不够，更应当切实利用社区教育组织、图书馆、博物馆等社会性教育机构的优势，努力营造一种有利于规范引导出版产品创作生产、有利于精神文明建设、有利于弘扬社会主义核心价值观的社会风尚和文化氛围。

出版价值引导涉及出版产品创作生产者的价值取向、社会大众的文化追求以及整个社会文明风气等方方面面的问题，不可能仅靠市场自律或是国家政策的强行推动得到彻底解决，是一项事关净化文化建设灵魂、触及每一文化个体、扭转社会风气的系统性工程，因此必将经历一个深层次、渐进式的过程。对出版价值创造活动的引导，需要政府、媒介组织、出版中介组织、教育与文化机构等引导主体的通力合作，形成完善、长效的引导机制，充分发挥出版价值引导机制的渗透性作用，才能引导出版产品创作生产走上健康有序的发展轨道。

第三节　出版价值引导对象

出版价值形成于出版物的创作、生产和发行过程中，并作用于读者或公众的出版物消费。出版价值引导具体表现为对作者的创作、出版单位的编辑出版、发行单位的销售与推广以及读者的阅读消费的引导。出版价值引导的效果，终究是通过引导对象理念与行为的变化体现出来的。可见，出版价值引导对象在出版价值引导工作中具有重要的地位。本部分拟对作者、出版单位、发行单位和读者或公众四类引导对象作一个简要分析。

一、作者

作者，是出版物作品的内容创作者，也是出版价值的主要贡献者。一部作品出版价值的性质与价值的大小，主要取决于作者的世界观、价值观和人生观，取决于作者创作的立场、观点和方法等。因此，出版价值引导工作必须高度重视出版物的作者这一关键对象。要实现对作者及其创作的有效引导，主要可以从分析影响作者及其创作的相关因素着手，建立起有针对性的引导机制。影响作者及其创作的关键因素大致包括宏观社会环境、教育因素、作品评价机制和文化消费因素等。

宏观社会环境是影响作者及其创作的主要因素。所谓伟大的时代催生伟大的作品，正是对宏观社会环境影响作者及其创作的一种形象描述。20世纪五六十年代，全国新出版长篇小说不过二百多种，但其中就有家喻户晓的《创业史》《红旗谱》《红岩》等伟大作品。这显然可以看作对上述命题的最好诠释。然而，近期一篇名为《伟大的时代，为什么缺少伟大的作品？》[1] 的新华调查却引起了文艺界的广泛讨

---

[1] 肖春飞、刘旸辉、孙丽萍：《伟大的时代，为什么缺少伟大的作品？》，《中国青年报》2012年5月28日第6版。

论。该调查报告指出，1949 年至 1966 年，全国新出版的长篇小说只有二百多种，而现在一年的长篇小说书目就达千种，加上网络上的新作，更是数不胜数。但这些作品，有多少能够像上个世纪五六十年代的《创业史》《红旗谱》《红岩》等作品那样家喻户晓？著名作家王蒙说："我们缺少力透纸背的经典力作，缺少振聋发聩的文艺高潮，缺少学术创新与文化发现，缺少大师式、精神火炬式的文化权威。"诺奖得主莫言在第八次作代会上同样指出，"改革开放 30 年来，中国各行业各领域发生深刻变化，这样的时代呼唤伟大的文艺作品，但至今还没有出现"[1]。那么，同样是两个伟大的时代，为什么各自对文学创作的影响却全然不同呢？事实上，《伟大的时代，为什么缺少伟大的作品？》已经很好地回答了这一问题。在商品经济冲击下，文艺界出现了"GDP 至上""码洋至上""以经济效益论英雄"[2] 的拜金主义与浮躁之风。这种复杂的"文化生态"环境正是造成这种现象的根本原因。既然宏观社会环境对作者及其创作影响如此之大，那么，出版价值引导工作就应该按莫言的说法从作家身上来找原因[3]，建立起有利于帮助作者摆脱浮躁"文化生态"影响的文学创作机制，如文艺批评机制、奖励机制等。

　　"教育在人的发展中起着决定性的作用"，"一定社会的教育总会受到一定社会的政治及经济制度的制约，不同的历史时代和不同的社会制度决定着不同的教育方针、教育目的、教育内容和教育方法"。[4]

[1] 张中江：《当今为何没伟大作品？莫言：作家应从自身找原因》，http://www.chinanews.com/cul/2011/11-28/3490029.shtml

[2] 肖春飞、刘旸辉、孙丽萍：《伟大的时代，为什么缺少伟大的作品？》，《中国青年报》2012 年 5 月 28 日第 6 版。

[3] 莫言的原话为"应该从自己身上着手来找原因"。

[4] 孙强：《马克思主义教育观及其在中国的发展》，《青春岁月》2011 年第 14 期。

可见，教育对包括作者在内的社会成员的世界观、价值观和人生观的形成具有重大影响。任何作者都是在一定的社会教育背景下成长起来的，其世界观、价值观和人生观的形成正是与其成长的社会教育背景直接相关的。因此，出版价值引导应该从作者的教育抓起。只有建立起完备的教育目标及教育内容体系，才能培育作者树立起正确的世界观、价值观和人生观，才能创作出导向正确的作品。正如习近平总书记在文艺工作座谈会上所指出的，文艺工作者要"不断提高学养、涵养、修养，加强思想积累、知识储备、文化修养、艺术训练"[1]，也是需要通过各种教育方式才能实现的。在当前技术背景下，网络文学等新兴数字出版业态的发展，为广大青少年作者提供了广阔的创作平台。文学创作队伍的年轻化已成为一种不可逆转的趋势。可是，青少年作者尚处于世界观、价值观和人生观的形成阶段，强化教育对其创作的引导就显得尤为重要。

出版物作品评价机制是引导出版价值的重要手段和工具。出版物作品的评价标准及评价结果等是影响出版物作品创作的重要机制。一旦评价标准出了问题、评价结果有失公允，就会将出版物创作引入歧途。当前，我国出版评价机制中，文艺批评、图书评论、出版奖励和出版基金等都存在着不同程度的问题，这或许与当今这样一个伟大时代没有产生出伟大作品不无关系。《伟大的时代，为什么缺少伟大的作品？》就直指我国现行出版物作品评价机制存在的弊端。该报告指出，"缺乏文艺批评的良好氛围，'红包评论'等现象正在侵蚀文学批评应有的功能"[2]。由此可见，只有建立起科学的出版物作品评价机制，

---

[1] 习近平：《在文艺工作座谈会上的讲话》，http://news.xinhuanet.com/politics/2014-10/15/c_1112840544.htm

[2] 肖春飞、刘旸辉、孙丽萍：《伟大的时代，为什么缺少伟大的作品？》，《中国青年报》2012年5月28日第6版。

才有利于优秀作品脱颖而出。因此，加强出版物作品评价机制建设，应该成为出版价值引导建设的重要抓手。

有什么样的需求，就有什么样的产品。这就是市场经济的力量。在文化产业高度市场化的背景下，大众的文化消费价值取向，不可能不影响作者创作的价值取向。当前，我国文学市场伟大的作品"难产"、低俗作品充斥市场，与其说是文学创作出了问题，还不如说是文化消费需求出了问题。当今文化市场，出版物、影视剧等文化产品价值观迷失，各自仅以销量、票房、收视率为终极追求，标榜享乐主义、拜金主义、极端个人主义的文化产品大行其道。一些所谓高投入、大制作的商业豪华大片，关注的只是形式而非内容。华丽精致的外表下掩盖的是扭曲的价值观[1]。基于这样一种文化消费环境，从出版价值引导角度看，一是要通过宣传、教育从宏观上营造积极健康的文化消费环境；二是要引导文艺界认真学习习近平总书记在文艺工作座谈会上重要讲话的精神，"要静下心来、精益求精搞创作"，"不能在市场经济大潮中迷失方向"[2]。

二、出版单位

出版单位是出版物产品的直接生产者，它通过选题、审读、编辑加工与印制等业务活动参与出版价值的创造。出版单位创造的出版价值大致体现在三个方面：一是通过出版选题决定和影响出版物市场的产品结构；二是通过审读、编辑与加工追加作者的创作价值；三是以

---

[1] 阿来来了啊：《华丽精致的外表下掩盖的是扭曲的价值观》，http://movie.douban.com/review/6176164/

[2] 习近平：《在文艺工作座谈会上的讲话》，http://news.xinhuanet.com/politics/2014-10/15/c_1112840544.htm

装帧设计和印制方式实现出版物产品的物化价值。其中，出版价值引导主要是针对前两个方面的价值创造活动而言的。影响出版单位出版价值创造的因素很多，其中，出版单位的经营理念、出版流程和出版绩效评价体系是最重要的三个要素。因此，基于出版单位的出版价值引导工作，也应该围绕这三个要素来展开。

企业的经营理念决定着企业的经营行为。不同性质的企业，应该根据自身的企业属性凝练和确立符合社会期待及自身长远利益的经营理念。出版单位是典型的文化企业，其经营理念应该而且必须有别于普通工商企业。习近平总书记在文艺座谈会上强调，"文艺事业是党和人民的重要事业，文艺战线是党和人民的重要战线"，"文艺不能当市场的奴隶"。[1] 因此，在出版单位的经营理念中应该凸显其文化责任与文化使命，而不是单纯强调经济利益。然而，随着文化体制改革的不断深化，出版单位的商业意识的不断强化，其文化责任与文化使命却有弱化或淡化的嫌疑。这不仅不符合文化体制改革的目标要求，而且也与文化企业的经营理念相抵触，走向了文化体制改革和文化企业经营理念的对立面。基于这种现象，帮助出版单位确立科学的出版理念应该成为出版价值引导工作关注的重点。其中，出版价值引导主体中的出版行政管理机构、出版行业协会和媒介组织等都可以为科学的出版理念建设贡献力量。出版社的社长或出版集团的董事长及总经理是对出版企业经营理念具有决定性影响的人物。出版行政管理机构完全可以通过新闻出版行业领导岗位"持证上岗"的教育培训、出版行业协会可以通过"韬奋出版奖"的评审等相关工作，进一步强化出版社社长或出版集团董事长及总经理等关键岗位出版人的文化责任与文

---

[1] 习近平:《在文艺工作座谈会上的讲话》，http://news.xinhuanet.com/politics/2014-10/15/c_1112840544.htm

化使命教育。

出版单位的出版价值创造贯穿于选题、审读和编辑加工等出版工作的整个业务流程。任何环节的失误都可能导致出版价值导向出现问题。因此，强化出版流程管理是出版价值引导工作的必然要求。首先，充分认识出版选题工作的意义，强化出版选题管理。南开大学赵航教授指出，选题"不但是出版中的第一环节，而且也是最重要的环节，所以出版界有'选题失误，一误再误'之说"[1]。国家新闻出版总署发布的《图书编辑工作基本规程》则明确指出，"选题是对文化的选择，具有导向作用"[2]。从出版价值引导角度看，要提升出版工作的社会效益，坚持正确的出版导向，关键就是要抓好出版社的选题管理，要确立以社会效益作为首要标准的选题准则。其次，严格执行"三审制"，强化书稿审读工作。三级审稿制度是我们国家规定并长期实行的出版社内部审稿制度，是确保书稿内容质量，尤其是书稿内容的思想政治导向的重要出版制度。在出版社经营模式多元化、出版品质规模不断膨胀的背景下，一些出版单位未能严格执行这一制度，因此而导致的问题并不少。对此，必须加强管理，否则难免出现更为严重的导向问题。最后，强化书稿编辑加工管理。编辑加工是对书稿的打磨和规范化处理，同样是影响书稿质量的重要环节。当前，一些出版单位从成本角度考虑，将这一工作外包给一些社会组织或个人，严重影响了书稿的出版质量。近些年来，我国图书的差错率不断攀升，正是与弱化这一工作直接相关，因此，提升编辑加工的重要性，加强编辑加工管理尤为必要。

绩效评价是管理工作的重要手段。科学的绩效评价体系不仅是衡

---

[1] 赵航:《选题论》，辽宁教育出版社 1998 年版，第 57 页。

[2] 《图书编辑工作基本规程》，http://baike.haosou.com/doc/5000799-5225277.html

量工作业绩的有效手段，还是引导工作发展方向的指挥棒和风向标。从这个意义上讲，出版的绩效评价标准不应该过分强调经济指标，而应该重点凸显社会效益方面的要求。近些年来，我们的出版绩效评价工作就出现了明显强调经济指标的倾向，行业 GDP、码洋和利润成了评价出版企业经营绩效的关键词。这样一种绩效评价指标体系必将误导出版企业的发展，严重影响社会效益方面的追求。基于此，政府出版行政管理机构应该积极推进社会效益优先的出版绩效评价指标体系建设，为出版企业指明正确的发展方向。

三、发行单位

出版物发行是出版产业链的一个重要环节，它是通过出版物的销售和推广创造出版价值的。作为流通企业，发行单位并不直接参与出版物产品的创作与生产，只是负责销售业已出版的出版物产品。从这个视角看，发行单位似乎并不创造出版物的内容价值，也不存在所谓价值引导的问题。然而，事实并非如此。在出版物产品供过于求的市场条件下，发行单位卖什么书，不卖什么书，重点宣传什么书，同样存在一个价值取向的问题。因此，出版物发行单位也是出版价值引导的对象。作为出版价值引导的对象，发行单位经营的出版物品种结构以及销售推广的重点等，都能一定程度上反映其出版物经营价值观念。

出版物品种结构，不仅涉及出版物的学科专业结构、载体形态结构，而且还包括内容深度的层次结构、内容品味或格调的结构等。经营的出版物品种结构，可以反映一个发行单位的经营理念、文化品位或价值取向。中国社会科学院党国英研究员撰文指出，当前图书市场存在一个"坏书驱逐好书"的类似"劣币驱逐良币"的现象。

"图书市场的好书没有进入人们的收藏，而是被坏书挤出了图书市场，或者干脆不能面世"，图书市场难觅好书的芳踪。[1] 应该说，这种现象与一些发行单位的经营理念和价值导向不无关系。当前，一些书店出于经济效益考虑，经营的出版物品种主要以迎合庸俗需求的读物为主，经营品味和格调低下，将一些社会效益好经济效益低的出版物挡在了书店的门外。尽管作为图书流通企业，书店经营畅销书、常销书等大众读物并无可厚非；但是，从政治、文化、科学或教育等社会效益视角看，小众出版物的经营更应该引起发行单位的重视。日本有一家叫作八重洲的书店，虽然长期处于亏损状态，但是其经营品味和格调却能够始终坚守。书店负责人河相全次郎指出，"如果出发点只想赚钱，书店里只卖畅销书，卖不出去的书不放在书店里，那么这个书店就不会存在了。八重洲书店不以赚钱为目的，而是真正要为读者服务"[2]。事实上，特色鲜明的高品位书店，只要经营得法也并非没有好的经济效益。其实，在我国的民营发行单位中，这类书店也不少。

销售推广是发行单位出版物经营业务的核心。为吸引读者、促进销售，发行单位通常会通过推荐书目、卖场广告、柜台陈列、橱窗展示等方式积极宣传推介一些重点出版物。事实上，书店销售推广重点和着力点同样能反映其发行理念和价值导向。一些层次高、品味好的书店往往将销售推广重点和着力点放在社会效益和经济效益都好的优秀出版物上，而不是一味地强推一些格调低下的庸俗出版物。

因此，从出版价值引导角度考虑，政府出版行政管理部门应该为那些优秀出版物发行单位创造更好的经营环境，提供更为积极的制

---

[1] 党国英：《书界的劣币驱逐良币现象》，《科技与出版》2007 年第 1 期。

[2] 罗紫初：《比较发行学》，高等教育出版社 2000 年版，第 217 页。

度和政策支持。出版发行行业协会等行业中介组织可以利用自身的行业影响力及相关管理职能更好地服务于优秀出版物发行单位。大众媒介应该加大对优秀出版物发行单位的报道与宣传，提供更好的舆论支持，创造更好的舆论环境。

四、读者或公众

发展出版业的终极目标是为读者或公众服务，而读者或公众对出版物产品的购买或消费则是出版再生产得以维系的根本保障。可见，出版单位、发行单位和读者或公众是一种典型的共生关系，读者或公众是出版体系不可分割的重要组成部分。从这个意义上讲，出版价值引导也必然包括对读者或公众阅读消费需求的引导。引导读者或公众的目的在于培育读者或公众自觉抵御庸俗、负面甚至反动的阅读消费取向，弘扬健康向上的阅读消费需求。

读者或公众的阅读消费需求，除受其自身教育背景的影响之外，还要受到社会文化消费环境和媒介舆论环境等的影响。因此，政府、各类文化组织、媒介组织等在引导读者或公众阅读消费需求方面，都可以很好地发挥各自的作用。

政府在营造积极健康的文化消费环境方面扮演着极其重要的角色。一些西方发达国家的政府在其各自国家的公共文化服务体系建设、全民阅读推广等方面都做了大量的工作。一些国家的政府甚至积极推动全民阅读立法工作。如美国有《卓越阅读法》、日本有《关于推进儿童读书活动的法律》、韩国有《读书振兴法》，其他很多国家也有类似的法律。中国政法大学解志勇教授认为，"现在国民阅读量不足，人文素养、道德水平下降，城市建设中缺乏公共文化设施的规划，政府部门必须负起责任"，"从国家文化战略角度考虑，非常有必要为全民阅读立法"[1]。事实上，我国的全民阅读立法工作也已启动，并已列入 2013 年国家立法工作计划，全民阅读立法起草工作小组已完成《全民阅读促进条例》初稿的起草工作。除了通过立法推动全民阅读外，政府还应该进一步加大对图书馆、文化馆、农家书屋等公共文化设施建设的投入力度，以创造更好的全民阅读软硬件环境。

图书馆、文化馆、农家书屋等公共文化服务组织，在培育读者或公众健康向上的阅读消费需求方面作用不可忽视。从出版价值引导的角度看，作为国家公共文化服务的主要提供者，公共文化服务组织要着力强化公共文化服务的价值导向引导职能，更好地服务于社会主义核心价值体系建设和社会主义主流意识形态的宣传推广。特别是文化馆、农家书屋等基层公共文化服务组织不能成为低俗文化的集散地，要重视馆藏书报刊资源建设的价值导向，以优质健康的文化内容资源服务大众，成为社会主义先进文化的传播者。

在今天这样一个信息社会中，广播、电视、网络等媒介的影响无处不在。就公众的文化消费而言，媒介的影响更是全方位的。上海理工大学李约瑟文献中心王钱国忠研究员认为，"国民阅读不仅是读者个人之事，而且是与社会的大众媒体及出版、图书营销、图书馆及教育等文化机构密切相关的系统工程。各类文化机构对国民阅读有着至关重要的直接影响，并可左右与制约阅读活动的方向与质量"[2]。在影响国民阅读的文化机构中，大众传媒被放在了第一位。诚如王钱国忠所言，大众传媒对国民阅读的影响"至关重要"，甚至"左右与制约

---

[1] 罗燕：《立法如何促进全民阅读》，《民生周刊》2013 年第 23 期。

[2] 王钱国忠：《文化传媒机构在国民阅读中的社会责任》，《图书馆研究与工作》2009 年第 1 期。

阅读活动的方向与质量"[1]。因此，充分利用好大众传媒对阅读的巨大影响力，应该成为出版价值引导工作努力的方向。

第四节　出版价值引导工具与手段

出版价值引导是出版价值引导主体运用一定的引导工具和手段，对特定对象的出版价值创造活动进行引导的一系列过程。在此过程中，出版价值引导工具与手段是引导主体作用于引导对象、发挥引导功能的各种载体，是发挥出版价值引导机制作用的重要推手。明确出版价值引导工具与手段的构成、特性、功能及适用性，是实现政府、媒介组织、中介机构等主体引导功能的基本依托。出版价值引导工具与手段主要包括经济、传播、评价、管理四大手段。

一、经济手段

在市场自发配置资源的情况下，社会生产总是在经济效益达到最大化的用途上吸纳更多生产资源，从而保障市场经济维持高效运行。然而，包括出版在内的文化生产并非以创造经济效益为唯一目标。在市场机制作用下，许多社会效益良好而经济效益欠佳的文化生产领域长期得不到社会生产资源补给，导致整个文化市场丧失文化性朝着趋利化的方向发展，正是这种导向的偏差造成了以"三俗"

[1]　王钱国忠：《文化传媒机构在国民阅读中的社会责任》，《图书馆研究与工作》2009年第1期。

为代表的文化市场"恶之花"的畸形繁荣。为引导文化发展的正确方向，对体现良好出版价值导向的文化生产领域进行资源补给刻不容缓，以财政、税收、金融、基金为具体构成的经济手段就是资源补给的重要方式。

财政即国家的"理财之政"，是政府利用筹集的一部分国民收入用于满足公共需要的收支活动。财政既是政府实现其公共管理职能的经济手段，又是统治者凭借政治权利参与部分社会产品和国民收入分配和再分配所形成的特殊关系。财政参与分配社会产品和国民收入，能够调节资源配置，引导和促进科学、文化、教育、卫生事业的发展。税收是政府依照法律规定，对个人或组织无偿征收实物或者货币的总称。在市场经济条件下，税收政策是政府引导市场主体经营行为最根本、最规范的方式和手段。作为财政政策的一个重要部分，税收政策往往与财政政策并称为财税政策，二者都是利用国家权力对国民收入和社会产品进行二次分配和优化配置的工具，能够有效调节市场资源流向国民需要的出版用途，因而是进行出版价值引导的重要工具。根据美国经济学家汉密尔顿的幼稚产业理论，当某产业具有以下特征：该产业是尚未发展成熟的新型产业、该产业具有较大的产业关联度、该产业在现阶段缺乏推动其发展的资金实力，就可认为其属于幼稚产业，就需要采取过渡性保护措施。现阶段，我国出版业在很大程度上符合上述特征，决定了政府必须采取财政补贴、税收优惠等措施大力扶持出版业发展，切实加强出版价值引导。

金融即资金的融通，是政府引导价值流动的重要工具。国家利用金融手段实行宏观调控，影响市场主体的价值选择，主要通过两种方法实现：一是制定和实施金融政策；二是利用和影响金融工具。国家通过制定金融政策、利用和影响金融工具，对宏观经济和市场运行的微观环境进行调节和影响；通过市场的传导机制，作用于企业生产经营，对出版企业的具体生产活动产生影响。例如，近年来国家大力倡导文化与金融对接，从中央到地方出台了一系列政策鼓励文化企业投融资，对社会效益好的文化企业进行扶持。这将会引导出版企业鼓足干劲狠抓社会效益，生产更多的优秀出版物，以获得金融政策的支持，利用金融工具扩大企业规模。根据政策性金融学理论，出版产业是典型的需要国家和政府大力扶持和保障的"强位弱势"产业。"强位"体现在出版产业是关系政府特定的政治意图、关系国家的发展和强盛、民族的独立和振兴、人民的尊严和幸福的具有特殊战略性重要地位的产业；"弱势"体现在出版产业本身核心资产和主要产品估值难、出版产品投入周期长、产品销售易受影响、预期收入不稳定、投资风险大。因此，仅依靠市场自发调节出版资源无法保障金融资源在出版行业的真正有效分配，需要政府对出版产业给予金融政策和资金持续支持，从而引导金融对接出版。从这个意义上说，金融也是进行出版价值引导的工具之一。

　　除了财政、税收、金融之外，基金也是经济手段的一种。同财政、税收相类似，基金也是"通过国民收入的分配和再分配形成的具有特定用途的资金"[1]，具体到出版价值引导中来，是指专门为了资助特定出版活动而设立的具有一定数量的资金及管理和运作这些资金的机构或组织。但与财税、金融所不同的是，出版基金的设立主体并非仅限于政府，还包括行业协会、出版企业、科研机构以及个人和其他社会组织，其作用对象也不仅限于出版企业，还包括出版工作者个人。在西方出版业发达国家，出版基金的资金来源以企业资助、社会捐赠为主，政府拨款为辅，如在美国由政府特别是联邦政府设立的基金所占比例非常小，99% 以上是私人基金会。而就目前我国出版基金

---

[1]《辞海》组委会:《辞海》(1999 年缩印本)，上海辞书出版社 2000 年版，第 379 页。

的来源和资助情况而言，大多采取政府拨款的形式，对那些不能通过市场调节解决出版问题的优秀出版物给予直接成本补助。比如出版物的编辑、稿酬、版权费、校对、排印装、复制、原辅材料及资料购置等费用，并主要用以资助高研究水平、填补学科领域空白、集学术之大成、有重要思想、科学或文学艺术价值的学术出版物，优秀盲文、少数民族文字等公益性出版物，以及"三农"读物、未成年人读物、推动中国文化"走出去"等出版项目。这与国外出版业发达国家的出版基金有所不同。

尽管财政、税收、金融、基金引导出版价值的实施主体、特性和作用方式不尽相同；但同属于经济手段，在基本功能方面具有以下共通之处：

一是都具有弥补外部性带来的市场失灵的功能。在经济学中，外部性是指经济主体的经济活动给他人带来的不能通过市场交易反映出来的正面或负面影响。出版物作为一种典型的文化产品，主要作用于人们的精神世界和意识形态，具有较强的外部性特征。财税、金融、基金可以弥补外部性带来的市场失灵，首先，通过完善财税政策体系，建立健全支持和引导先进文化发展的管理制度，可以为各级财税部门支持文化产业发展提供有效依据；其次，设立文化产业发展专项资金，重点支持优秀、原创、符合社会主义核心价值体系和先进文化发展方向的出版项目建设，将具有公共产品性质和文化引领功能的出版项目纳入国家财政支持范围，弥补负外部性造成的损失；再次，设立文化产业投资基金，可以聚集国家财政和社会力量，以股权投资的方式为以社会效益为先、发展潜力大的出版企业注入强大的活力，鼓励其生产具有更高价值和社会效益的产品；从次，通过加大税收优惠力度，对长期生产正面外部性出版物的生产者进行税收减免；最后，通过创新金融政策，引导国家财政和社会资金以市场方式注入出版企业，可以解决其面临的社会效益与经济效益短期内相矛盾造成的企业生存发展困难。

二是都具有优化出版资源配置的功能。各类出版资源在不同的出版活动之间，以及出版活动的不同用途之间进行科学合理的分配被称为出版资源优化配置。由于现阶段我国出版市场产权独立性不足、资源流动性差、竞争不充分、信息不完全，市场手段无法充分发挥，不能实现出版资源的优化配置。因此，运用政府手段实现出版资源优化配置是现实的选择。政府通过制定和执行财税金融政策，支持以社会效益最大化为导向的出版企业扩大经营和生产，对符合社会主义核心价值体系和广大人民群众根本利益的出版物进行投入和扶持，确保有价值的选题资源得到深入挖掘，思想性艺术性高的出版物产品得以广泛传播。同时，基金以直接资金投入的方式为生产资源不足的优质文化生产领域注入活力，实现了出版资源在不同用途出版活动之间的科学合理分配。

三是都具有满足出版公共服务需求的功能。出版产品具有社会属性，其社会属性很重要的一方面就体现在出版产品的公共品属性。公共产品和服务无法通过市场获得，需要依靠政府直接或间接提供，比如公共图书馆中的出版物、义务教育中免费提供给中小学生的教材等。财政直接投入、转移支付是政府提供公共产品的主要方式，而国家财政的主要收入来源是税收。同时，通过金融政策和基金手段，资金这一生产要素得以在参与出版市场活动的主体和各项出版活动之间流动，带动公共出版物产品和服务的生产，以实现对社会成员的免费供给。

四是都具有引导出版活动价值取向的功能。以上三大功能都是以引导出版价值为归依的，财税、金融、基金通过对优秀出版创作生产活动的资助和扶持，能够起到良好的示范作用，引导出版创作及生产朝着积极健康的方向发展，使其符合正确的价值导向。一方面通过大力支持出版精品工程，带动出版产品整体质量的提升；另一方面通过资助优秀出版人才和出版单位的创作生产活动，推动形成积极、健康、向上的出版产品创作生产氛围，从而达成引导出版创作及生产向着积极健康的方向发展的目的。

综上所述，财政、税收、金融、基金共同构成了出版价值引导的经济手段，对于直接刺激出版价值创造活动主体的生产经营活动具有立竿见影的效果，也是政府这一引导主体作用于出版企业的最重要的引导工具。

二、传播手段

报刊、广播电视、网络等媒介组织既是出版价值引导主体，同时作为传播手段也是重要的引导工具。不同于经济手段直接以资源调配的方式刺激出版价值创造活动主体的生产经营行为，报刊、广电和网络等传播手段通过掌握大众媒介的话语权广泛而深刻地影响每一个受众的观念和行为，在引导对象上更加普遍，在引导方式上更为隐蔽和间接。

概括来说，同属于传播手段的一种，报刊、广电、网络尽管特性不一；但基本功能是一致的，都具有价值反映、价值整合、价值内化的功能。首先，报刊、广电、网络能够反映和传播价值观念。在任何一个阶级社会，大众媒介必然都会打上统治阶级的烙印，尽管传媒不一定尽然沦为国家意志的"传声筒"，但与国家利益相背离的舆论工具注定是无法生存的。在当代社会主义中国，建设社会主义先进文化、塑造全民认同的主流价值观念是全体人民共同的心愿，这一共同心愿通过报刊、广电、网络等传播手段表达出来就是传媒的"反映"功能。其次，报刊、广电、网络能够整合价值观念。正如前面反复提到的"价值取向是多元的，价值导向是一元的"，提倡引导出版价值、塑造正确的出版价值导向，并非不允许多元价值取向的存在，而是深刻认识到统一的价值认同、行为规范对维系人类社会繁荣稳定发展具有的决定性意义。然而在当代中国，社会经济剧变带来了社会观念的混乱和冲突，社会转型时期各种社会思潮风起云涌，其中不乏危害社会发展的异质取向，表现在出版业，造成了行业内部的诸多价值冲突，如出版业的文化价值和商业价值取向之间的取舍、精英文化取向还是大众文化取向、内容为王还是渠道为王、多元化经营还是坚守主业、技术取向还是内容取向。报刊、广电、网络等传播手段就具有调和冲突、整合价值取向的功能，传媒作为各种社会声音碰撞的场所，能够在碰撞中寻求统一，找到符合主流价值的"最大公约数"。最后，报刊、广电、网络能够内化价值观念。所谓内化，社会学家爱弥尔·涂尔干在《道德教育》中指出："内化是社会价值观、社会道德转化为个体的行为习惯。"[1] 价值观念只有落实到大众的行为中去，才真正实现了价值引导的目标。报刊、广电、网络对于出版价值的内化，主要体现在两个方面：一方面，通过读书节目、栏目、文章等方式大力倡导读书这一行为，让崇尚阅读的价值取向深入人心；另一方面，通过持续推荐某些价值取向的书籍，不断在受众头脑中强化价值取向。当媒介传达出的"价值图像"在大众头脑中根深蒂固时，就自然而然内化为行事准则和行为规范。

报刊、广电、网络又各自具有不同的特征和适用性。报刊是诞生时间最长、发展最为成熟的大众媒介，以其发行量大、覆盖面广

---

[1] 爱弥尔·涂尔干著，陈光金、沈杰、朱谐汉译：《道德教育》，上海人民出版社 2006 年版，第 75 页。

的特性成为出版价值引导的主要阵地，主要通过图书评论、畅销书排行榜、新闻评论和社评等方式发挥其引导作用。按照不同报刊类型，主要可分为几个层次：一是《人民日报》《光明日报》《求是》等党报党刊。作为党的重要舆论宣传工具，"在政治上和思想上和中央保持一致，组织上服从党的纪律，无条件地阐述党的纲领和策略，宣传中央的路线和政策，服务于党和政府的中心工作，是全国安定团结的思想核心"[1]。社会生活中的许多重大议题往往都是《人民日报》等党报党刊先试新声，其他地方各类报刊再围绕议题展开后续报道，因而党报党刊在确立出版价值导向方面最具权威性，在诸多报刊中居于统领地位。二是地方各类综合性报刊。以都市报为代表的各类综合性报刊是深受广大群众喜爱的信息集散地，具有党报不可比拟的亲民性、本土性。许多综合性报刊都开辟有书评版块和图书排行榜，通过图书推荐和评论引导大众阅读取向，进而影响出版价值创造主体的生产活动。三是以《中华读书报》《中国图书商报》《中国图书评论》为代表的专业报刊。尽管此类专业报刊的读者群体相对于综合性报刊较小；但以其学术性、专业性、密集性成为出版价值引导的精兵强将，其读者往往是出版从业人员和文化工作者，因而具有更直接的引导效果。

广播电视以其多媒体特性相较于报刊平面媒体具有更好的传播效果。据资料显示，截至2013年年底，我国广播、电视综合人口覆盖率分别达到97.79%和98.42%[2]。在媒介融合以及网络媒体迅速发展的背景下，广播电视仍然是最具影响力的大众传媒之一。广播电视主要依靠节目主持人的意见领袖地位和明星效应，以各类广播电视读书节

---

[1] 毛泽东:《毛泽东论新闻宣传》，新华出版社2000年版，第127页。

[2] 韩业庭、陈恒:《2014广电蓝皮书发布》,《光明日报》2014年7月10日第11版。

目的形式引导出版价值。广播电视读书节目是媒介与文本间融合的结果，即纸质媒介书籍与电子媒介的融合，是一种全新的阅读方式，有着内容广泛、受众固定、栏目美誉度高、表现形式多样等特点。西方的电视读书节目，有着悠久的历史和广泛的社会影响力。如美国的《奥普拉脱口秀》，每期选取两三本图书向观众推荐，所推荐图书无一例外都成为本年度畅销书，主持人奥普拉·温弗蕾因此被誉为出版界的"女皇"。我国首个读书类电视节目是中央电视台在 1996 年推出的"读书时间"，它的开播让读书类节目首次进入我国观众的视野。随后，《子午书简》《开卷八分钟》等电视读书节目纷至沓来，成为出版价值引导不可忽视的力量。

网络是伴随现代信息技术兴起而产生的"第四媒体"，区别于报刊、广电等传统媒体的精英主义，网络媒体最显著的特征就是开放性和草根性，任何人只要具备基本的硬件基础和网络接入条件，就能够在互联网上发出自己的声音，这一方面给出版价值引导创造了无限可能，同时也带来了巨大挑战。网络引导出版价值可以通过网络书评、网络论坛、社交网站、图书排行榜等方式实现，借助网络舆论的巨大力量，可以实现出版价值的爆炸式传播，达到前所未有的广度。然而正是由于网络媒体的主体隐蔽性和传播模式的病毒化，给网络监管造成了很大难度。为此，要正确利用网络媒体引导出版价值的积极作用，同时更要时刻关注可能产生的负面价值取向，妥善运用政府管控、社会监督和网络主体建设等措施确保网络舆论的正确导向。

报刊、广电等传统媒体和网络新媒体一道，共同构成了出版价值引导的传播手段，在具体实践中可采用联动融合机制，利用传统媒体权威性强的特点首先进行议程设置，再利用新媒体时效性高、互动性强的优势进行二次传播，进一步扩大影响，以综合运用各类传播手段、增强出版价值引导效果。

三、评价手段

价值取向日渐多元化已成为当代社会的重要特征之一，如何对其中符合正确导向和偏离导向的价值取向进行甄别和评判，就涉及出版价值的评价手段。正如原中共中央政治局常委李长春同志在《求是》杂志中所指出的："要进一步完善评奖机制，加强文艺评论，正确引导文化产品的创作生产。"可见，评奖和评论等评价手段是引导文化创作生产的重要工具。基于此，评价手段也是进行出版价值引导的必要工具和手段，主要包括图书评论和出版奖励。

图书评论，简称书评，是指评论人在一定的社会文化背景下，对图书的形式和内容、所蕴含思想及其对社会的影响等进行阐释、评价，旨在促进读者、作者和出版者之间的沟通和交流而进行的一种文化创作活动。图书评论通过指导读者阅读、引领作者创作、规范出版导向来营造积极健康的社会阅读风气、引领正确的出版活动价值导向，是出版价值引导的重要工具之一，具有阐释、导读、评价等功能。首先，书评能够对图书内容和思想进行阐明、释义，任何文艺创作，其社会功能和审美价值的实现，都是以作品能够被社会公众理解为基础的。书评通过加深普通读者对图书内涵的理解，让图书中所蕴含的价值取向明白无误地传达给读者，从而为出版价值引导奠定基础。其次，书评能够指导读者选择阅读范围、正确领会阅读内容进而提高阅读效果，教会读者读什么、如何读。我国年出版新书多达 40 余万种，"读什么"就关系到什么样的出版价值能够被传达给社会公众，"如何读"就关系到出版价值在公众心中能够形成什么样的价值取向。从这个意义上说，书评就是阅读的航标和指引，为出版价值引导提供了理论依据。最后，书评能够对图书优劣进行价值评判。鲁迅曾经说过："批评家的职务不但是剪除恶草，还得灌溉佳花。"[1] 一方面，书评通过书评人对图书作品的表现形式及思想意蕴进行美学评点及价值判断，告诉读者什么是美善，什么是丑恶；另一方面，书评人通过对图书及其出版过程（活动）进行褒奖和批判，也有利于出版者及作者发现问题，并通过书评人对出版理念及出版活动的分析、评价，影响出版者的出版理念及出版运作，从而达成图书评论的价值追求。以此潜移默化引导读者的审美取向、欣赏水平，最终影响作者的创作倾向和创作动机，影响出版者的组稿方向与出版导向，将其引向有利于规范出版市场秩序、强化文艺审美趣味、弘扬社会核心价值观的创作导向中来。

　　出版奖励是通过专家、读者、社会舆论界及政府主管部门或社会行业组织的评选、表彰、推荐等形式，对优秀出版物和出版人才给予肯定的评价和精神、物质的奖励，来达到促进文艺创作，提高出版物质量，推动出版事业和文化事业繁荣的一种评奖活动 [2]。中国作家协会主席铁凝曾表示："文学评奖的作用主要有两种，一是引导，二是激励。"[3] 出版奖励同样具有这种激励和引导功能。一方面，出版奖励是激励出版优秀人才和优秀作品的有效方法，作为现阶段出版制度化的产物，出版奖励既是一种认知强化制度，也是一种经济激励制度。所谓认知强化，主要是依靠奖励中的崇高荣誉，为出版人员投身出版事业提供强大精神动力；而经济激励则主要依靠奖励中包含的经济实

---

[1]　鲁迅：《华盖集·并非闲话（三）》，人民文学出版社 2006 年版，第 143 页。

[2]　侯捷：《中国市长手册：国情、世情、政策、法规卷》，中国城市出版社 1995 年版，第 336 页。

[3]　胡军：《充分发挥文学评奖的引导激励作用 为多出优秀作品优秀人才搭建平台——访中国作家协会主席铁凝》，《文艺报》2010 年 10 月 25 日第 5 版。

惠，满足出版人员的物质需求，从而刺激出版人员产生参与创新工作的极大热情。另一方面，出版奖励也是评奖主体以权威的形式对出版价值取向的引导和呼唤。奖励认可、推崇和倡导的方面，均能在其奖项设置、评价标准等方面有所体现，从而为其他出版物的出版起到引领示范作用。不论是评审过程中对参评对象的甄选标准，还是评奖的最终结果，都向出版物创作生产者传递出明显的价值取向信号。对于那些弘扬时代主旋律、满足社会需求、具有很高文化价值与出版水准的出版物，可以通过增加奖励项目的数量或设立新奖项、加大推广示范等方式，引导其他出版人与出版单位学习效仿，进而引导整个行业的出版价值导向，使其符合社会主义核心价值观。通过有效的出版奖励政策，最终实现引导出版业向着符合时代主流价值的主张与原则、有利于社会发展的方向发展。

通过以上论述可以看出，图书评论和出版奖励同属于评价手段，都具有甄别和评判出版物及其创作生产活动的基本功能；但二者在作用对象和作用方式上仍存在一定差别。图书评论以报刊、网络等媒介为载体，通常是针对单个出版物或者作者展开评判，其评判结果通过大众媒介广泛向社会传播，不仅指引着创作生产者的创作动机和生产导向，更深刻影响着全体读者的审美趣味和价值倾向。然而，图书评论这种评价和引导功能的实现是建立在大量、反复进行的基础上的。单篇或者少量图书评论对出版价值的形成和引导作用十分有限，只有当众多观点一致的评论文章集中出现时，才会对出版物创作生产活动产生显著影响；而出版奖励则是依靠一定的评奖机构，通常是出版行政管理部门或者出版行业协会。不仅表彰作为个体的出版人或者单个出版物，更有效激励着出版单位的整体生产经营活动，评奖结果往往只在行业内部影响较大，对普通读者来说作用较小。但正因为出版奖励作用对象和范围相对狭窄，相对于图书评论才具备了更加权威和更为直接的激励和引导效果。在出版业内部，一部作品或者某个出版单位受到国家级出版奖项表彰，将对其价值创造活动产生立竿见影的激励效果。因此，单独运用图书评论或者出版奖励工具，都难以充分发挥出版价值引导机制作用，有必要将其作为构成评价手段的整体，综合利用图书评论和出版奖励的特性和作用机理，如将图书评论的评价结果作为出版奖励的评奖依据、在图书获奖后跟进评论报道等，充分发挥二者在不同出版过程中的激励和引导作用，最终共同完善评价手段，加强出版价值引导。

四、管理手段

出版业作为意识形态鲜明的文化生产部门，历来是党和国家宏观调控的重点领域。如果说财税、金融等经济手段，报刊、广电等传播手段和书评、评奖等评价手段，主要是通过正向激励的方式引导出版价值的话，管理手段就更侧重于对偏离出版导向的出版活动进行负向纠偏。尤其是在当今出版创作生产领域已经出现较多消极价值取向的情况下，强调出版价值引导的管理手段就更具有现实意义。一般来说，可用于引导出版价值的管理手段主要包括两个方面：一是政府的行政管理；二是行业协会的行业管理。

行政管理是政府作用于出版业的主要手段之一。《出版管理条例》明确规定了我国出版业的行政管理体系："国务院出版行政部门负责全国的出版活动的监督管理工作。国务院其他有关部门按照国务院规定的职责分工，负责有关的出版活动的监督管理工作。""县级以上地方各级人民政府负责出版管理的行政部门负责本行政区域内出版活动的监督管理工作。县级以上地方各级人民政府其他有关部门在各自的职责范围内，负责有关的出版活动的监督管理工作。"

国务院及地方各级出版行政部门主要通过行政许可、行政审查、行政监督、行政指导和行政处罚五种行政管理手段，对出版物内容、总量和出版企业的生产经营活动进行管理和审查。表现在出版物内容和总量方面，一是实行书号管理制度，从宏观上对出书品种、结构进行控制；二是实行重大选题备案制度，从微观上对出版物的内容、价值取向进行审查。表现在出版单位生产经营活动方面，主要是通过对出版从业人员的资格认证、出版企业的市场准入制度和年检制度，来确保出版企业的生产经营活动符合正确的出版价值导向。近年来，国家出版行政管理部门已联合公安机关破获众多严重偏离出版价值导向的违法案件，仅 2014 年全国就共计收缴各类非法出版物 1579 万件，查处了新浪网传播淫秽色情信息案、北京"7·01"特大教材教辅盗版侵权案、陕西商洛"6·06"特大销售假书号诈骗案和新疆和田"3·13"跨省区制贩非法宗教出版物案等一系列重大出版违法案件[1]，通过行政处罚甚至刑事处罚，对危害出版业发展、背离出版价值导向的"害群之马"予以坚决打击，净化了社会文化氛围，重申了出版价值导向的严正立场。

尽管行政管理是政府宏观调控、引导出版价值的有力工具；但在长期实践中仍暴露出不少问题，其中最突出的表现就是行政管理的成本过高，效率日趋低下。从出版物的生产、流通过程看，要经过制版、印刷、出版、发行、运输、销售、网络传播等诸多环节，而出版物的管理涉及文化、出版、公安、工商、信息产业、邮政、交通、民航、海关、城市管理、教育等众多部门，这直接导致运用行政管理手段进行出版价值引导的成本居高不下。再加之我国出版行政管理的各

---

[1] 张贺：《2014 年"扫黄打非"十大数据十大案件公布》，http://media.people.com.cn/n/2014/1226/c40606-26278607.html

类主体多元并存、权责不明，形成了"多龙治水"的不利局面，最终造成整个行政管理的效率日趋低下，无法充分发挥应有的出版价值引导作用。有鉴于此，除了将政府行政管理作为出版价值引导的主要管理手段，还应积极引入社会管理，充分调动出版行业协会的行业管理职能，共同完善出版价值管理手段。

作为政府行政管理的重要补充，由出版行业协会主导的行业管理在出版价值引导方面具有不可替代的作用。国外许多国家出版业都有自己的行业协会和行业组织，如美国的出版商协会、书商协会，英国的出版商协会、书商协会，德国书商协会，日本的编辑制作公司等等，各自都发挥了重要的行业管理职能，主要负责不适宜政府直接干预的事务，如行业标准、规范的制定、职业培训、出版企业之间的沟通与协调等，以及配合政府进行联合管理，如行业质量评估、行业信息搜集等。然而在我国，由于行业协会诞生的特殊历史背景，"政会不分"一直是制约行业协会职能的关键因素。在现有条件下，要求出版行业协会完全抛开官方背景、独立承担行业管理的职责显然是不现实的。因此，在现阶段，有必要探索政府和行业协会相结合的新型双重行业管理模式，即逐步减少政府对行业事务的干预，培育出版行业协会作为管理主体的行业地位，进一步加强出版行业协会的主体机制建设，鼓励其立足本行业，实现自我管理、自我服务和自我监督。唯有如此，才能完全释放出版行业协会的行业管理职能，才能有效弥补政府行政管理效率低下的短板，才能充分发挥管理手段引导出版价值的巨大作用。

综上所述，以财政、税收、金融、基金为具体构成的经济手段，以报刊、广电、网络为构成的传播手段，以图书评论、出版奖励为构成的评价手段，以行政管理、行业管理为构成的管理手段，共同组成了出版价值引导的工具与手段。应当指出的是，这些工具与手段并不

是由单一主体孤立地作用于出版价值引导过程的，而是需要各类引导
主体针对不同引导对象的特性，综合运用经济、传播、评价等引导手
段，共同推动形成出版价值引导机制，以促进出版业以及整个文化事
业朝着正确方向繁荣稳定发展。

第三章　社会引导机制

"出版物是指以传播为目的、贮存知识信息并具有一定物质形态的出版产品。"无论就出版物的生产过程，还是就出版物内容对社会的影响而言，出版活动都是整个社会活动的一部分。同时，出版活动与许多其他活动相比，其特殊性在于它是一项精神生产和传播活动，对整个社会的思想意识具有重要影响。因此，出版活动，特别是其产品——出版物，就受到了全社会的关注，以及"越来越多的来自不同方面、不同层次的社会力量的制约"，其中，尤以高等院校、图书馆以及少年儿童的家长等社会力量对出版活动的影响乃至引导作用最为显著。

第一节　社会引导机制概述

社会引导机制主要是指社会机构、团体或群体通过直接或间接的方式，有意或无意地影响出版物内容生产的方式与过程。在这里，社会是与政府相对应的概念，强调一种非行政性力量；同时，又是与私人相对应的概念，强调团体或群体性力量。毕竟个体如果不能与其他个体达成观念上或行动上的一致，就很难对出版物的生产造成显见的影响。

一、社会引导的主体

如上所述，社会引导主体是一种具有影响力的存在，强调非行政性的群体力量。在社会学研究中，按照不同的标准，可以将群体划分为不同的类型，如"初级社会群体与次级社会群体""正式群体与非正式群体""内群体与外群体"，等等。[1] 但是无论如何划分，社会组织和家庭都是社会生活中最重要的两种群体。当今社会，各种组织繁杂多样。根据相关法律法规，我国的组织机构类型可分为国家机关、事业单位、企业、社会团体及其他组织机构等五大类。除国家机关外，事业单位中的高校、图书馆、科研院所以及其他组织机构中的宗教组织等与精神生活领域密切相关的组织，都可以对出版物的生产施加一定影响，甚至成为社会引导的主体。同时，作为人们生活的最基

---

[1] 李斌：《社会学》，武汉大学出版社 2009 版，第 82—83 页。

本单位——家庭，在其中处于影响地位的家长也能对出版价值起重要的导向作用，从而成为社会引导的主体。这主要是由于两方面的原因：一方面，在家庭群体内部，在儿童读物的阅读和购买中，家长起决定性作用，从而作为购买的决策力量对出版机构施加一定影响；另一方面，在群体外部，"家长"这种特殊身份，使其更易与其他家长建立一定的社会互动关系，形成一致的观点或看法，进而结成松散程度不同的群体性力量，并最终对社会中的其他群体如出版机构、教育部门等施加影响，从而引导出版价值。鉴于我国出版业的发展现状及其所处环境，本章主要探讨高校、图书馆和家长作为社会引导主体对出版活动的影响乃至引导作用。

二、社会引导的方式

社会引导的最终对象是出版机构。在我国，出版机构指具有合法出版资质的各级出版单位，其中既包括传统出版单位，也包括互联网公司、电子和音像出版单位等。从产业链的角度来看，作者处于最初内容提供者的位置，读者或消费者处于内容产品的消费终端，而出版机构则是连接作者与读者、消费者的纽带。当然，完整的产业链条还包括各级分销商，以及为作者、出版机构和读者提供辅助性服务的机构与个人，比如作者经纪人、技术提供商、网络服务商等。这些环节从不同角度影响着出版产业的走向。

在出版越来越市场化的今天，出版物市场和其他市场一样，不可避免地走向了消费者导向的时代。而这个消费者自然也包括图书馆这样的机构客户。读者和消费者的影响力日益增强，消费者需求成为某些出版单位选择作品的主要标准，甚至内容创作者也不得不考虑受众的阅读趣味和导向，并加以迎合。这一点，在大众出版领域尤其明显。而家长，作为少儿阅读行为的引导者和少儿出版物的购买决策者，在很大程度上左右着少儿出版市场的创作与生产。在学术出版领域，影响因素有所不同。其中，由于作者和读者几乎是同一个群体，其所属机构即高校或科研院所往往在知识生产和知识获取过程中给予其必要的经济支持和声誉确认。因此，这些机构引导着学术出版的走向。

综上所述，有四种社会引导的直接主体类型：第一，作为群体的读者；第二，直接购买者或购买决策者，如图书馆和家长；第三，通过影响作者的创作行为或读者的阅读、购买行为引导出版，如高校或科研院所；第四，通过影响政府相关部门对出版企业的管理进而引导出版价值，如行业组织。由于出版物是一种精神产品，对人们的思想意识层面具有重要影响，因此，各国政府都对出版业实行或直接或间接的管理。我国对出版业的管理机构以政府管理为主，在管理方式上以行政手段和法律手段为主，行业协会管理并未发挥应有的作用。随着市场经济发展的需要，我国对出版业的管理思想也在逐渐转变：由直接的行政管理，转向通过法律、财政和税收政策等手段对出版业进行引导，以及加强行业协会的作用。在这种背景下，加强社会引导是一种非常有益的补充。

第二节　高校的出版导向作用

高校对出版的导向作用主要是通过其管理制度与奖惩政策实现的。高等院校既是培养高级人才的地方，也是知识传承、创新的园地。人才培养、科学研究和社会服务被认为是高校的三大职能。其中，人才培养是高校最基本的职能，科学研究是高校尤其是研究型大学的另一个主要职能，而社会服务则是前两者的派生。随着社会发展，大学职能的内涵不断拓展，但这三大基本职能仍被大部分人所认可。由于高等院校在定位、实力等方面存在差别，因此其对三种职能的重视程度也有所不同。比如，我国高校被划分为教学型、教学研究型、研究教学型、研究型等不同类型，类型的归属代表了不同的实力和定位。

由高校的基本职能所决定，高校对出版的影响具有综合性。它不仅影响着学术出版和高等教育出版的规模、结构，也影响着许多出版物的内容。首先，高等院校培养了大量具有较高知识水平的人。一般而言，他们不仅有更强的经济消费能力，而且文化消费需求也更加旺盛。这个群体在出版市场上占据着越来越重要的位置，推动着出版业往更大的规模和更高的水平发展。其次，中世纪欧洲大学的产生，引发了对高校教材的强烈需求，并逐渐形成了高等教育出版这一重要的图书出版门类。在我国，高等教育的日益大众化、普及化对高等教育出版的促进作用十分明显。再次，高校集聚的科研人才及本身所具有的科研功能，使其对科学信息交流的需求日益增长，学术出版因此逐渐成为现代出版产业的重要组成部分。最后，高校在校师生以及所培养的人才不仅作为读者或消费者而存在，他们也是知识的生产者和创造者，是出版物内容资源的重要来源。因此，随着我国高等教育日益普及，高校通过对学生、老师或直接或潜移默化的影响，对出版业发挥着越来越重要的导向作用。

一、高校考评、晋升制度与政策的影响

高校对出版最直接的引导，是通过制定教师考评、晋升的制度和

政策，给高等教育出版以及学术出版领域带来或积极或消极的影响。

1. 高等教育出版和学术出版生态

在学术出版和高等教育出版中，读者、作者角色集于一身的现象表现得较为明显。作为读者的高校师生既可以通过直接的购买行为，也可以通过影响作为购买决策者的高校图书馆的采购工作来影响出版领域。而作为作者的高校师生和研究人员，销售情况好坏甚至读者是否满意都不是其发表或出版研究成果时考虑的主要因素：一方面，这个作者群体有一套自己的价值判断标准；另一方面，其出版决策选择深受其所属组织即高等教育机构的影响。而高校主要通过岗位和职称的晋升、各种精神或物质奖励，甚至于职业准入、退出和学位授予与否，对师生的出版行为予以肯定和否定。

因此，高校通过影响作者进而影响出版，而其所给予作者的回报则主要表现在岗位聘任、职称晋升、奖励等人事管理制度当中。

2. 高校制度与政策对出版的引导机制

人事管理，又称作人力资源管理，它承担着聘用管理、岗位管理、分配奖惩、考核评价、争议仲裁等有关对人的任用及其报酬的管理。虽然，在不同的政治和经济体制下，甚至在不同的企业中，人事管理的内容大同小异，但具体事务却有所不同。在中国大陆，高等学校人事工作涉及的范围非常广泛，既包括人员的定编、设岗、聘任工作，也包括工资、福利、保险管理工作；既有人才的引进、培养、稳定工作，也有晋升、奖惩、退休管理工作。[1]

---

[1] 赵志鲲、陶勤：《高校人事制度改革：30 年的回顾与思考》，《中国高校师资研究》2009 年第 4 期。

高校人事管理制度何以能引导出版？这就涉及人事工作的运行前提，即对教师进行的考核评价。自中华人民共和国成立以来，我国高等教育已经历了 60 多年的发展历程，对教师的考核评价日渐成熟，教师考核评价制度与出版的关系也日渐紧密。在"文革"前，高校教师在考核依据上以教学成果考核为主，在表现形式上以职务聘任和晋升考核为主。1978 年，国务院批转的教育部《关于高等学校恢复和提升教师职务问题的请示报告》明确提出："对提升对象的政治情况，教学水平和科研成果，要进行认真考察。"这标志着科研成果开始成为与教学成果并重的考核内容。1979 年，教育部发布《关于高等学校职责及考核的暂行规定》，指出"学校应该定期对教师进行考核……定期考核也为安排教师的工作和教师培训、提职、升级提供依据"，并对各级教师的职责、考核依据、考核内容与方法、考核的组织领导和考核结果应用做了较详细的规定。这标志着我国高校教师的考核工作进入了制度化、经常化和正规化发展阶段。1986 年，中央职称改革领导小组转发《高等学校教师职务试行条例》，第一次明确提出了教师实行职务聘任制，并对各级教师的职责、任职条件等方面条件做出明确规定。如教授任职条件的要求是：除思想政治、学历资格等条件外，"教学成绩卓著""发表、出版过有创见性的科学论文、著作或教科书，或有重大的创造发明""在教学管理或科学研究管理方面具有组织领导能力"。随后，为了聘任制改革的推行，加强聘期管理，以年度考核和聘期考核为主的教师考评开始成为主要形式，而这些考核的基本依据仍是《高等学校教师职务试行条例》。

在各种考核形式中，年度考核对教师的科研行为和发表、出版决策具有基本的引导作用。首先，从考核内容上看，教材出版、论文发表以及科研专著出版是科研成果指标中最重要的几项；其次，从考核方式上看，这些指标不仅规定了具体数量，还规定了相应的等级（如论文是否发表在 SCI、CSSCI 等索引源刊，教材属于校级、省级还是部级，出版社是否为学校认定的重要出版社等）；最后，从考核结果应用上，年度考评结果直接与教师的薪酬分配、岗位津贴、年终奖及其他奖惩措施直接挂钩，而且最终决定教师的职称评审，职务晋升、聘任、续聘甚至解聘。以中国传媒大学 2008 年试行的教师考核办法为例，该校将考核结果分为优秀、称职、基本称职和不称职四个等级。如果被评定为基本称职，会扣发本年度岗位津贴的 20%；如果不称职，则扣发下年度岗位津贴；连续两年度考核不称职或聘期考核不称职，则予以解聘或转岗。[1] 因此，基本上高校教师只在教材、专著、论文等不同出版物类型的选择中有有限的回旋余地，却无法拒绝这个考评体系。

二、考评制度和政策引导出版的表现

高校内部对教师的评价办法在实施初期收到了良好效果。教师的工作积极性提高了，普遍更加专注于本职工作，也让部分不合格教师产生了很大的压力。一些高校的科研经费、发文数量快速增长。其影响乃至引导效应在出版领域，尤其是高校教材出版和学术出版领域是显而易见的。在中国大陆的高校教材出版领域，每年的品种数已由 2004 年的 18434 种增加到 2013 年的 55811 种，十年间品种增幅达300% 以上。同时，每年新出版教材的种数也基本以同样的速度快速增长（见表 3-1）。

在学术出版领域，虽然增速并不如教材出版领域，但是绝对数量增长也十分可观（见表 3-2）。当然，推动教材和学术出版领域快

---

[1]《中国传媒大学教师考核办法（试行）》，http://www.docin.com/p-632150320.html

速增长的原因很多。比如高校师生科研能力的增强，参与科研的人数增加等；但不可否认，高校教师的考评机制仍是其中的重要原因之一。

这种考评机制推动了教材出版和学术出版的繁荣，但是在繁荣背后也要看到其带来的一些消极影响。高校考评机制和政策对出版的导向作用主要体现在以下四个方面。

1. 重刊轻书

科学研究具有自身的特点和规律，它是一个循序渐进、厚积薄发的长期过程，并非一朝一夕所能完成。探索性的科研活动所产生的成果或社会效益也并非短时期内就能变现。但是，年度考评和聘期考评制度的存在，迫使研究者首先考虑的并非完成科研使命，而是顺利通过考评。对一般教师来说，相对于论文，著作更是一项耗时费力的创造性劳动；加之当前正式的科研考评体系存在重论文轻专著的导向。如中国传媒大学教师科研工作量的计分办法规定 CSSCI 索引的论文每篇计 10 分，而专著则以每万字 1 分计数[1]，因此许多教师都更倾向于以论文形式发表研究成果。表 3-2 数据显示，2004—2013 年大陆高校出版的科技著作只增长 14.5%，而论文数却增长了 68.6%，增速大约是科技著作的 5 倍。当然，高校硕士研究生和博士研究生招生规模的扩大，以及对这些研究生发表更多论文的考评要求，也是导致高校论文发表数量快速增长的原因之一。

2. 重复出版

一般而言，重复出版是指选题重复雷同，内容大同小异，甚至装

---

[1]《中国传媒大学教师考核办法（试行）》，http://www.docin.com/p-632150320.html

表 3-1　高等学校教材出版概况 [1]

	2013 年	2012 年	2011 年	2010 年	2009 年	2008 年	2007 年	2006 年	2005 年	2004 年
大专及以上课本出版种数（种）	55811	50270	48126	43029	37151	34881	33525	30390	27459	18434
大专及以上课本新出版种数（种）	21139	19655	17976	16488	15196	13371	13571	11813	11277	7688
大专及以上课本出版总印数（万册）	32423	32190	33207	35210	272082	30634	26868	24653	27756	20715

表 3-2　高等学校对学术出版的贡献 [2]

	2013 年	2012 年	2011 年	2010 年	2009 年	2008 年	2007 年	2006 年	2005 年	2004 年
普通高校数（所）	2491	2442	2409	2358	2305	2263	1908	1867	1792	1731
高等学校发表科技论文数（篇）	1127210	1117742	1109965	1062512	1016345	964877	905985	830948	728082	668520
高等学校发表科技论文中国外发表数	249637	226097	218301	182247	156750	134058	108727	90722	69857	
高等学校出版科技著作	37866	38760	37472	38101	40919	37541	35733	34633	33064	

[1] 数据来源：中华人民共和国统计局，http://www.stats.gov.cn/
[2] 同上。

帧无新意的一种出版现象。[1] 重复出版是长期以来困扰出版业的顽症。无论是在大众出版、教育出版还是专业出版领域，重复出版现象都或多或少存在，只不过在大众出版和教育出版中表现尤其突出。其中，高校教材出版领域是一个重灾区。《中国青年报》的作者曾以高校教材《机械设计基础》为例对国家图书馆的馆藏目录进行检索，结果显示 2006—2008 年间全国共出版同名高校教材 114 种；以《法理学》为例，期间全国共出版同名高校教材 40 种。[2] 这其实只是高校教材重复出版的冰山一角，但确实可以看出此种现象的严重性和普遍性。这既是出版社盲目追逐经济利益的结果，也与高校对教师的考核评价机制息息相关。一方面，当前教材编写和出版缺乏严格的约束机制，导致水平低劣、东拼西凑的教材可以在自费出版的情形下顺利出版。这是导致高校教材重复出版很重要的一个因素。另一方面，是由晋升制度对出版数量的硬性规定造成的。如《湖北省高等学校教师高级专业技术职务任职资格评审条件》规定：晋升副教授必须是"本科院校专业课教师，公开出版有一定水平的十万字以上的学术专著一部或本人承担十万字以上撰写任务的合著一部或编写十万字以上教材（做主编或第一副主编）一部，且在公开出版的学术刊物上发表独撰或为第一作者的学术论文三篇以上。本科院校公共基础课教师和专科学校、成人高校教师，公开出版五万字以上的专著或较高水平的教材（本人撰写五万字以上)，且在公开出版的学术刊物上发表独撰或为第一作者的学术论文两篇以上"。

---

[1] 辰目：《重复出版现象再研究》，《出版发行研究》2008 年第 2 期。

[2] 姚文兵：《大学教材粗制滥造谁是罪魁》，http://zqb.cyol.com/content/2010-01-26/content_3058381.htm

3. 优秀学术论文外流

如表 3-2 所示，2005 年大陆高等院校在国外发表的科技论文数为69857 篇，到 2013 年这个数字已经增长到 249637 篇，共增长 3.6 倍，年均增长率达到 17.5%。这其中不乏大量优秀论文。对 1992—2011 年间被科学引文索引（SCI）和工程索引（EI）数据库收录的科技论文进行文献统计，发现我国已成为全球科技论文外流总量最多的国家。尽管近年增幅有所放缓，但仍在以年均超过 10% 的速度增长。在天体物理学等牵涉我国尖端科技信息的研究领域，论文外流率超过 80%，受政府基金资助的论文平均外流率达 51.79%，我国科技论文外流率已进入"高度外流"的后半警戒区域。[1] 在农业工程领域，发表在被 EI、SCI 收录的国外农业工程领域期刊上的论文数量以及外流比例也呈逐年上升趋势。[2] 优秀学术论文外流现象不仅引起了学界的关注，也引起了党和政府的高度重视。其中原因众多，但高校教师的考评评价体系应对其负一定责任。在现行对高校教师科研成果进行的评价中，普遍更重视发表在国外知名学术期刊上的论文，并给予其更高的权重，或者直接给予物质或精神上的奖励。在某些知名高校，甚至明确规定要获得晋升或完成年度考评任务，教师必须在国外具有一定影响因子的期刊上发表论文。例如，国内某 985、211 大学对申请教授职称者在论文发表方面的规定为：要求独立或以第一作者名义发表 10 篇论文，若独立或以第一作者名义发表 6 篇 SCI（EI）（含）以上收录论文，可不要求总数 10 篇。国内某自然科学研究机构规定，申请研究

[1] 吴锋、王建冬：《20 年来中国大陆科技论文外流态势监测与评析》，《情报杂志》2013 年第 3 期。

[2] 刘丽英、魏秀菊、王柳等：《2003—2012 年中国优秀科技论文外流状况定量分析——以农业工程领域论文为例》，《中国科技期刊研究》2014 年第 4 期。

员任职资格，要求在影响因子大于等于 3 的 SCI 收录刊物上以第一作者或通讯联系人身份发表论文不少于 5 篇，并且其中至少有 1 篇论文发表在影响因子大于等于 10 的《自然》（*Nature*）系列杂志，或其他若干指定的国际期刊上。这种对国外期刊的偏向确实在一定程度上提高了中国高校在国际学术界的影响力，但是也不可避免地造成了学术论文外流的现象。

4. 论文买卖、抄袭、挂名等学术不端和腐败行为

最近几年，关于学术不端和腐败现象的讨论不时见诸报端。其中，买卖论文更是在互联网上发展成了一个"产业"。据有些学者估算，2009 年产值约为 10 亿元人民币，是 2007 年的 5 倍多。[1] 不只买卖中文论文，英文论文的买卖也相当严重。调查研究显示，如果"每天约 654 个中国 IP 访问这些英文买卖论文网站，1 年就是 23.9 万个；按 2%—6% 购买成功，则 2009 年有 4774—14322 名中国人购买了英文论文。而最近两年，每年有近 100 人购买高端英文学术论文并发表于国际级别的 SCI 期刊"[2]。除了买卖论文外，学术不端和腐败还包括"捏造或伪造试验数据，抄袭、剽窃他人的研究成果，杜撰参考文献和一稿两投或两发，论文署名上侵占他人成果"等现象[3]。虽然高校教师的参与程度无从知晓，但参与其中却是不争的事实。比如王锋在《抄袭：不仅仅是道德问题，更是违法行为》一文中揭露了包括暨南大学、青岛海洋大学、南京师范大学和上海同济大学等高校 4 名教

---

[1] 晏岚：《论文买卖，一年 10 个亿》，《法制参考》2010 年第 3 期。

[2] 万建辉：《研究者称至少 4700 人去年从国外买英文论文》，http://news.sina.com.cn/c/sd/2010-01-05/004719397312.shtml

[3] 江新华：《学术何以失范——大学学术道德失范的制度分析》，社会科学文献出版社 2005 版，第 39—53 页。

师的严重抄袭行为。[1] 这些学术不端和腐败行为不仅是道德问题，也涉及法律层面，侵犯了其他作者的著作权。这种行为的产生"受到社会、政治、经济、文化制度的影响和制约，但更直接、力量更大的制度应是学术制度"，其中"过分推崇量化标准，忽视质量"的教师科研评价体系无疑起了推波助澜的作用。[2]

第三节 图书馆引导出版

在社会文化大环境中，图书馆和出版机构是两个非常重要的部门。在社会功能上，这两者有相互重合的部分，又有相互衔接的关系。图书馆自身的发展和功能设定使其对于出版活动的价值取向有着难以替代的引导作用。从总体上看，这种价值的引导是综合性的，但又在某些方面有着更加突出的表现。

一、图书馆的双重引导作用

"图书馆"一词是近代以来从日本舶来的词汇。就我国的情况而言，图书馆有学校图书馆和公共图书馆之分。不同性质的图书馆在功能、作用、开展的活动等方面各有侧重，但综合来看，图书馆都能通过对大众文化传播活动进行引导进而影响出版活动。

在中国近代的新图书馆运动中，图书馆对于出版价值的引导得到

---

[1] 王锋：《抄袭：不仅仅是道德问题，更是违法行为》，《科学管理》1999 年第 2 期。

[2] 江新华：《学术何以失范——大学学术道德失范的制度分析》，社会科学文献出版社 2005 版，第 39—53 页。

了充分体现。在这一运动的倡导下，1917—1936 年间中国的图书馆由
260 所增加到了 5196 所[1]。新图书馆运动中产生的一大批图书馆使得
图书馆的团体用户角色得以凸显，从而为出版社提供了广阔的市场。
而且，浮现出来的商机也成为众多出版机构开发选题、组织出版活动
的重要依据。此外，新图书馆运动在全国营造了良好的读书氛围，为
出版物创造了庞大的读者群，促进了我国图书市场的发展。当前，我
国图书馆对于出版的价值引导作用体现在直接引导和间接引导两个层
面上。

1. 直接引导作用

2008 年，英国的"全国阅读年"活动由英国 8 家大众出版商和图
书馆合作共同组织。阿歇特、哈珀·柯林斯、禾林、麦克米伦、企鹅
和兰登书屋都参加了这次阅读活动的组织和实施[2]。2003 年，中国启动
对图书馆的评估工作，馆配市场遂成为出版社瞄准的新兴市场，馆配
图书的销售成为出版市场交易中的重要组成部分。例如，天津大学出
版社的馆配图书销售额占据该社总销售额的近 1/4；科学出版社的馆
配额占该社销售总额的 1/3；人民邮电出版社和贵州人民出版社馆配
图书销售额占整体销售额比例偏低，但也达到了 1/5[3]。当前中国图书
零售行业的发展并不尽如人意，然而随着国家对于全民阅读的大力倡
导，各级图书馆得到国家支持的力度是前所未有的。这无疑为出版业

---

[1] 吴碧薇：《20 世纪国外图书馆学在中国：传播和影响》，郑州大学 2004 年硕士学位
　　论文。

[2] 《英国作家图书馆做主持点亮阅读年活动》，http://www.jb100.com/sjjb_news/View.
　　aspx?id=596

[3] 陈香：《馆配市场现重大变革业界呼吁为数字资源建行业规范》，《中华读书报》2014
　　年 5 月 28 日第 6 版。

的发展开拓了另一方天地。

具体来说，图书馆对于出版最直接的引导作用体现为图书馆作为出版企业的团体用户，能够在内容和形式两个方面直接影响出版社。在内容上，某些出版社会针对馆配市场出版馆配图书，而馆配图书的重购能够影响出版机构某些图书的重版印刷，因此这一部分业务甚至成为某些出版机构的重点出版物。但是这种供需关系的实现也面临诸多困难。图书馆服务质量的提高将使越来越多的读者走进图书馆，而馆藏图书的内容质量是将读者留住的最重要因素。但是，目前中国图书馆和出版社之间的信息交流还很不顺畅，很少有馆配商能够将出版社的所有产品信息进行及时归类整理再传递给图书馆。这无疑阻碍了图书馆收藏最新的精品图书和优秀图书。同时，由于图书馆采购图书要求的折扣较高，一些民营馆配商在向图书馆传送书目数据时会进行初步筛选，把只能提供较低折扣的出版社排除在外。这样做的后果是，质量上乘的图书信息无法传递到图书馆，而图书馆有这样的需求却得不到相应的图书。这一现象在不发达地区尤为严重。[1]

图书馆的需求还能影响图书的出版形式。例如，国外一些图书馆的特殊馆藏需求导致出版商专门为图书馆市场制作生产"无硫酸典藏本"图书。数字时代，研究人员越来越多地采用数字形式的文献，数据库因此成为图书馆馆藏资源的重要组成部分。对高校图书馆来说，这一出版形式更加重要，因其可以容纳海量内容并且使用便捷。为了满足这一市场需求，国内外出版商纷纷建设高质量的数据库以便向高校图书馆售卖。跨国出版集团爱思唯尔、斯普林格、威利·布莱克威尔等都是典型的例子。在中国，学术期刊出版领域中规模最大的 3 家

---

[1] 陈香：《图书馆配市场现重大变革》，http://www.cssn.cn/ts/ts_sksy/201406/
t20140603_1195251.shtml

公司均为科技公司，其产品包括清华同方知网（北京）技术有限公司的中国知网、重庆维普咨询有限公司的中文科技期刊全文数据库和北京万方数据股份有限公司的万方数据库等；在专业出版领域，人民邮电出版社、人民交通出版社、知识产权出版社、法律出版社等出版社根据自己的优势内容资源开发数据库产品，也形成了一定的影响力。市场对优质数据库资源的强劲需求导致了昂贵的价格。由于约 80% 的中国高校都需要订购爱思唯尔的数据库，大多数高校每年为此支付的费用高达 60 万美元。

此外，馆配业务的兴盛甚至还影响了出版机构的岗位设置。例如，2003 年人民邮电出版社设立了馆配营销经理一职，专门负责馆配图书销售业务。

2. 间接引导作用

图书馆对于出版业突出的间接引导作用体现在其对服务对象本身的阅读行为和社会阅读风气的引导上。这一层面的引导作用虽然不直接作用于出版社，但对出版活动的意义却很重大。图书馆因其具有公益性、教育性和学术性的特征，担负着社会教育、传递科学情报、开发智力资源的社会职责，是全民阅读推广的中坚力量。在互联网时代，图书馆的服务角色更加明显，它所提供的服务如推荐书目、举办各种阅读活动等都会对读者的判断和选择产生影响，从而对于社会的整体阅读风气产生引导作用。这种引导作用又会从读者传达至出版端，影响出版机构对于出版内容资源的选择。

此外，由于中国政府的大力支持和倡导，盲人阅览室、"农家书屋"、"社区书屋"等新兴图书馆的建设一方面为读者提供了更多阅读机会，另一方面也为出版机构带来了新的发展契机——配合这样的阅读推广活动有针对性地出版一些能够满足特殊读者群需求的图书。

二、图书馆推荐书目及其对阅读的引导

推荐书目也称为导读书目、举要书目、选读书目、必读书目或劝学书目等，指的是针对特定读者对象，对某一专门问题的文献进行选择，编排成书目提供给读者，以指导读者阅读。推荐书目是对阅读和藏书进行指导的重要工具，也是图书馆进行阅读推广的最重要手段之一[1]。

根据《2014 年第十一次全国国民阅读调查报告》，2013 年我国国民人均纸质图书阅读量比上年增加 0.38 本，达 4.77 本。但是，我国超过五成的国民认为自己的阅读数量较少，只有 1.2% 的国民认为自己的阅读量很充足，8.4% 的国民认为自己的阅读量较多，37.6% 的国民认为自己的阅读量一般[2]。为此，各省文明办、书业协会等组织机构纷纷开出推荐书目，大众传媒也将其视作民众关心的热点问题，纷纷邀请各界名人开出阅读书目和推荐书单。但是，这似乎又走向了另一个极端，大众被包围在各种推荐书单中无所适从，难以从中挑选有针对性且质量较高的推荐书单。在这样的情况下，图书馆凭借其得天独厚的优势条件进行推荐书目的编制更具有说服力。

1. 不同类型推荐书目及其影响

在信息爆炸的现代社会，在庞杂的信息中找到对自身最有价值、最有意义的部分进行阅读学习已经成为现代人的必备技能。图书馆所

---

[1] 李天月、宋丽梅、宋佳：《浅析书目推荐与高校图书馆阅读服务创新》，《科技情报开发与经济》2013 年第 21 期。

[2] 中国新闻出版研究院：《2014 年第十一次全国国民阅读调查报告》，http://www.199it.com/archives/224296.html

编制的推荐书目同时结合了馆藏资源和读者需求特点，能够给图书馆用户更加有针对性的指导，方便读者从海量的图书和信息资源中迅速查找并获得所需。图书馆推荐书目按照不同分类标准可以进行不同的划分。

（1）按推荐书目的对象不同可以分为儿童阅读推荐书目、学生阅读推荐书目、老人阅读推荐书目等。与西方发达国家相比，我国儿童阅读的起始年龄、阅读量和人均图书拥有量等都还有较大差距。2014 年我国儿童人均拥有图书仅 1.3 册，为以色列的 1/50，是日本的 1/40，美国的 1/30[1]。针对这种现象，公共图书馆纷纷编制儿童阅读推荐书目。中国图书馆协会推荐书目委员会曾编制《亲子阅读书目》，指导父母对儿童的阅读进行引导。

学生是学校图书馆的主要用户，图书馆针对学校的学生群体进行有针对性的书目推荐能够起到事半功倍的效果。各个学校图书馆普遍开列经典推荐书目，并往往结合学校的特殊性，配以各种形式的小组交流，从而使推荐书目真正成为学生阅读的指南针。

随着中国社会老龄化加速，老年读者已经成为公共图书馆不可忽视的读者群体。公共图书馆针对老年人的服务不断完善，针对老年读者的阅读推荐书目也更加丰富。其中，按照老年读者不同的阅读需求可以将其分为消遣休闲型、学习研究型、实际应用型读者。针对不同类型的老年人，各地图书馆进行了各具特色的推荐书目编制。

（2）按书目推荐人不同可以分为专家推荐书目、教师推荐书目、读者推荐书目等。专家推荐书目指图书馆邀请某一领域的专家开出推荐书目以指导读者阅读。专家在其所处领域内有其权威性和前瞻意

---

[1] 伊永军：《我国儿童人均拥有图书仅 1.3 册，几大原因让孩子不爱读书》，http:// news.163.com/14/0507/21/9RM1PK0500014AEE.html

识，对该领域的读者阅读什么书通常有相对更为科学合理的建议。专家推荐书目往往列出某一领域内具有可读性和含金量较高的图书，因此能够使读者在借阅图书过程中更有针对性，能够帮助读者尽快获取相关领域内的知识和信息。例如，作家王安忆曾开出一份推荐书目，其中包含《巴黎圣母院》《约翰·克里斯多夫》《水浒传》《呼兰河传》等中外经典文学作品。这份书单是王安忆从其写作生涯中阅读的大量文学作品中精选出来的，对作者本身具有一定指导意义，因此能够为从事写作的人提供有益借鉴。

教师推荐书目则是学校图书馆中较为常见的推荐书目形式。教师是学校的中坚力量，在学校的教学中发挥主导作用，也是为学生进行推荐书目编制的重要力量之一。教师对于阅读的重视和指导能够为学生的阅读起到积极的推动作用。目前许多学校老师都为本校学生开出推荐书目指导阅读，例如，在中国人民大学图书馆的文学类索引盒中就能够找到任课教师的推荐书目。

读者推荐书目则是由读者进行推荐。读者来自不同领域，在阅读口味和阅读态度上都有所不同。读者推荐的图书具有大众化的特点，能够和其他读者形成互动，也具有一定的时效性。在学校图书馆，读者推荐书目主要由学校中的优秀在校生或毕业生进行推荐。学生推荐的书目更加符合当代学生群体的阅读心理，能够调动学生的阅读兴趣，也能反映当代学生的阅读趋势。武汉大学图书馆每年都根据借阅记录评比"武汉大学年度十大借阅之星"，这 10 名同学则会根据自己的借阅历史分别为全校师生推荐 10 本图书。这样的阅读书单排除了专业限制，可读性更好。

（3）按推荐书目推荐的图书特点可以分为新书推荐、主题推荐书目等。新书推荐书目是最常见的推荐书目类型，一般定期向读者推荐最新书目信息，使读者能够最快地了解馆藏图书新动态，掌握图书馆馆藏，从而更有效地利用馆藏文献资源。随着 Web2.0 技术的发展，新书推荐可以通过图书馆网站发布，这样读者就能够更加及时地掌握图书馆的新书动态，使新书推荐真正成为阅读中的指导工具。

主题推荐书目则是图书馆针对不同主题推出的推荐书目，常见的有假期推荐书目、经典推荐书目以及配合各种活动而编排的推荐书目。例如，许多图书馆都针对全国阅读日推出各类阅读推荐书目。

(4) 按照推荐书目形式的不同可以分为传统推荐书目、数字化推荐书目等。传统推荐书目是指利用展板、横幅等形式进行展示的推荐书目。数字化推荐书目则是指通过网络进行陈列展示的推荐书目，如图书馆通过官方网站、微博官方账号、微信官方账号、QQ 群、论坛等形式进行的书目推荐。Web 2.0 的普及使图书馆可以通过推荐书目这种形式和用户进行互动，形成反馈。通过图书馆官方网站发布推荐书目可以使用户在第一时间得到书目信息，并可以通过设置链接等方式方便读者进行图书的查找和借阅。同时，定期发布信息还能培养读者定期查阅的习惯，提升馆藏资源的利用率。截至 2015 年 7 月 8 日，经过笔者调查发现，包括陕西省图书馆、山东省图书馆、黑龙江省图书馆、安徽省图书馆、福建省图书馆、湖北省图书馆、云南省图书馆、海南省图书馆、上海市图书馆、新疆维吾尔自治区图书馆在内的 23 家省级图书馆已经开通了新浪微博并通过了新浪的认证。

2. 国内图书馆推荐书目的局限性

总体来看，图书馆所编制的推荐书目因更具整体性、客观性和关联性而成为民众在寻求阅读指导时的首选工具。此外，许多图书馆根据读者信息或按照专业分类为读者进行书目推荐，这无疑使其在民众中产生了更加显著的效果。但是客观来说，国内图书馆的推荐书目仍然存在一些局限性，没有达到最佳的阅读引导目的。

图书馆的推荐书目是读者阅读乃至购书的有效刺激因素之一，但相较于其他大众媒体、组织机构的推荐书目，图书馆编制的推荐书目最明显的局限性就是宣传不足。这就造成图书馆花费大量人力、物力编制了推荐书目，却因宣传不到位而没能传达到读者，难以在读者中间造成重大反响，导致推荐效果差强人意，对于阅读行为的引导无法收到预期效果。

图书馆推荐书目另一个明显的局限性则是推荐书目的形式单一，造成推荐效果不尽如人意。很多图书馆将书目推荐简单理解为新书推荐；但实际上那只是推荐书目形式的一种，并且这种形式的推荐书目很难从根本上对读者起到阅读引导作用。但这种局面可以改观，东京创价大学图书馆的做法就具有很强的借鉴意义。该馆的推荐书目不同于一般大学图书馆的书目，往往按照推荐对象的不同分类编制诸如"阅读新手""学姐学长推荐书""推荐给女性的书""创价大学奠基人(池田大作先生) 专题图书""述评对象图书（供读者进行评论用的书)"等独特的推荐书目类型，特色鲜明，效果显著[1]。

此外，一般图书馆的推荐书目对于网络的应用仍然停留在表面阶段。通过网络推荐书目，读者本可以通过更加简便、高效的方式获得新颖、丰富的图书信息，这符合读者在数字时代对信息的需求特点。例如，图书馆可以通过实时问答更好地为读者服务，对读者的阅读行为做出实时具体的指导等。但目前国内绝大多数图书馆仍未充分利用网络能够为推荐书目带来的好处，迄今很少有图书馆积极地吸收读者参与到推荐书目的编制工作中以带动其阅读行为。实际上，推荐书目

---

[1] 周樱格：《日本图书馆阅读推广动向研究：案例分析与启迪》，《新世纪图书馆》2013
年第 5 期。

的互动平台能够建立起以图书为介质，以人为中心的交流互动，能够带动用户间以共同兴趣为纽带的分享行为，从而拓宽读者的阅读视野，促进信息知识的传播与共享。网络的此种潜力亟须在今后的书目推荐工作中加以发掘利用，以更加有效地吸引年轻一代的读者。

三、图书馆阅读活动及其影响

《2014年第十一次全国国民阅读调查报告》显示：有六成以上国民希望当地有关部门能够举办阅读活动，有66.3%的成年国民认为有关部门应当举办读书活动或读书节。其中，城市居民认为当地有关部门应该举办阅读活动的比例为64.8%，农村居民中这一比例高达68.0%。这些数据显示中国民众渴求良好的阅读氛围，但这在现实生活中很难得到满足。针对这种情况，图书馆应该承担其在文化传播方面的责任，积极开展阅读活动，营造阅读氛围，对民众的阅读行为给予大力支持。就学校图书馆来说，其阅读活动的开展有较好的基础。学生本身就是阅读的主力，阅读活动的开展可以拓展学生的阅读范围，提升学生课外阅读的兴趣。在全民范围内营造阅读环境，则还要依赖各省、市、县级图书馆和"农家书屋""社区书屋"来倡导阅读活动，从而在更大范围内营造读书氛围，使阅读行为真正深入到每个国民的生活中。

1. 有针对性的图书馆阅读活动

图书馆组织阅读活动是非常常见的阅读推广方式。与推荐书目相比，图书馆阅读活动具有更强的针对性，阅读推广的效果也更加明显。图书馆主要针对不同的目标和不同的人群举办阅读活动。

针对不同目标发起的阅读活动很常见。中国图书馆学会自2004

年开始承办"全民读书月"活动，并于 2005 年将该活动扩展到全年。自 2004 年始，为配合全民读书活动，中国国家图书馆就和各地方图书馆共同开展形式多样的阅读推广活动。新加坡的图书馆则会借祝某些特殊的日子或节日开展阅读推广活动。自 2006 年起，新加坡国家图书馆开始举办"读者答谢日"活动，在这一天新加坡的公共图书馆都会举办相应的活动吸引读者，提升公众阅读兴趣。此外，新加坡的图书馆还在图书馆成立之日、传统节日来临之际举办相应的活动推广阅读。裕廊西图书馆在每年的情人节举办"blind date"活动，这并不是常规意义上的相亲活动，而是活动参与者和书籍的神秘约会。

　　而针对特定人群举办的阅读活动针对更加细分的用户群体，具有十分鲜明的特色。在德国，学生能力国际评估项目（PISA）的调查显示，德国有 51.8% 的男生认为阅读是女生的事。针对这一调查数据，德国法兰克福市图书馆开展了名为"太棒啦！叔叔为我们读书！"的阅读活动，针对男孩子展开阅读活动。邀请全市男性为男孩子讲故事，在活动举办地点上也选取男孩子更喜欢的机场、火车站、体育场等。此外，还通过邀请男孩子心目中的"英雄""崇拜者"等和孩子们一起参加阅读活动，激发男孩子们的阅读兴趣。日本的公共图书馆利用宣传单、网页、电子杂志等多种方式面向婴幼儿、儿童、青少年等不同年龄段的读者宣传、推广阅读。在中国，针对一些特殊群体的图书馆阅读活动也在逐步开展。亲子阅读发展至今已经形成一定规模，针对老年读者、视障读者的阅读推广也在持续进行。随着我国人口老龄化的节奏越来越快，我国公共图书馆针对老年群体开展了具有针对性的阅读推广活动。2010 年 4 月，湖南省衡阳市南岳区图书馆组织该区 50 多名老年人进行电脑培训，教授基本电脑操作方法和浏览新闻等上网知识。

2. 图书馆阅读活动的组织形式

图书馆举办的阅读活动组织形式丰富多样，其目的都在于吸引读者，因为读者的积极参与对社会阅读风气的形成有着重要的推动作用。

（1）图书馆阅读俱乐部。图书馆有场地优势，这是其他组织机构无可比拟的。因此，图书馆可以凭借场馆优势组建阅读俱乐部，以一种相对松散的形式组织图书馆用户就某一主题、某一图书进行学习交流。危地马拉佛朗西斯科马洛奎大学（Francisco Marroquin）图书馆的阅读俱乐部是其中的优秀代表。该俱乐部成立于 2006 年 5 月 23 日，已经成功举办了多场主题学习活动。美国丹顿公共图书馆（Denton Public Library）也有类似的俱乐部，名为"夏季阅读俱乐部"。俱乐部这种形式可以吸引大量阅读爱好者，定期举办的活动也有利于长期阅读习惯的形成。

（2）图书馆组织的阅读社团。这是国外图书馆阅读活动的一种重要组织形式，也是图书馆公共服务的拓展。通过这样的活动能够吸引更多读者参与阅读活动，从而带动阅读的社会潮流。阅读社团举办的活动除了考虑读者的个性化需求之外，更加注重分享和交流，在社会关系的基础上构建阅读网络。这种阅读网络不仅包含图书馆网络，也包括读者网络。在社团中，读者不只是文化产品的消费者，他们还能够在社团活动中更好地实现自我、展现自我，实现精神追求。在读者中建立起社会关系网络，对在更广泛的范围内形成良好的阅读氛围大有裨益。温州市图书馆组织的"读书话剧社""北纬 28°音乐沙龙"等社团活动，就吸引了更多人走进图书馆。

（3）发起阅读项目。阅读项目一般由图书馆单独倡导、发起或联合其他部门、协会发起，以对细分的读者群体进行引导。如美国图书馆协会倡导发起的美国"暑期阅读项目"已经成为美国国民中最具影响力和号召力的阅读活动之一。这一项目从 19 世纪 90 年代开始实施，至今已有一百多年历史。创办这一阅读活动的初衷是为了鼓励学生多阅读，培养阅读习惯，提高阅读技能，进而提高课堂学习成绩。美国图书馆协会要求美国各州、县的图书馆参与该活动，以达到全民阅读的目的。该活动目前已覆盖全美 49 个州及哥伦比亚特区的所有公共图书馆。

　　英国的图书馆在阅读活动的举办上也颇有新意。在英国，0—4 岁的儿童被称为"爬行读者"（Creeping Reader）。早在 1992 年，英国伯明翰图书馆服务部（Birmingham Library Service）联合图书信托基金会（Booktrust）和基层医护服务信托基金会（Primary Care Trust）共同发起"阅读起跑线"项目。这是全世界第一个专门为学龄前儿童提供阅读指导的全球性阅读项目。如今，除英国外还有日本、韩国、澳大利亚、美国、意大利等多个国家加入该项目。这项阅读活动在全球多个国家得以推广足以证明其有效性。项目为参与者提供特色资料书包以帮助儿童培养阅读习惯，组织"蹒跚起步来看书"活动鼓励孩子分享阅读的乐趣，另外还设有"儿歌时间"活动使孩子和家长能够共同学习。该项目不仅能够使儿童从小养成牢固的阅读习惯，还能从侧面带动家长的阅读。作为该项目的成员，英国拉夫堡图书馆专门设有儿童图书分馆，馆中设有低幼儿童活动区，馆内配套服务也很健全：家长只要带领孩子参加图书馆阅读活动，就能免费获赠图书包裹；参加过馆内组织的"蠕动读者故事和童谣时间"的儿童都能参加集标识换奖章的活动。拉夫堡的馆员也证实，参加过此项活动的孩子和家长大多都成为了图书馆的常客，在阅读习惯的养成上也较其他孩子表现更为优秀。

　　（4）设立经典文献阅览室。这些阅览室大多用于阅读稀有文献。

许多大学图书馆和公共图书馆都有这样的经典文献阅览室。例如，芝加哥大学的约瑟夫·里根·斯坦图书馆（Library of Joseph Rigen Stein）设立了古籍文献阅览室，收藏的希腊文、拉丁文历史、哲学、神学等典籍在固定时间向读者开放，并由专职馆员负责管理咨询、宣传及推广。另外，美国的费厄罗莎·赛博图书馆（Fairrosa Cyber Library）设有专门收藏儿童经典作品的阅览室，英国的苏格兰诗歌图书馆（Scottish Poetry Library）设有阅览室专门收藏经典诗歌。这些阅览室的存在主要是为了满足读者的个性化需求。而在全民阅读推进过程中，这样的特色服务是吸引不同类型的读者前来阅读的重要手段。

（5）现代化的图书馆阅读活动。任何事物的发展都不能脱离所处的时代，图书馆的阅读活动也不例外。随着互联网技术和信息技术的飞速发展，人们的阅读习惯发生了深刻变化。为了在这样的环境中继续吸引民众进行阅读，各地图书馆在阅读活动形式上不断创新。新加坡的图书馆对于新技术的应用也走在了世界前列。新加坡国家图书馆在脸书（Facebook）、推特（Twitter）、照片墙（Instagram）等社交网站中开设了公共账号并通过他们发布关于阅读的相关消息，和读者建立紧密联系。此外，在新加坡国家图书馆读者还可以利用手机扫描条形码进行图书借还服务。在英国，国家图书馆于 2011 年 6 月发布了 iPad 应用程序。通过使用该应用，读者可以将英国国家图书馆 6 万多册 19 世纪经典读物的电子扫描副本（包括原始插图和地图）装入 iPad，并在其后免费使用。

依托于网络和数字化设施进行的阅读活动将成为今后图书馆举办阅读活动的趋势。随着数字化的推进，读者对于图书的需求更多地表现为对书中所承载信息的需求，越来越多的读者适应了数字化阅读方式。因此，举办数字化阅读活动不仅能够吸引更多年轻读者和用户，还能够在读者进行阅读的过程中对其使用行为和数据进行分析，从而更好地了解读者需求，并为将突优化阅读推荐和阅读导航作用提供支持。在传统环境中，图书馆是沟通读者和出版社的重要渠道；在数字化环境中，图书馆的角色依然如旧，它们仍能通过举办现代化阅读活动，在一定程度上带动数字出版产业的发展。

3. 优化图书馆阅读活动效果

阅读活动要尽可能增加读者数量，这样才能保证阅读活动取得预期效果。在阅读活动的举办过程中，图书馆大多与社会其他组织机构合作进行活动的推广，以便得到更加广泛的关注和支持。国内外图书馆都非常重视阅读活动的发起和推广，阅读活动的形式丰富多样。国外一些阅读推广项目，尤其是针对 K12 阶段儿童的阅读计划已经在全世界范围内产生了广泛影响。

图书馆发起阅读活动的最终目的仍是满足读者需求，而图书馆将读者进行更加精确的细分，并据此更加有针对性地组织阅读活动，能够取得更好的阅读推广效果。青少年、学生、老年人和弱势群体是目前阅读活动中被关注较多的群体，而读者的划分远不止这么简单。图书馆在组织阅读活动时，对于读者分类的考虑越细化、周到，其阅读活动的专业性和个性化就可能越加明显，对于特定读者的吸引力就会越大，阅读推广的效果也会更加明显。

图书馆组织发起阅读活动的初衷都是吸引读者，培养读者的阅读习惯。在这个过程中，宣传与营销工作也非常重要。没有宣传推广，阅读活动的消息无法传播到读者哪里，吸引读者也就无从谈起，活动效果自然很难达到预期。而图书馆的力量有限，若想阅读活动能够在更广范围内取得良好的推广效果，与其他社会力量合作是一种有效的途径。英国的"阅读起跑线"计划就是英国伯明翰图书馆服务部联合图书信托基金会和基层医护服务信托基金会共同发起、推广的。在中国推行全民阅读的形势下，图书馆和宣传、文化、教育各部门通力合作，组织大型阅读活动，进行资源共享和优势互补，是提升阅读活动效果的有效途径。

而随着网络和数字化的发展，数字阅读在人们的阅读生活中所占比重越来越大，阅读习惯和交流方式的改变导致读者参加阅读活动的方式也随之变化。为此，图书馆组织的阅读活动也要随之进行调整、变化。在 2015 年全国读书月期间，武汉大学图书馆网站上线了名为"寻找小布"的网络游戏，吸引了众多用户参与，也赢得了一致好评。这种数字化的阅读活动代表了现代图书馆阅读活动的发展趋势。

第四节　家长对少儿出版的影响

除了自身因素外，少儿的阅读兴趣和行为还受到家庭、学校和社会等外界环境的影响。其中，家庭作为儿童诞生和成长的地方，对儿童阅读行为和习惯的影响尤为明显。可以说，家长作为儿童的启蒙者和引导者，对少儿的阅读活动并进而对少儿出版有着举足轻重的作用。一方面，作为图书的直接购买者，家长影响和左右着少儿出版市场；另一方面，基于"家长"这一特殊身份，他们持有相近的观点或看法，很容易形成一定的社会互动关系，进而形成一种松散程度不同的群体性力量，并最终对社会中的其他群体或组织如出版机构、教育部门等施加影响——特别是在教材采用或读物推荐等方面，从而间接影响出版活动。

一、家长与少儿阅读

　　家长是少儿成长过程中的引导者、支持者与监督者，正是家长与少儿这种天然的关系决定了家长与少儿阅读也紧密相连。家长在少儿阅读的读物选择、习惯培养等方面都起着重要作用。

1. 少儿阅读的特点

　　少儿阅读是指 18 岁以下未成年人的阅读活动。广义的少儿阅读包括学校内外、课堂内外的一切阅读活动；狭义的少儿阅读则专指课外阅读。[1]

　　少年儿童既是少儿阅读的主体，同时也是在阅读中需要引导的对象。0—18 岁是人生的起点和成长阶段，是少年儿童世界观、人生观和价值观的形成时期，也是智力、能力和个性的发展时期。从心理学和少年儿童的特点来看，这个年龄段的孩子好奇心强，想弄明白世间的万事万物；然而，如果对孩子们不加引导，其广泛的涉猎心理很可能导致盲目阅读的结果。因此，引导他们树立正确的阅读取向，有意识、有目的地培养孩子们的阅读兴趣非常重要。此外，不同年龄段的儿童具有不同的阅读行为和特点。根据教育学专家的划分：3 岁以下的幼儿处在语言意识的萌芽发展期；3—6 岁的孩子依赖成人的伴随阅读，通常称这一年龄段的阅读为亲子阅读；而 6 岁以后儿童就进入了独立自主的阅读时期。[2] 因此，各个年龄阶段的孩子由于身心特征、思维特征、社会化特征的不同，对读物的需求也呈现出阶段性的

---

[1] 王泉根：《新世纪十年"儿童阅读运动"综述》，《中国儿童文学》2011 年第 6 期。

[2] 颜虹：《图书馆开展分享阅读活动的意义与实施策略》，《河南图书馆学刊》2007 年第 2 期。

特征。

少年儿童如何在浩如烟海的图书中做出选择，很大程度上受到家长、学校、社会等各界力量的引导和影响。其中，家长处于突出的位置，具体表现在图书选择和图书购买两方面。一般来讲，图书都是读者自己购买、阅读的，而少儿读物的购买主体往往与阅读主体相分离。它由家长作为中介来实现购买，而最终阅读者是少儿。在图书市场上，少儿读物的选择很大程度上体现了家长的意志，这是因为儿童缺乏自主选择能力。年龄较小的儿童尤其是幼儿更多地受到父母影响，他们要通过家长讲读和辅导才能阅读图书。因此，他们处于"受教育者"地位，经常被动地接受少儿读物。相比之下，高年龄段的孩子虽然有一定自主性，但父母常常会对他们所选择图书类型和内容进行把关。家长在家庭教育中的中介、主导作用，使他们自然而然成为少儿读物的"第一读者"。少儿读物要实现自己的功能必须通过家长这个桥梁加以完成，由此决定了少儿读物拥有两类读者：家长是第一读者，少年儿童是第二读者。

2. 家长的作用

正如爱默生所说："家庭是这样一个地方，在一日之中，人们的胃口得到三餐的满足，而人们的心灵却得到了千百次的满足。"[1] 家庭的文化内涵与孩子的文化素养息息相关。英国知名儿童阅读专家艾登·钱伯斯（Aidan Chambers）在 1991 年出版的《打造儿童阅读环境》一书提出了"阅读循环圈"核心理论。他将少儿阅读描述为一系列过程，认为在这一循环过程中儿童是阅读的主体，而有经验的成人

---

[1] 转引自任小康：《让书香家庭引领阅读风尚》，《长沙晚报》2014 年 4 月 23 日第 2 版。

是阅读过程的引导者和推动者。[1]

每个人都成长于特定的家庭。家长是家庭教育中的主要角色，少儿选择和吸收读物时他们起到了引导和监督作用。一方面，成人可以通过营造阅读环境与组织阅读活动，帮助儿童亲近图书，进而鼓励儿童自主而愉快地阅读；或者通过设计、组织阅读讨论活动，帮助儿童领会一本书各个层面的不同含义，从而进行更广泛而深入的阅读。另一方面，不仅有关少儿读物的信息来源于家长，而且少儿所读的大部分书籍也都是由家长选定的。具体而言，家长在少儿阅读中发挥着以下作用。

（1）家长倡导读书。近年来，国家积极倡导全民阅读尤其是青少年阅读，鼓励青少年儿童爱读书、多读书、读好书，树立崇尚学习、崇尚阅读的社会风尚，努力为青少年儿童健康成长营造良好的社会环境。在这种大环境下，家长越来越重视孩子阅读兴趣的培养。同时，随着我国国民收入水平的提高以及 20 世纪 80 年代出生的独生子女开始进入生育期，儿童越来越成为大家庭的中心。家长在儿童教育上的投入更是毫不吝啬。这也是近年来少儿出版市场在数字化冲击下仍保持良好发展势头的一大原因。此外，家庭的文化环境是影响阅读的重要因素，对少儿阅读产生或积极或消极的影响。其中，家长的教育程度、文化素养、阅读范围和兴趣都会影响少年儿童，在少儿阅读发展的初期尤其如此。经验表明，在父母喜欢阅读的家庭中，孩子被阅读的氛围熏染，通常自然而然地也会喜欢阅读，并养成阅读的好习惯。

2013 年 9 月—2014 年 2 月进行的第十一次全国国民阅读调查显示，我国 18 周岁以下未成年人图书阅读率较高，达到 76.1%，其中 9—13 周岁少年儿童图书阅读率为 93.5%，远高于成年人。2013 年，

---

[1] 蔡楚舒：《儿童阅读循环圈视野中的阅读指导工作》，《图书馆》2006 年第 4 期。

我国未成年人群的图书阅读量均有不同程度的提高。其中，0—8 周岁儿童人均图书阅读量 5.25 本，9—13 周岁未成年人人均课外图书阅读量 8.26 本，而 14—17 周岁未成年人课外图书的阅读量最大，为 8.97 本。少儿阅读普及率较高，自然离不开家长对读书的倡导。[1] 根据中国图书馆学会未成年人图书馆服务专业委员会发布的《2013 年全国大中城市少年儿童阅读调查报告》[2]，少儿读物的主要来源是家庭购书（80.72%），其次是图书馆借阅（64.52%）和朋友借阅（58.07%）。在藏书方面，该报告公布了这样一组数字：51% 的家庭儿童藏书比较丰富，有 60 本以上；44% 的家庭儿童藏书较多，有 20—40 本；只有 5% 的家庭拥有很少的儿童书，只有几本。引人关注的是，随着独生子女增多和家庭民主意识的增强，儿童在家庭中的权利和地位也得到相应提高。报告公布了对孩子藏书空间的调查结果，结论是越来越多的家庭为孩子开辟了专门的藏书空间。如 47% 的家庭有专门存放儿童书刊的小书角，26% 的家庭有为孩子准备的专用小书架，21% 的家庭在成人书架上留出了儿童书刊专用层。由此可以看出家长对儿童阅读空间和环境的构建意识在加强。

（2）家长引导少儿参与阅读活动。除了鼓励孩子多读课外书籍，对孩子课外阅读的内容和方式也不能放任不管。孩子就像一张白纸，可以吸取书籍中有益的知识和营养；同样，一些不健康或不适宜某个年龄段孩子阅读的图书也可能造成一些不良影响。因此，多数家长会对孩子的阅读活动加以引导。少儿阅读活动的定义非常广泛，既包括早期的亲子阅读、分享阅读，也包括学校要求的阅读活动，图书馆、

---

[1] 尚烨:《"第十一次全国国民阅读调查"成果发布》，http://www.chuban.cc/yw/201404/t20140423_155079.html

[2] 赖雪梅:《2013 年全国大中城市少年儿童阅读调查报告》，《图书馆报》2013 年 8 月 9 日第 A26 版。

博物馆、美术馆等公共服务机构推动的阅读辅导，还可以是与其他方式相结合的综合性阅读活动，例如暑期阅读项目等。

幼儿时期是身心发育的重要时期，对以后的心理发展具有深远影响。在这个阶段，家长对孩子的期望、培养和引导都会对儿童的成长产生重要的引导作用。在欧美国家，强调成人的作用是少儿阅读和图书推广的重点。家长充分引导孩子参与阅读活动，能激发孩子的兴趣，营造良好的氛围，培养他们对阅读的感情，继而形成阅读习惯。近年来，随着我国家长平均文化水平和知识素养的提高、社会大众对少儿教育重视程度的增加以及公共阅读场所和设施的完善，由家长引导儿童参与阅读活动的时间不断增加，内容日益丰富，方式也更加趋于多样化。这些对儿童学习习惯的养成及早期心智的开发完善起到了积极的作用。美中不足的是，在我国部分家长引导阅读活动的目的比较偏重学前教育和逻辑思维的培养。这也是为了适应目前的升学制度及对孩子成绩刻板评价标准的无奈之举。家长希望孩子在激烈的竞争中能脱颖而出，赢在起跑线上，却不太注重孩子的阅读体验。反观一些欧美国家，家长引导的阅读活动更偏向于对儿童独立思考能力和阅读兴趣的培养，通过互动性与思考性强且兼具娱乐性的绘本、读物让孩子对阅读产生兴趣，激发他们自主阅读的热情。这类活动更加注重儿童的阅读过程和体验。

将这两种方式加以比较，不难发现我国部分家长现有的阅读引导方式虽然提高了孩子的学习成绩和逻辑思维能力；但在儿童认知尚未完善的初期，冗杂枯燥的阅读体验可能会让孩子对阅读产生抵触情绪，从而抑制儿童对阅读的兴趣。而以识记为主的阅读内容过于刻板，也会让儿童养成被动接受的学习习惯，不容易培养其独立意识和发散思维能力。这些都对孩子阅读习惯的培养有害无益，也会影响到孩子今后的成长。

因此，中国家长在引导少儿阅读活动的过程中，应更加注重形式和方法，而不只是增加阅读活动的时间和数量；应该试图在引导少儿阅读的过程中融入更多互动性强、注重体验和乐趣的阅读活动，在培养少儿思维能力的同时也刺激少儿的阅读欲望，从而对少儿良好阅读习惯的养成形成正面引导。

(3) 对家长的"再教育"。近些年来，家长对儿童早教的认识越来越深刻，对少儿阅读也日渐重视。这离不开国家和社会的引导。过去几十年间，我国政府开展了一系列儿童阅读活动，如 1982 年开始的"红领巾读书读报奖章活动"，1993 年发起的"青少年爱国主义读书活动"，1998 年发起的"中国青少年新世纪读书计划"，2009 年发起的"全国少年儿童阅读年"，等等。此外，我国提出素质教育目标并持续推进教育改革的步伐，培养了少儿阅读的大环境，使更多成人、家长关注到少儿阅读。教育界、学界、新闻出版界、图书馆界也都在强调少儿阅读的重要性，并通过媒体引导、进行儿童阅读推广活动，加强对父母的再教育。

传统的儿童阅读观念认为专家、老师更具有资格引导儿童阅读；但新观念提倡家长在日常生活中的点滴引导，少儿阅读指导应该走向平民化。每天为孩子大声朗读半小时，经常在孩子面前带头读书，经常陪孩子逛书店、图书馆，参加一些读书活动……身教胜于言传，这些简单的行为将有助于孩子爱上阅读。

3. 家长群体的影响

家长作为一个特定的社会群体，存在许多共同的社会需求和行为动机。家长在交流过程中分享适合孩子阅读的图书，或多或少会引起其他家长的共鸣。加之图书是一种弱品牌、重口碑的文化产品，因此老师、专家推荐，家长间的交流对家长购买少儿图书行为的影响远远大于广告。中国少年儿童新闻出版总社曾经做过家长购书调查，数据显示：有超过 70% 的家长在选择图书时，喜欢以其他人对这套图书的内容、质量、性价比等各方面的评论作为自己是否购买的依据。[1] 根据传播学中拉扎斯菲尔德的两级传播理论："观念常常先从广播和报纸流向舆论领袖，然后从舆论领袖流向不太活跃的那部分人。"[2] 新媒体时代，信息传播的途径更快、更便捷，作为意见领袖的家长对这个群体的影响更加突出。亲子论坛、微信、微博等新媒介上，一些有号召力的家长通过帖子、微博、微信公众号向其他家长传递阅读理念和价值取向。由于同为父母有着天然的亲近感，一旦他们分享或推荐自己关于少儿阅读的经验和书籍，自然会引起其他家长的关注和认同。

互联网带来了更便捷的信息交流和获取方式，各类亲子论坛中有关孩子阅读的讨论随处可见。以"妈妈帮"论坛为例，"宝宝爱读书"板块十分活跃。既有家长推荐自己孩子最近读的好书、父母总结的阅读技巧、有声版的睡前故事，也有好书评选等各类活动。"爱读童书妈妈小莉"是另一个典型例子。这是一个播音系毕业的母亲在大量的亲子阅读基础上开的微信公众号，如今已拥有超过 15 万的粉丝量。她每天通过微信账号给孩子们讲故事，长期排在荔枝 FM 网络电台亲子栏目第一名。在家长中小有名气后，她尝试着在公众号推荐《肚子里的火车站》《牙齿大街的新鲜事》。就这样，原本名不见经传的两本儿童读物，因为小莉的讲述瞬间在当当、亚马逊等购书网站上销量大涨。

[1] 章红雨：《图书评论成家长购买首要因素》，http://www.chinaxwcb.com/2012-04/18/content_241309.htm

[2] 麦奎尔著、祝建华译：《大众传播模式论》，上海译文出版社 1987 年版，第 69 页。

二、家长"用脚投票"及其影响

家长对少儿图书的认识和选择很大程度上影响着孩子们的阅读范围和口味。现实中的不少例子表明，我国家长对少儿图书的选择具有明显的倾向性，并通过实实在在的图书消费行为带动了少儿出版市场的热点、走向和风潮。如多年来教辅教材图书市场的火热，近几年绘本阅读风气的高涨，亲子阅读越来越受到重视，以及儿童数字阅读的推广和发展等。

1. 家长的图书选择倾向

我国少儿图书出版的发展步伐非常快，每年新出版的少儿图书已达两万种以上。同时，图书装帧也越来越精美，图书样式更加丰富多样，产品结构也发生了重大改变。教材教辅类少儿图书"一头独大"的局面得到遏制，儿童文学类图书、低幼类图书、科普类图书等所占比例逐年增加。少儿读物向更加多元的方向发展。

少儿图书市场处于家庭消费场景下，其购买者和消费者分离，具有一般市场不具有的属性。家长给孩子选择图书，主要是根据孩子自身的特点和阅读兴趣，其次是家长自己的兴趣。在孩子眼里，买书、看书的首要动机是获得放松，从书中学到更多知识。而大多数家长却表示为孩子买书的动机是"培养孩子的阅读兴趣""让孩子从书中学到更多知识"以及"培养孩子的审美情趣"。阅读是为了实用还是为了放松？事实上，这一疑问始终纠缠着家长和孩子。对于卡通动漫类、成长励志类、少儿英语类、入学准备类4个品种图书的喜爱程度，家长和孩子之间存在较大差异，其中尤以卡通动漫类最让家长和孩子纠结。卡通动漫类图书在孩子最喜欢的品种中名列前茅，而在家长最愿意给孩子买的图书品种中却排在后面，由此反映出家长和孩子购书动机的差异。[1]

值得注意的是，随着市场上童书种类越来越多，很多家长纷纷表示"难以选择"。知名出版人、童书作家谭旭东说，除传统的儿童出版社外，全国绝大多数出版社都已涉及童书出版市场，为家长提供更多选择的同时也带来了重复出版、劣质出版等问题，部分童书还出现不适宜儿童阅读的暴力、恐怖、甚至色情内容。这应该引起出版社的重视，并在出版过程中加强自律，严格把关，净化童书市场。[2]

2. 对教材教辅市场的影响

每到新学期开始前后，所有大书店的教材教辅专柜都无一例外地挤满了学生和家长。许多家长拿着老师开的购书清单寻找目标，希望孩子能够通过对教辅类书籍的学习，更熟练地掌握教材知识，在考试中取得更好成绩。

在应试教育的社会大背景下，家长通常以成绩和升学作为评价少年儿童阅读成效的重要依据。为了提高孩子的学习成绩，家长在孩子的业余时间里更多地帮助其补习功课。开卷公司《2013 中国图书零售市场年度报告》显示：2013 年教辅教材占整个图书市场 25.2% 的销售码洋。学生是中国图书市场最大的购买群体，教材教辅则是他们的一种"刚性需求"。现有的教辅市场，根据内容、形式不同，有软教辅和硬教辅之分。所谓软教辅，大多以期刊、报纸的形式出现，以培养学生的基本素质为主。这要求它在形式上新颖灵活，所以软教辅的出

[1] 章红雨：《我国儿童家长普遍重视孩子阅读》，《中国新闻出版报》2011 年 4 月 22 日第 6 版。

[2] 郑玮娜、马超：《天价童书：乱了市场，伤了家长》，http://education.news.cn/2013-11/03/c_117982496.htm

版对出版社的师资资源有严格要求，比如山西的《英语周报》《语文周报》、文字报刊社的《语文建设》等都花费较长时间精心培育和经营教师资源。不过软教辅的弱势在于缺乏针对性，大多数教师只是将其作为课外材料推荐给学生。硬教辅则是常见的教辅图书，优势在于紧贴考试与教材，目的性和实用性强，不仅很多学校集体购买，家长也会为孩子单独选购。但是硬教辅的出版门槛较低，常常会有粗制滥造的产品进入市场，再加上硬教辅的内容枯燥乏味，因此不利于儿童阅读兴趣的培养。

随着国家取消各级各类教辅读物以减轻学生负担的政策逐渐深入执行，随教材征订的教辅数量大幅下降，靠行政手段或其他手段系统发行的教辅锐减，这导致家长根据需要自由购买教辅读物的需求激增。但是，即使由家长亲自挑选教辅资料，其选择也会更偏重于硬教辅，而不是对教材的扩展阅读及兴趣延伸。中国儿童文学研究所所长朱自强在采访中曾说："当下青少年阅读的现状是功利性阅读多，趣味性阅读少；浅阅读多，深阅读少；图像阅读多，文字阅读少。"家长过强的功利意识，使儿童在阅读中处于被动地位，阅读兴趣在不同程度上受到压抑；而儿童如果在阅读过程中是沉重的，就无法很好地培养他们的阅读兴趣。但不能否认的是，除非我们的育人、用人理念和方式发生根本性转变，否则以应试教育为中心的硬教辅图书仍将占据较大市场份额。[1]

3. 对绘本市场的影响

2002 年，几米的《地下铁》《向左走，向右走》等绘本走红，给

---

[1] 丁文祎:《中国少儿阅读现状及公共图书馆少儿阅读推广策略研究》,《图书馆情报》
2011 年第 2 期。

大陆图书业带来了"几米旋风"。绘本读物在中国大陆从无到有，并且逐渐形成了本土原创作者及其品牌产品。其中，儿童绘本在这几年的发展速度喜人。如在当当网少儿类图书搜索风云榜上，绘本成为搜索次数最多的关键词。据 2013 年数据，绘本的日搜索量超过 15 万余次，周搜索量高达 90 万余次。[1]

家长对绘本的认识程度对其普及有很大影响，因为绘本很大程度上是家长和儿童共同阅读的。家长表示通过看画来了解故事的阅读方式容易被孩子接受。作为一种形式精美、内容浅显易懂的出版样式，绘本传递出的情感和知识对培养孩子的认知能力、观察能力、沟通能力、想象力、创造力以及情感发育等都具有促进作用，因此一直受到家长和孩子们青睐。

家长对孩子早期教育的看法明显影响了家长对绘本的了解和认识。重视孩子早期教育的家长自然会愿意花时间关注和接触对孩子有价值的绘本。针对不同年龄段的孩子，家长在选择绘本时也有阶段性，其中学龄前儿童的阶段性非常明显。1—3 岁的孩子，在视觉捕捉上非常灵敏，他们喜欢明亮的颜色，简单清晰的图画，家长通常会选择一些无字类或者配有简单文字的书。4—6 岁的孩子，随着生活经验的扩大，想象力的丰富，家长会给他们提供更多层次的选择，故事类绘本、说明类绘本、科普类绘本比较受欢迎。[2]

目前中国原创绘本较少，大部分绘本从欧美和日本引进，需要购买版权。再加上绘本开本大、印刷讲究，考虑到儿童的阅读安全，制作材料的选择涉及纸张、颜色、气味等方方面面。因此，绘本书与其他儿童书籍相比价格相对较高。一本印刷简单的绘本定价也在 15 元

[1] 马莹：《从网销、民营、媒体榜单看少儿市场热点》，《中国图书商报》2013 年 5 月 31 日第 7 版。

[2] 王青：《家长选择儿童读物的问题与对策研究》，西南大学 2011 年硕士学位论文。

以上，印刷精细的绘本定价通常在 40 元左右。这对于普通工薪阶层的家长来说是一笔不小的花费。

4. 亲子阅读及其影响

亲子阅读，又称"亲子共读"，即在 0—6 岁的婴幼儿阶段，父母和儿童共同阅读图书的类似游戏的活动，其目的是让孩子学会阅读。亲子阅读是一种强调亲子间互动的早期阅读方式，它对于发展儿童的语言能力、养成孩子的阅读兴趣与习惯、舒缓儿童心理压力等方面有重要作用。

我国幼儿的"早期阅读"问题已成为全社会关注的热门问题。早在 2001 年，教育部颁布试行的《幼儿园教育指导纲要》第一次明确地把幼儿的早期阅读纳入语言教育的目标体系。目前看来，我国亲子阅读的整体水平较低。虽然现代社会家长对孩子的教育投资在不断增加；但是陪孩子一起学奥数、学艺术的家长很多，却很少有家长愿意投入时间和孩子一起进行阅读。《2013 年全国大中城市少年儿童阅读调查报告》的调查数据显示：有 46% 的家长表示从未带孩子参加过亲子阅读和推广活动；有 31% 的家长甚至从没听说过亲子阅读和推广活动；只有 5% 的家长多次参加过此类活动，可见中国家长对亲子阅读的意识依旧淡薄。有亲子阅读经验的家庭中，母亲是主要参与者，而父亲的角色相对弱化。[1]

在亲子读物选择上，多数家长倾向于为子女购买图文并茂的图书。此外，家长比较看重幼儿的德、智教育，因此更倾向选择道德品质教育和科普知识类图书作为亲子阅读材料。值得关注的是，国学经

---

[1] 赖雪梅：《2013 年全国大中城市少年儿童阅读调查情况报告》，《图书馆报》2013 年
8 月 9 日第 A26 版。

典类读物深受家长喜爱。《三字经》《弟子规》《百家姓》《千字文》等都是家长的热门选择。这也与全国范围内掀起的"中华古诗文经典诵读工程"活动息息相关。对于低幼儿读物的质量，家长普遍认为缺乏优秀的儿童读物，难以选择合适的图书。不过，一个明显的趋势是，家长对孩子知识技巧方面的要求逐年降低，而更关心孩子的情感、心理，因此幼儿情绪类图书在当下盛行。

妨碍亲子阅读的最大因素是父母工作太忙，压力太大，没有时间。值得注意的是，在 7—10 岁年龄段，因为孩子忙导致没有时间读书的比例也很高。此年龄段的孩子有较重的学习压力，而不能很好地进行基本阅读能力的培养，不得不说这是一种本末倒置的现象。

5. 家长的购书渠道及其影响

2013 年我国"第十一次全国国民阅读调查"数据显示，0—8 周岁儿童的家长平均每年带孩子逛书店 3.40 次，比上年的 3.75 次略有降低。近四成（37.4%）0—8 周岁儿童家长半年内至少带孩子逛一次书店，其中近三成（28.2%）家长在 1—3 个月内带孩子逛一次书店。调查数据表明，家长们到实体书店为孩子购买书籍的次数正在减少；但在实体书店对家长吸引力越来越低的同时，网上书店却悄然崛起。[1]

随着生活节奏加快，空闲时间减少，网上书店作为一种更快捷、更方便的购书方式越来越受到买书人的青睐，在网上书店给孩子买书也渐渐成为父母们的优先选择。一般来说，父母会选择上网为孩子购书，主要是由于没有更多空闲时间去书店细细看、慢慢选，在网上书

[1] 尚烨：《"第十一次全国国民阅读调查"成果发布》，http://www.chuban.cc/yw/201404/t20140423_155079.html

店选购目的性强、花费时间短、价格也相对透明，因此更加适应当前中国父母的生活节奏和习惯。从 2006—2012 年，当当网孕婴童板块从一个销售额 1000 万元的小类目成长为年销售额超过 15 亿元的童书平台。数字变化的背后，既是购书方式的转变，也足以看出父母对孩子的阅读越来越重视。

不过网上书店也有自己的局限性，例如在网上购买只能看图书的基本信息，而不能翻阅书中内容等。而相比于网上书店，实体书店作为传统的购书方式也有自己的优势。不少实体书店试图通过转变销售方式和理念，增加对家长和孩子的吸引力。为此，还出现了一些专门为儿童设计的书店，注重读者和购书者的阅读体验和互动交流，为亲子活动提供良好的平台。而专业少儿书店无论从环境还是设施上来说，都比大书店里的少儿专柜更加开放和完善，阅读氛围也更加浓厚。有些书店还增设了儿童座椅和专人服务，改善儿童阅读体验的同时也体现了对他们的尊重。正是方式和理念的转变，使这些专业少儿书店在实体书店经营困难的今天，依旧办得如火如荼。注重特色则是少儿书店的另一大法宝。用故事、音乐、舞蹈、游戏等体验式教育方式，一点点唤醒孩子们的阅读兴趣，是体验式阅读的基本特色。这种方式营造出家长和孩子都愿意参与的阅读环境。一些新兴的少儿书店以出版物零售为基础，以儿童阅读教育、娱乐等服务为重点，形成独特的混业经营模式。大多数儿童书店地处繁华商业圈或人流多的商城，繁华的商圈为书店带来了源源不断的人气；有特色的书店则能提升整个商圈的品质。也有的实体书店在京东等网上商城建立自营网店，开通线上销售渠道。这种与时俱进的经营模式既缓解了库存压力，也契合家长的购书需求。

总而言之，少儿家长作为一个独特的购书群体在市场中不断地寻找更加适合自己的购书渠道，而家长的选择也在潜移默化地影响着书店的销售方式。

6. 少儿数字阅读

由于儿童缺乏自主选择能力，儿童阅读的内容及方式大多由家长或老师决定，而他们的选择通常与其受教育情况、教育观、生活环境及儿童年龄都有联系。此外，整体的阅读环境，包括社会环境、学校环境和城乡环境也会对儿童阅读产生较大影响。换言之，阅读环境与阅读主体的变化会加速推动整体阅读行为的变迁。如今，数字化更多地为大众读者所接受，数字化阅读也进入了更多家长的视野。

数字化阅读带来的不只是便利与快捷，有声阅读和大量扩展功能都是在阅读纸质读物过程中无法体验的。接受这种方式的家长觉得让孩子伴着口音纯正、音乐动听的语音故事入眠非常棒，而且通过互动功能既能结识网络新伙伴、分享阅读体验，还能鼓励孩子阅读。这些家长坚持认为，数字化阅读的多媒体形式有助于让孩子在一个形象的文本环境下加深阅读理解，使孩子在读书中获得的印象更深刻。有的家长希望借由数字化读物和阅读器锻炼孩子对电子产品的使用能力，也有的家长利用孩子对电子产品的兴趣来引导他们进行电子阅读。不过，尽管数字出版市场上各公司争相以"音视频融合、游戏互动兼具"这些吸引儿童兴趣的功能作为卖点，但家长似乎更喜欢功能简单的电子书。全球知名童书出版商学乐出版公司（Scholastic）发现，儿童电子书最受欢迎的是让孩子巩固单词记忆或帮助孩子更好阅读的内置功能，如词典、笔记等。但这并不意味着家长对纸质图书不再青睐，因为他们并不希望自己的孩子完全依赖于数字化阅读。还有一部分家长，尽管他们自己已习惯数字化阅读，但并不愿意让孩子读电子书。他们认为电脑、平板电脑和手机存在辐射，对孩子有一定程度的危害；电子书显示屏会影响视力，对阅读设备的大量操作又容易干扰阅读；而过于丰富的内容呈现形式则会降低孩子的阅读效率，不利于深层理解能力的培养。其他形式的数字阅读譬如网络阅读，也并不很受家长青睐，因为我国现阶段对网络阅读的内容缺乏严格的管控机制。而纸质书籍的阅读虽然传统，却有很强的可控性。所以即便家中有上网设备，很多家长也不支持孩子进行网络阅读或电子阅读，除非有家长陪同。

但童书读物的数字化是不可阻挡的潮流。电子书已然在改变世界，成为人类阅读世界中举足轻重的存在。尽管中国社会部分公众对数字出版物的了解比较匮乏，对数字出版物的功能、价值和优势知之甚少；但是，数字童书读物的巨大潜力和价值正是它能获得多方重视和大力投入的重要原因。当然，对儿童数字化阅读的接受是一个渐进过程，这也是对家长态度和儿童阅读习惯、阅读行为的一次挑战。

在中国现阶段的经济和社会背景下，城镇居民收入普遍增加，互联网接入服务日益普及，服务业发展逐渐完善，社会对教育的传统认知也有所变化。而数字出版有着价格更低、获取更便利、阅读体验更丰富的优势。但是影响家长购买数字出版物的主要阻力并不来自于经济压力和基础设施匮乏，而是在于对数字阅读的误解与隐忧。所以，对数字儿童读物出版企业而言，加强宣传和扩大影响十分重要。只有让公众知道数字出版的优势，消除误会，少儿数字出版物才能被更多家长接受。

第四章 媒介引导机制

国民普遍认同的意识形态构成社会的核心价值观，而核心价值观的形成、传播与认同是一个稳定社会的重要支撑。其中，媒体发挥着不可忽视的作用。正如英国学者汤普森在《意识形态与现代文化》中指出的那样：意识形态被视为一种"社会胶合剂"，而大众传播则被认为是一种特别有效的涂抹黏胶的机制。作为国家文化建设和传承的重要部门，出版业既是媒介产业的一部分，同时也受到各种媒介及其价值取向的影响。本章拟重点探讨媒介引导出版业价值取向的功能、途径和影响等问题。

第一节　媒介的价值引导功能

媒介功能研究由来已久，早期的传播研究者受当时流行的功能主义影响很大。功能主义是从系统、联系的视角，对社会的行动、仪式等现象做出解释。哈罗德·拉斯韦尔（Harold Lasswell）在 1948 年提出，大众媒体的传播功能体现在环境监测、社会协调和社会遗产传承三个方面。[1]1959 年，查尔斯·赖特（Charles Wright）在此基础上增加了第四个"提供娱乐"功能。保罗·拉扎斯菲尔德（Paul Lazarsfeld）等人则强调大众传播的"地位授予"功能、"强制执行社会规范"功能、"麻醉"的负功能等。在"社会协调""强制执行社会规范"等功能中无不暗含着价值的判断、取舍乃至强制执行，而"娱乐功能""社会遗产传承功能"则必然选择、反映一定的价值取向。因此，本节拟从价值引导的角度来考察媒介功能，并认为其实现可以分解为价值反映、价值整合和价值内化等功能。

一、反映、传播价值取向

媒介对信息进行选择、加工和报道，通过这种方式，主流价值取向获得反映和传播。就出版业而言，媒介对于出版业内发生的重大事件综合采用多种报道方式，强化其反映、传播出版价值取向的功能。

---

[1] Lasswell H. D.:"The Structure and Function of Communication in Society", in *The Communication of Ideas*, 1948, 37, 215-228.

1. 媒介的价值反映和传播功能

有时候，媒介反映价值取向是隐性的。如西方新闻界长期将"客观性"奉为圭臬，但在实际操作中，记者会通过选择并引述与自己观点近似的新闻来源以引出或支持自己的解释和分析。[1] 而有时候，媒介会鲜明地表明自己的主张，明确表示赞成什么和反对什么，如战争时期的媒介宣传。1927 年，拉斯韦尔在分析媒介在世界大战期间的宣传技巧时指出：媒介的宣传并不关注事实的真伪，而是关注象征符号在事实与人们的态度、行动之间所扮演的中介角色；在这种宣传面前，要保持中立是困难的，就像在意识形态分析中摆脱意识形态的影响一样。事实上，竞选中不同的政党、对事务有独特见解的学者，都会在媒介中鲜明地表示见解。[2]

对于媒介反映和传播价值取向的效果，传播学学者也有着不同的看法。早期学者基于行为主义的"刺激—反应模型"认为大众传播具有绝对的强大效果——"把精心制作的宣传弹射向无抵抗力的人们。它就像一个射击场，需要的只是靶子射击，而子弹是不可抗拒的"。[3] 这就是早期有关传播效果研究的著名的"魔弹论"。然而随着客观经验主义研究范式的兴起，研究者认为大众传播的效果其实是有限的。拉扎斯菲尔德在有关总统选举中宣传效果的研究中发现，大众媒体仅能强化选民既有政治倾向，却无法改变其投票意向。卡尔·霍夫兰（Carl Hovland）在电影宣传效果的实验中也发现，宣传影片只能让受众获得一些事实性信息，但在改变受众态度方面效果有限。

---

[1] 罗伯特·哈克特著、赵月枝译：《维系民主？西方政治与新闻客观性》，清华大学出版社 2005 年版。

[2] 刘海龙：《大众传播理论》，中国人民大学出版社 2008 年版。

[3] 施拉姆：《传播学概论（影印版）》，北京大学出版社 2007 年版，第 37 页。

因此，如何提升媒介传播效果，成为许多学者关心的问题。约瑟夫·克拉帕（Joseph Clapper）认为传播效果受到许多因素的制约，其中媒介本身的条件（如内容的组织、信源的性质）是一个重要因素。要提升媒体在反映价值观上的效果，需要注意不同媒体间的配合，同时综合运用多种报道手段。

就我国当前的形势而言，在反映并倡导主流价值观的过程中，党报起着明确的指导作用。这种指导作用，表现在其权威性和思想性上。党报属于党政机关报，具有鲜明的政治属性，即"在政治上和思想上和中央保持一致，组织上服从党的纪律，无条件地阐述党的纲领和策略，宣传中央的路线和政策，服务于党和政府的中心工作，是全国安定团结的思想核心"[1]。党报通过在重要版面持续报道某个话题，从而进行议程设置。

在叙事框架上，各种媒介根据自身特点发挥优势，选择不同的叙事策略互相配合，才能更好地反映并倡导主流价值。党报的报道方式常常被其他媒体借鉴。作为具有权威性而且立意高远的党报的补充，各大都市报的视角更为亲民，而且多立足于当地。作为市场化的媒体，都市报需要时刻考虑受众需求，因此在报道手法上常采用讲故事的叙事策略增强可读性。而行业类报纸，则在党报所宣传的方针政策下，做出针对本行业的解读。

在报道形式上，各种媒介通常综合运用评论、人物访谈、消息等。新闻评论是以议论文的形式，通过对客观事实的分析论证，直接表明编辑部或作者的立场和观点。对于某种党和国家强烈倡导的价值，各媒体在重要版面或者重要时间发表评论员文章。它们从立意到文章结构，以至于用词方式，都颇为一致，体现了党"统一口径"的

---

[1] 王卫明：《党报定位与功能新论》，江西人民出版社2009年版，第119页。

宣传要求。新闻评论的特点是能够鲜明地表明态度、阐述自己的见解和主张，因此易于营造一个对党和政府方针政策强烈支持的舆论氛围。人物访谈是对涉及新闻的相关人物就某个话题进行专门访谈。与新闻评论相比，人物访谈相对更为客观；但通过选择访谈对象，仍然可以表达对于某种主张的态度，从而营造一种社会各界对这次行动表示支持的舆论氛围。消息是以简要的文字迅速报道新闻事实的一种体裁，是最广泛、最经常采用的新闻体裁。消息在所有的报道中数量最多。它们通过铺陈客观数据，展示某种价值观的传播取得的成就和存在的问题。

2."净网行动"报道：反映和传播出版价值的案例

价值引导除了需要良好的政策导向和有效执行外，还需要与引导目标进行有效的互动、沟通，而媒体无疑是一种重要的沟通渠道。它能够反映国家相关政策，揭示执政者希望倡导的主流价值的内涵，解读其意义和必要性。

国家和政党制定的一系列引导出版价值的政策方针需要媒体进行传播。在出版政策传播过程中通常会使用两种途径：政党和政府部门进行的组织传播，大众传媒进行的媒介传播。前者依托政党和政府的组织机构，通过组织会议、下达文件等方式由上至下进行科层式组织传播；而后者则依托媒体平台，通过通讯、专题、评论等方式进行报道、解读。虽然大众传媒在传播效率上没有行政科层式组织传播那么高，但凭借其传播方式的贴近性、受众的广泛性，在效果上往往更胜一筹。在出版价值引导上，2014 年对"净网行动"的报道就是非常好的案例。

"扫黄打非·净网 2014"专项行动是由中华人民共和国全国"扫黄打非"工作小组办公室、国家互联网信息办公室、工业和信息化部以及公安部联合实施的打击利用互联网制作传播淫秽色情信息行为的专项行动。期间，以新浪网读书频道为代表的一系列涉及发布低俗网络小说的网站被关闭。在这项具有鲜明的出版价值主张的清理活动中，各大媒体通过不同方式对之进行了报道。

2014 年 4 月 13 日，新华社一篇题为《关于开展打击网上淫秽色情信息专项行动的公告》的文章宣告了媒体报道的开始。次日，《人民日报》《光明日报》《经济日报》分别以"本报评论员"名义刊登评论员文章。随后，《光明日报》又于 15 日发表《"净网"，让学生远离黄色侵害》一文，通过采访北京师范大学党委副书记王炳林、江苏省口岸中学校长封留才，从网络色情信息对于学生的不良影响角度进行报道[1]。随后其他党报、各大都市报持续跟进，在《人民日报》4 月 26 日发表《让网络空间更干净更清朗》时达到一个小高潮[2]。在这些报道中，以党报、都市报和行业报纸为代表的不同类型的报纸对于这个议题有不同的构建方式。

党报是中国共产党各级机关出版的官方报纸。《人民日报》《光明日报》《解放军报》是中共中央的主要党报，其对此次净网专项行动均有报道。其中，以《光明日报》反应速度最快、报道数量最多，因该报的特色即在于重视教育、科学、文化等领域的报道。党报的报道主要集中在两个方面。一是关于政府具体行动举措的报道。如《光明日报》4 月 18 日第 3 版的《查处 8 起网上淫秽色情信息案》就通报了专项行动开始后出现的 8 个典型案例。通过对查处 91 熊猫看书网、烟雨红尘小说网、翠微居小说网等涉及传播色情小说的网站的报

---

[1] 晋浩天：《"净网"，让学生远离黄色侵害》，《光明日报》2014 年 4 月 15 日第 4 版。

[2] 李江涛、刘懿德、刘林等：《让网络空间更干净更清朗》，《人民日报》2014 年 4 月 26 日第 4 版。

道，反映了政府此次行动的决心和能力[1]。二是通过采访各方对此次行动的看法，表达社会各界的支持。《光明日报》的《"净网"，让学生远离黄色侵害》通过采访教育工作者，肯定了此次行动促进青少年健康成长的积极影响[2]。而另一篇《净网：驱散精神的雾霾》则通过采访中国新闻出版研究院院长郝振省先生这样的业内人士，指出目前网络色情信息泛滥的危害[3]。《人民日报》则直接用《让网络空间干净清朗起来——广大干部群众坚决支持严打淫秽色情及低俗信息专项行动》为标题，报道"扫黄打非·净网2014"受到各界人士支持的情况。在该报道中，从北大教授到人大研究生，从街道干部到火车司机，从检察院工作人员到天涯社区总编辑，都从各自角度表达对此次行动的支持。

都市报是在各个城市出版发行的主要面向城市市民的信息类、服务类综合报纸，具有服务范围的地域性、提供信息的综合性以及运作的商业性等特点。与党报相对单一的报道方式相比，都市报报道角度更为平民化，并且常常通过新闻叙事手法增强可读性。如《南方周末》在题为《"为什么要屏蔽你？""净网"行动进行时》的报道中，从网络文学编辑的角度叙述这次行动给他们带来的影响[4]。而另一些都市报则关注本地专项行动的进展，如《燕赵都市报》的报道《我省"净网行动"关停17家网站》就报道了河北省在净网行动中的最新进展。

行业报纸是报道某一特定行业新闻的专业性报纸。在出版行业

---

[1] 刘彬：《查处8起网上淫秽色情信息案》，《光明日报》2014年4月18日第3版。

[2] 晋浩天：《"净网"，让学生远离黄色侵害》，《光明日报》2014年4月15日第4版。

[3] 杜羽：《净网：驱散精神的雾霾》，《光明日报》2014年4月16日第3版。

[4] 季星、龙健：《为什么要屏蔽你？"净网"行动进行时》，《南方周末》2014年4月16日第3版。

中，主要有《中国新闻出版报》、《中国出版传媒商报》(原《中国图书商报》) 等。净网行动作为与出版行业息息相关的重大事件，自然受到了行业报纸的密切关注。行业报纸在此次报道中，一方面迅速全面报道各地行动进展；另一方面结合行业特色，探讨此次行动与行业未来发展的关系。如《网络文学：要"GDP"更要文学价值》提出要注重网络文学的文学价值，反思"净网行动"的重灾区网络文学由于受到唯经济利益是图的价值导向的影响，才造成内容低俗的后果，重申了网络文学提升其文学价值和品位的必要性[1]。

由此可见，媒体具有反映和传播价值取向的功能，通过综合运用各种媒介和报道形式的优势，可以加强反映和传播价值的效果。

二、整合价值取向

媒介固然能够反映和传播价值观，然而，随着社会价值观趋向多元化，媒介更需要将不同价值观加以整合，以实现引导价值取向的功能。就出版业而言，媒体通过梳理不同观点对出版现象和动态进行报道，最终整合出版界的主流价值取向。

1. 媒介的价值整合功能

德国哲学家、社会学家尤尔根·哈贝马斯 (Jürgen Habermas) 在谈到现代社会发展时曾提出："现代社会要靠三种不同的媒介来维系，即货币或市场，管理的力量或国家的行政管理，以及共同的价值、规

---

[1] 王会友、湛伍良:《网络文学：要"GDP"更要文学价值》,《出版发行研究》2014
年第 7 期。

范和语言来实现一体化。"[1] 可见共同价值在现代社会的重要性。而价值多元是现代社会的特征。马克思认为："人们奋斗所争取的一切都同他们的利益有关。"[2] 因此，价值整合实质上就是缓解利益矛盾、建立利益协调机制、促进主体利益实现的过程。价值整合除了通过经济手段进行分配协调外，也需要属于上层建筑的媒体力量进行沟通与协调。

　　当前中国社会处于急剧变化期，多种思潮层出不穷，价值观更是趋向多元化，地域之间、阶层之间、代际之间许多问题和思想需要沟通。这种不同价值观的激烈冲突，也体现在出版行业。出版行业的价值冲突，既有行业内部的价值冲突，也有来自外部的价值冲突。出版行业内部的价值冲突，指出版行业内部由于对出版的使命、发展方向认识不同而产生的冲突。其中，出版业的文化价值和商业价值取向之间的紧张和取舍是贯穿整个行业发展历程的、最为鲜明的价值冲突议题。随着文化生产消费领域的"工业化、市场化"逐步加深，出版的文化价值和商业价值冲突愈加显著。到底要顺从市场经济规律以经济利益为首多出畅销书，还是坚守文化价值理想多出具有一定传承价值的经典书？此外，精英文化取向还是大众文化取向、内容为王还是渠道为王、多元化经营还是坚守主业、技术取向还是内容取向，都是出版行业目前所面临的价值冲突的表现形式。而出版行业作为广义媒体的一种，也成为反映社会不同价值观念冲突的阵地，持有不同价值观的个人或团体，选择著书立说，宣传自身价值观念，抨击对方价值观念。

---

[1] 哈贝马斯著、童世骏译:《在事实与规范之间：关于法律和民主治国的商谈理论》，生活·读书·新知三联书店 2003 年版，第 35 页。

[2] 马克思、恩格斯:《马克思恩格斯全集（第一卷）》，人民出版社 1956 年版，第 82 页。

2."郭敬明现象"：一个出版价值整合的案例

在传播功能学派学者查尔斯·赖特看来，媒介作为大众传播工具，具有联系和协调功能。所谓联系和协调功能，是指对社会内部各子系统进行沟通、协调，使之能够正常运作的作用。[1] 这里的沟通、协调作用，除了信息的相互沟通之外，更为重要的是深层价值观的协调。这种协调既包括媒体作为一个公共发声平台让不同声音得到表达和沟通，也包括核心价值观通过媒体予以争议、扬弃、确认和重申，从而得到整合和提倡。在对出版行业的价值整合中，媒体既提供平台，让对出版物不同的价值评判得到展示，也通过对主流价值的重申，整合出版业的价值取向。报刊媒体对于郭敬明及其代表的价值观的报道，在反映媒介协调和整合社会价值取向方面具有典型性。

郭敬明作为中国"80 后"作家中最具争议性的人物，以青春小说写手身份出道伊始，到如今跨界影视业获得巨大成功，一直引起广泛讨论。对郭敬明的争议，主要围绕"80 后"写手和文化商人这两种身份展开。2002 年郭敬明出版第一部作品《爱与痛的边缘》时，就有两种截然不同的声音。《文艺报》的一篇文章认为："低龄化写作在实现了用文字敲打幽闭的心灵并亲自书写自己思想之时，却展现了一个色彩缤纷然而异常混乱的价值观。"文章批判了以郭敬明为代表的"低龄作家"故作苍老，价值观混乱。[2] 而同年，《中国教育报》一篇评论《呼唤不同反响的声音》将郭敬明当作"校园文学写作者"的一员，认为"其活力与希望是不可否认的，社会应该对他们加以更大的关注，要尽可能地给校园写作者提供更多的创作指导，提供更多的发

---

[1] 刘海龙：《大众传播理论》，中国人民大学出版社 2008 年版，第 148 页。

[2] 徐妍：《凄美的深潭："低龄化写作"对传统儿童文学的颠覆》，《文艺报》2002 年 3 月 5 日第 3 版。

表机会"。[1]

如果说当时媒体仅仅从传统青少年文学、校园文学的角度来评论郭敬明，那么随后几年，"80 后写手"的身份将其引入了更大的争议场域。2003 年，郭敬明因出版玄幻小说《幻城》开始为人熟知，当时媒体除了多次报道其作品热销的盛况外，也首次将其贴上"80 后作家"的标签，并围绕此种身份提出不同意见。媒体报道了不少作家对以郭敬明为代表的青春写手的忧虑。如《北京日报》引用作家阿来的观点，他对这些少年作家的艺术生命力表示怀疑。[2]《文学报》则引用作家赵长天的观点，认为"成名太早未必好"。[3] 这一阶段媒体对郭敬明及其作品的批评，主要通过所谓"文坛前辈"对"后辈"忠告的方式，针对"成名过早""出版商炒作"进行批评。但与此同时，一些不同的声音也开始出现在媒体上。部分媒体肯定他"对于说教持反叛姿态、对于多元价值的向往、对生存状态采取比较坦率真诚的姿态"，对其逆主流而行的态度表示赞赏。[4] 对于郭敬明"80 后写手"身份的不同评价，反映了出版界乃至全社会两种价值观念的碰撞。传统针对青少年的图书通常由资深作家创作，价值取向往往为"纯真"和"光明"；而郭敬明的图书充斥着诸如"爱与痛的边缘""明媚的忧伤"等表达，这不符合传统对青少年写作的定义。关于作者身份，在传统文化生产体系中成为作家意味着需要多年的文学训练，郭敬明作为其时不过 20 岁的青年，作品却屡屡称雄畅销书榜，自然引起一些资深作

---

[1] 谭旭东：《呼唤不同凡响的声音》，《中国教育报》2002 年 10 月 8 日第 1 版。

[2] 温去非：《少男少女闹文坛　也曾欢喜也堪忧》，《北京日报》2003 年 12 月 7 日第 5 版。

[3] 陆梅：《成名太易未必好》，《文学报》2003 年 7 月 10 日第 7 版。

[4] 江湖、周玉宁：《他们表达的为什么和上一代不一样》，《文艺报》2004 年 12 月 7 日第 3 版。

家、批评家的非议。这种价值碰撞，其实质为成长起来的"80后"需要通过反抗现有的追求宏大叙事、社会责任的价值体系，来建立属于他们的追求个人自由、个性解放的价值体系。

　　对郭敬明及其作品的另一个争议，是其文化商人的身份以及作品中反映出来的对物质过多的追求。从出道伊始，这种争议从未停歇。有媒体质疑其作品"向物性退守，找错了文学的方向"[1]。而他创立文化公司，将文学写作按流程生产、旗下作者按艺人包装的商业化模式，更被批评为"已放弃了一个作家通常有的、有时甚至是天然有的对当下与社会的精神追索"。[2] 然而，也有媒体表达了支持意见，认为"文化需要职业商人"，肯定了郭敬明将写作当作一门生意有其合理性。[3] 至于其作品中反映的拜金主义倾向，认为这是反映了"过度物化的社会大环境，并不是郭敬明能左右的"。[4] 对郭敬明的这些指责，表明在出版场域乃至文化场域中，生产与再生产的方式已经发生了变化。在传统文化场域中，如同布迪厄描述的艺术场域那样"通过拒绝和否定物质利益的法则而构成自身的场域"。[5] 而在以郭敬明为代表的文化商人那里，文学作品就是生产后用来获取利润的商品。他遵循的是经济场域的逻辑。在这个场域里，一切只有关生意，所谓文学要追求永恒价值的原则是遭到摒弃的。这种价值碰撞背后是文学场域对经济场域入侵的接受与反抗之间的斗争。

　　在"郭敬明现象"中，媒体成为不同价值观的发声平台，但其在

[1] 汪涌豪：《向物性退守，是否找错了文学的方向》，《文汇报》2010年6月24日第4版。

[2] 同上。

[3] 柯杨梓：《文化产业需要职业商人》，《中国文化报》2012年10月9日第3版。

[4] 孟黎：《何必终结小时代》，《金融时报》2013年7月19日第7版。

[5] 布迪厄著，李猛、李康译：《实践与反思》，中央编译出版社1998年版，第133页。

一些主流价值上还是保持了共识。这种共识体现在对郭敬明"抄袭事件"的坚决反对和对多元价值的尊重上。2004 年，郭敬明被作家庄羽控告其出版的作品《梦里花落知多少》在故事情节、语言和人物关系上与她此前的小说多处雷同，后法院一审判决抄袭成立。尽管当时社会上存在"只要书好看就行，是否抄袭不关心"的思想，但是当时主流媒体对该行为是一致批评的。《新华每日电讯》一篇题为《"小四"愣不认错，该学"八荣八耻"》的文章认为："抄袭是一种缺乏道德的行为。抄袭而拒绝承认，更是人品问题。"[1]《人民日报》针对郭敬明粉丝"力挺偶像"的行为，指出"在个人的好恶面前放弃了是非判断的现象凸现了当今一些青少年的精神缺失"。[2] 媒体在"抄袭事件"上一致的表态，反映了社会"尊重知识产权、反对抄袭"的主流价值观。

与此同时，面对郭敬明这样一个颇具争议的人物，尽管媒体间看法各异；但总体贯彻了尊重多元价值观，宽容对待青年作家的价值取向，并未出现动辄"一棍子打死""封杀"的现象。在郭敬明出道伊始批评其作品视野狭窄的研究者，在表达"对书中主人公的行为观念很不认同"时，也认为"文艺的责任就是反映当下，它确实真切反映了当下的一种真实。这就是其价值所在"。[3] 同时，呼吁开放宽容也成为一种持续的声音。如《解放日报》一篇题为《用开放的态度看待文学新人》的报道就具有代表性，作者认为："青年作家在成长过程中，随着年龄增长、阅历丰富以及时代变迁，创作风格和关注题材

---

[1] 孙丽萍：《"小四"愣不认错，该学"八荣八耻"》，《新华每日电讯》2006 年 6 月 7 日第 6 版。

[2] 张贺：《迷失在"小四的游乐场"》，《人民日报》2006 年 6 月 12 日第 7 版。

[3] 王京雪：《"小时代"里的"小文学"》，《新华每日电讯》2013 年 12 月 27 日第 5 版。

都还有极大的可变性。因此，对他们的前景应该抱着开放的态度来看待。"[1]

综上所述，媒体对于出版业价值导向的协调和整合作用，并非指所有人或整个社会的价值观需要步伐一致、整齐划一，而是要在鼓励"百家争鸣、百花齐放"的基础上，提炼主流价值取向，并对其进行确认和重申。当今中国处于社会转型变革期，各种思潮风起云涌，不能以简单的"是或非"来衡量。在媒体上常常出现的价值观的碰撞，不仅不会导致社会价值观的撕裂，反而通过呈现不同的价值观、让不同声音得到表达与沟通，从而促进相互理解，减少因误解而产生的偏见和仇视。在相互理解的基础之上获得一些"公约数"，而这是全社会所认可的主流价值观。这种在相互理解基础上的主流价值观，更能获得真心的接受和认可。

三、内化价值取向

媒体通过价值反映和传达功能，使得受众能够接触并获知社会的主流价值观，又通过价值整合功能，使受众能够认可主流价值观。这同样适用于出版价值的反映、传播和整合活动。然而，对价值引导而言，仅仅认知和认可并不足够，还需要将这种价值观纳入每个受众个体的行为习惯和态度中，因此，其往往还需完成价值内化的功能。

1. 媒介的价值内化功能

所谓内化，爱弥尔·涂尔干在《道德教育》中指出："内化是社

---

[1] 孙佳华：《用开放的态度看待文学新人》，《解放日报》2007 年 4 月 11 日第 10 版。

会价值观、社会道德转化为个体的行为习惯。"[1] 而美国心理学家本杰明·布鲁姆（Benjamin Bloom）则认为内化过程需要经过接受、反应、价值化、组织化和品格化后形成个人品格的一部分。

在传播学研究领域，"培养分析"理论关注以电视媒体为代表的媒体在潜移默化受众价值观上的效果。"培养分析"理论又称"涵化理论""教养理论"，由乔治·格伯纳（George Gerbner）等人在 1976 年提出。他们认为，在现代社会传播媒介提示的"象征性现实"对人们认识和理解现实世界发挥着巨大影响。[2] 由于传播媒介的某些倾向性，人们在心目中描绘的"主观现实"与实际存在的客观现实之间有很大偏离。同时，这种影响不是短期的，而是一个长期的潜移默化的培养过程，它在不知不觉当中制约着人们的现实观。在这个意义上，格伯纳等人将这一研究称为"培养分析"。"培养"是一个来自农业种植的暗喻，它把以电视为代表的媒介讯息看作整体，认为不同节目类型中都有一些持久不变的内容模式，反复灌输给受众。日久天长，影响受众对现实的感知，甚至塑造其思维方式。[3]

媒介对于出版价值的内化，主要体现在两个方面：一方面，媒介通过读书节目、栏目、文章等方式大力倡导读书这一行为，让崇尚阅读的价值取向深入人心；另一方面，通过持续推荐某些价值取向的书籍，不断在受众头脑中强化该种价值取向。在媒介促进出版价值内化的不同阶段，电视媒体和新媒体结合自身媒介特点，采取不同方式内化出版价值取向。传统观点认为在价值内化过程中，电视媒体所起

---

[1] 爱弥尔·涂尔干著，陈光金、沈杰、朱谐汉译：《道德教育》，上海人民出版社 2006 年版，第 431 页。

[2] G. Gerbner, L. Gross:"Living with Television: The Violence Profile", in *Journal of communication*, 1976,26,2:172-194.

[3] 刘海龙：《大众传播理论》，中国人民大学出版社 2008 年版，第 148 页。

的作用最为显著。这是因为电视具有以下特点：首先，受众接触电视的时间比其他媒介长。其次，受众在接触其他媒介之前就开始接触电视。报纸、期刊等媒体需要受众具有一定的阅读能力，而电视则不需要这些能力作为前提。再次，电视比其他媒介更为普及。最后，电视节目生产是集中化大规模生产，其内容旨在吸引所有人注意，在长期的接触中，人们重复地使用许多具有内在一致性的形象和讯息。

2.《开卷八分钟》：电视引导阅读的案例

电视媒体这些特点使得其成为价值内化的主要阵地，在倡导阅读过程中最集中的体现是电视读书节目。电视读书节目是指借助电视媒体传播有关读书信息的电视文化类节目。[1] 其中，开播于 2007 年的《开卷八分钟》一直以其选书品位高、影响力大而著称。本小节以《开卷八分钟》为例，探讨电视读书节目在引导出版价值内化过程中采取的手段。

一是高雅文化取向的节目内容议程设置。《开卷八分钟》反映出较为明显的高雅取向的文化偏好，表现在其选书内容和专题设置上。从选书内容来看，《开卷八分钟》所选书籍内容偏高雅化。有研究抽取《开卷八分钟》从 2008—2009 年的节目加以统计，结果发现《开卷八分钟》所涉及的图书涵盖了文学、历史、哲学、经济、政治、宗教等各个领域，涉猎非常广泛，其中文学 49%，多为严肃文学图书，如骆以军的《西夏旅馆》等。其他各领域也基本为偏学术类的写作。[2] 所选书籍基本没有通俗文学、生活类图书——而这些通常来说是最为畅销的图书。专题设置最为体现媒体的议程设置功能。"五四运动思

---

[1] 张长娅：《电视读书节目的发展与困境》，四川外国语大学 2014 年硕士学位论文。
[2] 秦慧英：《传播社会学视阈下的电视读书节目研究》，湖南师范大学 2010 年硕士学位论文。

想史""中国农村现状"等几乎可以作为学术研究专题的专题设置，反映了其知识分子关照历史、社会的立场。

二是构建主持人精英权威的形象。《开卷八分钟》通过形象和话语构建了一个精英化的知识分子的权威形象，从而传递节目的价值取向。凤凰卫视一直以"明星化"方式包装主持人，这种品牌策略反映在《开卷八分钟》中，是用主持人个人形象和主持人叙事方式来建构节目。《开卷八分钟》主持人固定为梁文道，间或有马家辉等文化名人代班主持。梁文道生于香港，成长于台湾，毕业于香港中文大学崇基学院哲学系。在节目中，通过服饰和配饰，塑造一个典型的知识分子形象。梁文道节目中的服饰常采用中式设计元素，用色上以黑白灰为主。人类学家凯特·福克斯在其著作《英国人的言行潜规则》中曾经形容上层人士的打扮潜规则："穿得相对低调，相对简单，没有过度的搭配，也没有让人看得出的多余装饰。"[1] 这种低调精致的形象包装有利于构建一个精英化知识分子的形象。而在节目主持过程中，梁文道旁征博引、博古通今，节目中随时使用"结构主义""功能学派"等理论性、学术型很强的词汇对图书进行评论，更是将这种精英知识分子的形象塑造得深入人心。正是通过反复固定主持人这样一种博学多才、精致得体的知识分子形象，并使其深入人心，从而在潜移默化中完成对受众价值观的影响。

纵观以《开卷八分钟》为代表的电视读书节目，其内化出版价值的主要手段是通过树立权威形象、提高节目内容质量等方式吸引受众、引导受众。然而，在当今网络时代，媒介通过电视读书节目进行价值内化的某些手段已经开始失效。首先，网络媒体的接触率逐年上

---

[1] 凯特·福克斯著、姚芸竹译：《英国人的言行潜规则》，生活·读书·新知三联书店2010年版，第548页。

升，而电视等传统媒体的接触率则相对下降。一项调查显示，受众每天上网时间从 6 年前的 1 个多小时增加到近 3 个小时，和看电视的时间基本持平。[1] 更为重要的是，在受众内部年纪轻和学历高的观众减少看电视时间的比例增加；相反，学历低和年龄大的观众看电视时间不变的比例最大。[2] 这表明电视媒体影响力开始相对下降。其次，在互联网去中心化、去权威化思想大行其道的今天，传统的电视读书节目那种指导式的方法并不能获得受众认可。在这样的趋势下，2015 年 1 月 6 日《开卷八分钟》在官方微博宣布停播，开播七年半推荐千余本好书的节目戛然而止。

3.《罗辑思维》

与此同时，一些根植于互联网的读书节目成为受众新的选择。这些互联网读书节目虽然节目形式上不少仍然继承了传统电视节目一个人介绍书籍的方式；但是通过网络视频、微信音频、微信公众账号文章、自建社区等多种方式对受众进行全面覆盖，且更注重受众体验，开发多种互动玩法调动受众积极性，从而促进出版价值取向的内化。这其中，最为成功的是《罗辑思维》。这是一档创立于 2012 年 12 月的视频脱口秀节目，其创立者罗振宇曾在中央电视台工作多年。比起《开卷八分钟》这种单向度、精英气质的读书节目，它强调内容"有种、有趣、有料"，并且用更多方式来影响受众，促进受众对于阅读价值的内化。

一是塑造轻松的节目内容和形式。在整个社会都呈现泛娱乐化倾向的大背景下，阅读似乎成为一个高雅而沉重的话题，但是《罗辑

---

[1] 刘志明：《中国舆情指数报告（2013）》，社会科学文献出版社 2014 年版，第 25 页。

[2] 周小普、解立群：《新媒体冲击下的电视观众行为变化——兼谈 CNN 的 iReport 项目及其启示》，《新闻记者》2013 年第 3 期。

思维》不管是选题内容还是讲述方式，都采取一种亲切和贴近生活的方式，也就是俗称的"接地气"。"女神是怎样炼成的""夹缝中的80后"……这样的选题扣住了目标用户的切实需求，主持人通过书中的视角解读当今年轻人在工作、生活、情感中的困惑。这样的处理方式让受众发现阅读并不是沉重和遥不可及的事情，而是可以通过它对生活有新的视角。

二是开展一系列品牌活动。《罗辑思维》通过读书节目的号召聚集了一大批热爱阅读、有求知欲的年轻人，除了每天推送文章、每周发布读书脱口秀来满足受众的阅读需求外，还通过策划一系列品牌活动来提升阅读氛围。2014年6月，《罗辑思维》发起了一个图书销售活动，售卖499元一个的图书礼包。在事先不告诉用户礼包内容的情况下，在最后90分钟卖完了里面有6本书的8000套礼包。传统的读书节目通常只起到传递图书信息的作用，但是从知道一本书到去阅读一本书中间有任何缺失，就意味着引导阅读兴趣这件事并未转化成最终的阅读行为。而《罗辑思维》这样的尝试，通过活动以定期或者不定期方式将图书直接送到用户受众，增强用户对于阅读价值的认可程度。

三是运营读书社区。在《罗辑思维》的微信公共账号里直接提供了"微社区"功能，用户既可以讨论某期节目的内容，也可以发起一些活动寻找同好。在这里，用户不再是一个被动接受者，而完全可以通过《罗辑思维》节目的启发，借助其平台行动起来。至此，从接受阅读信息、购买书籍到有所行动，《罗辑思维》提供了阅读活动的完整闭环。

以《罗辑思维》为代表的互联网读书节目显示出网络新媒体在促进出版价值内化上的特殊功效。它们深深根植于社会热点和受众需求，以强烈的互动性和品牌效应不断强化出版价值。不同于传统读书节目单向度的传播，甚至也不同于所谓 web2.0 时代仅仅加入受众发声的功能，这些互联网读书节目从读书类脱口秀出发，创建互联网知识型社区。它的用户受到"热爱知识"的感召，然后行动起来改变自己的生活。

从《开卷八分钟》到《罗辑思维》，可以看到不管是电视媒体还是新媒体都在尝试用适合其目标受众的方式，促进对于出版价值的内化。而新媒体凭借其更强的用户参与性、更好的多媒体融合性在促进价值内化上取得了更为显著的效果。但同时，以《罗辑思维》为代表的读书脱口秀在节目内容上有"媚俗"、对书籍断章取义之嫌，这样的取向不利于培养受众健康的阅读习惯，这是在新媒体盛行的当下和未来所尤须警惕的。

第二节　媒体引导出版的途径

媒体的独特性质与地位决定了其理所当然地要承担引导舆论的重要职责。因此其作为引导出版导向的主要工具，一直以来都占有很重要的地位。报纸、广播、电视等传统媒体在出版导向的确认、传达和宣传活动中发挥了重要作用，而第四媒体网络的飞速发展又为引导出版方向提供了新的平台和渠道。

一、报刊引导出版

报纸杂志引导出版导向有多种角度、方式和手段。其中，书评、畅销书排行榜以及新闻评论和社论是报刊引导出版业发展的主要途径。

1. 图书评论

书评作为出版生态中重要的一环，通过对图书内容、形式等方面进行评论、介绍，帮助读者选择、鉴定、筛选图书。[1] 同时，图书评论也是出版工作的延续和有机组成部分，它不仅是一种图书推广渠道，而且也是检查出版发行工作质量的试金石。[2] 在全球报刊领域，有诸多极具权威性和影响力的书评媒体。

《纽约时报》自 1851 年创刊以来，以其理性、权威性立足于西方主流媒体之林，是世界级的"百年大报"。而其每周日出版的《纽约时报书评》周刊也是美国最受欢迎的报刊书评之一，一直以来被称作出版社和书迷的"圣经"。它的第一任主编法兰西斯·W. 海塞（Francis W. Halsey）首先提出"书也是新闻"（Books are news）这一概念和方针。《纽约时报书评》主要分为三个部分：第一部分是各版独立成篇的书评，是周刊的主体。第二部分是最佳畅销书目，也就是畅销书排行榜。它是《书评》权威性的主要来源之一。第三部分是刊物精心设置的与读者的互动环节。哈珀·柯林斯出版社（Harper Collins）前总编辑丹尼尔·哈尔本（Daniel Halpern）曾经说过：《纽约时报》一篇正面评论可以对书的销售产生巨大影响；即使没有正面评论，如果能在《纽约时报》这样重量级的媒体上被大骂一顿，对书商来说也是个不错的机会。[3] 由此可见其巨大的影响力。台湾知名作家陈文茜认为，《纽约时报》上很多书评、观点，连同各种国际新闻报

---

[1] 余桃晶：《我国网络书评现状与发展研究》，华中师范大学 2008 年硕士学位论文。

[2] 孟玉静：《新时期中国图书评论研究》，河南大学 2009 年硕士学位论文。

[3] 郭庆光：《传播学教程》，中国人民大学出版社 1999 年版，第 105 页。

道，为她建立了完全不同的人生视野。[1]

我国报刊书评大致可分为以下四类：一是以《光明日报》书评版、《东方早报》书评版、《新京报·书评周刊》为代表的综合类报纸、期刊的书评版。二是以《中华读书报》《中国图书商报》为代表的行业报刊书评。三是以《读书》《中国图书评论》为代表的专业、学术书评期刊，读者定位主要是知识分子和文化工作者。另外，各个学科的专业期刊也往往刊登本领域新书和经典著作的书评。四是以《读书文摘》《博览群书》《书城》为代表的大众书评期刊。其中尤以第一类对社会阅读氛围的营造和对社会公众读书风气的倡导效果最为深广。下面介绍具有代表性的《光明日报》书评版和《东方早报》书评版。

《光明日报》书评版是我国比较有代表性的报刊书评栏目。不仅因为《光明日报》本身是一家面向知识界读者的全国性、综合性党报，能够反映我国关于出版文化建设的政策与方针；更重要的是它特色鲜明，拥有强大的书评作者队伍，许多大家如季羡林、刘心武、刘白羽等都被邀请来撰写书评和推荐书目。它的书评质量是有保障的，也因此具有较高的文化含量和强大的传播力量。[2] 同时，《光明日报》书评文章涉猎的学科十分广泛，包括文学、历史、哲学、经济学、管理学、教育学、艺术学、社会学等 30 余种，因此比其他报纸更有优势。

《上海书评》是《东方早报》在 2008 年创刊五周年之际推出的书评版面。相比于其他报刊书评版文章数量多、传播快的特点，《上海书评》是少见的不惜版面的报纸专刊，每期 16 版，但一般只有 5 到

---

[1] 胡泳：《众声喧哗——网络时代的个人表达与公共讨论》，广西师范大学出版社 2008 年版，第 119 页。

[2] 武娜：《〈光明日报〉书评版（2005—2009）研究》，河北大学 2011 年硕士学位论文。

8 篇书评，而且中间很少穿插图片，版式风格与《纽约书评》杂志类
似。与其他报刊书评 2000 字左右的篇幅相比，《上海书评》文章的平
均长度为 4500 字左右。正因如此，《上海书评》的文章往往更加深
刻。而在读者定位上，它也十分清晰，受众是在社会人群结构中占据
中高端地位的人。除此之外，《上海书评》与其他书评报刊不同点还
在于它一般不评散文、小说集和畅销书，不评晦涩的后现代主义哲学
著作以及不评旧书。除了与《光明日报》书评版一样拥有强大的撰稿
人阵容外，《上海书评》还有自己突出的优势：首先它瞄准了上海充
满文艺气质的都市文化延伸出来的"海派精神"，钟爱上海丰富的文
化背景带来的多元变化又博采众长的文风，在内容以及行文风格上非
常贴近上海读者的品位，因而能够得到本地读者的青睐。同时这样独
树一帜的风格也能够吸引全国各地具有相同阅读偏好的读者。其次是
坚持"独立书评"，这其中包括撰稿人不能为好友写书评以及刊发具
有批判态度的书评。这样做保证了书评的独立性和公正性，也成就了
《上海书评》的一大特色。《东方早报·上海书评》敏锐捕捉到了人们
在快节奏生活方式下深层次的文化需求。[1]

2. 图书排行榜

传播学"沉默的螺旋"理论认为：人们在表达自己的想法和观
点的时候，如果看到自己赞同的观点受到广泛欢迎，就会积极参与进
来，于是这类观点就会越发大胆地发表并扩散；而发觉某一观点无人
或少有人理会，即使自己赞同它，也会保持沉默。一方的沉默造成另
一方的增强，如此循环往复，便成了一方越来越沉默，而另一方越来
越强大的螺旋发展过程。畅销书排行榜就是利用这种心理来引领读者

---

[1] 余雪：《书评与新闻纸的联动效应》，复旦大学 2012 年硕士学位论文。

的阅读潮流。[1] 畅销书通常表现为对一种文化的接受与迎合，由于它的普遍流传，又加速了这种文化的传播与蔓延；有时甚至在一种文化还只是星星之火时，促使它发展为燎原之势。它的这种特性能够制造一定的文化氛围、传播文化思想。从这一点看，畅销书可以称为社会的"精神孕育地"之一。[2] 一份权威客观的畅销书排行榜能提供图书销售的真实情况，可以在一定程度上反映大众阅读的趋势，同时对读者选购图书具有一定参考价值，也对出版商的选题策划有一定借鉴作用。[3]

　　在美国，畅销书榜代表和影响着美国大众的阅读趋势。[4] 多家报刊发布畅销书排行榜，如《纽约时报》《今日美国》《华尔街日报》《出版商周刊》等。其中以《纽约时报》和《出版商周刊》的畅销书排行榜影响最广、权威性最高。而在中国大陆，畅销书排行榜最早出现于 20 世纪 80 年代末 90 年代初。当时的出版行业媒体如《中国图书评论》设立了类似现在畅销书排行榜的"畅销书情况一览表"，其统计数据来源是新华书店单体书店如北京王府井书店、南京市新华书店等的店销行情。[5] 但这种"准畅销书排行榜"的权威性和专业性显然是不够的。直到 20 世纪 90 年代中后期，《中国图书商报》开始专辟版面发布"畅销书排行榜"，这是中国正式引入西方畅销书排行制度的滥觞。此后，《新京报》和《中国新闻出版报》的畅销书排行榜也逐渐成为我国比较成熟和权威的排行榜。

---

[1] 刘丽香：《论畅销书对全民阅读的作用与影响》，湖南师范大学 2013 年硕士学位论文。

[2] 陈幼华：《论畅销书的文化引导》，《出版广角》2004 年第 11 期。

[3] 范忆：《畅销书排行榜＝阅读的"导航仪"？》，《唯实》2013 年第 7 期。

[4] 安华：《美国畅销书排行榜的影响和运作》，《出版经济》2004 年第 3 期。

[5] 张文红：《说说畅销书排行榜》，《全国新书目》2009 年第 7 期。

　　媒体上的图书排行榜并不一定根据其销量产生，如《光明日报》的"光明书榜"。《光明日报》作为一家中央党报，更注重政治性与服务性，商业化色彩并不浓。因此，"光明书榜"的宗旨不在于告诉读者哪些书是现在市场上的"畅销书"，而是要通过书榜来引导读者阅读弘扬主旋律、具有高品质的好书，从而提高广大人民群众的文化修养。因此，"光明书榜"往往由专家或资深编辑等专业人士根据图书本身的内容和品质做出判断和推荐，而不是根据图书的销售量。[1] 从这个意义上来说，图书排行榜的出版价值引导功能更加凸显。

　　3. 新闻报道和评论、社论

　　一直以来，新闻报道在促进图书出版业发展中的作用都很显著，尤其是在提高出版社和作者知名度以及提高图书销量这些方面更是不容忽视。目前来说，《中国新闻出版报》《中国图书商报》是对我国图书行业影响力最大的两家报纸。《中国新闻出版报》不仅集中报道和解读国家新闻出版广电总局最新发布的权威政策，同时还报道业内重要的生产和经营信息以及国内外各类新闻出版动态等。而《中国出版传媒商报》则是展示当代中国书业的平台，是中国图书业界信息量最大的商务传媒[2]。它的内容除了涵盖产业新闻和专题报道以外，还针对教育出版、专业出版、大众出版分别开辟了不同板块。另外它还拥有《阅读周刊》《图书营销手册》《刊之刊》等副刊。这些不同的板块不仅为出版商提供出版行业各领域的信息和动态，引导我国图书出版的走向和趋势，同时也为读者提供了解最新图书出版情况的渠道。它的

---

[1] 曾星:《大众媒介与图书排行榜——以〈光明日报〉、〈新京报〉和新浪网的书榜为例》,《现代出版》2013 年第 5 期。

[2] 段太彬:《新闻媒介对图书出版的影响及有效利用研究》,重庆大学 2008 年硕士学位论文。

新闻和专题将出版业政经与产经新闻融为一体，深具产业属性、贴近市场动态，其作用如同《华尔街日报》对于美国财经界的影响一般。总的来说，它是中国出版发行管理部门、出版机构、发行机构、营销机构、作者、读者以及评论者之间的桥梁和纽带。报纸之外，《出版广角》《出版参考》《中国出版》《编辑之友》等出版类行业和学术期刊通过报道、评论和研究国内外图书出版，对引导我国出版业的发展提供借鉴和参考依据。

此外，地方报纸也会积极主动地报道图书出版业相关信息。许多地方报纸都开设了图书连载栏目，如《北京晚报》《扬州晚报》《楚天都市报》《常州晚报》等。其所连载的图书往往具有新闻性、多样化、本土化和互动性强的特点。让读者在报纸上读到图书连载章节能够加深其对图书的印象和了解，对图书推广甚至销量的增长都是有益的。除连载外，地方报纸还通过开设专栏来刊登图书出版信息和推介最新图书，如《南方读书报》《南方日报》等。而无论报纸还是期刊，毋庸置疑的是只要作者一经新闻报道就能迅速提高知名度和社会影响力。例如，1999 年 12 月广东教育出版社推出黄全愈的《素质教育在美国——留美博士眼中的中美教育》。由于该书上市时社会上正对素质教育进行大讨论，所以书中的新观点迅速引起媒体关注。《中国青年报》《南方日报》等媒体都对该书及作者进行了专题报道，使黄全愈的知名度不断提升。同样的例子还有《哈佛女孩刘亦婷》，也是因为素质教育的热点问题引起了社会和媒体的广泛关注和探讨。

关于新闻评论，丁法章先生的定义是：媒体编辑部或作者对最新发生的有价值的新闻事件和有普遍意义的紧迫问题发议论、讲道理，是一种具有鲜明针对性和指导性的新闻文体，是现代新闻传播工具。新闻评论经常采用社论、评论、评论员文章、短评、编者按、专栏评论和述评等名称。其中社论是代表报社、刊物或通讯社编辑部就当前国内重大事件、事变或问题表明立场的指导性言论。[1] 中文报纸在 19 世纪初现锋芒，经过一百多年的发展，国内已经形成了许多发行量巨大的报业集团，拥有数以亿计的读者群。报纸言论以少而精的姿态出现；但绝不是修饰、点缀那么简单，它是社会舆论的引导者、参与者和推动者，是报纸真正发挥大众传播媒介作用的引擎。[2] 在出版领域，《中国新闻出版报》《中华读书报》等作为代表性报纸，在引导我国出版业发展的道路上发挥了十分重要的作用。《中国新闻出版报》是我国新闻出版总署在 1988 年面向国内出版和新闻领域创办的最权威的专业报纸。它集中报道和解读国家与地方新闻出版管理部门最新发布的权威政策和法规，报道业内重大和典型的生产、经营信息以及各类新闻出版动态。它的综合新闻栏目中汇聚了该报评论员精炼而深刻的新闻评论。如 2009 年 12 月 9 日的综合新闻发布了《辞海》（第六版）发行的消息，同时对《辞海》从 1936 年第一版到 2009 年第六版的编纂、出版和最新修订工作进行了简单回顾，并对《辞海》编纂者和工作人员的辛勤工作进行了肯定。文章指出"辞海精神"代表了中国人民高度负责的认真精神，也是求实、严谨的科学精神。"辞海精神"的价值不仅体现在出版界、文化界和知识界，而且应成为全社会共同的财富。[3] 而《中华读书报》是以面向社会大众倡导正确读书理念，发布前沿图书信息，交流健康阅读体验为基本宗旨的重要报纸。它的评论栏目同样对广大读者选择图书的方向有积极的引导作用。例如，2007 年 9 月 21 日《中华读书报》针对一位作者呼吁"别让国学冲昏了头的"的文章进行新闻评论。文章对原作者的观点进行了反

---

[1] 丁法章：《新闻评论教程》，复旦大学出版社 2002 年版，第 227 页。

[2] 赖志杰：《重大新闻事件与都市报社论研究》，暨南大学 2009 年硕士学位论文。

[3] 中国新闻出版报评论员：《辞海精神代代传》，《中国新闻出版报》2009 年 12 月 9 日第 2 版。

驳，并且深刻地阐述了倡导"国学热"具有十分深刻的文化内涵，是一种重新体认民族传统文化的自信，是一种自由开放、不卑不亢的文化心态的观点。[1] 文章发表后被大量报刊和网站转载，这对于引导民众多读中国古典和经典文献，在向现代化社会转型过程中不忘民族传统文化的传承是有指引意义的。而党报的社论是从理论上、政治上阐明党的路线、方针和政策，分析形势和指明任务。对中国共产党中央和政府机构下达的有关出版业发展方向的方针政策的文件，如《国家"十二五"时期文化改革发展规划纲要》《文化产业振兴规划》《关于金融支持文化产业振兴和发展繁荣的指导意见》等都由党报来发布并进行分析。这些政策和意见出台以后，党报等主流媒体对其会进行大量报道和评论。通常还会邀请专家进行访谈，对整个行业的未来走势和方向进行预测。例如《光明日报》在 2012 年 2 月 16 日要闻栏目中对《国家"十二五"时期文化改革发展规划纲要》进行了深刻的解读和分析，其中将该纲要对出版行业的指引和要求归纳得非常清晰。文章特别提到国家对加强文化产品创作生产的引导的要求，如要坚持正确的创作方向、推出更多优秀文艺作品、建立健全文化创新机制以及完善文化产品评价体系和激励机制等。这样点线面结合的分析和评论让出版企业及其从业人员对国家政策和行业发展方向有了非常清晰的认识和了解，有助于出版工作的开展。[2]

二、广播电视引导出版

广播电视媒体作为国家信息基础设施的重要组成部分，是通达千

---

[1] 蔡永飞：《"国学热"不如来得更猛烈些》，《中华读书报》2007 年 9 月 21 日第 5 版。
[2] 新华社：《国家"十二五"时期文化改革发展规划纲要》，《青年记者》2012 年第 7 期。

家万户的最普及的传播渠道和最便捷的交流载体。[1] 由国家新闻出版广电总局发展研究中心主编的《中国广播电影电视发展报告（2014）》蓝皮书显示，截至 2013 年年底，我国广播、电视综合人口覆盖率分别达到 97.79% 和 98.42%；有线广播电视用户 2.29 亿户，入户率达到 54.14%，数字电视用户 1.72 亿户，渗透率为 74.95%；付费数字电视用户 3500 万户，渗透率为 15.3%。[2] 在媒介融合以及网络媒体迅速发展的背景下，广播电视仍然在最具影响力的大众传媒中占有一席之地。它们不仅可以传播消息，反映社会问题，而且还可以引导大众对新闻内容和图书市场做出选择，对出版业和出版市场产生重要影响。

如前所述，广播电视引导出版的方式主要是通过电视读书节目。电视读书节目是媒介与文本间融合的结果，即纸质媒介书籍与电子媒介电视的融合；它也是一种全新的阅读方式，是视觉与听觉的融合。这类节目有内容广泛、受众固定、栏目美誉度高、表现形式多样等特点。据目前电视理论界的划分标准，图书推介类电视节目属于电视谈话节目中的专题对象类。在电视谈话节目中，根据谈话对象不同，又可分为人物型和评析型。[3] 简言之，节目有特邀嘉宾或者随机嘉宾，就属于人物型谈话节目；没有邀请嘉宾，只是介绍图书，这种节目就叫评析型谈话节目。另外图书评选、评奖等电视栏目也为推动出版的发展做出贡献。

西方的电视读书节目，有着悠久的历史和广泛的社会影响力。世

---

[1] 刘玉奇：《基于协同理论的我国广播电视引导模式研究》，华中师范大学 2011 年硕士学位论文。

[2] 李栋：《〈中国广播电影电视发展报告（2014101040043）〉在京发布》，《传媒》2014 年第 15 期。

[3] 刘毅、魏家猷：《图书推介类电视节目的现状及发展建议》，《今传媒》2014 年第 12 期。

界上最著名的读书类节目当属美国著名"脱口秀"主持人奥普拉·温弗里在 1996 年推出的"奥普拉读书俱乐部"（Oprah's Book Club）。该节目一经播出就大获成功。它唤醒了美国国民对文学的兴趣，在节目中被推荐的图书立刻风靡全美成为畅销书。以至于奥普拉选书的那一周被称为书市的"奥斯卡周"。奥普拉的脱口秀风靡全美 20 多年，充满道德追求、背负挽救精神的使命，拒绝颓废、厌世、讽刺、戏谑等消极内容，成为了某种净化心灵的仪式。在人们心中，奥普拉是正直诚实、可以信赖的。因此她对每一本书的推荐对大众来说就成为了权威的金玉良言。一枚至少值 50 万册销量的"奥普拉读书俱乐部"印章，象征着奥普拉对文学学术权威的颠覆。作为美国大众文化的"代表"，奥普拉对大众文学阅读时尚的引领，成就了出版业文学发行的利润梦想，也让更多人重拾文字，回归阅读。因此，美国国家图书基金会为她颁发了金质荣誉奖章。[1] 英国 BBC 第 4 频道的《理查德和朱迪的读书俱乐部》（Richard & Judy Book Club）是 2004 年开播的一档日播读书节目。它的目标人群是社会中下层人士。该栏目推出的书目种类非常丰富，节目形式非常新颖，在英国拥有超高人气和收视率，也因此为英国的图书出版业带来了丰厚利润。此外，法国电视 2 台由著名主持人贝纳尔·毕沃（Bernard Pivot）从 1975 年开始主持的《读书》节目，收视率一直处于法国电视收视率排行榜的前列。同时，该节目也是法国电视史上最著名、最长寿的文学节目。[2]

　　我国首个读书类电视节目是由中央电视台在 1996 年推出的《读书时间》。它的开播让读书类节目首次进入我国观众的视野。该节目第一期中，著名诗人徐迟先生讨论了"哥德巴赫猜想"。节目播出后

---

[1] 邱越：《脱口秀女王奥普拉的麻烦》，《资治文摘：综合版》2011 年第 7 期。

[2] 杨晓杰：《我国电视读书节目研究》，东北师范大学 2010 年硕士学位论文。

得到了观众的广泛好评和反馈，因此各地电视台相继推出此类节目。例如北京电视台的《东方书苑》、河北电视台的《读书》、上海星尚频道的《今晚我们读书》、上海第一财经频道的《速读时代》、中国教育电视台的《书苑漫步》、凤凰电视台的《开卷八分钟》《读书》和北京电视台的《书香北京》等，都是我国比较有特色和成功的电视类读书节目。央视十套《读书》节目源于 2001 年创办的高雅诵读节目《子午书简》。2007 年改版以后，该栏目不再走小众路线，而是定位于普通观众；节目形式也进行了全方位的改头换面，从原来 10 分钟的一人主持变为 30 分钟的三人评讲节目。《读书》不仅用丰富的电视手段传递书中的精华和信息，同时也会邀请爱书人士作为嘉宾与观众分享读书的快乐，解读和推荐好书，以带动全民读书。北京电视台的《书香北京》定位于"品味读书人生，感受知识力量"，是一档日播读书节目。该节目的特色是紧跟社会热点问题，在讲解时强调深度和敏锐度，传递品位、趣味和人情味，同时将讨论范围由图书延伸到经济和社会等方方面面。[1] 节目开播以来共邀请 300 多位嘉宾围绕图书的核心价值进行解读。

除了有特色的读书类电视节目之外，优秀图书评选和颁奖也成为电视节目中的一个亮点。2014 年，由中央电视台科教频道和中国图书评论学会联合举办的首届中国好书评选年度推介盛典在中央电视台一套综合频道播出。从 40 万册图书中脱颖而出的 25 本"2013 年中国好书"的作者和编者现身央视舞台，娓娓道来图书背后的故事。节目以"阅读启迪人类的智慧，阅读带来世界的光明！"为口号，对 2013 年中国优秀图书进行阅读和分享，同时也检阅和展示了这一年中国人的阅读状态，首次传递了"中国好书"的核心理念。这样的图书评选和

[1] 陈欣:《我国电视读书节目传播策略研究》，山西大学 2013 年硕士学位论文。

推介活动，通过我国最大、最权威的电视台播出，能够推动和引导全民阅读，传递精神正能量，从而促进文化繁荣与发展。

读书类电视节目以弘扬传统文化和现代文明为宗旨，力图弥合大众文化与精英文化的隔阂，推动出版业和阅读文化的发展，对社会、读者和出版行业来说，都具有良好的传播效果。实际上，电视媒介与阅读行为存在一定的内在冲突，电视是一种娱乐性和形象性媒介，而读书是一种思维型和抽象性的内在活动，在这两者之间寻求契合点理论上是很难的。[1] 因此，电视读书节目在策划方面要考虑两者的结合，找出两者的共同点，以新颖、奇特、不死板的方式吸引观众。

三、新媒体引导出版

网络被人们称为继报刊、广播、电视等传统媒体之后的"第四媒体"。根据麦肯锡旗下研究机构发布的最新研究报告，截至 2014 年 6 月中国网民的数量已经达到 6.32 亿 [2]。对大众来说，网络是一个全新的可以自由发表观点和看法的言论空间。它的出现打破了大众媒介对新闻生产的垄断，公众进入自己生产内容的时代。任何人只要拥有一台电脑或一部手机，就能瞬间成为一个面向全球的媒体。因此，网络媒体在引导出版方面出现了新的形势和特点。

1. 网络媒体引导出版的形式

网络媒体经过多年的发展，在日趋激烈的媒体竞争中无可争议地

---

[1] 刘毅、魏家猷：《图书推介类电视节目的现状及发展建议》，《今传媒》2014 年第 12 期。

[2] 罗西：《互联网＋我——"互联网＋"带来的兵荒马乱》，《创业天下》2015 年第 7 期。

获得了自己的地位，成为新闻传播活动不可或缺的手段和方式。而网络媒体引导出版业发展的手段和方式也是多种多样的，主要由以下几种载体和形式组成。

一是网络书评。网络书评是指在网上首发的供网民阅读的评论书籍的作品。与传统书评不同的是，网络书评的题材比较多元化、写作手法比较丰富、风格比较多变并且没有固定的写作模式。读书社区网站是网络书评的主要来源。我国比较流行的读书社区网站主要有豆瓣网读书频道、新浪网读书频道和天涯论坛闲闲书话板块等。豆瓣网设有读书、电影、音乐等 8 个板块，其中书评是该网站读书板块的重要栏目。它的特色在于没有编辑、写手也没有特约文章，版面简洁，并且商业化元素不多，因而吸引了一大批忠实用户。豆瓣这一模式有很高的粘性，会对网民的购书行为产生影响。

二是网络论坛跟帖评论。这一类型的评论通常是跟网络书评进行的互动评论。一般来说，原作者在网站发布原创帖，然后其他用户对原创帖进行评价，提出修改意见以及与其他回帖者进行互动。这种方式可以使人人都参与到图书评论中来。大众通过这种不带功利色彩的自由交流互动，让思想观点更加自由和活跃地交锋。[1]

三是网络书店的评论。现在大部分网络书店都会设置评论区和讨论区板块，大众化和实时性是网络书店评论的突出特色。网络书店的评论区一般以分项填表形式来完成评论，要填写的内容包括书名、内容和作品的星级评定等。[2] 世界第一大网络书店亚马逊非常重视读者评论，对于每本书都设置了读者书评和讨论区等。这些评论通常不像读书社区的书评那么正式，一般只是读者购书或读书以后的感想和反

---

[1] 余桃晶：《我国网络书评现状与发展研究》，华中师范大学 2008 年硕士学位论文。

[2] 司莉：《网络书评的现状与发展分析》，《出版发行研究》2005 年第 11 期。

馈，篇幅不长而且用词、行文也比较随意。但这些评论一样会影响消费者的购书行为，并且网络图书营销者能够通过这些评论和反馈了解市场和舆论的反应。

四是社交网络如微博、微信公众号订阅。在新浪微博这个平台上，不仅各大出版商和书店都有自己的官方账号来发布最新图书消息，而且作者也会利用这个平台来推广自己的图书以及跟读者互动。这是微博引导出版的主要方式。微博的及时性、快捷性和互动性改变了以往用户通过传统媒体来获得信息的方式。通过在微博上发布信息和网友互动交流，可以完成出版商构建品牌形象、阐述编辑思路、介绍作家作品等一系列推广工作。在互动过程中，可以培养一大批忠诚消费者。同时受关注高的粉丝成为意见领袖后，能凭借自身的影响力和感召力，搭建起图书出版方和普通用户之间的桥梁。[1]腾讯公司于2011年1月推出的微信目前已成为亚洲地区拥有最大用户群体的移动即时通讯软件。与微博相比，微信最大的优点在于精准、私密且具有更强的互动性。目前微信用户可搜索到有关出版机构的订阅号200余个。这些订阅号基本上都有图书推荐和试读功能。[2]此外，还有一类是作者自己设立的微信订阅号，用户关注后可及时得到该作者的相关信息和文章，并且可以与作者互动。许多作者设立微信订阅号不仅吸引了更多新读者，也保持了与老读者之间的联系，可谓两全其美。例如著名情感类畅销作家杨冰阳在微信平台开设订阅号，每天推送解答10名用户感情困惑的文章，为其赢得超过40万订阅用户。毫无疑问，这些订阅用户都是她的潜在读者。

五是网络图书排行榜。比较有代表性的网络图书排行榜一是像新

[1] 付璇:《图书微博营销策略研究》，湖南大学2012年硕士学位论文。

[2] 孙祺:《浅析微信平台上的个性化出版营销》，《辽宁经济》2014年第5期。

浪这种大型综合性网站的读书频道所推出的图书排行榜，还有是以网络书店如当当、亚马逊为代表的网络图书排行榜。新浪网的图书排行榜一共分为三种类型：第一种是基于综合评价体系的好书榜。在这个评价体系中，网上书店及开卷图书销售数据占其中的 40%，专家意见占 30%，新浪编辑部意见占 30% 的比重。[1] 榜单每个月更新一次，在综合评价体系中的榜单有 5 个，分别是：总榜、文学好书榜、社科好书榜、财经好书榜和生活好书榜。第二种是完全基于销售数量的畅销榜。第三种是基于点击率的点击排行榜。如此细分和详细的排行榜让读者在选择图书的时候能够很轻松地找到理想的图书，而且图书榜中各类专家的点评意见和推荐理由也成为引导读者选择图书的指路明灯。

2. 网络媒体引导出版的特点

在网络媒体发展如此迅速的时代，传统书评作者也借助新媒体这个平台开拓了他们的网络书评渠道。一些著名的读书社区网站如新浪网读书频道会邀请著名的书评专家学者来进行点评。这些专家在出版界有名气、有影响力，具有权威性。此外，网络上还有很多文化素质较高的教师、科研人员、文艺工作者参与讨论。这些阅读爱好者往往会发表一些有学术性和思想价值的观点，对广大读者来说也非常具有指导意义。最后就是一般的书评爱好者。这类型的创作者没有年龄、职业、地域、教育背景的限制，是当前网络图书评论的主力军。出于对图书的喜爱或批评，他们会在网络上发表对于书籍的观点和评述。

---

[1] 姜锐刚、唐俭、刘祚臣:《文化学术价值更受各方认可》,《中国出版传媒商报》2015年4月3日第3版。

　　在日趋激烈的媒体竞争中，网络媒体已经无可争议地获得了自身的地位，它所带来的影响逐渐渗透到出版活动中的各个方面，成为引导出版导向不可或缺的手段和方式，并具有自身突出的特点：一是渠道多样性。评论者不仅可以通过像豆瓣网读书板块、新浪网读书频道等比较专业的读书社区网站发表书评，也可以通过社交媒体、网络书店讨论区等渠道发表自己的观点。二是内容丰富和多元化。作为信息的载体和媒介，网络给人们带来极其丰富的信息量，以及跨越国界的数字化交流空间，人们可以借此了解不同国家和地区读者的看法。[1]三是快捷性和匿名性。移动终端设备以及移动网络的飞速发展，让用户与网络连接的范围不仅仅限于家里或者公司这些有电脑的环境，而是能够利用各种各样的移动终端随时随地收发信息。同时，用户通常都是以网名在网络上活动，不会轻易暴露自己的真实身份。四是交流双方的互动性。有别于传统媒体，网络媒体最大的特点就是即时互动。虽然传统媒体在这些年也开始注重互动，比如刊登读者来信和设立热线电话等；但无论从广度还是深度上都比不上网络的影响力。用户在网络上发表文章或言论后，将会收到来自五湖四海，各行业、各年龄层网友的评论和反馈。相对于传统媒体只是让读者和观众单方面接受讯息，网络媒体带给用户交流的无限可能性。五是行文方式的灵活性。一般来说，网友在网络上发表的评论在行文和表现上比较自由，如遣词造句没有那么正式，大多数会融入网络用语，并且通常标题比较标新立异，篇幅长短不一，内容比较丰富多彩，结构比较自由松散等。

---

[1] 赵阿颖：《一元化与多元化：传统媒体与网络媒体新闻宣传价值标准的比较》，华中师范大学 2007 年硕士学位论文。

3. 网络媒体引导出版的效果和困境

网络媒体正在成为反映、监督乃至引导出版市场的新途径。利用网络舆论的力量来对出版市场进行鼓动、监管和约束，可以拉近出版商、作者与读者之间的距离，有利于三者的沟通，并让作者和出版商及时得到大众的反馈，了解作品被接受的程度。网络评论也可以直接影响出版物的销售，通常精彩的评论能够极大地刺激读者的购书欲。但从另一方面来看，网络媒体在引导出版的过程中也存在许多隐患。首先，这些评论的水平参差不齐，存在抄袭和高重复率的现象。一些网友用复制粘贴的方式转发评论导致信息的大量重复。而由于网友的文学素养不尽相同，在网络上出现的语言有可能过于感性，不够理性和客观，甚至有可能会出现过激言论。其次，网络监管制度还不完善，没有相关法律法规来约束网友言论。虽然近几年我国在逐渐完善网络监管方面的制度和法律，并颁布了多部有关信息网络安全的行政法规，但在实施和监管上的力度还比较弱。最后，要利用网络发挥正确引导出版导向的作用，就必须要培养网络书评队伍。现在我国的网络书评人普遍资历较浅，影响力还不够。因此，必须加强与学术界和文化界的联系，吸纳更多在这些领域有影响力的专家学者参与到网络书评写作和网络书评作者培养的队伍中来，使网络书评职业化和专业化。这样有利于正确引导我国出版业的发展方向。

第三节　媒介引导功能的实现机制

媒介引导出版价值离不开媒介内部机制的安排，一般而言需要通过意见领袖媒体的引导作用、传统媒体内部的配合以及传统媒体与新媒体的议程融合，最终达到引导出版价值的目的。

一、意见领袖媒介的引导

1989 年，丹尼利恩和瑞斯（Danielian & Reese）在研究 1986 年美国媒体对古柯碱的报道时发现，不同媒介体系间的报道方式与内容具有较高的相似性。这就意味着，在媒介体系中也存在"意见领袖媒介"（opinion-leading media）的角色，权威性较强的媒介通常能够影响权威性较弱媒介的议程设置，从而达成"媒介间议程设置"效果。[1]

在我国出版主流价值观的倡导中，党媒成为"意见领袖媒介"，影响其他媒体的议程设置。党媒的引导作用主要通过以下方式实现：首先，即时报道党和政府对于文化产业、出版业的最新方针政策，为出版业发展指明方向。其次，发表评论文章，鲜明地表明态度、阐述见解和主张。在评论文章中赞扬符合主流价值的出版物和出版现象，抨击与主流价值背道而驰的出版物和出版现象。最后，策划专题报道，为其他媒体树立报道框架。党媒有关出版业的专题报道的框架选择，通常会被其他媒体大量借鉴，成为主流的报道框架。

二、传统媒体内部配合机制

在引导出版价值取向的过程中，需要媒体间的互相配合。既包括意见领袖媒体与其他媒体间的配合，也包括不同性质媒体间的配合。

---

[1] 沃纳·赛佛林、小詹姆斯·坦卡德著，郭镇之译：《传播理论：起源、方法与应用》，中国传媒大学出版社 2006 年版，第 202 页。

　　在意见领袖媒体与其他媒体的配合中，其他媒体既接受意见领袖媒体的引导，也发挥主观能动性。一方面，其他媒体主要接受意见领袖媒体倡导的核心价值。通常而言，新华社通稿、《人民日报》社论成为许多媒体报道的引用来源和思想核心。另一方面，其他类型的媒体根据其媒介性质和目标受众的不同，设置特定的报道及议程框架，结合自身特征采取各异的表达方式，也能反过来丰富主流价值的思想内涵。

　　而不同形式的媒体也可以通过发挥自身优势进行配合，共同引导出版价值取向。其中，纸质媒体擅长说理，因此报刊通过鞭辟入里的分析为价值引导提供理论支撑。在纸质媒体内部，报纸通过评论员文章等形式，奠定价值引导的思想基础。而期刊则长于深度报道、专题报道，为价值引导提供更为深入和丰富的分析。广播电视媒体擅长调用丰富的音画资源，使用亲切的表达方式，使得价值导向深入最广大的受众和人心。

三、传统媒体和新媒体议程融合

　　自新媒体诞生以来，其与传统媒体的关系受到了热烈讨论。目前看来，研究者普遍认为新媒体和传统媒体是一种融合共生的关系。学者胡泳认为："当代媒体的一个重要特点是，传统媒体与新媒体之间的依存。"[1] 传统媒体报道严谨、权威性强、覆盖面广，而新媒体则时效性高、互动性强。新媒体的出现，冲破了原来牢牢掌控在传统媒体手中的议程设置等权力，成为议程设置的源头；传统媒体吸纳新媒体的议程后，凭借自己影响力，将该议程在更广的面上持续发酵，这又能

---

[1] 胡泳：《众声喧哗：网络时代的个人代表与公共讨论》，广西师范大学出版社 2008 年版，第 78 页。

反过来影响新媒体的议程设置。新媒体和传统媒体融合依存，共同引导出版价值这一点在对"冰书挑战"的报道中体现明显。

"冰书挑战"是发源于社交网络上的一个挑战活动——活动要求被点到名的挑战者迅速列出对自己影响最大的十本书，然后再点名十位挑战者。这项模仿"冰桶挑战"的阅读分享活动来自社交网站上的普通用户，通过点名方式迅速在社交平台上传播开来。2014 年 9 月 7 日，"冰书挑战"在新浪微博上迅速形成话题，8 日登上"热门话题排行榜"。9 日，《重庆晚报》率先以《冰桶挑战之后　文化圈掀起冰书挑战》为题进行报道。当日，微博号为"新浪读书"的微博主分享了这个报道，这一日新浪微博"冰书挑战"指数达到最高点。传统媒体陆续有几家纸媒跟进，主要报道这个活动中新浪微博网友的言论。17 日，新华社《新华每日电讯》以《"冰书挑战"走红，列出影响自己的十本书真难》为题进行报道，网站转载量达到 210 条，并且引起电视媒体首次关注，中央电视台、东方卫视分别援引新华社此篇报道进行分析。而新浪微博在 9 日达到最高点后讨论数迅速下降，随后在 18 日左右又掀起一个小高潮。这之后微博指数不断下降，10 月 22 日《潇湘晨报》发了一条题为"冰书不冰"的挑战，获得第 3 个小高潮后，话题热度逐渐褪去。

通过"冰书挑战"的例子，不难发现新媒体对于传统媒体所产生的影响并非单向的议程设置，而是基于公众兴趣发生的议程融合。首先，传统媒体注重吸收新媒体的议程。整场事件起源于属于新媒体阵营的微博网站，后得到传统纸质媒体对网络议程的吸纳，微博上网友的行为、观点成为传统媒体的消息来源。其次，新媒体的议程受到传统媒体影响。这种影响既体现为传统媒体的内容在新媒体平台上获得分享，也体现为传统媒体在新媒体平台上开设账号，主动进行议程设置。最后，在新媒体与传统媒体的议程融合中，公众积极参与议程的建构。一方面，新媒体上的议程设置来源于公众的兴趣。"冰书挑战"完全是个人的自发行为。由于其符合公众对于崇尚阅读精神的追求，因此迅速火热起来，以新浪微博为代表的新媒体通过话题形式，将其设置为一个热点议程。另一方面，整个议程的报道框架也选择了报道公众行为。在传统媒体对该事件的报道中，框架主要采用了报道网友这种新型晒书单行为的互动方式，公众是报道的主体。

第四节　案例："全民阅读"报道中的价值引导

议程设置思想最初来自美国学者沃特·李普曼（Walter Lippmann）。1922 年，李普曼在经典著作《舆论学》（*Public Opinion*）中提出了这样一种观点："新闻媒介影响'我们头脑中的图像'。"这成为议程设置理论的雏形。1963 年，伯纳德·科恩（Bernard Cohen）提出："在多数时间，报界在告诉它的读者该怎样想时可能并不成功；但它在告诉它的读者该想些什么时，却是惊人的成功。"[1] 这成为议程设置理论最有影响力的表述，清楚地指出媒介的议程设置功能。以下将通过研究《人民日报》对"全民阅读"报道活动的议程设置，探讨媒体如何通过议程设置引导价值，并对价值引导的效果进行分析。

一、议题建构

2006 年 4 月 19 日，中宣部联合 11 部委发出《关于开展全民阅读

---

[1] 转引自金君俐：《媒体如何有效设置议程？》，《新闻与传播研究》2007 年第 1 期。

活动的倡议书》，将"全民阅读"上升到国家战略的高度。截至2014年11月，通过在中国知网报刊数据库搜索标题或者正文含有"全民阅读"关键字的《人民日报》的报道，排除无关文本，共获得54篇报道作为本次的研究对象。以下通过报道规模、议题内容和消息源选择，来分析《人民日报》建构议题的方式。

1. 报道规模

从《人民日报》报道的数量、时间分布和版面设置可以看出其关于"全民阅读"报道的规模和状况。

报道数量稳定。从2006年到2015年，每年都有一些报道，除了个别年份外，报道数量稳定在6篇左右（见图4-1）。可以看出"全民阅读"这个话题在人民日报上得到持续稳定的曝光量。

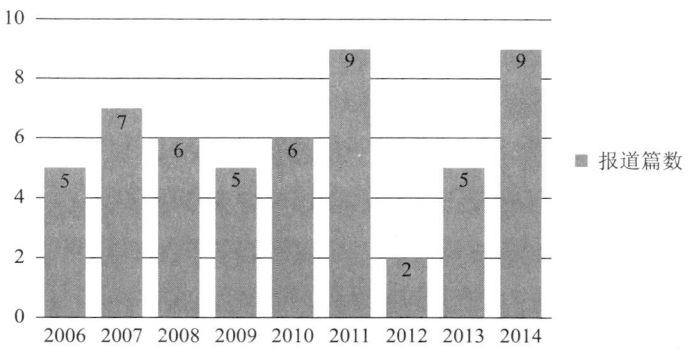

图4-1　报道篇数统计

时间分布集中。在报道时间的分布上，有非常强烈的集中性，呈现一种"运动式"的报道分布格局。54篇报道中，有一半是"世界读书日"前后发出，有8篇是在各大书展前后发出的（见图4-2）。

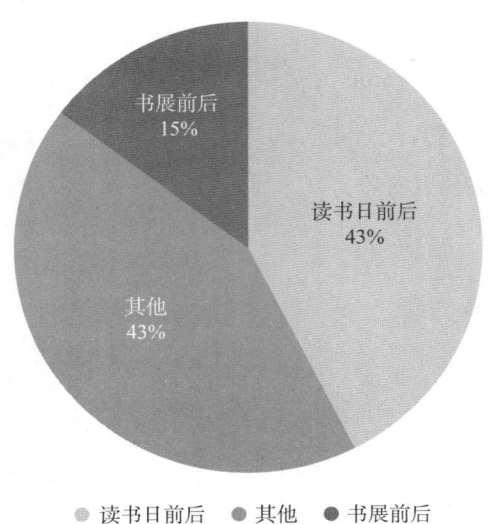

图 4-2   报道时间统计

　　版面位置重要。报纸的版面设置是议程设置的重要手段，能够决定受众接触所设议程的机会。报纸的头版往往用来刊登最重要的信息，头版中某个报道的数量可以反映出议程设置者对这个议程的重视程度。"全民阅读"的报道在头版一共出现 2 篇，占所有报道的 4%。有 11 篇报道分布在 2—4 版中，这几个版面为人民日报的"要闻版"，也是非常重要的版面（见图 4-3）。如果加上头版（头版也属于要闻版），"全民阅读"报道在要闻版分布的比率为 24%。将近 1/4 的报道在要闻版出现，说明"全民阅读"在报纸的议程设置中处于一个重要的位置。此外，评论版和文化版也有较多的报道，分别占到 15% 和 9%。通过在要闻版面的大量篇幅，并且结合评论版、文化版等版面进行热点探讨，"全民阅读"在《人民日报》议程设置上获得的曝光量十分可观。

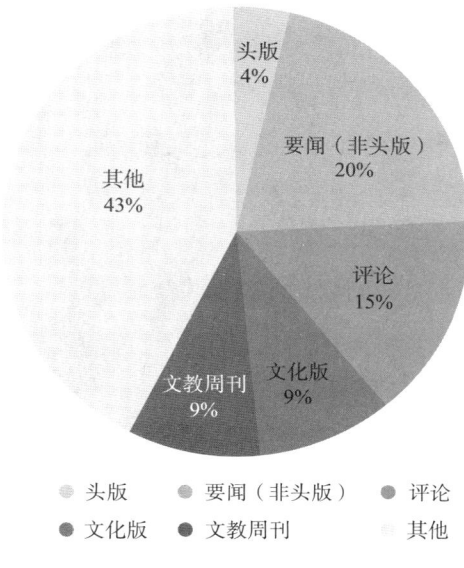

图 4-3　报道版面设置

2. 议题内容

"全民阅读"所牵涉内容甚广，不管是各地开展"全民阅读"活动的进展，还是在开展过程中存在的问题，都有诸多的关注点。这种情况下，媒体所选择报道的话题对于其"现实的构建"尤为重要。这种通过媒体选择、加工过滤后向公众展示"象征性现实"的做法，也是媒体议程设置功能的重要体现。

《人民日报》报道"全民阅读"涵盖了许多方面，包括建议、各地发展、存在问题、政府文件、倡议书、国民阅读现状等，呈现多样化的态势。但是建议、各地发展和存在问题这三个议题出现的频率最多，分别占到总议题的 33%、31% 和 17%，成为整个报道的重心（见图 4-4）。

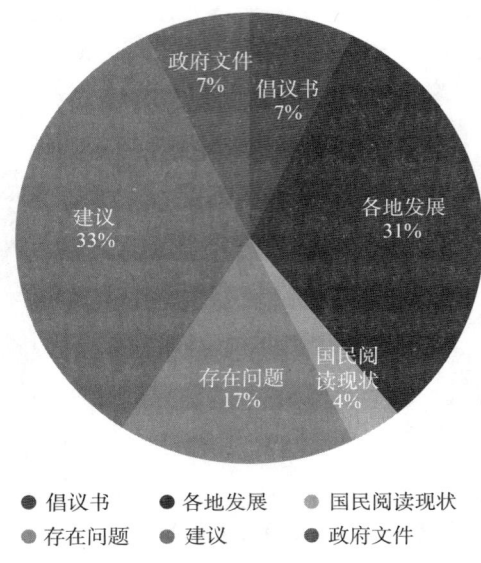

图 4-4　议题内容分布

　　建议指的是对推广"全民阅读"活动具体措施的建议。在所有 18 条建议中，推进图书馆建设的建议最多，旨在通过加强图书馆的公共文化服务来降低阅读门槛，推进全民阅读。同时，成立节日也被视为一个有效举措，不少文章建议设立专门的读书节日，带动全民阅读气氛。而官员带头阅读也成为多次被提到的举措。这与《人民日报》作为中央级党报的身份地位密切相关。遗憾的是，与出版业相关的建议并不多，仅有一条拯救书店和推动数字阅读的建议。反映了《人民日报》在设置"全民阅读"这一议程时，并未将图书出版业作为一个重要的组成部分。

　　各地发展指的是《人民日报》报道全国各地推动"全民阅读"所取得的成就。关注点集中在典型性报道上，报道倾向全部为正面肯定报道。在涉及的地方上，上海、广东等发达地区报道最多，这与推进全民阅读需要大量财力支持的要求一致。叙事模式多为"各地采取的推进措施＋带来良好成果"。记者筛选具有代表性的信息组织起来，再将政策架构为这些成果的原因。

"全民阅读"中存在的问题也是《人民日报》所关注的议题。在9篇反映"全民阅读"问题的报道中，有5篇担心"浅阅读""碎片化阅读"。纵观所有关于问题的报道，对于数字化阅读的态度普遍表现出一种更"忧心忡忡"的态度，认为其是"快餐式、浏览式、随意性、跳跃性、碎片化"的阅读。[1] 说明在"全民阅读"存在问题的议题展现中，将之归因为技术环境造成的结果成为一个普遍取向，也就是说主流媒体有意无意地将技术发展当作了阅读发展的主要障碍。

3. 消息源选择

进行议题构建时，消息来源是进行议程设置的重要变项。议程设置的操作者为了选择符合自己立场的观点，会寻找不同的消息来源。一些研究认为"消息来源的作用不仅在于提供客观报道的证据，更可能在于协助记者框限文本的内容"。[2]

从图4-5可知，无消息源的报道占所有报道超过1/4的比例。这些报道成了只有评论和结论，没有事实的自说自话。这种独白式的结构不利于增加报道的可信度。而在有消息源的报道中，仅有一个消息源的也占到所有报道1/4的比例。

---

[1] 周朗、李鹤、邓晓霞：《危机与希望并存 国民阅读在路上》，《人民日报》2008年4月8日第15版。

[2] 郑瑞城：《从消息来源途径诠释近用媒介权：台湾的验证》，《新闻学研究》1991年第45期。

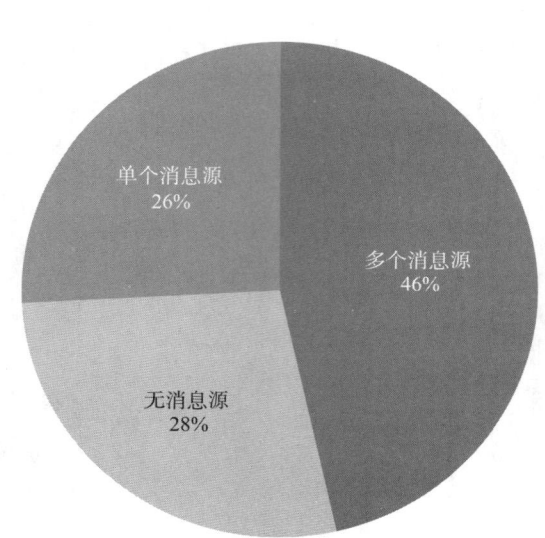

图 4-5　消息源数量分布

　　在所有有消息源的报道中，官员、政府文件、报告和专家学者占据了最大的比重，分别占到所有报道的 31%、15%、14%。官员和政府文件、报告都可视为官方信息源，一共占到将近一半的比重，说明官方信息源占绝对的主导地位（见图 4-6）。在官方信息源中，又有超过 1/4 为各地宣传部门的官员，反映在建构"全民阅读"这个议题中，进行政绩宣传成为一个重要的目的。而"全民阅读"活动的目标主体即普通群众的比例不到 10%，作为"全民阅读"活动重要利益相关方的出版行业人员也仅有 13% 的比例。从消息来源的选择看，《人民日报》将报道"全民阅读"视为一种政府主导推进的运动。

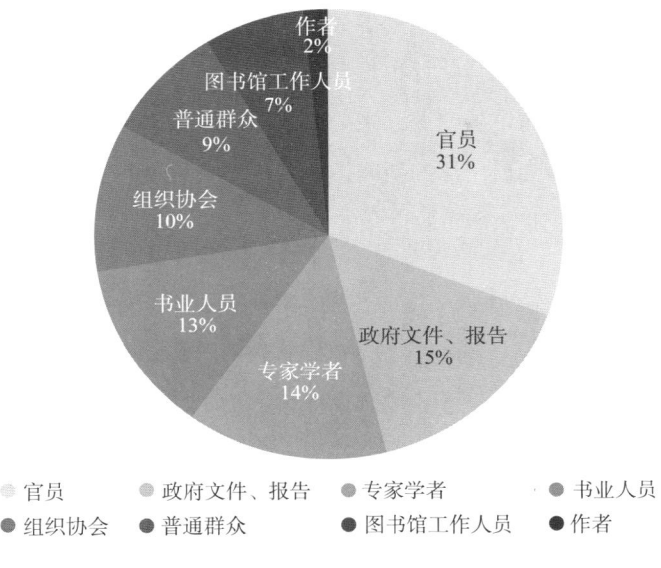

图 4-6　消息源分布

二、议题处理

媒体通过选择议题内容决定受众"能看到什么"，又通过不同的议题处理方式决定受众"如何看待这些内容"。

1.体裁选择

媒体进行报道的形式会影响受众对于该事件的理解方式和重视程度。《人民日报》在报道"全民阅读"时涉及四种新闻体裁，分别为消息、特写、评论和专访（见图 4-7）。评论体裁是使用最多的报道形式，占到将近一半；特写紧随其后，占 31% 的比例。大量使用评论体裁，反映了《人民日报》在"全民阅读"上强烈的议题设置动机和鲜明的态度。它一方面通过对评论话题的选择设置"全民阅读"的热点议题，引起受众对特定议题的关注；另一方面，通过对该话题的论证来表明态度倾向，强化议程设置的效果。特写则主要从某个切面反映"全民阅读"的进展情况，主要为成果展示报道，具有一定的宣传色彩。而消息作为最广泛的新闻体裁，相对少地使用，反映"全民阅读"这一议题并非一个时效性强的议题。

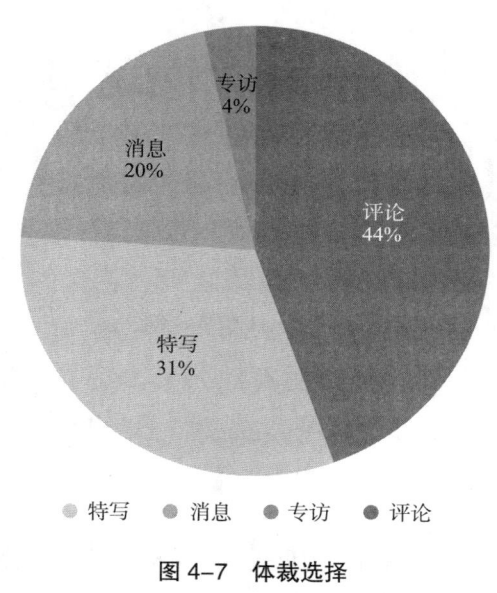

专访
4%

消息
20%

评论
44%

特写
31%

● 特写   ● 消息   ● 专访   ● 评论

图 4-7   体裁选择

2. 报道基调

报道基调指的是媒体在构建某个议题时所采取的态度，一般可分为正面、负面和中性三种。正面基调指媒体采用肯定、赞美、积极的态度描述报道对象，有利于报道对象正面形象的构建。负面的基调则相反，媒体通常使用否定、批评、消极的态度描述报道对象，不利于报道对象的形象构建。而中性的基调则通常结合以上二者，以一个公允客观的态度，兼顾正面和负面的事实面，以达到报道的客观性和平衡性。

　　在"全民阅读"的报道基调中,《人民日报》以正面基调的报道为主,兼有客观中立的报道,而负面报道较少(见图 4-8)。报道基调能够明确反映媒体在构建议题时所持有的态度,正面报道为主的报道基调,与《人民日报》作为中央级党报,秉持"坚持正确办报方向,积极宣传党的理论和路线方针政策"的报道理念吻合。[1] 而为了避免过多正面报道使受众产生厌倦,在构建报道时,《人民日报》也注意选取正面和负面两个方面,采用中性的报道基调。在所有报道基调中,正面积极的方面大多围绕政府采取的措施,而负面消极的方面则多归因于社会环境和社会思潮方面。

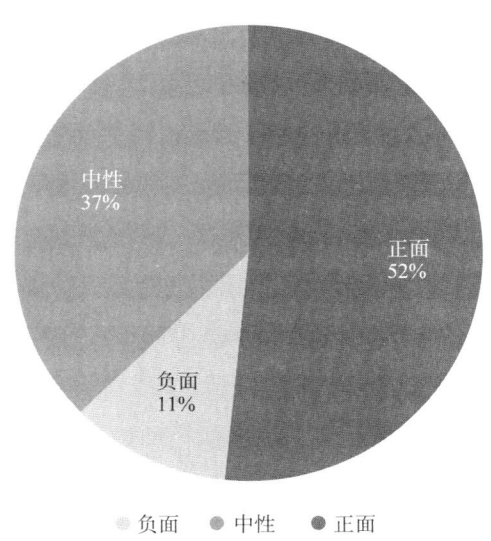

图 4-8　报道基调

---

[1] 商恺:《坚持正确的办报方针》,《新闻与写作》1994 年第 9 期。

三、效果评析

议程设置是媒体影响受众的重要手段，其反映的不同价值取向对出版价值有不同影响。在报道"全民阅读"的议程设置中，《人民日报》的议程设置方式对引导出版价值的效果有多方面影响。

首先，较多的报道数量有利于"重视阅读"这一价值主张的推广。《人民日报》作为国内最具权威性的报纸，每年都保持一定数量的"全民阅读"报道，且在版面设置上放在相对重要的位置，反映出党和国家对于阅读的重视，因此有利于推进"全民阅读"活动。对于出版业而言，应当抓住这样的良好契机，参与到"全民阅读"活动中来，多出好书，倡导读好书，以促进国民整体阅读素质的提高。然而，应当注意到，"全民阅读"本是一项长期性、常态化的工作，《人民日报》集中在特定时间的报道方式不利于阅读推广工作的长期开展。

其次，议程设置中不同的形象架构影响出版价值取向。在针对"全民阅读"存在问题的归因分析时，对于传统阅读的经典化塑造与数字阅读的浅薄化塑造反映了《人民日报》对于出版价值的选择取向。在报道中，传统纸质阅读被视为"线性的，连续的，优势在于可以进行深入研读、品味细节、交流学术思想，同时也有助于培养阅读者的抽象思维能力"，并且，"更多体现了一种人文气息，带来了亲和力，提升了生活的品质"。[1] 而数字阅读被认为是"游戏性较强，碎片化特征明显，信息之间容易互相干扰、覆盖"，"任其发展，将会使读

---

[1] 聂震宁：《数字时代还应提倡完整阅读》，《出版参考》2011 年第 9 期。

者越来越沉溺于浅阅读、娱乐性文化消费"。[1] 这样的建构方式，一方面提醒出版机构应当注重传统经典内容的开发，提升出版图书的内容品质，由此提高"全民阅读"质量；另一方面，塑造"数字阅读"浅薄的"刻板印象"不利于出版业利用新技术发展出版。其实，数字技术只是一种手段，使用数字技术既可以出版粗制滥造的内容产品，也能出版高质量的经典内容。出版业应当积极使用先进数字技术，将在传统内容上积累的优势转化到新时代数字出版大潮中，利用新技术推动"全民阅读"的发展。

最后，议程设置中消息源的选择反映话语权的分布，引导出版价值关注的主体。通过前文对《人民日报》报道消息源的分析，发现"全民阅读"活动报道主要是政府主导行为，而对于出版物的生产主体——出版业，和"全民阅读"活动的目标对象——普通读者重视不够。出版行业与"全民阅读"活动有着天然而密切的关系，积极推进"全民阅读"活动，既是出版行业追求经济利益的需求，也是出版行业创造社会效益的体现，本应成为"全民阅读"积极推动者和执行者的出版业及其从业人员失语，不利于发挥其主观能动作用。而作为"全民阅读"活动的目标对象，普通群众在报道中出现较少，且往往是以政策受惠者形象出现，既不利于读者对报道内容产生认可乃至共鸣，也不利于出版业把握受众的真正需求以提高出版水平。其实，对传统阅读经典化的塑造，是一种典型的精英化思维方式，媒体不断强化精英群体对话语渠道的主宰权，容易造成媒体议程和公众议程的割裂。对出版业而言，忽略受众需求，则不利于出版行业经济利益和社会效益的实现。

[1] 周朗、李鹤、邓晓霞：《危机与希望并存 国民阅读在路上》，《人民日报》2008年4月8日第15版。

　　纵观《人民日报》对"全民阅读"的议题设置，一方面它努力唤起社会对阅读的重视，对于引导出版价值具有积极正面的影响；但另一方面，对数字阅读"刻板印象"的构建和对受众需求的较少关注，则不利于出版业采用新的技术和注重受众需求，在引导出版价值时容易产生消极影响。

第五章 财税金融引导机制

财政、税收和金融是国家实行宏观调控和经济社会管理的重要工具和手段。无论是作为国民经济的一个产业领域，还是服务于教育、科学、文化发展的一项文化事业，出版业的发展都离不开国家财政、税收和金融政策的支持。由于出版业具有鲜明的意识形态属性，具有教育、科学、文化服务功能，世界各国政府普遍对出版业给予相对于其他大多数行业更为优惠的财政、税收和金融政策，以支持出版业的发展。在出版价值引导过程中，国家的财政、税收和金融政策发挥着其他手段和方式难以企及的巨大作用。

第一节　财税金融引导机制概述

作为国家宏观调控与经济社会管理的重要机制，财政、税收和金融手段也具有引导出版业发展，尤其是引导出版价值导向的重要功能。国家可以通过财政投入、税收优惠和融资便利等激励性财税金融政策，引导出版业坚持"把社会效益放在首位、实现社会效益和经济效益相统一"的原则和"为人民服务，为社会主义服务"的方针。本节拟对财税金融引导出版业的表现形式和我国政府利用财税金融政策引导出版业发展的实践做一个简要分析。

一、财税金融引导出版业的表现形式

在市场经济背景下，出版业主要是以产业的方式进行运作的。出版单位基本上是独立的市场经营主体。作为市场主体的出版单位，与其他非文化性企业一样，同样需要开展经营的资本金，需要照章纳税。因此，国家的财税金融政策，自然会对出版单位的经营理念、出版导向、经营手段等产生重大影响。从这个意义上讲，财税金融手段是引导出版业发展的重要机制。那么，国家的财税金融政策对出版业的引导体现在哪些方面呢？

1. 避免市场失灵，优化配置出版资源

借助价格信号和供求关系配置产业资源是市场的核心功能，但在某些条件下市场的这一功能却不能有效地发挥作用，这就是所谓的

市场失灵。当市场失灵时，政府这只"看得见的手"就必须发挥它的作用。

由于出版业所具有的特殊属性，出版物供求关系更为复杂、出版市场预测更加困难，所以，出版产业领域经常出现市场失灵现象，市场配置出版资源的效用远低于一般物质产品生产领域。因此，要实现出版资源的优化配置，不能只依靠市场手段。尤其是在现段阶我国出版单位产权不明晰、资源流动性差、竞争无序、信息不充分的情况下，市场手段难以实现出版资源的优化配置。在这种背景下，政府这只"看得见的手"就必须有所作为。因此，现阶段借助政府手段实现出版资源的优化配置就是现实的选择了。

在出版产业化经营、出版单位转企改制的背景下，财税金融手段是政府优化配置出版资源的最有效手段。第一，政府的财政投入是弥补市场对短缺性出版物产品生产投入不足，缓解社会效益大、经济效益低的出版物产品供给不足，解决出版物市场供求结构失衡的重要手段；第二，差别化的出版税收政策，如对民文出版、盲文出版、对外出版、农村图书发行等给予的税收优惠政策，是引导出版单位积极参与公益性出版的有效途径；第三，便利的融资通道，如鼓励优秀出版企业上市融资、授信融资等，则是做强做大出版产业的不二良方。

2. 双向作用于出版活动的外部性

外部性，也称作溢出效应，是指经济体（生产者或消费者）的活动对旁观者的福利产生的影响，而有利影响带来的利益或不利影响带来的损失，都不是生产者或消费者本人所获得或承担的，是一种经济力量对另一种经济力量"非市场性"的附带影响。

出版物作为一种典型的文化产品，主要作用于人们的精神世界或意识形态，其生产和消费均具有较强的外部性特征。在出版物生产环节，一个出版企业开发的某种题材或形式的出版物产品一旦受到市场的追捧，其他出版企业必然会模仿或借鉴前者的创意。这样一来，出版物产品的创意和理念会从一个生产者转移到另一个生产者。这种转移有时会促进选题创意或出版理念在出版物生产活动中的普及，有利于所有出版物生产者创意和理念的进步与提升。但是，这种转移有时也会带来负外部性，造成同质化出版严重和低水平重复出版，不利于以创意为核心的出版业发展。出版物产品消费同样存在明显的外部性特征。它表现在出版物产品在消费过程中对社会或个人的福利产生不需要付出经济代价的有利或不利影响。例如，优秀的出版物不仅能给读者本人带来积极的影响，而且受到出版物积极影响的读者或许还会积极地作用于社会和其他人。其中，后者就是出版物消费的正外部性。相反，低俗甚至反动的出版物不仅可能会给读者本人带来消极或负面的影响，而且受到出版物消极影响的读者或许还会消极地作用于社会和其他人。显然，后者就是出版物消费的负外部性。

既然出版物生产和消费存在较强的外部性特征，那政府就可以借助财税金融手段来进行必要的干预，对出版物生产和消费的正外部性进行引导、对负外部性进行抑制。一是通过积极的财政、税收和金融政策，鼓励出版单位出版更多的优秀出版物产品，保证优秀出版物的市场供应；二是通过适当的财税金融手段限制消极出版物的生产与供应，对存在导向偏差、价值迷失的出版单位实施控制投资、提高税率、提高融资门槛等严苛的财税金融政策；三是采用积极的财税金融政策营造健康的文化消费氛围，培育向上的文化消费需求，拓展符合社会主义核心价值观的出版物消费市场。

3. 借助公共文化服务，引导出版业健康发展

世界各国的经验表明，包括阅读需求在内的社会文化消费需求

不是单纯依靠市场力量就可以完全满足的。无论从政府的文化、教育功能看，还是从社会公众的消费意愿和购买能力看，政府都有义务通过财政手段为国民提供公共文化服务，满足公共文化需求。即使是经济文化高度发达的西方国家，提供公共文化服务也是政府的基本职能。

从出版业发展视角看，政府通过财政手段履行的公共文化服务职能对出版业发展具有积极的导向作用。首先，政府直接投资的公益性出版事业，不是以盈利而是以文化传承与传播为目的的，其价值导向、出版理念、产品品质等对经营性出版产业具有典型的示范意义。其次，通过公共图书馆、文化中心等公共文化服务平台，以政府采购方式购买的公共出版物产品，是广大经营性出版单位竞相开发的出版选题。政府出版物采购的内容、质量、价格等方面的标准成为经营性出版单位出版物生产的重要参考。再次，政府免费提供中小学生教科书对教育出版有着重大而深远的影响。教育出版商必须按照政府的采购标准从事教科书出版。最后，政府大力倡导并积极参与全民阅读活动，不仅为出版业培育了消费者，扩大了消费市场，而且还树立了导向正确的阅读消费理念，引导出版业为大众文化消费提供优秀出版物产品。

二、我国的出版财政政策

进入新世纪之前，我国出版业实行的是单纯的事业体制。2002 年党的十六大的召开，标志着出版业单纯事业体制时代的终结。随后一系列改革举措的推行使得我国出版业步入以产业化经营为主的时代。在这种新的背景下，出版产业的发展主要依靠市场驱动。为引导面向市场的出版业健康发展，政府的财政支持发挥了巨大作用。2002 年以来，我国出版产业财政政策对出版价值的引导经历了有限扶持、全面支持和选择性重点支持三个阶段。

1. 有限扶持阶段（2002—2006）

2002 年 11 月，十六大报告指出，要"推动文化创新"，"积极发展文化事业和文化产业"，"抓紧制定文化体制改革的总体方案"，"支持和保障文化公益事业，并鼓励它们增强自身的发展活力"，"坚持和完善支持文化公益事业发展的政策措施"，"扶持体现民族特色和国家水准的重大文化项目"，"完善文化产业政策，支持文化产业发展，增强我国文化产业的整体实力和竞争力。"[1] 为落实十六大报告精神，国家财政开始对重点出版产业项目、公益出版和出版文化创新等相关方面有限扶持。

一是扶持重点出版产业项目。2003 年 9 月，文化部发布《关于支持和促进文化产业发展的若干意见》（文产发〔2003〕38 号）。文件明确扶持发展具有示范性、导向性的包括重点出版产业项目在内的重点文化产业项目，对包括出版产品在内的内容产业文化产品的生产给予资金补助和信贷贴息等财政支持。

二是扶持公益出版与出版文化创新。2006 年 6 月，国务院办公厅转发财政部、中宣部共同印发的《关于进一步支持文化事业发展若干经济政策的通知》（国办发〔2006〕43 号）。《通知》指出，继续增加对宣传文化事业的财政投入，增加的财政投入主要用于"重点图书和专业学术著作出版困难补助及优秀图书奖励；出版企业设备更新和技术改造；县及县以下新华书店网点建设；编辑业务楼改造、维修；出

---

[1] 朱建纲、朱尔茜：《"十二五"时期新闻出版产业政策研究》，人民出版社 2013 年版，第 112 页。

版等文化产品和服务出口资助"等公益项目。同年 9 月，中共中央办公厅、国务院办公厅印发《国家"十一五"时期文化发展规划纲要》。《纲要》指出，对出版业、发行业、印刷复制业、数字内容等九大行业门类予以扶持，提出设立国家文化发展专项资金和基金，用于扶持国家公益性文化事业发展，支持文化创新和精品生产，支持国家重大出版项目、少数民族文字和盲文出版物的出版等。同年 12 月，新闻出版总署印发的《新闻出版业"十一五"发展规划》，明确提出"在财政方面扶持少数民族文字的教材和出版物的编译和出版工作"。

2. 全面支持阶段（2007—2011）

2007 年 10 月，党的十七大报告提出"推动社会主义文化大发展大繁荣"的文化发展战略目标，要在文化事业和文化产业两个方面全面推进这一战略目标。具体提出，要"基本建立覆盖全社会的公共文化服务体系"，"丰富适应人民需要的文化产品"；大力发展文化产业，"创作更多反映人民主体地位和现实生活、群众喜闻乐见的优秀精神文化产品"。为落实党的十七大的相关精神，国家逐步加大了对公益出版事业和经营性文化产业方面的财政支持。

一是加大对包括出版业在内的公益出版事业的财政支持。2007 年 11 月，财政部、中宣部、国家税务总局、国家民族事务委员会与新闻出版总署共同发布《关于进一步加大对少数民族文字出版事业扶持力度的通知》，提出加强对少数民族文字出版的支持。2011 年 10 月，党的十七届六中全会通过了《中共中央关于深化文化体制改革　推动社会主义文化大发展大繁荣若干重大问题的决定》。《决定》指出，要保证公共财政对文化建设投入的增长幅度高于财政经常性收入增长幅度，提高文化支出占财政支出比例。扩大公共财政覆盖范围，完善投入方式，加强资金管理，提高资金使用效益，保障公共文化服务体系建设和运行。落实和完善文化经济政策，支持社会组织、机构、个人捐赠和兴办公益性文化事业，引导文化非营利机构提供公共文化产品和服务。加大优秀文化产品推广力度，运用主流媒体、公共文化场所等资源，在资金、频道、版面、场地等方面为展演展映展播展览弘扬主流价值的精品力作提供条件。采取政府采购、项目补贴、定向资助、贷款贴息等政策措施鼓励各类文化企业参与公共文化服务。鼓励国家投资、资助或拥有版权的文化产品无偿用于公共文化服务。

二是加大对包括出版业在内的文化产业发展的财政支持。2008 年 7 月，文化部发布《关于进一步深化文化系统文化体制改革的意见》（文政法发〔2008〕30 号），提出创新文化生产和传播方式，设立文化产业发展专项资金，完善培育大型骨干文化企业和扶持中小文化企业发展的财政政策。

2009 年 7 月，国务院发布我国第一部文化产业专项规划——《文化产业振兴规划》。《规划》明确指出，中央和地方各级人民政府要加大对文化产业的投入，通过贷款贴息、项目补贴、补充资本金等方式，支持国家级文化产业基地建设，支持文化产业重点项目及跨区域整合，支持国有控股文化企业股份制改造，支持文化领域新产品、新技术的研发。支持大宗文化产品和服务的出口。大幅增加中央财政"扶持文化产业发展专项资金"和"文化体制改革专项资金"规模，不断加大对文化产业发展和文化体制改革的支持力度。2010 年 1 月，新闻出版总署发布《关于进一步推动新闻出版产业发展的指导意见》，提出"加大对新闻出版产业发展的投入"，加强财政资金的管理和使用，提高资金的使用效率。

3. 选择性重点支持阶段（2012—2014）

秉承十七大"推动社会主义文化大发展大繁荣"精神，党的十八

大提出"扎实推进社会主义文化强国建设"战略。2012 年 11 月,
十八大报告针对文化强国的战略目标,提出"推动文化事业全面繁
荣、文化产业快速发展"的文化发展新思路。围绕十八大提出的文化
发展战略与思路,国家对文化发展的财政支持也发生了相应变化,从
全面支持转变为选择性重点支持,投入力度进一步加大。2012 年 2
月,中共中央办公厅、国务院办公厅印发《国家"十二五"时期文化
改革发展规划纲要》。《纲要》指出,加大政府投入力度,建立健全同
国力相匹配、同人民群众文化需求相适应的政府投入保障机制。保证
公共财政对文化建设投入的增长幅度高于财政经常性收入增长幅度,
提高文化支出占财政支出比例。这一时期,财政投入的重点集中在这
样几个方面。

一是针对十八大报告关于"完善公共文化服务体系"精神,重点
支持公共文化服务体系建设。《国家"十二五"时期文化改革发展规
划纲要》指出,要增加公共文化服务体系建设资金和经费保障投入。
以农村和基层、边疆民族地区、贫困地区为重点,优先安排涉及广大
人民群众切身利益的文化项目,重点保障基层公共文化机构正常运转
和开展基本公共文化服务活动所需经费,扶持公共文化机构的技术改
造和设备投入。同时,把主要公共文化产品和服务项目、公益性文化
活动纳入公共财政经常性支出预算,通过政府采购、项目补贴、定向
资助、贷款贴息、以奖代补等财政投入方式,鼓励和支持出版企业等
各类文化企业积极参与公共文化服务。基于中共中央办公厅、国务
院办公厅《国家"十二五"时期文化改革发展规划纲要》精神,文化
部、新闻出版总署、工信部等部委还制定和出台了一系列支持公共文
化服务体系建设的配套措施。

二是重点支持优秀文化"走出去"。2012 年 1 月,为提升我国新
闻出版业的国际竞争力、传播力和影响力,新闻出版总署出台了《关

于加快我国新闻出版业走出去的若干意见》，首次从国家层面对新闻出版业走出去进行全方位布局，这也是我国出台的首个新闻出版业走出去专门文件。《意见》明确了新闻出版业走出去的 20 项具体支持政策，其中，大部分以财政政策为主。如"以贷款贴息、项目补助、补充国家资本金、绩效奖励、保险费补助和其他经财政部批准的支持方式，对新闻出版走出去企业、项目、实物和相关服务予以支持"。2012 年 2 月，中共中央办公厅、国务院办公厅印发的《国家"十二五"时期文化改革发展规划纲要》指出，"加大已有支持对外文化贸易各项优惠政策的落实力度，进一步完善有关财税政策，推动文化产品和服务出口，支持文化企业走出去"。2014 年 3 月，国务院出台《关于加快发展对外文化贸易的意见》（国发〔2014〕13 号）。《意见》明确指出，"充分发挥财政资金的杠杆作用，加大文化产业发展专项资金等支持力度，综合运用多种政策手段，对文化服务出口、境外投资、营销渠道建设、市场开拓、公共服务平台建设、文化贸易人才培养等方面给予支持。中央和地方有关文化发展的财政专项资金和基金，要加大对文化出口的支持力度"。

三是重点支持文化与出版业的转型升级。2012 年 2 月，中共中央办公厅、国务院办公厅印发的《国家"十二五"时期文化改革发展规划纲要》指出，加大政府投入力度，支持战略性、先导性、带动性文化产业项目建设，支持文化科技研发应用和提高文化企业技术装备水平。2012 年 5 月，《文化部"十二五"时期文化改革发展规划》专门设立"国家数字文化产业创新工程"，选择数字文化产业中核心技术、关键技术和共性技术进行重点攻关，形成具有自主知识产权的核心数字文化技术支撑体系，建设数字文化产业重大技术应用示范和推广项目，加快文化企业数字化、网络化、信息化进程。计划扩大文化产业发展专项资金规模，支持战略性、先导性、带动性文化产业项目

建设，支持文化科技研发应用和提高文化企业技术装备水平。2014 年
4 月，国家新闻出版广电总局、财政部印发《关于推动新闻出版业数
字化转型升级的指导意见》(新广出发〔2014〕52 号)，明确提出，加
大财政对新闻出版业数字化转型升级的支持力度，将新闻出版业数字
化转型升级项目作为重大项目纳入中央文化产业发展专项资金扶持范
围，分步实施、逐年推进。

　　4. 现行财政政策评述

　　出版体制改革以来，围绕现代出版市场体系建设、出版单位转企
改制、文化产品创作生产引导、公共文化服务体系建设等重大问题，
国家不断调整或出台新的财政政策，以适应出版业改革发展的新形
势。总体上讲，我国现行财政政策在扶持和引导出版业发展，尤其是
引导出版价值导向方面取得了一定成效，主要体现在财政投入规模有
所加大，财政投入方式逐渐增加。

　　1）财政投入规模不断扩大

　　财政部数据显示，2010 —2013 年期间，全国财政支出累计 46.53
万亿元，其中，新闻出版累计支出 450.53 亿元。财政新闻出版支出
占全国财政支出总额的 0.097%。期间，中央财政新闻出版支出分别
为 39.66 亿、45.37 亿元、52.45 亿元、55.69 亿元。年均递增 11.98%，
远远高于国民经济和出版产业的增长幅度。除中央政府外，地方财政
对出版业的投入规模也相当可观，为出版业的发展提供了很好的财力
支持。

　　设立专项出版资金或基金是国家财政投入支持出版业的基本方
式。改革开放以来，以财政投入为主设立的专项出版资金或基金数量
众多，资金或基金规模也在不断扩大。表 5-1 是对我国文化出版财政
专项资金或基金基本情况的一个初步统计，项目类别达 14 种之多。

表 5-1 目前我国文化出版财政专项资金情况统计表

财政专项资金	实施时间	引导方式	资金来源	用途
国家古籍整理专项经费	1983	项目资助	中央财政	鼓励和支持优秀古籍整理成果的出版
宣传文化发展专项资金	1994	专项拨款、专项贴息	中央和省级财政	公益性项目或技术改造、设备更新
民族文字出版专项资金	2007	项目资助	中央财政专项转移支付	重点补贴少数民族文字出版物的编辑出版、少数民族文字编译人才的培养、民族文字新闻出版单位设备更新和技术改造，少数民族文字出版"走出去"项目
农家书屋工程专项资金	2007	项目资助	中央财政、省级和市县财政	补助中西部地区农家书屋建设、东部地区的奖励，出版物补充更新
东风工程专项资金	2007	项目资助	中央和新疆维吾尔自治区地方财政	每年按计划出版一定数量适合新疆农牧区读者阅读的出版物，并免费赠阅于少数民族聚居地区
文化产业发展专项资金	2008	项目补助、贷款贴息、保费补贴、绩效奖励	中央财政、地方财政	支持文化产业发展，如扶持实体书店发展、资助环保印刷设备升级改造、支持新闻出版业数字化转型升级，等等
国家出版基金	2008	项目资助、组织管理费用支出	中央财政，并依法接受捐赠	鼓励、支持优秀公益性出版项目的出版
新闻出版"走出去"专项资金	2006	项目资助	中央财政	鼓励和支持适合国外市场需求的外向型优秀图书选题的出版，有效推动中国图书"走出去"

财政专项资金	实施时间	引导方式	资金来源	用途
中国文化产业投资基金	2011	股权投资	中央财政、社会资本	投资新闻出版发行等领域，以引导示范和带动社会资金投资文化产业
国家文化出口重点企业和项目扶持资金	2007	项目资助	中央财政、地方财政	促进中国文化出口，扩大中国文化的国际影响力
公益出版专项资助资金	2008	项目资助	省级财政（湖北、湖南、重庆等）	支持全省社会公益出版事业的资金。帮助解决贫困农民、低收入劳动者等弱势群体的读书难问题，尽量满足全社会公民平等享受公共文化利益需求，弘扬民族优秀文化和时代精神，让群众充分共享先进文化
文创专项资金	2010	项目资助	市级财政（北京市、杭州市、深圳市、建德市等）	加快推动全市文化创意产业发展，实现打造全国文化创意中心的目标
报刊出版引导资金	2011	项目资助	北京市财政	宣传报道中国共产党建党90周年，推动学习贯彻胡锦涛总书记"七一"重要讲话精神，纪念辛亥革命100周年，积极参与"禁毒防艾"公益宣传的重点专题、专栏

国家财政对出版业的投入具有很好的导向作用。从表 5-1 可以看出，各类出版专项资金或基金的主要投入方向为公益性出版业。其中，古籍整理、民文盲文、学术与科普、农村读物、对外出版等是各类出版专项资金或基金支持的重点。

2007 年设立的国家出版基金，以学术性、思想性和公益性为导向，重点资助包括优秀盲文、少数民族文字、"三农"读物、未成年人读物等公益性出版项目。2008—2014 年，投资逐年增加，累计投入达 19 亿元，资助出版具有文化传承与积淀价值的图书 1200 余项。

文化产业发展专项资金，是为落实中央关于实施重大文化产业项目带动战略，由中央财政出资于 2008 年设立的专项资金。专项资金设立的当年规模为 10 亿元，2010 年增加至 20 亿元，2014 年增至 50 亿元。文化产业发展专项资金设立以来，累计投入资金高达数百亿元，在促进文化繁荣和对外文化贸易方面发挥了积极作用。[1] 在中央财政设立文化产业发展专项资金的影响和带动下，全国 20 多个省份设立了省级文化产业发展专项资金，它们在推动地方出版产业发展方面发挥了积极作用。[2]

2）财政投入方式有所转变

只有不断创新财政对出版业的投入方式，才能更好地实现财政投入的目的，提高财政投入资金的使用效率。改革开放，特别是出版体制改革以来，政府在不断扩大出版财政投入的同时，也在积极探索和尝试财政对出版业的投入方式。传统的单一财政投入方式正在被多元化的方式所取代。目前，我国已初步形成了包括定向资助、项目补

---

[1] 赵姗:《专家谈如何用好文化产业发展专项资金》，http://www.ce.cn/culture/gd/
　　201411/26/t20141126_3986057.shtml
[2] 王家新:《王家新在文化产业财政金融专项协调会上的发言》，http://wzb.mof.gov.cn/
　　pdlb/ldjh/201111/t20111101_603778.html

贴、贷款贴息、保费补贴、以奖代补和政府采购在内的多元化财政投入方式格局。

定向资助，既是我国财政出版投入的传统方式，也是当前我国财政出版投入的主要方式。表 5-1 中所列 14 个类别资金和基金中多半都具有定向资助性质。例如，民族文字出版专项资金、东风工程专项资金、新闻出版"走出去"专项资金等都是针对特定范畴的出版活动进行定向资助的。地方财政的出版投入也主要是这种方式。上海每年投入 1500 万元资金，支持出版物发行网点建设，其中 500 万元用于定向支持各类实体书店，尤其是形成专业定位和品牌影响的民营实体书店。

项目补贴，是对文化企业以自有资金为主投资的项目所需资金给予补助，也是当前我国财政出版投入的普遍方式。修订后的《文化产业发展专项资金管理暂行办法》规定了四种具体的支持方式，其中的第一种便是"项目补贴"。据了解，在文化产业发展专项资金每年实际资助的项目中，以项目补贴方式获得支持的项目占比最大。

贷款贴息和保费补贴。其中，前者是对文化企业通过银行贷款实施项目所实际发生的利息给予补贴；后者是对文化企业出口项目所必需的财产保险和出口信用保险费用给予的补助。《文化产业发展专项资金管理暂行办法》中都有此类支持方式。

以奖代补是指文化或出版企业针对已经完成的优秀项目向政府申请资金补助的一种方式。中央财政通过"文化产业发展基金"对列入《国家文化出口重点企业目录》的企业（项目实施企业）给予绩效奖励就是一种以奖代补的方式。事实上，我国的"中国出版政府奖"和"中国优秀图书奖"等政府奖励也具有以奖代补的性质。作为一种财政投入方式，以奖代补是在项目完成后实施的，不存在任何投资风险，因此具有其他方式所不具备的优点。目前，这种方式在政府的财政出版投入中所占比例较小，建议政府给予更多的重视。

政府采购，正在成为政府财政投入的一种重要方式，在很多领域使用相当普遍，但在出版领域使用并不普遍。目前，在现有的众多出版类财政投资项目中，仅有"农家书屋工程专项资金"使用到了这种方式。农家书屋补充更新出版物时一般采用的是政府采购。

三、我国的出版税收政策

税收不仅是国家财政的重要来源，而且也是国家调节经济结构的重要手段。对不同产业实施不同的差别税率，有利于国民经济的协调发展。对一些需要重点发展的产业领域，国家往往"轻徭薄赋"以鼓励和促进其发展。新闻出版体制改革以来，我国出版单位逐步转变为自主经营的市场主体，传统事业体制下的税收政策面临调整。与其他大多数产业领域相比，我国出版业总体上税负相对较轻，国家给予了出版产业相对优惠的税收政策。

1. 鼓励转企改制的出版单位

2003 年，国务院办公厅印发《关于文化体制改革试点中支持文化产业发展和经营性文化事业单位转制为企业的两个规定的通知》（国办发〔2003〕105 号）。2005 年，财政部、海关总署、国家税务总局联合发布《关于文化体制改革中经营性文化事业单位转制为企业的若干税收政策问题的通知》（财税〔2005〕1 号）和《关于文化体制改革试点中支持文化产业发展若干税收政策问题的通知》（财税〔2005〕2 号）。根据这些文件精神，从 2004 年 1 月 1 日至 2008 年 12 月 31 日，对转制出版单位实施以下优惠政策：（一）对政府鼓励的新办的报业、出版、发行等文化企业，免征 1 至 3 年的企业所得税。（二）对试点报业、出版、发行等出版集团符合规定的，可合并缴纳企业所得税。
（三）经营性文化事业单位转制为企业后，免征企业所得税，原有的
增值税优惠政策继续执行。（四）由财政部门拨付事业经费的出版单
位转制为企业，对其自用房产、土地和车船免征房产税、城镇土地使
用税和车船使用税。（五）出版产品出口可按照税法规定享受出口退
税政策，出版劳务出口境外收入不征营业税，免征企业所得税。（六）
为生产重点出版产品而引进先进技术或进口所需要的自用设备及配套
件、备件等按税法规定，免征进口关税和进口环节增值税。（七）从
事数据库、电子出版等研发、生产、传播的出版单位，凡符合国家关
于高新技术企业税收优惠政策规定的，可享受相应税收优惠政策，等
等。这些优惠政策保障了试点单位转企工作的顺利进行。[1]2006 年财
政部、国家税务总局印发的《关于宣传文化增值税和营业税优惠政策
的通知》（财税〔2006〕153 号）和 2009 年财政部、国家税务总局下
发的《关于文化体制改革中经营性文化事业单位转为企业的若干税收
优惠政策的通知》（财税〔2009〕34 号）等又将党报党刊的印刷、发
行业务及相应的经营性资产剥离组建的文化企业纳入收入免增值税的
范围，对经营性文化事业单位转制中资产评估增值涉及的企业所得
税，以及资产划转或转让涉及的增值税、营业税、城建税等给予适当
的优惠政策等。

2. 支持公益性出版事业发展

2006 年 12 月，财政部、国家税务总局印发了《关于宣传文化增
值税和营业税优惠政策的通知》（财税〔2006〕153 号），在原国家税
务局《关于支持宣传文化事业的通知》（国税发〔1993〕059 号）的

---

[1] 范军：《我国新闻出版税收政策演化与完善》，《出版参考》2014 年第 22 期。

基础上，增加了以下几项新的税收优惠政策：一是少数民族文字出版物、盲文图书和盲文期刊，经批准在内蒙古、广西、西藏、宁夏、新疆五个自治区内注册的出版单位出版的出版物以及由国家出版管理部门指定图书、报纸和期刊在出版环节实行增值税 100% 先征后退的政策；二是对其他图书和期刊、音像制品和由国家出版管理部门指定报纸在出版环节实行增值税先征后退 50% 的政策；三是对少数民族文字出版物的印刷或制作业务和国家出版管理部门指定新疆维吾尔自治区印刷企业的印刷业务实行增值税 100% 先征后退的政策；四是对全国县及县以下新华书店和农村供销社在本地销售的出版物，新华书店组建的发行集团或原新华书店改制而成的连锁经营企业，其县及县以下网点在本地销售的出版物，免征增值税或实行先征后退政策。其后，国家又先后出台了财税〔2009〕147 号文、财税〔2011〕92 号文和财税〔2013〕87 号，将财税〔2006〕153 号文对上述税收政策的优惠时限予以延长，期限直至 2017 年 12 月 31 日，并增加了免征图书批发、零售环节增值税一款。

3. 支持出版业"走出去"

2005 年 7 月，中共中央办公厅、国务院办公厅《关于进一步加强和改进文化产品和服务出口工作的意见》（中办发〔2005〕20 号）规定，各类文化企业出口广播电视节目、电视剧、电影、动画片、音像制品、电子出版物的收入应单独核算，出口文化产品按现行有关规定享受出口退税待遇。2006 年 11 月，国务院办公厅转发财政部等部门《关于鼓励和支持文化产品和服务出口的若干政策》的通知（国办发〔2006〕88 号）。《若干政策》规定，对企业在境外提供文化劳务取得的境外收入不征营业税，对企业向境外提供翻译劳务和进行著作权转让而取得的境外收入免征营业税，对在境外已缴纳的所得税款按现行有关规定抵扣。2009 年 3 月，财政部、海关总署、国家税务总局《关于支持文化企业发展若干税收政策问题的通知》（财税〔2009〕31 号）规定，出口图书、报纸、期刊、音像制品、电子出版物、电影和电视完成片按规定享受增值税出口退税政策。2012 年 1 月，新闻出版总署将《关于支持文化企业发展若干税收政策问题的通知》和《关于鼓励和支持文化产品和服务出口的若干政策》中适用于新闻出版业走出去的相关税收优惠条款纳入《关于加快我国新闻出版业走出去若干意见》。2014 年 3 月，《国务院关于加快发展对外文化贸易的意见》（国发〔2014〕13 号）规定指出：对国家重点鼓励的文化产品出口实行增值税零税率。对国家重点鼓励的文化服务出口实行营业税免税。结合营业税改征增值税改革试点，逐步将文化服务行业纳入"营改增"试点范围，对纳入增值税征收范围的文化服务出口实行增值税零税率或免税。享受税收优惠政策的国家重点鼓励的文化产品和服务的具体范围由财政部、税务总局会同有关部门确定。

4. 支持出版企业创新和升级

根据《财政部、海关总署、国家税务总局关于文化体制改革试点中支持文化产业发展若干税收政策问题的通知》（财税〔2005〕2 号）、《财政部、国家税务总局关于宣传文化所得税优惠政策的通知》（财税〔2007〕24 号）、《财政部、海关总署、国家税务总局关于支持文化企业发展若干税收政策问题的通知》（财税〔2009〕31 号）等政策文件，国家对宣传文化企事业单位取得的增值税先征后退收入和免征增值税、营业税收入，不计入其应纳税所得额，并实行专户管理，专项用于新技术、新兴媒体和重点出版物的引进和发行以及发行网点和信息系统建设。

2008 年 9 月，科技部、财政部、国家税务总局《关于印发〈高

新技术企业认定管理办法〉的通知》(国科发〔2008〕172 号) 和
《关于印发〈高新技术企业认定管理工作指引〉的通知》(国科发
〔2008〕362 号),规定认定的高新技术企业,按 15% 的税率征收企
业所得税。对从事电子出版物等研发、生产、传播的文化企业,凡
符合国家现行高新技术企业税收优惠政策规定的,可统一享受相应
的税收优惠政策。

2014 年 4 月,国务院办公厅发布《关于印发文化体制改革中经营
性文化事业单位转制为企业和进一步支持文化企业发展两个规定的通
知》(国办发〔2014〕15 号),修订完善一系列推动文化改革发展的重
要经济政策,对 2008 年国务院办公厅印发的支持经营性文化事业单位
转制为企业和文化企业发展的政策文件进行修改调整和补充。对原文
件中给予转制企业的税收减免等多方面优惠政策,全部予以保留,只
是结合"营改增"将原有营业税优惠调整为增值税优惠,力度不减。

四、我国的出版金融政策

出版产业的发展,离不开金融或资本市场的支持。众所周知,我
国出版企业面向市场自主经营时间不长,出版企业原始积累不足、资
本实力较弱,处于转型期的我国出版业发展更需要国家提供良好的金
融政策支持。进入新世纪以来,我国出版业金融支持的理念、方式、
力度和体系有了很大的变化,本书将这一发展历程划分为"初步建
立"、"积极探索"和"全面支持"三个阶段。

1. 初步建立阶段(2002—2005)

2001 年之前,受经济发展水平和体制机制等因素的制约,出版业
更多的是在事业体制范畴内发展的。2001 年 10 月,文化部《文化产业

发展第十个五年计划纲要》（文政法〔2001〕44 号）出台，正式明确了文化产业的概念，但在此文件中并未明确提及"出版产业"。2003 年，党中央、国务院正式确立了 35 个文化体制改革试点单位，而新闻出版单位占全部试点单位的近 2/3。至此，出版的产业属性可以说是得到了官方的正式认可，终于为出版业融资扫清了观念上的障碍。

改革开放以来，我国最早的文化产业金融政策文件是 2001 年中共杭州市委、杭州市人民政府印发的《关于加快发展杭州文化产业的若干意见》。该《意见》提出要"积极探索国有文化企业投资主体多元化的发展道路，吸引外资、集体和个体私营经济参股"[1]。至于其中的文化企业是否包涵出版企业则无从查考。

2003 年和 2004 年，文化部先后发布了《关于支持和促进文化产业发展的若干意见》（文产发〔2003〕38 号）和《关于鼓励、支持和引导非公有制经济发展文化产业的意见》（文广发〔2004〕35 号），提出"逐渐降低市场准入政策的门槛，积极引导外资和民营资本进入文化产业"，"允许非公有制经济进入法律法规未禁止进入的文化产业领域"。这两个《意见》中的文化产业包括音像业、网络文化业和图书报刊业等。应该说，此时的文化产业已实质性地涵盖了出版产业。

2005 年，国务院发布《国务院关于非公有资本进入文化产业的若干决定》（国发〔2005〕10 号）。《决定》明确指出，"鼓励和支持非公有资本进入书报刊分销、音像制品分销、包装装潢印刷品印刷等领域"，"允许非公有资本进入出版物印刷、可录类光盘生产、只读类光盘复制等文化行业和领域"，"非公有资本可以投资参股出版物印刷、发行领域的国有文化企业"。至此出版产业投资主体得到进一步的厘

---

[1] 转引自修国巍：《中国文化产业发展的金融支持政策研究》，东北师范大学 2013 年博士学位论文。

清。《决定》还明确指出，"非公有制文化企业在项目审批、资质认定、融资等方面与国有文化企业享受同等待遇"。这表明，非公有资本作为出版产业投资主体的地位得到正式确定。

2005 年，文化部办公厅发布的《关于文化领域引进外资的若干意见》（文办发〔2005〕19 号）还将外资列为出版投资主体之列，但对其主体地位的范围进行了进一步的限定。如《意见》指出，"允许外资设立部分文化企业：中方占主导地位下，外资可参与印刷企业和只读类光碟复制和音像制品销售等"。

2005 年 12 月，《中共中央、国务院关于深化文化体制改革的若干意见》（中发〔2005〕14 号）颁布，这是中央首部专门针对文化领域改革制定的文件。其中关于投融资改革的部分指出，要"拓展出版、发行、影视企业改革成果，加快公司制股份制改造"，"创新投融资体制，支持国有文化企业面向资本市场融资，支持其吸引社会资本进行股份制改造"。除了首次提出支持出版、发行企业面向资本市场融资外，《意见》还明确指出将"在投资核准、信用贷款、土地使用、税收优惠、上市融资、发行债券、对外贸易和申请专项资金等方面给予支持"。至此，我国已彻底解决了出版业融资的观念障碍，并初步建立起了有利于出版业发展的投融资制度。

2. 积极探索阶段（2006—2010）

2006—2010 年是出版产业金融政策酝酿探索的重要阶段，从中央到地方政府均在出版业投融资体制创新、信贷担保体系建立、信贷产品和保险产品体系完善等方面做出重要的探索。

1）推进出版投资主体多元化

2006 年 12 月，新闻出版总署公布《新闻出版业"十一五"发展规划》。《规划》在政策措施部分明确提出，"在出版发行企业和部分非时政类报刊社实行投资主体多元化","制定完善相关产业政策和经济政策,鼓励支持非公有资本参与新华书店和国有印刷企业股份制改造、新闻出版业高新科技研发、农村出版物发行、连锁发行企业和现代物流企业建设等"。

2008 年 10 月,《国务院办公厅关于印发文化体制改革中经营性文化事业单位转制为企业和支持文化企业发展两个规定的通知》(国办发〔2008〕114 号)提出了建设文化产业投资基金、对文化产品出口贴息、完善担保体系、鼓励上市融资等一系列重大政策。2010 年,新闻出版总署发布《关于加快我国数字出版产业发展的若干意见》(新出政发〔2010〕7 号),提出要用好金融领域支持文化产业振兴和繁荣发展的优惠政策,鼓励社会各界参与数字出版产业发展,拓宽投融资渠道,引入战略投资者,实现投资主体多元化。

同时,一些地方政府制定的文化产业政策,也多有涉及地方出版产业投融资体制改革的内容。如《南京市人民政府关于加快文化产业发展若干经济政策的意见》(宁政发〔2006〕172 号)指出要实现包括出版企业在内的文化企业投资主体的多元化,允许非公有资本进入出版产业各领域,推动企业进行股份制改造。《山东省文化产业发展专项规划(2007—2015)》提出为切实解决好文化事业单位转企改制过程中的投资融资问题,各级政府可引导组建文化产业投资公司和融资担保公司,利用新型投融资工具,推进包括出版企业在内的文化企业申请上市融资。

2)建立出版企业信用担保体系

2009 年颁布的《国务院关于印发文化产业振兴规划的通知》(国发〔2009〕30 号)明确要求,积极倡导鼓励担保和再担保机构大力开发支持包括出版发行、印刷复制以及数字内容在内的文化产业发展、文化企业"走出去"的贷款担保业务品种。

　　此外，2010 年出台的《关于金融支持文化产业振兴和发展繁荣的指导意见》(银发〔2010〕94 号) 指出，要建立多层次的文化产业贷款风险分担和补偿机制。鼓励各类担保机构对文化产业提供融资担保，通过再担保、联合担保以及担保与保险相结合等方式多渠道分散风险。研究建立企业信用担保基金和区域性再担保机构，以参股、委托运作和提供风险补偿等方式支持担保机构的设立与发展，服务文化产业融资需求。

　　3) 发展出版产业保险市场

　　2010 年，银监会等九部委联合发布《关于金融支持文化产业振兴和发展繁荣的指导意见》(银发〔2010〕94 号)，要求积极培育和发展文化产业保险市场，在现有保险产品的基础上，探索开展知识产权侵权险，各类出版物的印刷、复制、发行等适合出版企业特点和需要的新型险种和各种保险业务，以及确定合理的保险费率、便捷承保和理赔途径等。

　　2010 年，保监会发布的《关于保险业支持文化产业发展有关工作的通知》(保监发〔2010〕109 号)，是我国制定的第一部关于保险业支持文化产业发展的专门政策。该《通知》细化了保险业支持文化产业的政策措施，同时附上第一批文化产业保险试点险种及公司，其中文化企业信用保证保险、文化企业知识产权侵权保险等都与出版产业联系密切。

　　4) 推进出版产业与金融机构合作

　　从 2006 年开始，一些地方政府出台的文件中有涉及包括出版产业在内的文化产业与金融机构合作的支持性金融政策。如《南京市人民政府关于加快文化产业发展若干经济政策的意见》(宁政发〔2006〕172 号)、《厦门市人民政府关于印发厦门市促进文化产业发展若干政策的通知》(厦府〔2008〕398 号)、杭州市委市政府《关于印发〈关于鼓励为文化创意企业提供融资服务的若干意见（试行）〉的通知》（市文创委〔2008〕2 号）等，都涉及鼓励银行等金融机构积极与出版业合作，创新信贷产品，探索以无形资产进行抵押和质押的组合贷款业务，并在法定范围内给予一定利率优惠等政策。

2010 年，银监会发布《关于金融支持文化产业振兴和发展繁荣的指导意见》（银发〔2010〕94 号），文件中从中央层面提出更为全面具体的文化产业金融支持政策。具体到金融机构层面包括加快推动多元化、多层次的信贷产品开发和创新，如对出版产业上下游企业的供应链融资、并购融资、应收账款质押、仓单质押贷款等；对租赁出版内容的采集、加工、制作、存储和出版物流、印刷复制等相关设备的企业发放融资租赁贷款；对具有优质著作权的出版企业可通过权利质押贷款等。此外，还首次提出鼓励商业银行以银团贷款、联保联贷等方式有针对性地提供金融支持。

2009 年，文化部与中国银行签署了《支持文化产业发展战略合作协议》。2010 年，文化部又分别与中国工商银行和中国农业银行签署了类似合作协议。这三份协议将之前各级政府部门发布的相关文件精神落到了实处。协议规定了银行业支持文化产业发展的对象和范围，其中银行业支持的对象中有大量出版类重点文化企业；明确了提供金融服务的内容，要求各地政府与银行开展全面合作，并提出了具体工作要求等 [1]。

3. 全面支持阶段（2011—　）

为将文化产业建设成为国民经济的支柱性产业，十八届三中全会

---

[1] 转引自修国巍：《中国文化产业发展的金融支持政策研究》，东北师范大学 2013 年博士学位论文。

明确提出"鼓励金融资本、社会资本、文化资源相结合"的要求。出版产业也因此而迎来金融政策全面支持的新阶段。这一时期的相关政策文件从创新金融体制机制、创新金融产品及服务、加强组织实施与配套保障等方面提出了深入推进出版金融合作的要求和举措，极大地促进了出版业与金融业的融合。

1）创新出版产业金融体制

2011 年，新闻出版总署发布《新闻出版业"十二五"时期发展规划》，文件中指出要制定和公布产业发展和投资指导目录，完善、落实投融资政策。并进一步提出要完善版权相关法律、法规和政策制度，扶持版权代理、评估、质押、投资、融资等活动，支持建设版权服务平台。2012 年，文化部在《文化部"十二五"时期文化产业倍增计划》（文产发〔2012〕7 号）中指出，我国要在"十二五"时期，推进银行业与文化产业的全面对接，并将网络文化业和数字文化服务业列为重点支持行业，提出要开发信贷产品，创新授信模式，建立多层次文化企业投融资风险分担和补偿机制等。

2014 年，国务院印发了《关于推进文化创意和设计服务与相关产业融合发展的若干意见》（国发〔2014〕10 号），提出了创新金融服务的要求和措施。同年 4 月，国务院发布《国务院办公厅关于印发文化体制改革中经营性文化事业单位转制为企业和进一步支持文化企业发展两个规定的通知》，提出要进一步促进文化与金融对接，完善健全投融资体系。

2014 年 3 月，文化部、中国人民银行、财政部联合印发的《关于深入推进文化金融合作的意见》（文产发〔2014〕14 号）则在吸纳近年来文化金融合作的经验与成果基础上提出要创新文化金融体制机制、创新文化金融产品及服务等。《意见》既提出了深化文化金融合作的制度安排，又具有较强的操作性，并对进一步拓展工作留有政策空间。

2）推进出版企业境内上市

2011 年，文化部发布《文化部关于推进文化企业境内上市有关工作的通知》（文产函〔2011〕440 号）。该《通知》指出：要提高对文化企业上市融资重要性的认识；主动开展工作，储备企业资源，强化扶持引导，实施跟踪服务，建立推荐机制，助推企业上市。2012 年，新闻出版总署发布《关于加快出版传媒集团改革发展的指导意见》（新出政发〔2012〕3 号）。《意见》指出，要推动出版传媒集团拓展融资渠道，支持出版传媒集团实现主营业务整体上市；推荐研发高新技术的出版传媒企业到创业板上市等。

2013 年，新闻出版总署《关于印发〈2013 年新闻出版改革发展工作要点〉的通知》（新出厅发〔2013〕2 号）中明确指出，继续推动中国出版传媒股份有限公司、中国教育出版传媒股份有限公司、中国科技出版传媒股份有限公司等三大中央国有大型出版传媒企业和南方出版传媒股份有限公司、湖北知音传媒股份有限公司、山东出版传媒股份有限公司、读者出版传媒股份有限公司等地方出版传媒企业上市融资工作；支持北京时代华语图书股份有限公司、北京中文在线数字出版股份有限公司、北京昆仑万维科技股份有限公司等民营文化企业上市融资；支持其他有条件的出版传媒企业上市。

4. 现行金融政策评述

自 2003 年文化部发布的《关于支持和促进文化产业发展的若干意见》（文产发〔2003〕38 号）至 2014 年 8 月发布的《关于推动特色文化产业发展的指导意见》，我国政府颁布的与出版产业相关的金融支持现行政策主要有 23 部，初步形成了我国出版产业的金融支持体系。目前我国正在走一条"政策鼓励发展，搭建平台建设，创新文化产品，扩宽融资途径"的道路，即依靠政府在文化产业的优惠和鼓励政策，扶持文化企业资金融通的安排，文化部等各部委推进文化产业投融资的服务平台或者文化交易所等平台，利用金融手段创新文化类金融产品，以便政策性银行、商业性银行积极为文化产业提供信贷支持，同时鼓励企业发掘股票、债券等直接融资渠道，扩宽文化产业的融资渠道，促进文化产业跨越式发展[1]。文化出版产业金融支持体系的建立和发展为推动我国出版与金融的对接，加快出版产业的繁荣发展起到了重要作用，具体表现在以下几个方面：

1）出版产业投资主体多元化

2000 年以前，我国出版产业投资主体单一，以国有资本和公有资本为主。出版产业投资主体的投资能力十分有限，其他主体投资意愿受到限制，这使得从根本上解决出版产业发展的金融支持不足问题困难重重。要从根本上解决金融支持不足的问题，使更多有投资能力的各类主体成为出版产业投资者，最根本的是要解决市场准入问题，同时要提高对投资者的配套服务水平。

首先，解决市场准入问题，就是要进一步消除或放宽对出版产业投资的限制，赋予原来不具备出版产业投资资格的投资主体以投资资格，为其进入文化产业领域成为出版产业投资者打开大门[2]。面对这一情况，我国政府自 2002 年开始发布一系列文件和指导意见，推动出版产业投资主体多元化发展和出版产业体制改革。2005 年国务院发布的《国务院关于非公有资本进入文化产业的若干决定》（国发〔2005〕10 号）正式确立了非公有资本作为出版产业投资主体的地位。其中明确提及"鼓励和支持非公有资本进入书报刊分销、音像制品分销、包装装潢印刷品印刷等领域"，"允许非公有资本进入出版物印刷、可

---

[1] 张青超、李学文：《支持文化产业发展的金融政策》，《地方财政研究》2012 年第 1 期。

[2] 贾旭东：《文化产业金融政策研究》，《福建论坛·人文社会科学版》2010 年第 6 期。

录类光盘生产、只读类光盘复制等文化行业和领域","非公有资本可以投资参股出版物印刷、发行领域的国有文化企业"。2005年文化部办公厅发布的《关于文化领域引进外资的若干意见》(文办发〔2005〕19号)将外资列为出版投资主体,在"中方占主导地位下,外资可参与印刷企业和只读类光碟复制和音像制品销售等"。至此非公有资本、外资等的出版产业投资主体资格得到确定,成为出版产业部分领域的投资主体。根据国家统计局的第一、二次经济普查数据(2004、2008年)中出版业实收资本数据可以整理得出,政策颁布后非公有资本(包括外资在内)占总体实收资本的比重自2004年的14.97%上升至18.4%[1]。

其次,提高对投资主体的配套服务水平。解决了市场准入问题,并不能自动保证投资主体的进入,还需要从投资者的角度出发,为投资者提供尽可能全面、周到和便利的服务,努力做到信息透明化、程序规范化、手续简便化和退出自由化[2]。这方面,从2009年9月文化产业司发布《文化产业投资指导目录》后,开始定期完善《投资指导目录》,并发布更新文化产业发展的项目信息。此外,对文化产业政策宣传以及文化产业统计工作的加强都是当前我国政府做出的相应努力。

综上,无论是投资主体准入范围扩大还是配套服务水平的提高,都为促进我国出版产业投资主体多元化建设奠定了重要基础。投资主体的多元化一方面能够解决出版产业资金缺口的问题,另一方面进一步激活了出版产业的市场活力,同时也能有效地监督国有资本和公有资本的操作和运营,从而提升资本效率。

---

[1] 数据来源:中华人民共和国国家统计局第一、二次经济普查数据,http://www.stats.gov.cn/
[2] 贾旭东:《文化产业金融政策研究》,《福建论坛·人文社会科学版》2010年第6期。

2）出版产业融资渠道多样化

投资主体多元化政策的理想效果，是为出版产业发展开发出更多的潜在投资主体，解决的是充足的资金流来源问题。但这些资金如何进入出版产业，如何引导其流向需要资金的出版企业，这就要求实现出版产业融资渠道的多样化。所谓融资渠道是指资金需求方和资金供给方进行资金交易的方式、模式或路径。从金融市场的功能来看，融资有间接融资和直接融资两种渠道。出版产业传统的融资方式中，间接融资渠道主要是银行贷款，直接融资渠道较少，主要是少量的上市融资和业内外联合投资。这一情况在 2010 年 3 月，中国人民银行、财政部、文化部等九部门印发《关于金融支持文化产业振兴和发展繁荣的指导意见》（银发〔2010〕94 号）之后，得到了较好改善。

《指导意见》中对今后包括出版业在内的文化产业金融产品创新、授信模式完善、多层次融资渠道建设、配套机制健全等都有重要指示和具体要求。其中与出版融资渠道多样化体系建设相关的内容，如下表：

表 5-2　出版产业融资渠道多样化建设体系一览表 [1]

出版融资渠道多样化建设		
融资渠道	金融部门	业务要求
间接融资渠道	银行类	开发信贷产品
		完善贷款模式
		完善授信模式

---

[1] 资料整理自《关于金融支持文化产业振兴和发展繁荣的指导意见》（银发〔2010〕94 号）。

续表

出版融资渠道多样化建设		
融资渠道	金融部门	业务要求
间接融资渠道	银行类	建立信用评级制度
		设立专门服务部门
		培养文化消费信贷
		完善外汇管理
	保险机构	完善保险服务
		创新保险产品
	担保机构	贷款风险分担
直接融资渠道	证券市场	推动上市融资
		配合债券市场融资
		引导其他融资渠道

从上表可以看出，与传统的融资渠道相比，当前从包括出版企业在内的文化企业的特点出发，对其融资渠道多样化的建设已经有了较清晰的思路和初步的探索。除了传统融资渠道中也出现的银行信贷支持和上市融资等渠道的深入创新以外，如保险险种创新保障、融资租赁和担保产品创新、出版企业发行债券直接融资等新的融资渠道也开始发挥作用。

3）金融服务平台建设初具规模

信息经济学认为，金融信息的不对称是导致"信贷配给"现象出现的主要原因[1]。信贷配给是指由于银行出于自身利益最大化的考虑对

---

[1] Joseph E. Stiglitz, Andrew Weiss: "Credit Rationing in Markets with Imperfect Information", in *The American Economic Review*,1981,71,3:393-410.

资金需求者差别对待而导致信贷市场不能出清的现象。出版产业作为文化产业，具有"强位弱势"的特点，因而更加需要政府出面扶持。而金融服务体系的建设，尤其是解决"信息成本"问题的金融服务平台的建设尤其重要。

目前，我国最典型的出版产业金融服务平台建设是投融资公共服务平台的建设。2009年，文化部启动建设"文化产业投融资公共服务平台"，旨在进一步整合资源，为包括出版企业在内的文化企业和金融机构提供多层次、多样化的文化产业投融资平台。2010年平台正式上线，首先开通的板块是"文化企业信贷申报评审系统"。贷款申请经过文化部门审核推荐，专业资产评估机构评估分析，最终由文化部将其中发展潜力良好、符合国家文化产业发展引导方向的文化产业项目推荐给银行机构。这一平台的建立，一定程度上解决了包括部分出版企业在内的文化企业和资本市场之间信息与资源的不对称问题，一定程度上减少了出版产业的"信贷配给"现象。

4）金融产品创新力度加大

自2010年九部委联合发布《关于金融支持文化产业振兴和发展繁荣的指导意见》之后，文化与金融的对接开始强化。据中国人民银行统计，截至2013年12月，文化产业中长期本外币信贷余额已达1574亿元，较年初新增419亿元，同比增长36.28%；185家文化企业注册发行的债券余额已达2878.5亿元；77家文化企业在沪深两地资本市场上市。截至2013年末，全国各类型的文化产业股权投资基金57只，募集规模超过1350亿元[1]。这些成果与针对包括出版企业在内的文化企业的金融产品创新力度加大是密不可分的。

---

[1] 曲晓燕：《"看得见的手"和"看不见的手"良性互动——文化部积极推动文化产业转型升级》，《中国文化报》2014年6月9日第1版。

　　以多元化、多层次的信贷产品开发和创新为例。针对出版产业的产业属性和特点，政府政策鼓励创新的信贷产品包括：对上下游企业的供应链融资，支持企业开展并购融资；对有稳定物流和现金流的企业，发放应收账款质押、仓单质押贷款等；对租赁出版内容的采集、加工、制作、存储和出版物物流、印刷复制等相关设备的企业，可发放融资租赁贷款；对具有优质商标权、专利权、著作权的企业，可通过权利质押贷款等方式，逐步扩大收益权质押贷款的适用范围。

　　在政府政策引导和支持下，部分银行已经积极探索开发针对出版企业特点的信贷产品。除此之外，部分保险公司也积极响应国家政策，针对出版企业的保险产品进行了一定的创新性探索。如探索开展知识产权侵权险，各类出版物的印刷、复制、发行完工险、损失险等适合文化企业特点和需要的新型险种和各种保险业务。

　　综上所述，当前金融与出版的合作已经取得了令人瞩目的成就，金融与出版对接已经成为我国出版产业发展的显著特点，也成为我国出版产业持续快速健康发展的重要动力。当前，出版产业投资主体日益多元化、出版产业融资渠道逐步多样化、出版产业金融服务平台建设初具规模、出版产业金融产品创新力度加强加大，这些都是国家金融政策倾斜和支持的显著成果。这使得流入文化企业，包括出版企业的金融资金明显增加，为出版企业的发展繁荣注入了新鲜的血液。

第二节　财税金融政策效果分析

　　改革开放以来，国家通过不断调整财税金融制度设计和政策安排，扶持和引导出版业发展。不可否认的是，国家财政投入的增长、税赋的优惠和融资便利性的提升等对促进出版业健康快速发展起到了积极的促进作用。但是，由于多方面的原因，相关财税金融政策扶持和引导出版业的目的并未完全实现，出版业在健康发展方面还存在不少问题。为提升财税金融扶持和引导出版业发展的效果，更好地促进出版业的健康发展，本部分拟对我国财税金融政策的实施效果进行客观评价。

一、财政政策效果分析

财政具有的政治属性[1]，决定了财政是为国家政治服务的。作为一项具有鲜明意识形态的事业，出版业应该成为国家财政支持的重要领域，扶持和引导出版业是财政政治属性的必然要求。出版财政投入大致有以下基本职能：一是促进出版业快速发展；二是保证出版业协调发展；三是引导出版业健康发展。因此，我们拟以这三大标准对近年来我国出版财政投入作一个简要评价。

1. 促进出版业快速发展

无论是从经济属性，还是从文化与意识形态属性视角来看，发展出版业对社会发展和进步都具有十分重要的作用和意义。从经济属性视角看，出版业是文化产业或创意产业的重要组成部分，是朝阳产业，具有很好的发展前景。在西方发达国家，包括出版业在内的文化产业在国民经济中占有很大的比重。然而，由于历史和社会等多方面的原因，我国经济发展水平较低，经济结构不够合理。包括出版业及

---

[1] 沈玉平、叶宁：《财政体制的政治属性及相关问题研究》，《政治学研究》2008 年第 2 期。

文化产业在内的第三产业在国民经济中所占比重还很小。出版业尚处于发展的幼稚期，急需政府的政策扶持。从文化与意识形态属性视角看，出版是教育科学文化事业的重要组成部分，是意识形态的重要阵地，出版业的发展对教育科学文化事业的发展、对政治与社会的稳定具有十分重要的作用。处于经济社会转型期的出版业，不能单纯依靠市场来获得发展，更需要借助政府的政策支持。因此，只有通过积极的财政政策才能促进出版业的整体发展。那么，我国的出版财政政策是否有效履行了这一方面的功能呢？

改革开放，尤其是出版体制改革以来，我国的出版财政投入明显加强，投入规模也在不断扩大。这对促进出版业的快速发展的确起到了积极的促进作用。但是，如果用更为严格、科学的标准衡量，现行财政政策在促进我国出版业快速发展方面还存在一些不足。具体表现在以下几个方面。

第一，财政投入力度不够。

表5-3的统计数据表明：2010—2013年4年间，全国新闻出版财政投入虽然年均增长了5.63%，但是，与同期全国财政支出增长率15.98%相比落差太大，新闻出版财政投入的增长率几乎只有同期全国财政支出增长率的1/3。而且在统计期间，新闻出版财政投入的增长率逐年递减，呈明显的下降态势，占全国文化体育与传媒支出的比例从2010年的6.12%下降至2013年的4.37%。不断降低财政投入比例，显然难以支撑出版业的快速发展。

财政投入不足不仅难以支撑出版业的快速发展，而且还会导致出版的科学文化功能下降。例如，对人文社科学术期刊出版投入不足，就可能导致在国际学术领域中国话语权的减弱；对科技期刊出版投入不足，就可能导致能够反映国家科技发展水平的科技论文流失，不利于我国科技地位的提升。没有国家财政投入的支持，我国期刊出版难

表 5-3　2010—2013 年全国新闻出版财政投入情况 [1]

单位：亿元，%

项目	合计	2010 年	2011 年	2012 年	2013 年	近四年 年均增幅
全国财政收入	433439.10	83101.51	103874.43	117253.52	129209.64	15.85
全国财政支出	465287.02	89874.16	109247.79	125952.97	140212.10	15.98
全国文化体育与传媒投入	8248.80	1542.70	1893.36	2268.35	2544.39	18.15
全国新闻出版投入	450.53	94.41	117.43	126.42	112.27	5.63
其中：中央财政投入	193.17	39.66	45.37	52.45	55.69	11.98
地方财政投入	257.36	54.75	72.06	73.97	56.58	1.10
全国新闻出版投入占全国财政支出 比重（%）	0.10	0.11	0.11	0.10	0.08	—
全国新闻出版投入占全国文化体育 与传媒投入比重（%）	5.46	6.12	5.89	5.57	4.37	—

[1] 数据来源：《中国财政年鉴 2011》《中国财政年鉴 2012》《中国财政年鉴 2013》《中国财政年鉴 2014》。

以有快速的发展，上述危机也就难以消除。

第二，财政投入不稳定。

从表 5-3 数据看，2010—2013 年间，我国新闻出版财政投入就表现出不明显的不稳定现象。2010—2012 年投入逐年增加，但是2013 年却突然减少，而且年度降幅达 11.19%。出版财政投入不稳定在地方财政层面更为明显。2013 年全国地方财政新闻出版投入总额为56.58 亿元，比 2012 年的 73.97 亿元大幅减少 17.39 亿元，降幅高达30.74%。由此可见，无论是中央财政，还是地方财政对出版业的投入都不稳定。

投入不稳定是我国出版财政工作中存在的一个突出问题。不稳定的财政投入对出版业的快速发展有着极大的消极影响，特别是对一些重大长期的出版工程而言，财政投入一旦不能按计划足额到位，工程就会半途而废。例如，人民出版社在《马克思恩格斯全集》的出版过程中，由于财政专项资金补贴不到位，导致资金周转困难，致使该项目自1995 年启动以来，进展缓慢，两个效益均受到不良影响[1]。再如，我国一些地区农家书屋建设中同样存在后续资金跟不上的现象。江苏省金坛市的农家书屋在 2006 年创建之初，金坛市财政每年投入资金20 万元至 30 万元，省里也拨 30 万元专款用于示范点提升，并且还有市机关、企事业单位给予的资助或图书捐赠。但近些年，却只能主要靠省里下拨的"黄茅老区"专项资金，2013 年下拨金额仅 9.8 万元，用来购书仅 3000 册左右，分到 101 个农家书屋就很少了[2]，这无疑对农家书屋的图书更新造成困难。

第三，出版财政经费监管不到位，资金的使用效率难以衡量。

---

[1] 秦鹏鹏：《国内公益性出版发展现状探究》，重庆大学 2013 年博士学位论文。

[2]《部分农家书屋后续资金不足》，http://www.booknn.com/news/201409/02/zx_in_431.
html

近些年来，随着财政投入的增加，出版单位争取财政经费的积极性有了显著提升。无论是每年度的文化产业发展专项资金，还是国家出版基金的申报，各出版单位都积极响应。然而，在申请到经费后，一些出版单位却未必能够按照申报要求严格履行出版计划，科学使用财政经费。调查发现，出版单位普遍存在重项目申报、轻结项验收的现象。遗憾的是，国家对于财政投入也还没有建立起严格的绩效评价机制。例如，2014 年 2 月，受全国古籍整理出版规划领导小组办公室委托，上海市新闻出版局组织检查组对上海在 2010 —2012 年间获得国家古籍整理出版资助的项目实施情况进行了一次专项检查，而这是1983 年"古籍整理出版专项经费"建立以来的首次检查[1]。事实上，我国各类出版财政支持项目几乎都没有经过严格的检查评估程序，相关经费的使用效率未能得到准确衡量。

2. 保证出版业协调发展

出版业的协调发展，主要是指出版结构的合理发展，例如出版产品结构、出版市场结构等。由于不同出版产品或市场的盈利性不尽相同，难以单纯依靠市场手段来维系出版市场结构的合理性。通过财政手段调节出版业结构是确保出版业协调发展的重要举措，对于社会效益明显但经济效益不好的出版门类、出版市场，往往需要借助财政支持来保证其健康发展。然而，从近些年来我国出版财政投入实践看，出版财政投入的这一功能并未得到有效开发。

以地域结构为例。我国东部地区经济文化相对发达，出版业发展水平明显高于中西部地区。从财政协调区域市场功能角度看，支持中

---

[1]《上海承担国家古籍整理出版资助项目接受首次检查》，http://www.shanghai.gov.cn/
shanghai/node2314/node2315/node18454/u21ai846561.html

西部出版业发展应该成为出版财政投入的重点。但是实际情况并非如此，从文化产业发展专项资金、国家出版基金等大规模出版财政支持项目看，中西部地区出版单位获得的项目和经费十分有限。例如，国家出版基金实施五年以来，2013 年青海省仅有一个项目获得资助，宁夏也只有三个项目获得资助[1]。另有研究结果显示，我国中央财政的文化建设资金主要投入到只占全国总人口 1/3 的城镇，对农村文化事业财政投入不足总量的 1/3[2]。

出版财政支持项目的业务结构也存在不合理现象。财政部将新闻出版财政支持项目划分为"行政运行、一般行政管理、机关服务、新闻通讯、出版发行、版权管理、出版市场管理、其他新闻出版支出"8 大类。表 5-4 是 2010—2013 年中央和地方新闻出版事业投入结构的基本数据。版权是出版业的核心资产，是出版业竞争力的重要体现。然而，国家财政在新闻出版"版权管理"方面的投入明显不足。2010 年为 0.51 亿元，占新闻出版财政总支出的 0.54%。投入数量最高的年份是 2012 年，也只有 1.10 亿元，占新闻出版财政总支出的 0.87%。对版权管理投入不足，直接导致版权产业发展乏力，著作权人的权利得不到保护，原创出版物和精品出版物创作生产积极性也会受到消极影响。

3. 引导出版业健康发展

所谓引导出版业健康发展，是针对出版业的价值导向而言的，主要是指出版财政投入在引导出版业坚持"为人民服务，为社会主义服务"方针，坚持"始终把社会效益放在首位，做到经济效益与社会

---

[1] 秦鹏鹏：《国内公益性出版发展现状探究》，重庆大学 2013 年博士学位论文。

[2] 巩村磊：《农村公共文化服务缺失的社会影响与改进对策》，《理论导刊》2010 年第 7 期。

表 5-4　2010—2013 年中央和地方新闻出版事业投入的结构情况[1]

单位：亿元

项目	2010 年			2011 年			2012 年			2013 年		
	总体	中央	地方	总体	中央	地方	总体	中央	地方	总体	中央	地方
行政运行	5.77	0.43	5.34	5.82	0.51	5.31	6.50	0.49	6.01	7.12	0.52	6.60
一般行政管理事物	2.55	1.54	5.34	2.50	1.28	1.22	4.55	3.25	1.30	7.43	6.02	1.41
机关服务	0.32	0.09	0.23	0.37	0.12	0.25	0.34	0.11	0.23	0.43	0.10	0.33
新闻通讯	20.53	18.47	2.06	20.71	17.92	2.79	23.65	19.66	3.99	23.80	19.69	4.11
出版发行	28.86	18.05	10.81	42.08	23.88	18.20	48.71	26.39	22.32	49.17	27.82	21.35
版权管理	0.51	0.30	0.21	0.75	0.22	0.45	1.10	0.35	0.75	0.86	0.38	0.48
出版市场管理	1.19	0.17	1.02	1.22	0.22	1.00	1.89	0.21	1.68	1.49	0.24	1.25
其他新闻出版支出	34.68	0.61	34.07	43.97	1.14	42.83	39.67	1.98	37.69	21.97	0.92	21.05
总计	94.41	39.66	54.75	117.43	45.37	72.06	126.42	52.45	73.97	112.27	55.69	56.58

[1] 数据来源：2010—2013 年全国财政决算，http://www.mof.gov.cn/zhengwuxinxi/caizhengshuju/index_7.htm

效益相统一"原则方面所发挥的引导作用。总体上讲，国家出版财政投入始终能将引导出版业健康发展作为其主要宗旨。例如，《国家出版基金资助项目管理办法》第四条就明确规定，"国家出版基金资助对象是坚持党的出版方针、政策，对推动社会主义先进文化建设，促进经济、社会和谐发展和文明进步产生重要作用的涉及古今中外社会科学、自然科学等学科门类和多种媒体形态的优秀公益性出版项目"。但是在实践中，我国出版财政投入在引导出版业健康发展方面仍然存在问题。

一些地方和单位，在文化产业发展中，一味追求经济效益，忽视社会效益，使得庸俗、低俗、媚俗的"三俗"文化现象屡禁不止，平庸、低劣、粗糙的文化产品充斥市场，制造了大量的文化废品和精神垃圾。2010年8月，中共中央政治局第二十二次集体学习时就曾强调"坚决抵制庸俗、低俗、媚俗之风"。然而时至今日，文化低俗现象依然严重。文化低俗现象虽然是社会转型期各种错误思想和腐朽思想在文化上的反映，但是更是一些文化单位一味地迎合市场低俗需求的结果。这既是文化单位的经营理念、价值导向出了偏差所致，也是政府的文化管理引导不力所致，包括文化财政投入引导功能发挥不足。包括出版业在内的文化财政投入，不仅要促进文化产业快速发展、协调发展，更要引导文化产业健康发展。研究发现，近些年来的出版财政投入过多地关注于出版业市场主体建设、出版业的转型升级、出版技术等，忽视了出版导向和出版价值观建设。在引导作者和出版者树立正确的出版导向上重视不够、投入不足，在培养健康文化消费市场、引导公众树立正确文化消费观念方面投入更为不足。出版财政投入存在的这种导向偏差助长了近年来我国出版市场的低俗之风，影响了出版业的健康发展。

二、税收政策效果分析

税收政策是调节和引导产业发展的重要经济政策。在我国出版业发展过程中，国家出台一系列减税、免税政策的确为出版业发展提供了较好的支持。但是，由于多方面的原因，我国出版税收优惠政策仍然存在一些问题，诸如优惠政策出台具有一定的随意性、短期性以及优惠幅度不够等。下面拟对这些问题作一个简要分析。

1. 出版税收优惠政策具有随意性，缺乏法制保障

《中华人民共和国税收征收管理法》明文规定"税收的开征、停征以及减税、免税、退税、补税，依照法律的规定执行"。然而，对包括出版业在内的文化产业的相关减税、免税或退税等政策的出台，基本是根据形势发展的需要临时决定的。例如，国家鼓励文化"走出去"政策出台后，财政部等部门便出台《关于鼓励和支持文化产品和服务出口的若干政策》；当国家推行文化产业转型升级时，财政部、海关总署、国家税务总局就出台《关于支持文化企业发展若干税收政策问题的通知》(财税〔2009〕31号)。虽然上述税收政策的出台很及时，很好地配合了国家相关产业政策的推行；但是，随意性太强，缺乏有效的法制保障。因此，我国应该尽快制定专门的文化产业发展促进法案，将包括出版业在内的文化产业发展税收优惠政策以法律的形式予以规范、固定下来。近些年来，一些人大代表、政协委员也纷纷就制定《文化产业促进法》进行提案，这表明以法律形式规范文化产业税收优惠政策已有广泛共识。

2. 出版税收优惠政策具有短期性

2005 年，财政部、海关总署、国家税务总局联合发布《关于文化体制改革中经营性文化事业单位转制为企业的若干税收政策问题的通知》（财税〔2005〕1 号）和《关于文化体制改革试点中支持文化产业发展若干税收政策问题的通知》（财税〔2005〕2 号）。这两份《通知》规定了对新办文化企业免征企业所得税等 7 项税收优惠政策[1]。然而，根据这些文件精神，相关优惠政策截止时间为：2008 年 12 月 31 日。再如，2006 年 12 月，财政部、国家税务总局印发了《关于宣传文化增值税和营业税优惠政策的通知》（财税〔2006〕153 号），规定了对少数民族文字出版物、盲文图书和盲文期刊等在内的多项出版活动实行增值税 100% 先征后退的优惠政策，但优惠期限为：2006 年 1 月 1日至 2008 年 12 月 31 日。其后，国家又先后出台了财税〔2009〕147号文、财税〔2011〕92 号文和财税〔2013〕87 号文，将财税〔2006〕153 号文对上述税收政策的优惠时限予以延长，期限直至 2017 年 12月 31 日。由此可见，我国出版税收优惠政策的短期性是较为普遍的，对处于转型期的我国出版及文化产业而言，这些临时性的政策、短期性的税收优惠往往难以起到很好的效果。

3. 税收优惠幅度有限，税率仍然偏高

税收优惠幅度的高低对于产业的发展意义重大。我国出版业虽然也能享受一定税收优惠政策，但总体讲税负较重。我国图书、报纸、杂志、音像制品和电子出版物普遍适用 13% 的增值税税率，只是在特定的时期、针对特定的出版企业或出版物，国家才会出台一

---

[1] 范军：《我国新闻出版税收政策演化与完善》，《出版参考》2014 年第 22 期。

些税收减免政策，减免的幅度也相对有限。例如，2006 年 12 月，财政部、国家税务总局印发了《关于宣传文化增值税和营业税优惠政策的通知》（财税〔2006〕153 号），在原国家税务局《关于支持宣传文化事业的通知》（国税发〔1993〕059 号）的基础上，增加了几项新的税收优惠政策，其中规定"对其他图书和期刊、音像制品和由国家出版管理部门指定报纸在出版环节实行增值税先征后退 50% 的政策"。事实上，这类出版活动仍然需要征收 6.5% 的增值税，税收优惠幅度十分有限。

英国、爱尔兰等西方发达国家为鼓励出版业的发展，对出版业实行零税政策或绝对的低税率政策。以对出版物征收的增值税为例，英国的增值税基本税率为 17.5%，而图书、期刊、报纸类文化产品是零税率；法国的增值税基本税率为 19.6%，而图书适用 5.5% 的优惠税率，报纸和期刊适用 2.1% 的特别优惠税率[1]。与这些发达国家相比，我国 13% 的出版增值税税率明显过高，出版企业税负重。再如，作者是出版活动的重要参与方，但我国对作者的稿酬所得却征收 20% 的个人所得税。较高的税率明显会影响作者创作的积极性，不利于出版物的创作生产。

三、金融政策效果分析

我国现行金融政策对出版领域的支持在经历初步建立阶段、积极探索阶段和全面支持阶段后，出版金融引导机制体系已经初具规模。当前我国现行的出版金融引导机制主要有两个引导主体。其中，政府

---

[1] 王楠：《欧盟国家图书、报纸、期刊增值税税率情况与我国之比较》，《中国出版》2009 年第 4 期。

主要从宏观政策层面为金融部门支持文化产业提供相关指引，为金融和出版的结合营造了良好的外部环境；各金融部门则作为执行部门从微观业务层面进行了不少有益的尝试和创新。金融支持为我国出版业的发展和繁荣做出了一定贡献。当然，我国现行金融政策对出版领域的支持和引导也还存在一些不合理或不全面之处。本小节拟从金融政策是否有效解决金融资本流入出版产业的问题、是否有效引导金融资本流入存在需求缺口的出版企业、是否有效引导资本流入符合社会主义核心价值体系和人民群众根本利益的出版项目等三个方面作一个简要分析。

1. 金融资金流入出版行业相对不足

从金融市场的功能来看，金融融资有间接融资和直接融资两种渠道。出版产业传统的融资方式，在间接融资方面的主渠道是银行信贷，直接融资渠道较少，主要是部分大型出版集团的上市融资和少部分业内外联合投资。尽管政府针对出版金融引导颁布了不少政策条例，但就引导效果而言，金融资金流入出版行业仍旧不足，存在不小的资金缺口。间接融资渠道是在绝大多数出版企业面对直接融资渠道不发达的情况下，主要的金融资金来源渠道。当前，我国的出版企业间接融资渠道主要指通过银行机构的信贷产品融资和保险机构的保险产品风险补偿融资。从现行状况来看，这两个间接融资渠道都有所缺失，直接导致对出版企业的金融引导效果不足，使得出版企业融资整体较难。

从间接融资渠道看：对占出版产业绝大多数的中小出版企业而言，在直接融资渠道尚不发达的情况下，银行信贷仍然是出版企业融资的最主要通道。但是，由于出版企业本身的特性，即其资产不易评估、产品创意的保密性要求、产品盈利风险评估难等，加之商业银行与出版企业在过去很长一段时间里业务往来很少，合作经验不足，对出版企业经营情况了解不多，缺乏可依据的经验和信息，不足以形成针对出版企业的信用评级体系。而国家和政府层面虽然强调鼓励中小出版企业金融融资；但缺乏业务层面实质性的执行对策和公信力强的参考指标体系，商业银行在对待包括出版企业在内的文化企业贷款等资金需求时会更加谨慎，最终导致支持总额偏小。

以国家开发银行 2009—2013 年对文化产业的贷款情况为例。国家开发银行是我国国有股份制政策性银行，其通过开展中长期信贷与投资等金融业务为国民经济重大发展战略服务。因此，国家开发银行对包括出版企业在内的文化产业放贷情况能够比较好地反映当前我国文化产业的信贷资金流入现状和问题。具体数据见图 5-1。

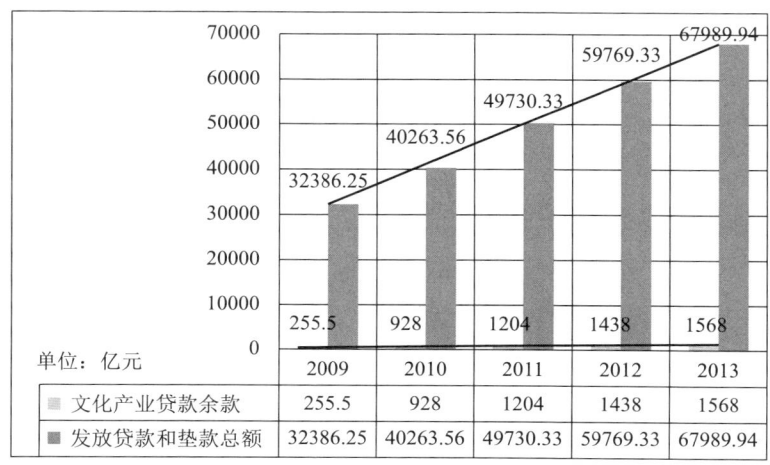

单位：亿元	2009	2010	2011	2012	2013
文化产业贷款余款	255.5	928	1204	1438	1568
发放贷款和垫款总额	32386.25	40263.56	49730.33	59769.33	67989.94

图 5-1　国家开发银行 2009—2013 年对文化产业贷款发放情况 [1]

从图 5-1 可以看出，自 2009 年《国务院关于印发文化产业振兴

---

[1] 数据来源：《国家开发银行 2009—2013 年年度报告》，http://www.cdb.com.cn/web/Column.asp?ColumnId=5

规划的通知》中提出要"鼓励银行业金融机构加大对文化企业的金融支持力度"后，国家开发银行积极响应政府政策。5 年来对文化产业的贷款发放稳步上升，2013 年达到 1568 亿元。但同时也应看到，国家开发银行对文化产业的贷款支持占发放贷款总额的比例仍然很小，且增长幅度远小于贷款总额的增长。而隶属于文化产业的出版产业所获得的信贷支持情况就更不如人意了。这从一定程度上证明了当前我国文化产业的信贷支持总额仍然较少，且增势并不如预期的状况。

从直接融资渠道看：我国出版企业资本市场的直接融资利用率较低，全国 600 余家图书出版企业，参与股票和债券市场融资的出版企业数量均不足 2%。第一，出版企业上市难。目前，我国证券市场有主板、中小板、创业板能够为出版企业提供股权融资；但是三大板市场的融资门槛相对于出版产业的广大中小型企业都是比较高的，难以解决中小出版企业的直接融资需求，具体表现在行政审批程序复杂、上市条件严格、上市发行费用高等。第二，出版企业债券融资数量少、规模小。截至 2013 年底，仅有 6 家出版企业积极探索债券融资；但无论是总发行金额还是余额，规模都很小。据统计，出版企业的债券余额普遍未达到净资产 40% 的额度限制。

2. 金融资金流入中小出版企业不足

对刚刚完成转企改制的出版企业而言，仅仅依靠市场机制配置金融资源效率低下，金融资金难以流入资金缺口较大的中小出版企业，市场失灵现象仍旧严重。

当前，我国中小型出版企业多集中在出版产业链的前端和后端，即内容原创环节的出版企业和发行分销环节的发行公司。这两类企业的产品和服务的生命周期都有其特殊性，体现在前期投入大、投资周期长，资金回笼慢。因此，这两类出版企业的资金缺口和需求普遍较大，亟须金融资本的流入来发展公司业务。一般来说，内容产品的创意附加值较高。即使一个微型出版企业，甚至是以个人工作室冠名的出版工作室，如果内容新颖、产品或服务具有独创性也可能有很大的发展潜力。因此，出版与金融的对接可以形成双赢局面。但金融资本具有逐利性，银行等金融机构也有其盈利需求。就银行信贷说，一是要确保本金能够按时回笼，二是要保证利息收入。因此，银行出于风险控制要求，一方面倾向支持大企业、大项目，资金大多流向大型国有企业，而资金需求更为迫切的中小企业、项目资金需求难满足；另一方面，金融机构更倾向支持广播、电视、电影行业和文化艺术服务行业，如影视制作、文艺演出、旅游文化服务等，而对出版行业，尤其是数字出版、手机出版等文化产业新兴业态支持不足。

此外，包括银行在内的金融机构所提供的融资工具创新性不足，缺乏包括出版企业在内的文化企业专属的融资工具和渠道，而这一点对于中小出版企业而言尤为重要。中小出版企业是我国出版企业的主体，但因其企业规模小、资产少且主要为无形资产，导致其在抵押贷款、上市融资和发债融资时都因市场准入限制而受阻。即便符合要求，银行等部门也会由于监督成本和潜在收益的不对称而"惜贷""惧贷"。因而，创新符合中小出版企业特色和需求的银行信贷产品成为满足中小出版企业贷款需求的重要措施之一。

3. 资金难以流入社会效益强的出版企业和项目

从上市企业资金流向来看，通过对已上市的 13 家出版企业（出于样本有效性考量，排除创业板上市的天舟文化股份有限公司以及 ST★ 传媒）2013 年度财务报告的初步分析，可以看出已上市的出版企业融资获得的资金较少流入传统认为社会效益较大的出版门类（内容产业）中，大部分流入了发行、印刷、物流等门类，具体用途多为固定资产投资和厂房建设等，还有不少出版企业的融资资金流入了和出版主营业务无关的其他行业，如地产投资、贸易投资、管道燃气工程、高速公路建设等门类。这都体现了出版企业运用资本平台提升主营业务、打造核心竞争力的能力较弱的现状。详见图 5-2。

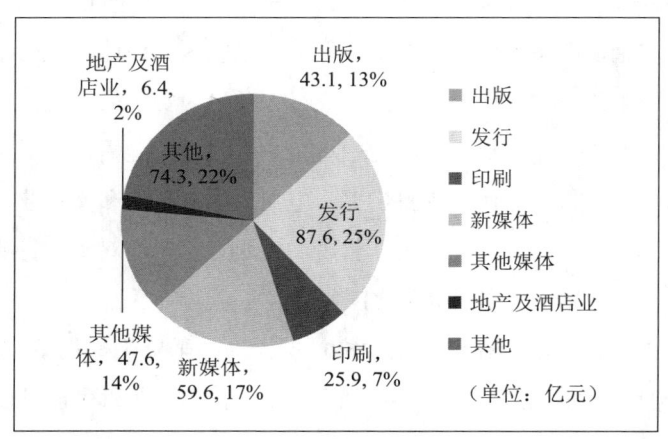

图 5-2   2013 年 13 家出版上市企业资金投向分布图 [1]

从资本市场的客观规律来看，上市获得的资本并非没有成本和代价。以上海新华传媒为例，由于其在转制时引入社会资本，其中最大的股东是地产商背景，因此大股东以地产的资本运作方式、资产回报考核办法来管理新华传媒的所有项目，就很少有项目特别是和出版、发行相关的项目能够得到认可。这样的情况就导致了出版上市企业公

[1] 数据来源：13 家出版上市企业 2013 年度财务报告整理分析而成。其中，资金投资领域数据来自对各上市企业公司 2013 年对其参股或控股公司的投资额分类统计而得，为便于统一比较，仅将各出版上市企业投资数额排名前 10 的公司计入在内。新媒体领域主要指互联网信息服务和网络游戏开发运营，传统媒体的新媒体转型不包括在内。

司的融资资金流入社会效益高的出版主营业务较少的现状。

从"文化金融合作项目库"来看，2014 年 4 月财政部与文化部已经完成了 2014 年度文化金融合作项目库的建设工作。然而，在"2014 年度文化金融合作项目库"信贷融资部分的 98 个项目中，与出版产业相关的信贷项目只有 1 个，即浙报传媒集团股份有限公司并购上海浩方和杭州边锋网游公司的项目，贷款方为中国银行。项目库中的信贷支持项目中约有 76 个项目是隶属于文化产业中的文化艺术服务类和休闲娱乐服务类项目，大部分集中在文艺演出场所建设、文化遗产保护以及文化旅游开发等项目上。其余的 21 个项目则多集中在文化产业园区建设上。从信贷融资部分的《2014 年度文化金融合作项目库》中可以看出，我国政府对文化产业中的出版发行和版权服务支持力度十分有限。根据《2014 年度文化金融合作项目库》的债券融资部分，进入项目的 19 家债券融资文化企业仅有两家与出版产业有关联，包括拥有《熊出没》《嘟噜嘟比》品牌形象的深圳华强集团有限公司发行的短期融资券以及重庆市国有文化资产经营管理有限责任公司发行的中期票据。其余项目库中的项目都集中在文化旅游、文化产业园区建设、影视项目投资等领域。出版产业项目入库的数量缺失可能会向众多出版企业以及投资商传递出出版产业政府支持相对弱化的信号。

在当前这种粗放型的政策引导下，"文化浪费"现象比较严重。由于文化重点支持项目的筛选和决策方面所做的工作不足，一些热点项目扎堆；但是质量参差不齐，重复建设严重。虽然资金到位但项目缺乏明晰目的性，文化项目投资往往容易沦为效率低下的"烂尾项目"，从而造成资源浪费。除此之外，在政绩导向下，当前地方发展文化产业只能借用地产和旅游这类成熟的商业模式来发展。因而有学者提出"中国文化产业发展是粗放式的，利用传统资源，依赖土地和资本"[1]。这也解释了为何文化产业中真正的核心环节——内容原创部分获得的融资支持比起旅游这类部门要少得多的原因。

第三节　发达国家出版财税金融政策借鉴

英国、日本、法国等发达国家利用财税金融手段对包括出版业在内的文化产业进行引导、扶持，创造出彩票基金、知识产权担保融资、图书文化基金等多种补贴、资助、扶持方式，极大地促进了本国文化产业的发展，宣传了本民族优秀文化。

一、英国文化彩票基金加税收优惠政策

英国是现代出版业的发源地，其印刷出版的历史可以追溯到 15世纪，出版业对英国文化的发展起到重要的推动作用。从全球范围来看，英国和美国、德国、日本虽然都是出版强国，但在国际市场开拓方面英国最为领先。英国是世界上最早开展图书版权贸易的国家，版权贸易长期保持顺差，其图书出口量居全球第一，版权输出居全球第二。[2] 英国出版商协会公布的《2013 年出版商协会年度数据》显示，2013 年英国图书和学术期刊总收入为 47 亿英镑，出版商出口收入占比 43%。英国出版业及出口贸易的发展繁荣离不开政府财税金融政策的引导与支持。英国对出版业实施普惠的财税和金融政策，其文

[1] 王雨琦、马龙:《勿借文化建设之名助长浪费（解码·文化浪费）》,《人民日报》2013 年 3 月 22 日第 12 版。

[2] 胡昌支:《发达国家出版业的政府角色定位》,《科技与出版》2014 年第 1 期。

化彩票基金模式、纸质出版物减免增值税、协会出口补贴等措施针对性强，效果显著。

1. 文化彩票基金模式

英国政府尽管没有对英国新闻出版业提供直接的财政资金援助，但每年都将国家彩票收入中的一部分拨付给苏格兰艺术委员会等相关机构对本国文化艺术包括新闻出版业进行资助，其采取的国家文化彩票基金是对文化产业支持、引导的创新模式。英国每年的彩票基金收入可以为文化艺术事业筹集到赞助费 6 亿多英镑，用于对文化事业组织和个人进行资助，并兴建文化设施，支持优秀文化人才的培养，极大地弥补了政府资金投入的不足。[1] 在国家发行彩票支持出版业的同时，出版商业也积极参与到彩票基金模式中。2011 年，英国出版业巨头理查德·德斯蒙德（Richard Desmond）投资 2000 万，发行了一种新的彩票——"健康彩票"。"健康彩票"赢得大批彩民的认可和热捧，既为英国民众募集健康慈善公益金，又扩大企业影响力，促进企业自身的发展。

此外，英国还积极探索公私合作关系，通过极少的政府资金，调动社会资金，建立各类基金，以便促进英国阅读的普及。如英国图书信托基金会，其前身是全英图书委员会，致力于帮助人们从小和图书建立联系，培养不同文化背景、年龄段的公众对阅读的兴趣，并负责管理众多文学奖项，包括图书基金会幼儿读物奖、图书基金会青少年作品奖、柑橘文学奖、约翰·卢埃林·里斯奖、蓝彼得图书奖等。同时，基金会不遗余力地为学校、图书馆和家长提供各种信息资源，积极开展各种文化活动，如"阅读起跑线"计划、"阅读时间"计划、

---

[1] 张瑾:《国外发展文化创意产业的融资经验借鉴》,《现代经济信息》2015 年第 1 期。

国际儿童图书周等。

在资金来源方面，我国政府也可考虑借鉴英国经验，通过发行文化彩票，为新闻出版业发展提供资金支持。这样，一方面无须占用财政预算内资金；另一方面彩票收入通过彩民自愿购买，收入来源广泛，资金规模大，且专款专用，用途有保证。

2. 零税政策

各国对出版业征收的税种不尽相同，总体来看可分为两类：一是对出版企业征收的税，主要是法人税；二是对出版物征收的税，如增值税、营业税、进出口关税以及各种名目的附加税等。考虑到出版业的文化属性，许多国家都对本国的出版业实行了优惠的税收政策[1]，但英国对出版物的税收优惠政策实施得最彻底。英国历届政府从未对图书、期刊、报纸征收过任何增值税，从而使图书与其他出版物始终处于零税状态，这对出版业的发展给予了很大支持。

目前，英国政府对一般商品征收近 20% 的增值税，对图书、期刊、报纸均免征增值税和进口税，英国主要向美国、澳大利亚、加拿大、新西兰、印度等国出口图书，主要从美国、荷兰、意大利、法国进口图书。[2] 在欧洲，新闻出版业增值税适用超低或者零税率并不是英国独有的现象。在欧盟 27 个成员国中，只有保加利亚的新闻出版业适用 20% 的标准税率，其余各国均为适用低税率，且远远低于标准税率。[3] 对图书、期刊、报纸均免征增值税的国家还有葡萄牙、波兰、

[1] 周芷旭：《国外出版业经济政策初探》，《江苏商论》2011 年第 6 期。

[2]《英国出版业调研》，http://www.mofcom.gov.cn/aarticle/i/ck/201202/20120207965543.html

[3] 财政部财政科学研究所、新闻出版总署财务司联合课题组：《国外新闻出版业发展模式及其财税政策经验借鉴》，《经济研究参考》2013 年第 26 期。

加拿大等，对部分出版物免征增值税的国家有比利时、丹麦、爱尔兰、意大利等。对进口图书免征进口税的国家有爱尔兰、挪威、西班牙、葡萄牙、意大利、瑞士等，对进口图书征税的国家有荷兰（5%）、比利时（6%）、奥地利（10%）、丹麦（22%）、瑞典（23.46%）。[1]

在电子书增值税方面，过去对电子书征收 20% 的增值税，电子书即使附带纸质书籍，也要包含以增值税形式增收的 20% 的附加费。正如其他欧洲国家一样，纸质书籍被定义为一种产品，而电子书被认为是一种服务，因此消费者需获得服务的许可证，而不仅仅是购买了所有权。但从 2015 年 1 月起，欧盟的增值税相关法律将会对广播、电信以及电子服务收税。现今，由于亚马逊、巴诺等零售商的欧洲总部设在卢森堡，其收取的增值税仅为 3%，因此英国在卢森堡从这些零售商中购得电子书。[2] 英国对纸质出版物的"零税"政策及电子书低税购买使英国出版业得到了长期的、稳定的发展，跻身于世界出版大国之列。

3. 政府及协会出口补贴

英国政府十分重视出版物对外贸易，为鼓励出版物走出国门、向世界推广英国文化，政府大力支持出版业占领世界图书市场，并专门制定了一系列资助政策。这些政策主要针对英国出版商参加海外书展以及出口市场研究等工作，提供资助的部门包括英国文化委员会、海外贸易局、英国出版商协会、外交部、艺术委员会等。

作为政府机构的海外贸易局和半官方机构，英国文化委员会为促进英国图书出口，每年都会提供大量资金用于补贴图书出口并进行

---

[1] 周芷旭：《国外出版业经济政策初探》，《江苏商论》2011 年第 6 期。

[2]《英国政府："电子书 20% 增值税率没有更改的余地"》，http://www.bkpcn.com/Web/ArticleShow.aspx?artid=119979&cateid=A1804

海外推广。英国文化委员会是专门支持英国图书出口和版权输出的机构，每年都有一笔上百万英镑的图书推广资金，鼓励与资助英国出版公司在海外举办和参加各种图书展览会，同时免费向海外图书进口公司和图书馆寄发报道英国最新出版情况的《英国图书新闻》月刊。英国海外贸易局每年也向一些英国出版公司提供几十万英镑的图书出口补贴。[1]

成立于 1896 年的英国出版商协会以优化英国出版商的贸易环境为使命，除了为出版业界提供信息服务外，还对图书出口贸易进行补贴和资助。其下设的图书发展委员会作为出版商协会的国际部，负责组织海外贸易代表团和研讨会、组织国际贸易博览会、提供国际市场情报等工作，对推广图书海外贸易做出了很大贡献。

除了对出版业的经济援助措施外，英国政府还特别注重对其他文化产业的扶持，对其提供各种各样的融资渠道，有政府拨款、准政府组织资助、基金会资助等。如英国政府对文化产业特有的"政府陪同资助"融资模式，即如果企业决定投资某一文化创意产业，政府将陪同企业一起资助该项活动，为其质量保证和项目顺利进行打上"双保险"。此外，在公共图书馆的扶持方面，英国政府向公共图书馆每年支付购书费 6100 万英镑，相当于国内图书销售额的 1/6。英国文化院每年支出购书费 300 万英镑，向海外 130 个图书馆赠送报纸的费用就达 100 万英镑。[2]

特别值得一提的是，英国政府部门在其与接受拨款的文化团体和机构之间，设置了一级作为中介的非政府公共机构，保持"一臂之距"原则。非政府中介机构负责向政府提供政策咨询，负责文化拨款

---

[1] 黄永华：《立足全球经营的英国出版业》，《出版参考》2005 年第 4 期。

[2] 张瑾：《国外发展文化创意产业的融资经验借鉴》，《现代经济信息》2015 年第 1 期。

的具体分配、评估，协助政府制定并具体实施政策等。这类组织往往由艺术方面和文化事业方面的中立专家组成，它虽然接受政府委托，但却独立履行其职能，从而尽可能使文化发展保持自身独立性，避免过多的政府干预，保证文化经费由那些最有资格的人进行客观公正的分配。[1]

二、日本知识产权担保融资制度

日本经济是典型的政府主导的市场经济模式，政府通过产业规划、制定财税政策等支持和鼓励新闻出版业发展，并积极引导新闻出版产业升级。针对新闻出版行业融资难的问题，日本政府通过政府担保、政府基金等方式引导金融部门向出版业融资。相关政策和手段中，以知识产权为担保进行融资可算是日本支持文化产业发展的一个特色。

文化产业属于资金、技术、知识和劳动密集型产业，所具有的无形资产难以得到评估。与其他国家一样，日本的文化企业大多为中小企业，因此也面临着难以获得银行信贷、上市融资等资金支持的困境。为解决这一问题，日本修改了法律，扩大了信托对象范围，在信托对象中增加了文化产业的核心资产——著作权。2000 年 11 月，日本将《特殊目的公司法》变更为《流动化资产法》。根据新修改的《流动化资产法》，企业资产除了包括原有的不动产、先进债券和信托受益权利，还增加了文化产业著作权等特定资产。同时规定文化企业向银行申请贷款时，只要最低资本金达到 10 万日元，就可以向金融再生委员会提出申请，获批后即可获得信用贷款。根据该法律，没有

---

[1] 财政部财政科学研究所、新闻出版总署财务司联合课题组：《国外新闻出版业发展模式及其财税政策经验借鉴》，《经济研究参考》2013 年第 26 期。

固定员工或者办公场所；但持有知识产权权益的法人或实体，也可以是信托主体。这就为中小文化企业融资打开了方便之门。

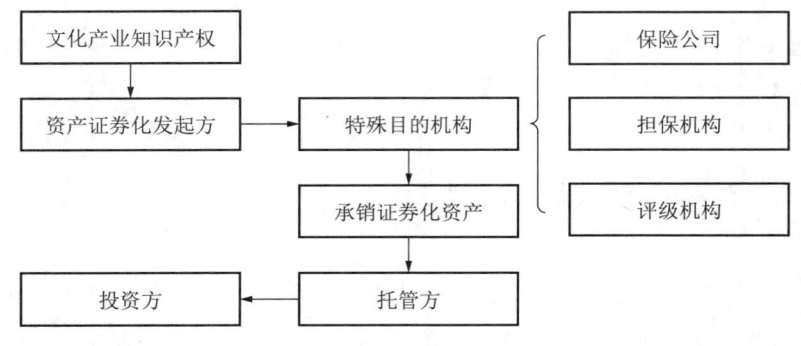

图 5-3   知识产权证券化示意图 [1]

统计显示，日本的知识产权担保融资模式已初见成效。截至 2007年 7 月，日本政策投资银行受理和实施的知识产权担保融资达到 300件，累计融资金额约为 180 亿日元。日本城市银行、信托银行、地方银行和第二地方银行等民间金融机构，知识产权担保融资为 26 件，融资金额为 21.6 亿日元 [2]。由此可见，知识产权担保融资模式是颇受文化产业欢迎的一种模式，它解决了文化企业融资因缺少实物性担保而难以得到贷款的难题。

配合知识产权担保融资，日本还出台了一些金融政策，引导金融机构对文化企业投资放款。2004 年，日本政府下属的地区创新部联合一些大财团投资 5 亿日元为出版业的内容产品建立了一个投资基金。政府还为动漫产品的出口提供商业保险，设立 460 万美元的小型基金

---

[1] 王宁：《国内外金融支持文化产业发展的比较研究》，贵州财经大学 2013 年硕士学位论文。

[2] 李彬、于振冲：《日本文化产业投融资模式与市场战略分析》，《现代日本经济》2013年第 4 期。

来支持小型动漫工作室的发展。另外，日本政府除了掌握一般预算外，还掌握着一种特别预算——财政投资融资预算。在日本，存在众多政府金融机构，中小企业金融公库、国民金融公库、商工组合中央金融公库、环境卫生金融公库等都会按照政府的投融资预算向中小出版企业提供低利率的资金 [1]。

三、法国财政引导出版业传播本土文化政策 [2]

法国的文化产业占全国 GDP 总量的比例较高。尽管受经济危机的影响，国民的购买力在持续下滑，但是这并不影响法国大众对文化消费的需求。自 2005 年以来，法国人民保持年均 300 亿欧元的文化消费数量，保持着旺盛的发展趋势，并未因整体的经济危机而造成较大影响。文化产业为法国提供了 24.1 万个就业岗位（2005 年法国国家统计局数据 l'INSEE[3]），大部分的岗位集中在在图书、出版以及媒体、影视领域。2010 年起，法国文化部将《如何在数字时代进行文化工作》作为其文化产业战略发展的新的领域，未来的一个时期内将在这个领域中提供更多的投入以及就业机会。这也标志着，法国的文化产业自此进入数字化战略时代。在全球经济危机，尤其是欧洲经济遭受严重打击的时刻，在法国整体经济下滑的背景下，法国的文化产业凭借其良好的发展状况为整个国家的经济做出了卓越的贡献。

---

[1] 财政部财政科学研究所、新闻出版总署财务司联合课题组：《国外新闻出版业发展模式及其财税政策经验借鉴》，《经济研究参考》2013 年第 26 期。

[2] 本节部分内容直接引用自武汉大学信息管理学院档案系教师王玉珏博士的研究报告《法国文化政策制定与文化产业打造》，特此感谢。

[3] Olivier Henrard: Vers un ministère de l'Économie et des Industries culturelles?, Cahier de la fonction publique et de l'administration, octobre 2010.

　　在法国，文化产业的概念区别于美国将文化全面市场化的做法，强调在文化经济增值的同时，必须保持其本身的独立性，不可片面、一味通过市场对文化工作进行导向。1993 年，法国在世界范围内第一次提出"文化例外"（Exception Culturelle）的概念，强调文化不能等同于一般商品，呼吁各国限制文化产品在市场上的自由交易，同时将有关文化产品的讨论从世贸组织转向联合国教科文组织。该呼吁的提出，主要是针对美国凭借其庞大的资金和良好的营销体系实施的无孔不入的文化渗透行为，特别是通过好莱坞电影和影视产品宣传美国文化的行为。

　　出版作为法国文化的核心和支柱产业之一，历来受到政府重视。2004 年由法国文化和通讯部支持的全国赞助图书和阅读计划项目获得 3.73 亿欧元资金，这其中有相当一部分用于资助法语出版项目、具有特色的独立书店和推动公众阅读。法国政府通过立法、设立基金、财政拨付、减免税收等方式大力支持法语图书的出版和法国文化的对外传播。上述手段中，以财政手段最为有力，直接起到了推动法国出版业发展和法语出版物对外传播的作用。由中央政府牵头，地方政府和行业协会协同，调动社会力量积极参与，对创作、翻译、出版、对外输出法语作品的个人和企业给予资助。例如，中央政府下属的文化与交流部图书阅览司拨出专款成立了"图书文化基金"对法语图书进行专项资助。对于作者，该基金提供写作奖金，以便让作者安心地从事写作计划和出版计划。作者还可以向地方政府的文化管理部门申请临时经费和住房补贴。临时经费，用于支付因写作计划而产生的临时费用；住房补贴主要是为其支付 2—6 个月的房费。由民间资本创立的"斯约朗"奖金，每年发放给一位用法语写作的作家；但其必须已经在专业出版社发表过至少一本有关哲学、历史、文学或政治等的随笔；"让·卡帝诺"奖金，颁发给已出版一部重要著作的作家、翻译家或研究学者[1]。对于出版社，政府通过"图书文化基金"对法文翻译成外文作品提供补助，对出口到国外的成品图书给予补贴和退税，对出版商将多部或全集法文作品翻译、版权输出到国外的跨年度出版计划予以特别补助。对于报刊出版，法国文化交流部还主导建立了报刊出口基金，帮助出口报刊企业降低运输成本，提高法国报刊在国外的竞争力。此外，图书阅览司还专门成立了"图书出口社"，专门处理来自海外的订数较少的图书订单，以帮助中小出版社实现产品出口，简化流程。

为推动法语图书"走出去"，法国外交部 2010 年开设"翻译者制造计划"。该计划由法国文学翻译国际学院承办，全年开设多期讲习班，每期为 3 名外国学员和 3 名法国学员提供为期 10 周的培训、2500 欧元生活补助及其他必要费用。政府还设置了多个翻译相关奖项，影响力较大的有两项：一是法美基金翻译奖。该奖项 1986 年由法美基金会与弗劳伦斯基金会共同设置，每年选出最佳法国小说及非小说文学作品英译本各 5 项，每项奖金 1 万美元。二是法国之声奖。该奖项 2006 年由法国外交部相关文化部门与美国笔会翻译基金共同设置，对 6 年内出版的法国文学类图书英译本进行遴选，每个获奖项目的奖金为 6000 美元。除此之外，法国出版资助项目的地方特别项目多为翻译专项补助。如法国在英国的伯吉斯计划、在印度的泰戈尔出版资助项目等均为出版法国图书的当地出版社提供 20%—30% 的翻译补助。法国国家图书中心的"向外翻译资助"项目根据翻译难度及翻译图书的价值，给予法国出版社 30%—60% 不等的翻译酬金补贴[2]。

---

[1] 财政部财政科学研究所、新闻出版总署财务司联合课题组：《国外新闻出版业发展模式及其财税政策经验借鉴》，《经济研究参考》2013 年第 26 期。

[2] 甘露：《法国图书出口产业链构成分析》，《现代出版》1995 年第 4 期。

第四节　完善财税金融引导机制的建议

回顾我国出版财税金融政策演进的历程，分析其引导出版发展的效果，借鉴发达国家的相关经验，是为了进一步完善我国财税金融制度与政策，更好地引导出版业发展。本部分拟从完善出版财政扶持政策、强化出版税收激励手段、建立健全出版融资体系三个方面提出进一步完善我国出版财税金融制度与政策的建议。

一、完善出版财政扶持机制

完善我国出版财政扶持政策大致可以从以下四个方面着手。

1. 加强法律法规保障，规范具体操作程序

无论在宏观的立法层面，还是在微观的执法层面，法律法规的完善都是财政引导出版业发展过程中迫切需要的。只有在完备的法律法规体系之下，一切有关财政引导出版业发展的活动才能有效开展。在强调依法治国的当下，不能再让财政引导出版业发展成为立法的盲区。在出版财政投入不断增长的背景下，必须加强相关法律法规建设，以科学规范出版财政投入机制，提升财政投入的效率与效益。

具体而言，一是针对财政投资盲目问题，我国亟待出台一部财政投资的综合性法律，并对出版业的财政投资范围、决策程序、管理程

序、监督程序和问责机制等内容进行详细规范 [1]；二是针对政府采购中存在的权力寻租问题，我国应改善目前针对图书采购仅有"图书采购制度"这一单一规范的现状，进而完善《政府采购法》，尽快出台《政府采购法实施条例》《政府采购质疑与投诉办法》，并制定配套的有关出版物采购管理条例、质疑与投诉办法；三是针对"吃补贴饭"问题，制定出版补贴相关法律，对出版补贴进行有效规范。

2. 创新资金管理模式，促进资源合理配置

创新财政资金管理模式是提升出版财政资金使用效率和效益的重要保障。管理理念的落后、管理模式的陈旧是导致当前出版财政资金使用效率低下的重要原因。

创新我国出版财政资金管理模式，应该主要从四方面进行考虑。第一，科学编制出版财政预算，提升政府统筹配置财力资源的能力，对中西部经济落后地区给予政策倾斜，解决出版财政资金分配不均衡问题；第二，强化财政资金的引导功能，以财政资金引入金融等其他资本，共同支持出版业发展；第三，强化专项资金管理，引入竞争性分配机制，以激发出版企业间的良性竞争，从而达到科学、高效分配专项资金的目的；第四，加强预算信息公开，保证财政资金在阳光下运行，以便相关部门与公众参与监督评价，进而促进财政引导资金的使用效率的提升 [2]。

---

[1] 翟宏堃:《财政投资的法律规制》，http://article.chinalawinfo.com/ArticleFullText.aspx?ArticleId=83270

[2] 罗建国:《安徽：创新财政资金管理模式》，《中国财经报》2014 年 12 月 27 日第 7 版。

3. 健全监督评价机制，落实奖励惩罚措施

健全监督评价机制，是借助多方力量参与出版财政投入的监管，对有效发挥财政引导出版业发展具有重要意义。健全财政引导出版业发展的监督评价机制，可以从内部、外部和社会三个角度共同进行，并以外部和社会监督评价为主，内部监督评价为辅。实现内部监督评价主要靠相互监督评价、相互制约内部控制机制来完成；实现外部监督评价可根据相应法律规定，由监督管理评价部门在相应范围内进行监督评价；实现社会监督评价可组建社会公益性机构，或通过公众媒体通道，比如微信平台，对财政引导出版业发展的实施过程进行大众监督评价。在实施财政引导出版价值监督评价的过程中，一方面，要注意监督评价的透明化，可建立信息平台对引导出版价值的财政投入情况进行公布；另一方面，还要注意根据监督评价的结果落实相关奖励和惩罚措施，可设立单独的奖惩机构并让其负责执行。

4. 优化财政引导方式，引入其他资本介入

当前，我国出版财政投入主要包括政府采购、财政投资和财政补贴等传统方式。投入方式单一，且未能有效结合使用，导致财政引导出版业发展的效果并不理想。因此，优化财政引导方式势在必行。优化财政引导方式可以从两方面解决，一是对现有财政引导方式进行有效组合，两种或三种方式并用；二是创新财政引导方式，以有限的财政吸引其他资本介入。

主要是打好"组合拳"。比如，将获得财政补贴的优秀出版物纳入政府采购范畴，或者对政府采购的出版物给予一定的财政补贴或财政投资等。在创新财政引导新途径方面，可以通过财政引导金融及其他资本进入出版领域。国家出版财政资金规模有限，作用也有限，不

可能完全满足出版业发展的资金需求。针对这种现象，金融等其他资本的介入就显得十分必要。因此，通过贷款贴息、保费担保等财政补贴的方式，争取金融等其他资本的进入，比单纯使用财政手段效果会更好，应该成为优化出版财政投入的重要途径。

二、强化出版税收激励机制

强化出版税收激励机制重点需要做好以下四个方面的工作。

1. 构建规范化税收政策激励体系

美国政府把文化产业发展纳入国家文化发展战略，在引导社会力量投资文化产业的过程中，对涉及文化产业的个人所得税、公司所得税缴纳等方面的内容都以单独分章的形式予以介绍，以突出文化产业的战略优先发展地位。法国以文化产业作为国民经济发展的先导，从中央政府到地方政府，在出台的税收法律中贯穿着引导文化产业优先发展的思想，构建了目前世界上最完整的文化产业税收扶持体系[1]。

目前，我国文化产业的战略地位也已初步确立。作为新兴战略型产业，出版业发展需要像美国、法国那样有相应的税收政策的支持。当前，可以国务院制定的《文化产业振兴规划》为基础，按照税收征管的相关法律要求，并借鉴发达国家成功经验，系统梳理我国现行文化与出版产业相关税收优惠政策，建立起系统规范、针对性强的文化产业与出版产业税收制度体系。

---

[1] 申国军：《发达国家促进文化产业发展税收政策及其借鉴》，《涉外税务》2010 年第 4 期。

2. 降低税率，减轻出版企业税负

降低税率、减轻税负需要重点解决 3 个方面的问题。一是大幅降低出版物产品增值税适用税率。应充分考虑到出版工作"高成本创意、低成本复制"的特点，对出版创意成本实行增值税抵扣政策，以引导出版企业加大科研和创意开发的投入。二是顺应营业税税制改革的大趋势，消除营业税的制度障碍，改征增值税，彻底解决重复征税问题。三是将出版企业和高新技术企业同等对待，适用 15% 的企业所得税优惠税率。

3. 丰富税收优惠形式，延长优惠期限

我国出版产业税收优惠政策应由单一的直接优惠方式转变为"间接优惠为主，直接优惠为辅"，多采取投资抵免、加速折旧、加计扣除、延期纳税、亏损结转等间接优惠形式，以此扩张优惠方式的激励效应，从而有效引导出版物产品的创作生产。同时，应正视出版物产品生产的特殊性，制定有利于出版产业长期发展的税收政策。如为增加文化企业未来发展的确定性，可将目前的相关税收优惠条款适用年限由一般的 2—3 年延长至 5—10 年。

4. 完善和细化差别税率政策

以出版价值为导向，对不同种类和不同社会效益的出版产品，实行不同的税率。例如，对少儿读物、科技读物、农村读物实行低税率。

实施促进出版新业态发展的税收政策。近年来，数字出版、手机出版、移动出版等新兴出版业态迅速崛起，对未来出版产业发展具有决定性作用。政府可在增值税抵扣、技术研发加计扣除、所得税优

惠等方面加大对这些业态，尤其是研发创意项目的税收扶持和优惠力度，推动出版产业升级。

制定扶持小型出版企业发展的税收政策。我国小型企业在出版物产品生产、出口创汇和自主创新方面发挥着积极作用，已逐渐成为出版业的重要增长点。在增值税方面，可适当降低中小出版企业的一般纳税人标准，使更多中小出版企业获得一般纳税人资格，享受增值税抵扣带来的好处。在所得税方面，为减轻小型出版企业融资负担，可给予融资方面的所得税抵扣、减免等优惠。

利用税收优惠保护民族文化，促进民族出版物产品"走出去"。文化是一个国家软实力的体现，着力扶持、保护民族文化发展具有重要社会意义。国家应科学运用各种税收优惠政策，发掘传统文化资源，促进民族出版产业发展，如将少数民族文字出版业作为特殊行业适用增值税低税率。进一步制定和完善支持出版物产品"走出去"的税收优惠政策，如实行更具激励作用的出口退税、税收抵免、免税等政策，降低出版物产品开拓国际市场的成本。

三、建立健全出版融资体系

建立健全出版融资体系可以从以下两个方面着手：

1. 拓宽出版业融资渠道

只有打破出版融资渠道单一的传统格局，才能为出版企业找到合适的融资渠道或方式，解决出版企业融资难问题。传统的出版融资方式主要是以银行贷款类间接融资渠道为主，直接融资渠道较少。尽管2010年九部门联合印发的《关于金融支持文化产业振兴和发展繁荣的指导意见》（银发〔2010〕94号）提出了对出版融资渠道的整体构想

(见表 5-5)，但仍缺乏实际的操作程序和执行方案。

表 5-5　出版产业融资渠道多样化建设体系一览表 [1]

融资渠道	金融部门	业务要求
间接融资渠道	银行类	开发信贷产品
		完善贷款模式
		完善授信模式
		建立信用评级制度
		设立专门服务部门
		培养文化消费信贷
		完善外汇管理
	保险机构	完善保险服务
		创新保险产品
	担保机构	贷款风险分担
直接融资渠道	证券市场	推动上市融资
		配合债券市场融资
		引导其他融资渠道

　　当前，政府和金融机构亟待依据《意见》的规划，进一步细化并推动包括出版企业在内的文化企业的融资渠道多样化建设。重点是在进一步完善银行信贷和上市融资等传统融资渠道基础上，着力创新出版融资授信模式、保险服务、贷款风险分担、债券市场融资等新型出版融资渠道或方式。

---

[1] 资料整理自《关于金融支持文化产业振兴和发展繁荣的指导意见》（银发〔2010〕94 号）。

2. 创新出版业金融产品

尽管当前出现不少针对文化企业的金融产品，如北京银行的信贷产品"创意贷"、人保财险的保险产品"E-CULTRUE"，但多集中针对影视产业，符合出版特色需求的金融产品仍有所缺失。出版业作为我国文化产业的重要且不可替代的组成部分，有区别于其他文化产业的特殊性，应该受到关注。因此，出版行政管理机构应该进一步寻求与金融部门对接，推进符合出版业特色需求的多元化多层次的创新性金融产品开发。

创新出版业金融产品大致涉及以下几个方向：一是对上下游企业的供应链融资，支持企业开展并购融资；二是对有稳定物流和现金流的企业，发放应收账款质押、仓单质押贷款等；三是对于租赁出版内容的采集、加工、制作、存储和出版物物流、印刷复制等相关设备的企业，可发放融资租赁贷款；四是对具有优质商标权、专利权、著作权的企业，可通过权利质押贷款等方式，逐步扩大收益权质押贷款的适用范围。

在出版管理的各种手段和方式中，行政管理和法律法规是国家管理与规制出版业发展的两种基本手段和方式，也是国家引导出版价值的两种重要机制。行政管理和法律法规对出版业的发展方向、目标与任务，对出版业的发展动力、模式与机制，对出版业的发展功能、影响与效益等均会产生实质性的影响。本章拟对这两种出版价值引导机制进行专题研究，重点解析它们引导出版价值的机制与机理，分析它们引导出版价值的现状与效果，提出进一步优化它们引导出版价值效果的对策。

第一节　行政管理与法律法规引导概述

行政管理与法律法规虽然都是国家管理与规制出版业发展的基本手段，但是，这两种手段在具体的管理理念、方式和效果上却存在较大差异。其中，行政管理是指出版政府管理部门根据党和国家出版方针与政策对出版事业发展进行的规划、组织、协调与控制，它是通过行政组织权力发布的命令、计划、规定、意见、决定、通知等手段来实现的。法律法规手段则是立法或政府部门以法律、法规、规章及其他规范性文件等更为刚性的手段来完成的。

一、行政与法律引导出版价值的基础

作为政府管理和规制出版业的基本手段，行政管理与法律法规之所以能对出版价值进行引导，主要是由出版业的意识形态整合功能及行政管理和法律法规的属性及责任决定的。

1. 出版业具有意识形态整合功能

意识形态是作为观念而存在的主观因素。马克思意识形态学说认为，意识形态在实践中呈现出鲜明的阶级性，作为统治阶级的统治方式，与政治紧密结合在一起。一个社会可能有多种意识形态，但要维持社会稳定、促进社会发展，就必须有一个主流的意识形态对社会成员进行引导及对其他意识形态进行整合。出版以知识、信息为生产对象，对知识内容进行加工和传播，其产品作用于社会成员的精神领域。出版物产品能影响和改变社会成员的价值观、态度、观念、取向，甚至行为，所以出版业具有整合社会意识形态的功能。任何一个阶级社会、执政集团，要实现有序的国家管理与社会治理，都需要对包括新闻出版在内的社会文化进行引导，使其传播统治阶级固有的世界观，从而使社会成员认可现行制度，认同社会秩序和意识形态的合法性。执政者通过立法、执法、制定和实施政策将阶级利益上升为国家意志，利用国家机器行使文化领导权，即对包括新闻出版在内的文化领域进行直接或间接的干预或引导。

2. 行政管理的主流意识形态责任

作为国家和政府进行社会管理的主要手段之一，行政管理是国家机关和政府职能部门通过行政组织权力发布的命令、计划、规定、意见、决定、通知等，对社会进行的直接管理。在我国，党和政府的宣传部门是出版宏观管理的主要主体，当前实行中央统一领导下的分级、分类管理。管理的方式是出版管理部门根据党和国家出版方针与政策对出版事业的总体运行进行计划、组织、指挥、协调、监督和控制。出版行政管理的根本目的是用正确的价值观引导出版业发展，使出版的价值符合社会主流意识形态。国家机关和政府部门应当通过制定、发布和促进实施规划、政策、计划等方式，以主流意识形态引领包括新闻出版产业在内的各项文化产业和事业的发展，积极行使文化领导权。党和政府要主动掌握文化领导权，加强行政管理，以主流意识形态引领、推动社会主义文化发展，提升主流意识形态影响力，继承、发展优秀中华文化的同时，坚决抵制和批判产业化过程中出现的"庸俗""低俗""媚俗"和助推西方意识形态渗透等现象。

3. 法律的本质及其意识形态属性

法律法规作为法律、法令、条例、规则、章程等的总称，是公民的行为规范，是国家立法机关制定或认可的、由国家强制力保证其实施的行为规范的总和。马克思主义学说认为，法的本质是统治阶级国家意志的体现。由此可见，法律法规具有与生俱来的意识形态属性，是维护和巩固国家政权的手段。法的意识形态属性和社会治理功能决定其必然对包括新闻出版在内的文化领域进行干预和规制。当代中国社会主义法律法规体现了广大人民群众的利益。人民群众具有享受和体验优秀文化产品的需求，其对"三俗"文化现象的不满，对教唆分裂国家、危害社会、影响下一代身心健康的反动出版物、淫秽出版物的深恶痛绝，这些诉求和利益有必要通过立法上升为国家意志，通过国家机器保证实施，从而保障广大人民群众的根本利益。

二、行政与法律引导出版价值的方式

行政与法律对出版价值的引导体现在诸多环节中，出版物创作生产和流通传播无疑是其中最重要的环节。出版物的创作生产是出版的起点，是社会效益和经济效益产生的源泉，是社会价值观在出版领域最核心的体现。出版物的流通与传播是出版的落脚点，是出版物产品实现社会效益和经济效益的关键，既是经济问题，也是政治与文化问题。行政手段与法律手段引导出版价值，主要通过对出版物创作生产和流通传播两个环节产生作用来实现。

1. 引导出版物创作生产

出版物作为承载、传播文化的载体，其生产、创作和流通不仅仅是个人行为，也是社会化生产的结果。尤其是在文化产业化和全球信息经济发展的背景下，出版物的创作生产呈现出更突出的社会化特征。对国家和政府而言，文化产品创作生产的社会化带来的挑战之一是如何以主流价值观引导企业的生产经营行为，同时又尊重其经济活动的市场规律。诚然，通过舆论、宣传等方式贯彻文化产品创作生产的方针，弘扬主旋律和社会主义核心价值观能为文化产品创作生产企业营造氛围；但应对可能出现的主流价值观背离等现象，还是应当由国家制定法律，依法由政府部门通过行政手段下的创作许可来加以制止。

文化产品生产许可制度，是国家和政府对创作生产的资格（主体资质）、作品内容（哪些不允许、哪些不提倡）等做出明确的规定。[1]如制作出版物、音像制品等需要取得主体资格，还需要获得国务院出版行政主管部门的许可。正是通过创作生产许可制度的制定和实施，政府部门能够以创作资格获取的方式对出版物产品的题材、内容等做出宏观的调控和价值取向上的把握，并进一步影响其他文化产品创作的导向。

与此同时，政府部门出台相关法律法规、行政规章、条例等对出版物创作、生产、传播的边界做出了明确的规定，使创作者、出版社等自觉地在内容创作生产过程中对不适当的内容进行妥善处理。法律法规、行政规章、条例当中的"禁止"事项是对创作生产者的最低要求，也是价值引导必须坚守的底线。

---

[1] 胡晶晶:《价值自觉与文化引导——文化产业发展中的主流意识形态的责任及其实现研究》，合肥工业大学出版社 2014 年版，第 29 页。

2. 引导出版物流通传播

当前人民群众文化需求呈现出快速增长的态势，但出版物产品供给却严重不足，尤其是思想性、艺术性、趣味性相统一的"出版物精品"更是犹如凤毛麟角。在这样的情况下，是应当遵循市场效益最大化原则，不分好坏地传播一切能满足群众需求的出版物，还是有选择性地传播符合主流意识形态和社会主义核心价值观的出版物，引导公众需求向更积极、更健康、更有利于社会前进的方向发展，业已成为管理者面临的一个现实问题。从纯粹的市场逻辑来看，前者是符合文化产业发展和人民群众的短期利益的，也是多数出版物流通企业在市场环境中的必然选择。然而，从长期角度来看，仅以市场来考量发展文化产业，对一个国家、民族自我意识的养成，对社会和谐发展等是极为不利的。国家和政府应当利用法律和行政手段，对出版物流通企业进行管理和规制，引导其自觉、自信地弘扬主流文化、优秀文化，承担起维护国家文化安全的责任，使其融入主流文化生产和传播的社会机制和生活方式当中，自觉地传播能充分体现时代精神、引领社会风尚的优秀出版物产品。

除了对出版物流通机构进行规制和引导，国家和政府还应该积极培育和养成社会公民的健康精神文化需求。只有作为市场内生动力的需求的层次提高了，出版物创作、生产和流通的精神层次才会相应提高。要实现对社会阅读需求的引导，也离不开行政和法律的干预。例如，加强出版立法，对不适合出版的内容进行强制性禁止，并处罚相关人员；制定规章条令对出版物流通主体的市场行为进行监督；对社会效益高、影响力大的发行企业进行行政表彰和奖励；通过行政性体制对出版物流通事业单位进行组织化建设，对企业主体形成示范效应等。

第二节　行政管理与法律法规引导出版价值实践

在阶级社会，出版与政治关系密切。出版作为阶级斗争的工具，承担着创造和培育新的政治主体以及通过革命促成政治的生成、造化和改易的双重任务[1]。19 世纪末以来，严峻的政治环境和残酷的社会现实使新闻出版作为斗争工具的功能充分体现，出版成为了社会价值斗争、融合、形成的场所和阵地。中华人民共和国成立以后，计划经济体制下出版的事业性凸显，完全成为"党的喉舌"。伴随着中国社会整体结构转型尤其是市场转型的发生，从计划经济转轨到市场经济的新闻出版领域，形成了"公益性事业，经营性产业"并存的局面。巨大的经济效益和市场力量，从根本上改变了新闻出版和社会、经济、政治之间的关系，与革命时期作为斗争工具和计划经济时代的纯事业性相比，当前我国的出版业，呈现出强烈的市场和经济特性，直接导致了种种"出位"与"失范"现象的产生。在这种情况下，管理者利用行政管理与法律法规对出版价值进行引导和规制就成为大势所趋。

一、行政管理引导出版价值的现状

行政管理体制在我国出版管理中具有举足轻重的作用。出版行政

---

[1] 胡晶晶：《价值自觉与文化引导——文化产业发展中的主流意识形态的责任及其实现研究》，合肥工业大学出版社 2014 年版，第 30 页。

管理体制是指中央、地方出版行政部门的机构设置和职权划分，以及相关部门的职责分工。2002 年国务院颁布的《出版管理条例》明确规定了我国出版业的行政管理体系："国务院出版行政部门负责全国的出版活动的监督管理工作。国务院其他有关部门按照国务院规定的职责分工，负责有关的出版活动的监督管理工作。""县级以上地方各级人民政府负责出版管理的行政部门负责本行政区域内出版活动的监督管理工作。县级以上地方各级人民政府其他有关部门在各自的职责范围内，负责有关的出版活动的监督管理工作。"[1]

出版行政管理的价值引导功能集中体现在其对出版物内容的管理层面。一方面，体现在对出版物的宏观结构的管理和引导上，如对图书选题结构、品种结构的管理和引导；另一方面，体现在对微观出版物的价值引导和管理上，如选题备案制度、出版社和出版物的年检制度。除此之外，对出版单位和出版从业人员的准入制度也能通过保障出版产业主体的"质量"和"能力"来对出版价值进行某种层面上的引导。

当前，我国主要通过行政许可、行政审查、行政监督、行政指导和行政处罚五种行政管理手段（见表 6-1），以国务院制定的《出版管理条例》为核心依据，以各出版行政主管部门在其各自具体领域内的专业制度规定为辅助，包括《图书出版管理规定》《报纸出版管理规定》《期刊出版管理规定》《电子出版物出版管理规定》《互联网出版管理暂行规定》《报社记者站管理办法》等，对出版行业的出版价值进行引导。

---

[1]《出版管理条例》，知识产权出版社 2002 年版，第 2 页。

表 6-1   我国出版业行政管理基本制度及方式

行政管理方式	行政许可	行政审查	行政监督	行政指导	行政处罚
具体措施	设立变更审批	选题计划审查	维护市场秩序	组织评比奖励先进	罚款
	强制年检	重点图书审查	保护知识产权	印发通讯	减少书号发放数量
	重大选题报批	出版物质量审查	专业分工	制定行政法规	停业整顿取消版号
	书号刊号管制	定价审查	增刊审核	政策制定	处理责任人
	条形码管理	从业人员资格认定			

1. 市场准入制度

以市场准入的方式对出版物产品的内容及生产传播者的资质进行审查和监督，是政府部门引导出版价值观的重要方式。通过对创办、设立报刊、出版社等资格许可和准许进入出版市场流通的出版物产品进行事前审查，使出版物能够在"为人民服务、为社会主义服务"的"二为"方针之下满足人民群众多样的文化需求，并能有效抵制、消除"非法""有害"的文化产品对人民的负面影响[1]。根据《出版管理条例》，我国对图书、报纸、期刊、电子出版物、音像制品等出版物的创办、印刷或复制、发行实施行政审批，许可准入。有关政府职能部门依法对有关主体的资质、能力和价值取向进行审查，以确保其创

---

[1] 胡晶晶：《价值自觉与文化引导——文化产业发展中的主流意识形态的责任及其实现研究》，合肥工业大学出版社 2014 年版，第 98 页。

作、生产、传播的出版物内容符合主流价值观。通过市场准入的审查，政府部门明确表达了对出版物产品传播内容的宏观调控立场和价值引导态度。即一方面应满足人民群众文化生活需要，发展和繁荣中国特色社会主义出版事业，从而进一步促进社会物质文明和精神文明建设；另一方面应当坚持为人民服务、为社会主义服务的方向，将社会效益放在首位，实现社会效益与经济效益相结合。

2. 选题备案制度

出版物选题备案制度是改革开放以来逐渐形成的一项出版物内容管理制度。2001 年修改后的《出版管理条例》和《音像制品管理条例》，都保留了备案的条款，备案制度是我国出版物内容管理的一项重要内容和手段。选题备案制度能够被视为一种对出版物"内容准入"的制度，充分体现了我国行政管理体制对出版物价值引导的功能和作用，也为出版价值"社会效益和经济效益相统一"做出了巨大的贡献。

以图书选题备案制度为例。图书选题备案制度指出版社按照出版局规定，按照十年规划、五年规划和三年规划申报长期书目，按照一年规划申报短期书目的制度。依照规定，基本上每本书在发稿前 3 个月到半年，都应履行完成报批、审稿和备案手续。而涉及重大选题，更是要履行专题报批手续，重大选题主要包括：涉及有关党和国家的重要文献、文件选题；涉及党和国家秘密的选题；有关党和国家曾任和现任主要领导人著作、文章和有关其生活工作情况的选题；集中介绍政府机构设置情况的选题；涉及民族和宗教问题的选题；涉及我国国防建设和我军各个时期战役、战斗、工作、生活和重要人物的选题；涉及文革的选题；涉及中共党史上重大事件和重要人物的选题；涉及国民党上层和其他上层统战对象的选题；涉及苏联、东欧和其他兄弟国家重大事件和领导人的选题；涉及国界的各类地图选题；涉及港澳台的选题；大型古籍白话今译的选题；引进版动漫读物选题；以单位名称、通讯地址为内容的各类名录选题。

从图书选题备案的流程和重大选题备案的范围可以看出，当前备案制度主要针对两个层面的行政管理内容：一是通过"预案"的形式，从宏观上对出版业出版物宏观结构种类进行把握；二是对一些涉及敏感意识形态问题的选题进行重点引导和管理。

尽管出版业界与学界对这一制度的行政效率不高、资源浪费、出版自由限制等问题一直颇有微词；但从整体而言，选题备案制度对我国出版物的价值引导做出了重要的贡献，使得涉及敏感政治问题、意识形态问题以及国家安全问题的出版物质量得到保障。

出版物选题备案制度，尤其是重大选题备案制度并不是对出版物进行限制。相反，我国一直强调鼓励出版"为人民服务、为社会主义服务"的具有"社会效益"的出版物，而重大选题类出版物往往是达成这一目的的最好载体。就目前的行政管理和制度设计而言，对重大选题进行备案审核，预先评估作品的社会效益，正是保障我们国家出版事业坚持"为人民服务、为社会主义服务"方针的重要价值导向机制。

3. 书号、刊号、版号管理制度

出版行政管理中的"书号制度"是我国的一个特有而重要的内容。2007 年 1 月 1 日新版《中国标准书号》开始实施，是我国出版业在出版物数码识别和数据信息技术方面与世界全面接轨的重要步骤[1]。2008 年，国家新闻出版总署颁布实施了《书号实名申领管理办法》，

---

[1] 何皓：《书号：作为出版宏观调控的手段》，《出版科学》2009 年第 1 期。

该办法要求我国实现对所有出版社出版的所有图书都以实名申领方式发放书号，实行书号准入。从行政管理的目的看，书号调控与出版准入制度的目的是一致的，都是为了调控出版领域的意识形态内容[1]。因此，我国出版行政管理中的书号、刊号、版号管理制度也是出版行政管理价值引导机制的重要组成部分，主要通过对出版物的种类和数量，以及书号、刊号、版号资源的分配来起到价值引导的作用。

以图书的书号制度对图书价值引导功能和现状为例，书号制度能够从对出版总量控制、出版社经营管理调控、出版发行市场管理、出版业区域发展布局以及出版物的学科门类构成等五个方面实现宏观管理调控[2]。而其中专门针对价值引导方面的措施主要体现在通过对出版社奖优罚劣来调配书号的分配以及对出版物类别的调配上。

首先，书号的拨付分为正常发放、增发、奖励和罚减几种情况。"对优秀、良好出版社可适当追加书号，国家重点图书及少数民族文字图书、外文版图书可少量追加，受到停业整顿处分的出版社核减书号，对于存在超出批准书号使用总量出书、虚报编辑人数、将申请追加的书号移作他用、超专业出书、买卖书号及其他违规问题的出版社给予批评、缓发书号、扣减书号直至停发书号，对存在出书结构不合理、图书质量不合格及其他问题的出版社压缩书号总量。"[3] 从文件中可以看出对书号使用的行政管理已有了鲜明的政策导向，涉及具体的图书品种以及出版物的质量。通过对出版社书号资源的调配来引导出版社出版价值取向，这一形式在保障出版产业社会效益优先的价值取向方面取得了一定成绩。

---

[1] 田智：《我国书号调控政策探析——以图书种数与平均印数的比较为视角》，《出版科学》2007 年第 1 期。

[2] 何皓：《书号：作为出版宏观调控的手段》，《出版科学》2009 年第 1 期。

[3] 《关于加强书号总量宏观调控的通知》，http://chinabook.gapp.gov.cn

同时，出版物总体的学科门类构成存在一个合理性的问题，片面地逐利动因、盲目的重复出版等都会导致结构失衡。为避免出版结构不合理，出版行政管理部门可以通过书号的发放予以调节，如对相关出版社书号的增减或者对相关类别图书书号的放宽与紧缩，以这种方式来对出版物结构进行价值引导。然而，书号制度的这项价值引导功能当前似乎并没有受到出版单位应有的重视[1]，其实际效果尚不明晰。

4. 出版规划

为切实贯彻落实党的文化建设精神，我国出版行政管理部门把对文化精品的出版工作作为重中之重，将科学编制、有效实施和动态管理"十二五"国家重点出版物规划，作为推动精品生产，打造中华民族文化品牌的重要举措。出版规划是出版价值引导的直接行政管理方式。

2012年，新闻出版总署组织开展了《"十二五"国家重点图书、音像、电子出版物出版规划》(以下简称《规划》)的检查和调整增补工作。《规划》突出加强社会主义核心价值体系建设，重点推出一批把马克思主义基本原理与中国具体实际和时代特征相结合、体现马克思主义中国化最新研究成果的选题；系统回顾和总结十六大以来，党带领全国人民贯彻落实科学发展观，在推进中国特色社会主义伟大事业中取得的辉煌成就和成功经验，大力唱响主旋律、壮大主流思想文化阵地的选题；紧密结合社会实际开展的理论研究和实践探索，一批服务党和国家工作大局、体现哲学社会科学的发展和繁荣的选题；弘扬中华优秀文化，一批挖掘和阐发优秀传统文化内涵、具有文化传承价值的选题；反映科学技术研究重要成果等选题。这充分体现了出版

---

[1] 何皓：《书号：作为出版宏观调控的手段》，《出版科学》2009年第1期。

规划这一行政管理手段的价值引导作用。

根据《关于调整"十二五"国家重点图书、音像、电子出版物出版规划的通知》（新出厅字 [374] 号）精神，《规划》中涉及的出版物品种数量由 2030 种增至 2578 种。其中，图书由 1730 种增至 2244 种，音像电子出版物由 300 种增至 334 种[1]。数量的增加、品种的丰富、内容质量的精品化都能体现出出版规划作为行政管理机制的价值引导作用的实现和加强。

5. 出版奖励及行政处罚

根据《出版管理条例》第五十八条规定："对为发展、繁荣出版产业和出版事业做出重要贡献的单位和个人，按照国家有关规定给予奖励。"我国政府行政管理部门为鼓励优秀出版人和精品出版物设立了多种出版奖励，以表彰评奖的形式对出版价值进行引导。

如在 2005 年出台《全国性文艺新闻出版评奖管理办法》后始施行的中国出版政府奖是我国出版领域的最高奖，该奖每三年评选一次，旨在表彰和奖励国内出版业优秀出版物、出版单位和出版人。由中国出版协会主办、韬奋基金会协办的专门针对优秀出版人的韬奋出版奖，是我国出版界个人最高奖项，每三年评选一次，至今已有 168 人获奖。此外，各省、市、自治区针对本地区也设立有各种类型的新闻出版奖项，以表彰和奖励优秀出版物、出版单位和出版人。

除了奖励措施以外，根据《出版管理条例》以及《出版管理行政处罚实施办法》（新闻出版署令第 12 号）的规定，出版行政管理部门有权对《出版管理条例》《音像制品管理条例》《印刷业管理条例》等

---

[1] 新闻出版总署出版管理司：《实施国家重点出版物出版规划创作生产更多更好的出版精品》，《中国新闻出版报》2012 年 9 月 17 日第 1 版。

规定的违法行为以及其他有关法律、法规和规章规定的应当由新闻出版行政机关给予行政处罚的违法行为进行行政处罚。

2013 年 9 月 14 日，国家新闻出版广电总局依据《出版管理条例》规定对违规出版内容违法图书的中国画报出版社、陕西师范大学出版社做出停业整顿三个月的行政处罚，并责令两社在 30 天内将《不倒过来念的是猪全集》《我们 YY 吧》全部下架收回，集中销毁。山西、河南、山东三省新闻出版局分别对存在偏离办刊宗旨、一号多刊、内容低俗等问题的《中外故事》《故事世界》《科技信息》给予停业整顿三个月的行政处罚，并要求其予以纠正并彻底整改。这都是通过行政处罚的手段对社会影响差、偏离社会主义核心价值观的出版企业和出版物进行价值迷失的纠偏。出版行政处罚不仅处罚了违规的出版单位，而且对其他出版单位也有较好的警示作用。因此，出版行政处罚同样可以理解为一种出版价值引导。

二、法律法规引导出版价值的现状

依法治国是建设中国特色社会主义的重要保障，同样也是繁荣和发展我国社会主义文化的重要保障。当前，我国已经形成了一套具有中国特色的社会主义法律体系，可以对新闻出版的发展起到有效的规制与引导作用。从法律层级来看，已形成法律、行政法规、部门规章三级法律层级；从规范的对象看，涉及书报刊、音像制品、电子出版物、互联网出版物等多种出版介质；从出版环节看，涉及出版物的出版、印刷复制、发行等各个环节[1]。这些法律法规对出版机构、出版物内容和出版活动等方面的有效规制，都在不同程度上对出版价值进行引导。

---

[1] 班子嫣：《我国出版业宏观管理体系研究》，北京印刷学院 2011 年硕士学位论文。

1. 法律层面

以法律作规范和引导出版业的通行做法是制定出版专门法或者在其他普通法中对出版活动加以规范和限定[1]。西方国家的出版法制建设起步较早，法律体系普遍比较健全，许多国家先后制定专门的出版法。我国出版法制化建设起步较晚，尚无专门的出版法，只在其他普通法中涉及关于出版业的法律规定。其中，在《宪法》《刑法》《刑事诉讼法》《民法通则》《民事诉讼法》《行政诉讼法》《行政处罚法》《海关法》《商标法》《反不正当竞争法》《合同法》《著作权法》等普通法中，都有涉及出版业的法律的条文。

我国出版立法是以宪法为核心和依据的，《宪法》（2004）第22条、第35条、第47条规定了出版事业的性质、任务和作用。第22条规定国家发展为人民服务、为社会主义服务的出版发行等事业；第35条规定公民有言论、出版等自由；第47条规定"公民有进行科学研究、文学艺术创作和其他文化活动的自由，国家对于从事教育、科学、技术、文学、艺术和其他文化事业的公民的有益于人民的创造性工作，给以鼓励和帮助"。由此可知，我国出版业要在紧密围绕社会主义核心价值观的基础上，保障公民言论、出版自由，对有益于社会主义核心价值观践行的出版行为予以鼓励引导。这些是宪法对出版的规定，更是制定出版相关法律法规的基础。例如，在宪法基本原则的指导下，我国《著作权法》（2010）第1条明确规定要"鼓励有益于社会主义精神文明、物质文明建设的作品的创作和传播，促进社会主义文化和科学事业的发展与繁荣"。

除了《宪法》和《著作权法》外，我国其他普通法，如《刑法》

---

[1] 吴赟、何春华：《中西出版业法律调控之比较》，《新闻出版交流》2003年第4期。

《刑事诉讼法》《民法通则》《民事诉讼法》《行政诉讼法》《行政处罚法》《海关法》《商标法》《反不正当竞争法》《合同法》等，均有涉及出版规制或价值引导的一些法律条文。例如，《刑法》（2011 年修正）第 152 条规定了对走私淫秽物品罪的处罚；第 250 条规定了对出版歧视、侮辱少数民族作品罪的处罚；第 363 条至 367 条规定了对"制作、贩卖、传播淫秽物品罪"的处罚。

2. 行政法规层面

行政法规是以国务院为制定主体，根据宪法和法律的授权，经过法定程序制定的条例、办法、实施细则和规定等，其法的效力次于法律、高于部门规章和地方法规。我国引导出版价值的行政法规主要包括《出版管理条例》《音像制品管理条例》《印刷业管理条例》《法规汇编编辑出版管理规定》《中华人民共和国地图编制出版管理条例》《互联网信息服务管理办法》等。这些出版行政法规均以《宪法》为基础，对出版业的各种类型、各个环节、各个方面进行具体的规制和限定。

首先，出版行政法规对出版物内容划出了底线，规定了出版物不得含有"禁止性内容"。这些禁止性内容包括"反对宪法确定的基本原则的；危害国家统一、主权和领土完整的；泄露国家秘密、危害国家安全或者损害国家荣誉和利益的；煽动民族仇恨、民族歧视，破坏民族团结，或者侵害民族风俗、习惯的；宣扬邪教、迷信的；扰乱社会秩序，破坏社会稳定的；宣扬淫秽、赌博、暴力或者教唆犯罪的；侮辱或者诽谤他人，侵害他人合法权益的；危害社会公德或者民族优秀文化传统的；有法律、行政法规和国家规定禁止的其他内容的"等，以及"以未成年人为对象的出版物不得含有诱发未成年人模仿违反社会公德的行为和违法犯罪的行为的内容，不得含有恐怖、残酷等妨害未成年人身心健康的内容"。以上"禁止性内容"是出版内容的底线，凡是含有这些"禁止性内容"的出版物，一律不得出版、印刷或者复制、发行、进口。"禁止性内容"的明确界定，既是对出版单位和出版市场的必要限定，也是对出版方向和出版价值的一种引导。

　　其次，出版行政法规针对重要出版业务工作制定了系列专项管理制度，如重大选题备案制度、编辑责任制度、进口备案制度等。重大选题备案制度规定：图书、期刊、音像制品、电子出版物"涉及国家安全、社会安定等方面的内容"的重大选题实行备案制度，"涉及重大选题，未在出版前报备案的出版物，不得出版"。涉及国家安全、社会安定的重大出版选题，由于题材敏感、影响深远，一旦出现导向问题造成的后果往往极其严重。因此，必须确保此类选题出版物的立场与观点符合国家和人民的根本利益。重大选题备案制度正是出于这一目的而设计的，通过对选题备案的管理已达到对此类出版物内容的限定和引导。编辑责任制度规定：出版物的出版实行编辑责任负责制，以保障出版物刊载的内容符合《出版管理条例》的规定。因为市场本身不具备自觉且理性的文化引导和选择机制，而编辑处在社会文化发展的前沿，对文化产品进行选择与传播[1]，自然应该承担起引导出版价值的重任。编辑责任制度对于强化编辑的文化责任、引导编辑关注与重视出版物的内容与价值导向具有重大意义。进口备案制度，是针对境外出版物的进口而制定的。我国出版物进口备案制度规定："出版物进口经营单位应当在进口出版物前将拟进口的出版物目录报省级以上人民政府出版行政主管部门备案；省级以上人民政府出版行政主管部门发现有禁止进口的或者暂缓进口的出版物的，应当及时通知出版物进口经营单位并通报海关"，且"对通报禁止进口或者暂缓进口

---

[1]　夏登武：《编辑传播的价值选择》，《编辑之友》2010 年第 8 期。

的出版物，出版物进口经营单位不得进口，海关不得放行"。出版物进口是丰富国内出版物市场的重要举措；然而，境外出版物的内容质量参差不齐，而且可能存在严重的价值导向问题，有些出版物甚至成为敌对势力对我国进行意识形态渗透的工具。因而，对出版物进口的管理，实际上，是基于我国主流价值观、文化安全或意识形态安全对出版物市场供应的控制，具有鲜明的出版物消费市场价值引导属性。

最后，出版行政法规以奖励与处罚手段规制出版经营行为。《出版管理条例》《音像制品管理条例》《印刷业管理条例》等都明示了应该奖励与处罚的出版经营行为。在奖励方面，《出版管理条例》明确规定，国家支持、鼓励优秀的重点出版物的出版，对为发展、繁荣出版产业和出版事业做出重要贡献的单位和个人，按照国家有关规定给予奖励；《印刷业管理条例》规定，国家鼓励从事出版物印刷经营活动的企业及时印刷体现国内外新的优秀文化成果的出版物，重视印刷传统文化精品和有价值的学术著作。应该说，这些奖励规定，实际上就是出版行政部门在向出版单位、出版工作者释放的一个明确的出版价值引导信息。在处罚方面，相关规定更为具体，既有对出版单位的处罚，也有对出版责任人的处罚；既有没收出版物、没收非法所得、罚款等经济处罚，也有警告、停业整顿、吊销许可证等行政处罚，还有追究刑事责任的刑事处罚。例如，对于出版、进口、印刷或者复制、发行、出售含有前文所述"禁止性内容"出版物的，依据情节轻重，给予没收出版物、罚款、吊销许可证、追究刑事责任等处罚；出版单位未将其年度出版计划和涉及国家安全、社会安定等方面的重大选题备案的、出版物质量不符合有关规定和标准的，依据情节轻重，给予警告、责令改正，责令限期停业整顿、吊销许可证等处罚；公开地图泄露国家秘密，或者产生危害国家主权或者安全、损害国家利益的其他后果的，对负有直接责任的主管人员和其他直接责任人员依法给予行政处分；构成犯罪的，依法追究刑事责任。上述这些具体的处罚措施既惩罚了违规违法出版行为，也警示了其他出版单位和出版从业者，其引导出版价值的功能甚至超过了某些奖励措施。

3. 部门规章层面

部门规章是国务院各部门、各委员会、审计署等根据法律和行政法规的规定和国务院的决定，在本部门的权限范围内制定和发布的调整本部门范围内行政管理关系的，并不得与宪法、法律和行政法规相抵触的规范性文件，其主要形式是命令、指示、规章等。我国出版行业的部门规章涉及范围广、数量众多，其规制的对象主要有出版单位的经营行为、出版物的内容与质量。我国现行的出版行业部门规章主要有：《期刊出版管理规定》《图书出版管理规定》《音像制品制作管理规定》《电子出版物出版管理规定》《互联网出版管理暂行规定》等。

上述出版部门规章是以《出版管理条例》等出版行政法规为基础而制定的，是出版行政法规的具体化，其作用与功能类似出版行政法规；但是，出版部门规章较之出版行政法规具有更强的操作性。

首先，出版部门规章涉及的对象比出版行政法规更具体。例如，国务院现行出版行政法规《出版管理条例》，规制对象相对笼统，它同时涵盖"报纸、期刊、图书、音像制品和电子出版物等"[1]，对报纸、期刊、图书、音像制品和电子出版物等不同管理对象行使相同的管理职权。但是，在出版部门规章中，单是新闻出版总署颁布的部门规章就分别涉及各类不同的规制对象。有针对期刊的《期刊出版管理规定》，针对图书的《图书出版管理规定》和《图书质量管理

---

[1]《出版管理条例》，知识产权出版社 2002 年版，第 2 页。

规定》，针对音像制品的《音像制品制作管理规定》，针对电子出版物的《电子出版物出版管理规定》，针对互联网出版的《互联网出版管理暂行规定》。它们针对不同的管理对象的特点，分别做出具体的管理规定。

其次，出版部门规章涉及的环节比出版行政法规更具体。仍以国务院现行出版行政法规《出版管理条例》为例，其所指出版活动包括"出版物的出版、印刷或者复制、进口、发行"[1]，涵盖出版活动全流程。但是，新闻出版总署则针对出版活动的不同环节颁布了不同部门规章。如出版环节有《期刊出版管理规定》《图书出版管理规定》《电子出版物出版管理规定》《互联网出版管理暂行规定》等；印刷复制环节有《出版物印刷管理规定》和《音像制品复制管理办法》；进口环节有《出版物进口备案管理办法（征求意见稿）》和《音像制品进口管理办法》；发行环节有《出版物市场管理规定》。再如，针对国务院行政法规《音像制品管理条例》，新闻出版总署制定了更为具体的《音像制品出版管理规定》《音像制品复制管理办法》《音像制品进口管理办法》。可见，出版部门规章更能够针对出版活动流程的特点制定更有针对性和操作性的具体管理与规制办法，其规制的针对性更强。

最后，出版部门规章涉及的专项业务活动比出版行政法规更具体。出版行政法规对出版中的一些重要业务活动只作出一些原则性的安排，而这些原则的实施主要还得依靠出版行政部门出台的相关部门规章。例如，针对《出版管理条例》第二十五条规定"出版单位实行编辑责任制度"的原则要求，新闻出版总署制定了一系列的相关规定，如选题论证制度、图书稿件三审责任制度、责任编辑制度、责任校对制度、图书重版前审读制度等，以确保保障图书出版质量。不仅

---

[1]《出版管理条例》，知识产权出版社 2002 年版，第 2 页。

如此，新闻出版行政管理部门为保证编辑等出版从业人员达到相应岗位的素质和技能要求，实行出版专业职业资格制度。为此，专门颁布了《出版专业技术人员职业资格管理规定》和《出版专业技术人员职业资格考试暂行规定》。

　　法律法规是由法律、行政法规和部门规章共同构成的一个完整的管理体系。从实践角度看，当前我国出版业的法律法规体系较为完备，不同层次的法律法规功能定位明确，分别从不同层面对出版业发展进行了有效的规制与管理，在保障我国出版业"为人民服务、为社会主义服务"、坚持"社会效益与经济效益相统一"的实践中发挥了较为重要的作用。

第三节　引导效果分析与评价

　　作为管理与规制出版业发展的手段和工具，法律法规具有其他规制方式所不具备的强制性和约束力。利用法律法规手段规范出版业发展、引导出版价值，是世界各国出版界普遍的做法。相比较而言，发达国家主要倚重的手段是法律，而我国却更为侧重行政法规和部门规章。本节拟对我国运用法律法规手段引导出版价值的效果作一个简要分析与评价，为更好运用这一手段有效引导出版价值提供参考。

一、行政管理引导效果分析

　　当前，我国主要通过行政许可、行政审查、行政监督、行政指导和行政处罚五种行政管理手段，依托选题备案制度、书号刊号版号管理制度、出版规划以及出版奖励和行政处罚等工具来规制出版业发展、引导出版价值。应该说，这些手段和工具的运用在保障我国出版业坚持"为人民服务、为社会主义服务"、坚持"社会效益与经济效益相统一"方面发挥了较为积极的作用。但是，同时也应该看到，我们在运用行政管理方式规范出版业发展、引导出版价值方面仍存在一些问题和不足。

1. 应对新技术发展不足

出版业是一个典型的技术驱动型产业。互联网特别是移动互联网技术、数字技术等的发展和普及，正在不断改变出版的产业形态和出版产品的形式，各种新型出版业态不断涌现，出版业的管理方式也发生了改变。如果一味因循传统的管理手段和方式来规制新型出版业，那管理的效率和效果必将大打折扣。在出版价值引导方面，我们同样面临着新技术的挑战，从实践看，我们在应对出版技术发展挑战方面显得较为被动，有些力不从心。

首先，从出版环节看，传统出版管理中的书号刊号版号管理制度、选题备案制度、编辑责任制度等出版物内容"把关"制度难以解决数字出版中的内容质量把关问题。数字技术高速发展的今天，也被称作"自出版"时代。微博、微信、网络社区等都具有"出版"功能。在这些平台上，不受所谓书号刊号版号的限制，任何人都可以上传任何内容，因此网络平台成了书号刊号版号管理制度的盲区：网民自身就是"出版"的主体，网民对什么感兴趣就可以写什么，不需要征得任何人的同意，更不存在所谓"选题备案"或"选题报批"，传统的选题备案制度根本就规制不了网民发布内容信息的行为，传统出版中的编辑责任制度成了一纸空文。当今，网络上出现的大量"三俗"内容、违背社会主义核心价值观的内容，甚至对抗社会主义主流意识形态的内容，都是与现行出版管理制度难以对新技术背景下数字出版实现有效监管直接相关的。

其次，从复制环节看，传统出版管理中的印刷复制许可制度、委托复制制度等也面临现实挑战，数字复制的隐蔽性使大量不健康内容得以肆意复制与传播。版权是出版企业的核心资产，是体现出版企业竞争力的重要资源。正是由于版权所具有的重要价值，盗版与防盗版也成了出版业中的一种普遍现象。在传统出版技术背景下，我们建立起了一整套防止和惩治盗版的法律法规，这些法律法规对于盗版行为起到了一定的抑制作用。但是，新技术背景下，传统的实物盗版方式业已演变为虚拟的网络盗版。传统的实物盗版，一般可以通过对其盗印、盗运、盗销和库房窝藏等进行查处。由于有物可寻，查处难度相对较小。而网络盗版，则主要是从网上搜索到合法出版的内容资源，通过非授权链接或复制发到网站上来实现的。这种虚拟网络盗版违法侵权现象的查处和处罚难度越来越大。因此，这些防止和惩治传统盗版行为的法律法规在新的出版环境下显得力不从心，起不到应有的作用。这正是当前网络盗版现象猖獗的重要原因之一。因此，管理和规制印刷复制环节的法律法规应该与时俱进，根据网络信息复制的特征进行必要的修订。

最后，从传播环节看，传统出版管理中关于违禁出版物、非法出版物、侵权盗版出版物等不得发行的相关规定在数字传播环境中执行难度很大，《出版物市场管理规定》中"不得发行"的出版物在网络上大行其道，畅通无阻。传统出版业中的出版物发行，大致对应于数字出版中的数字内容传播。传统出版管理体制中对出版物发行管理涉及的内容很多，其中，关于出版物商品的管制最为重要。《出版物市场管理规定》就明确规定了"不得发行"的出版物的类型。其中，违禁出版物、非法出版物、侵权盗版出版物等是任何组织和个人"不得发行"的出版物。在传统出版环境下，这一行政规章具有实际意义和可操作性。通过对书店"卖场"的巡查可以很容易发现是否存在销售"不得发行"出版物的情况。但是，网络环境下，数字内容产品的传播十分隐蔽，轻点鼠标就可以完成一次传播行为。在这种背景下，依靠规制出版物发行的传统法律法规是难以发现和惩治非法的网络传播行为的。现行的出版物发行管理规定如果不能根据新的传播方式进行更新，非法的网络传播行为就将难以制止。

总之，无论从出版、印刷复制，还是从发行环节看，传统出版行政管理机制、现有的出版法律法规都难以有效管理或规制新技术背景下的出版活动。当前数字技术背景下出现的出版物内容"低俗"、数字盗版和非法传播等现象是与传统出版行政管理机制及现有出版法律法规应对新技术不足有密切关联的。要提升出版行政管理的有效性，必须充分研究数字技术发展对出版活动的影响，并据此调整管理理念、管理方式，制定新的行政规章。

2. 管理成本高，效率低

众所周知，出版业具有经济与文化的双重属性，这一特征使得出版行政管理具有高度的复杂性。一方面，它要遵循经济规律，因此，政府部门中与经济或产业相关的管理部门对出版业负有管理责任；另一方面，它又具有鲜明的文化属性，所以政府部门中与文化或意识形态相关的管理部门同样对出版业负有管理责任。因而，我国行政管理中本就突出的"多头管理""政出多门"现象在出版行政管理中显得更为突出。我国出版业的行政管理涉及新闻出版、文化、信息产业、工商、税务、公安、邮政、交通、民航、海关、城管、教育等众多部门，这种庞杂繁复的出版行政管理体制使得管理成本高、效率低是当前我国出版行政管理中存在的突出弊端。

出版行政管理成本高突出体现在以下三个方面：一是出版行政管理运作的直接成本高。从中央到地方，从新闻出版、文化、信息产业到工商、城管，复杂而庞大的出版行政管理系统本身就需要占用大量的政府资源，带来管理成本的上升。二是复杂的出版行政管理流程、"多头管理"和"政出多门"等增加了出版单位的时间成本。例如，专项出版选题报批的复杂流程、出版单位设立的多头审批、出版物市场管理的政出多门等往往需要耗费企业大量的宝贵时间，无形中增加了企业的时间成本。三是低效的出版行政管理浪费了出版单位的大量机会成本。产业化背景下，出版竞争异常激烈，出版市场变幻莫测，失去机会就失去效益。出版行政管理的低效浪费了出版单位的不少机会成本。

出版行政管理效率低下，管理主体多头并存、管理职能时有交叉、职权不明导致执法尺度不一，重复执法以及相互之间争权夺利、踢皮球等现象时有发生。一方面，由于管理主体多头并存，管理职能交叉和模糊，一些部门受利益的驱动，往往出现"无利推、有利追"的现象；另一方面，由于职权不明、执法尺度不一，导致管理方式、管理手段、管理力度也受到多种因素的制约，一旦某个环节衔接不到位、不及时，就会出现管理脱节的现象。

3. 管理机制建设尚不够健全

一般而言，管理机制是指管理系统的结构的内在联系、功能及运行原理，是决定管理功效的核心问题。虽然说我国出版管理偏重行政管理，但是，我国出版行政管理却明显滞后于出版产业发展对政府行政管理的要求。

我国出版产业经历了由传统的事业单位到产业体制的蜕变，文化与经济的博弈在出版业发展中表现得最为明显。一方面，随着出版社的转企改制，市场化步伐不断加大，政府开始简政放权，出版单位作为市场主体的自主性、独立性不断增强；另一方面由于行政管理职能转变不到位，政府职能转变落后于出版体制变革和出版产业发展，使得出版业在市场化过程中出现诸如诚信缺失、不当竞争、结构失衡等新的问题。这些问题的出现，直接体现了出版行政管理的机制建设不完善主要表现在管理职能的缺位和能力不足。

行政管理职能缺位，是指在需要政府行使规制职能的地方出现了管理不到位现象。当前，我国出版行政管理职能缺位现象严重。出版社转企改制后产生的一些新的矛盾，数字出版新业态发展中暴露出的新的问题，都是出版行政管理的盲区。例如，总编辑在转企改制后上市出版公司法人治理结构中的职能定位问题、转企改制出版单位的绩效考核标准问题、网络文学内容"低俗"问题、网络游戏内容和形式的暴力化问题、网络动漫的"媚俗"问题、数字出版产品的侵权盗版问题等。这些问题都不是单一出版行政管理机构可以解决的，需要多部门的协作。但是，在现行体制下，多部门协作往往会出现"无利推、有利追"的现象。这是造成我国出版行政管理职能缺位现象的原因之一。出版行政管理职能缺位造成的后果相当严重，其中，一些出版单位价值观迷失、出版人重利轻义、出版物思想导向失偏等正是其严重后果的突出表现。

出版行政管理能力不足，是指政府虽履行了部分管理职能，但其能力无法满足出版业发展的需求，制约了出版业的发展。在引导出版业"为人民服务、为社会主义服务"、坚持"社会效益与经济效益相统一"的实践中，就暴露出我国出版行政管理能力不足的问题。例如，通过各种严格的行政程序成立的正式出版单位，仍然大肆出版"低俗""庸俗"出版物；通过官方渠道正式获取的书号、刊号、版号，仍然可以被用于"买卖"，用于非法出版物的出版；经过审批或备案的重大出版选题，最终产出的成果离"精品力作"差之甚远，乃至成为庸品、废品。可见，出版行政机关虽然履行了出版单位设立的审批程序，履行了书号、刊号、版号的管理义务，履行了重大选题审批或备案责任；但是，希望通过这些程序达到引导出版价值的目的却远没有达到，也就是说，行政管理的效果差强人意。出版行政管理能力的不足，助长或放大了出版产业的负外部效应，从而导致出版市场出现普遍的"低俗"现象，严重影响了出版业"为人民服务、为社会主义服务"方针和"社会效益与经济效益相统一"原则的贯彻和落实。

二、法律法规引导效果分析

无论是计划经济，还是市场经济，都需要宏观调控。宏观调控的方式，因经济体制的不同而有所区别。随着我国从计划经济向市场经济转变，宏观调控则由直接管理向间接管理转变，由指令性转向服务性、引导性和必要的干预[1]。宏观调控的主要工具是国家法律，法律法规在宏观调控中具有重要的引导作用。在出版业宏观管理中，尽管国家对出版价值的引导可以采用经济、行政等多种手段；但是，法律法规仍然是不可或缺的重要手段，经济手段和行政手段也要通过法律形式加以规定和保障。法律法规在规制和管理我国出版业发展，引导出版价值方面发挥了一定程度的积极作用；但是，仍然存在不少问题和不足，严重影响了其管理和规制出版业发展、引导出版价值的效果。

---

[1] 张文显主编：《法理学》，高等教育出版社 2003 年版，第 89 页。

1. 应对变化不足、存在滞后性

法律法规是抽象、概括、定型的规范性文本，是经过严格立法和行政程序制定的，具有较强的稳定性，不能频繁变动，更不能朝令夕改。我国的《出版管理条例》《音像制品管理条例》《印刷业管理条例》等就是国务院制定并颁布的行政法规，具有一般法律法规的属性和特征。

虽然法律法规具有很强的稳定性，但是，它所规制的对象和调整的法律关系却是具体的、形形色色的、易变的。因此，现实生活中不可能有天衣无缝、预先包容全部有关行为与活动事实的法典，任何法律法规都可能存在某些规则真空和一定的不适应性[1]。出版业作为人类社会经济文化活动的重要组成部分，总是随着经济社会的发展与时俱进的。因此，规制出版业发展的法律法规也就不可能是天衣无缝的，其存在某些真空或不适应性也就不足为奇。

那么，到底应该如何处理法律法规的稳定性与其规制对象和调整的法律关系的动态性之间的矛盾，以确保法律法规充分发挥其效用呢？从各国司法实践看，一般不外乎这样两种思路。一是尽量提高法律法规立法的预见性；二是因应实践发展变化对法律法规进行适时修订。然而，从这两个方面来看，我国出版法律法规的立法和修订都存在明显不足。这正是造成出版法律法规在规制我国出版业发展、引导出版价值中难以有效发挥作用的根本原因。

以网络出版的发展为例。我国互联网出版的立法工作相对滞后，而且所制定的互联网出版规定预见性严重不足。20世纪90年代，互联网的高速发展和普及带动了互联网出版新业态的快速发展，包括

---

[1] 张文显主编:《法理学》，高等教育出版社2003年版，第211页。

网络文学在内的互联网出版迅速成为我国数字出版领域最受网民欢迎的出版业态。作为一种新兴业态，互联网出版发展中也暴露出不少问题，如出版价值观迷失、作品内容低俗、侵权盗版严重等。为促进互联网出版行为，促进互联网出版发展，新闻出版总署在 2002 年制定和颁布了《互联网出版管理暂行规定》。然而，该《规定》几乎是对《出版管理条例》的简单复制，未充分预见到网络的特点和网络新媒体的特性，对互联网行业的特殊性根本没有给予应有的关注和研究[1]。这样一种严重缺乏预见性的出版行政法规颁布后，仍然难以对新兴的互联网出版行为起到有效的规制和管理作用，互联网出版中的矛盾和问题，如价值迷失、内容低俗、侵权盗版等，依然得不到解决。制定和颁布该《规定》的良好初衷未能实现。

再如，关于出版物进口的法规也同样存在应对不足、立法滞后的问题。出版物进口是吸收和借鉴国际先进科技文化知识、丰富国内出版物市场的有效举措。在经济文化全球化的背景下，出版物进口的意义和重要性还在不断提升。然而，考虑到出版物产品的文化，尤其是其中的意识形态属性，加强出版物进口管理无可厚非。2001 年国务院颁发的《出版管理条例》确立了我国出版物进口单位实行许可制度。十年后的 2011 年，新闻出版总署和海关总署联合颁布的《音像制品进口管理办法》，仍然规定音像制品进口单位同样实行许可制度。上述出版物进口的相关规定，对于传统技术背景下出版物进口的确起到了"过滤"或"净化"的作用。正如吴伟光教授所指出的，"将政府认为不合适的内容排除在市场之外"[2]。然而，上述出版物进口的相关规定，是通过国家的边界和海关对出版物实物载体的控制来实现管制

---

[1] 吴伟光：《网络新媒体的法律规制》，知识产权出版社 2013 年版，第 37 页。
[2] 同上书，第 22 页。

的。在数字技术背景下，出版物的内容是存储在虚拟的网络空间的，再也不依附于报纸、期刊、图书、光盘等有形物质载体。境外的出版内容资源完全可以脱离传统的物流渠道，借助网络进行传播，轻易就可以摆脱海关在出版内容传播中的监管。因此，仍然寄希望于通过边界和海关控制有形物质载体的方式来达到控制出版物进口的目的显然难以如愿。但遗憾的是，新闻出版广电总局 2015 年 2 月起草的《出版物进口备案管理办法（征求意见稿）》仍然是基于传统观念和方法来管制出版物进口的。虽然为了实现"减少行政审批，强化事中事后监管"的目的，将许可制度改为了备案制；但是，管理的方法和措施还是管理传统出版物进口的那一套，完全没有考虑数字技术发展对出版物进口的影响。可以想象到的是，这种缺乏适应性、预见性的法规将会在未来出版物进口管理中所能发挥的作用。

2. 设计有缺陷、引导效果不佳

法律法规的作用既体现在对违法行为的制裁或惩罚方面，又可以体现在引导人们的正确行为上。通常情况下，受到法律制裁或惩罚的总是少数，所以法律法规更多的是通过制裁或惩罚起到一种警示或引导的作用。在法律法规中，法律更多的是以制裁或惩罚为主，而行政法规和部门规章则是惩罚和激励并重。行政奖励作为政府实施行政管理的一种有效手段，是伴随着国家的产生而出现的。我国自古就有行政奖励，"立木为信""重赏之下必有勇夫"等就是有关行政奖励的历史典故。在信息发达、经济发展、文化多元化的今天，具有民主、高效、柔和等不可替代功能的行政奖励在社会发展的诸多领域大有用武之地。

我国规制与管理出版业的法律法规中，法律数量较少，主要是以行政法规和部门规章为主。在现行的出版行政法规中，既有对违法违规出版行为的制裁或惩罚，也有对好的出版行为的激励。虽然由于价值目标的指引不同，行政奖励的内涵也会有所不同[1]；但是，在出版领域，实施行政奖励，引导出版主体创作生产符合社会主义核心价值观的精品力作业已成为出版业界和出版行政管理部门的共识。因此，在我国现行出版行政法规和部门规章中都有相关的激励条款。然而，目前我国引导出版价值的法律法规中所涉及的行政奖励规定存在一定设计缺陷，缺乏操作性，激励的效果因此大打折扣，甚至可能会因实施不当反而带来意想不到的负面效果。

我国现行出版行政法规和部门规章对于行政激励的设计大致存在以下问题。

第一，所设计的出版行政奖励存在授奖主体含糊，权限不清的问题。比如，《出版管理条例》规定，"对为发展、繁荣出版产业和出版事业做出重要贡献的单位和个人，按照国家有关规定给予奖励"。但是，《条例》没有规定授奖主体。在具体操作过程中，可能导致行政机关出于部门利益考虑，或者对同一行为争相实施行政奖励，出现重复奖励情况；或授奖行为发生后，行政机关互相推诿而不实施行政奖励的现象。第二，所设计的出版行政奖励存在奖励标准笼统的问题。以《出版管理条例》中的行政奖励为例，《条例》相关条款通常使用"重要贡献""成绩突出"等弹性较大的用语，既没有定性也没有定量的判断标准，给行政奖励的具体实施带来了诸多不便。第三，所设计的出版行政奖励存在奖励种类、等级不明的问题。行政奖励依据内容的不同可分为物质奖励、精神奖励、权能奖励等不同种类，每种奖励又可依等级分为不同级次；但这些在我国出版法律法规的行政奖励条款中没有体现。第四，所设计的出版行政奖励缺乏有关奖励救济的规

---

[1] 曾现立：《论行政奖励法律规制之完善》，电子科技大学 2008 年博士学位论文。

定，从而导致实践中授奖人权利受到侵害后得不到有效救济。

3. 标准模糊、影响执行

立法上有这样一条箴言：通过一部无法执行的法律就是一项有害的政策，因为这样的法律将损及人们对于可执行法律的忠诚度[1]。法律的"可执行"，显然是建立在法律规定的标准必须清晰明了的基础上。美国法学家朗·富勒认为一套法律体系中应该有八个条件，其中两个条件便是"清晰明白，足能理解以及具有充分的可预测性"。毫无疑问，这也是对出版法律法规的要求。

应该说，与其他行业的法律法规相比，出版法律法规要做到"清晰明白，足能理解以及具有充分的可预测性"，或者说标准清晰明了，是有一定难度的。因为出版物的内容更多地都是精神层面的东西，相对抽象，有时甚至就没有完全客观的判断标准，所以，要对其做出一个客观的判断往往并不容易。事实上，我国现行出版法律法规所规定的出版物内容判断标准就不够"清晰明白"。例如，《出版管理条例》规定出版物不得含有禁止性内容，含有禁止性内容的出版物不得出版、印刷或者复制、发行、进口等，并且逐一列举了"禁止性内容"。这些规定实际上是我国出版审查的标准，被多个涉及出版的法律法规文件略加修改地复制或直接照搬，这种宽泛和模糊的法律标准本身就与法治社会的基本理念不相符合[2]。

出版法律法规标准的"宽泛和模糊"将会导致两个必然结果。其一，审查主体对出版物内容进行审查时，由于审查标准模糊，难以对出版物内容做出准确判断，从而影响法律法规的执行效果；其二，审

---

[1] 吴伟光：《网络新媒体的法律规制》，知识产权出版社 2013 年版，第 23—24 页。

[2] 同上书，第 45 页。

查标准模糊，还会导致出版经营者无所适从，难以判断出版物内容是
否符合国家法律法规的规定标准，进而做出错误的判断，误导其出版
行为。或者对标准理解过宽，导致不合法出版物得以出版；或者理解
过窄，导致合法出版物失去出版的机会。应该说，无论是哪种结果都
是有悖立法者初衷的，是有害于出版业发展的。

第四节　发达国家行政与法律引导出版价值的借鉴

　　由于出版业所具有的特殊属性和功能，世界各国都十分重视对出
版业发展的管理和引导。通过加强管理和引导，以确保出版业的发展
符合国家及其统治阶级的根本利益。尽管各国管理和引导出版业的体
制和方式不尽相同，但是，行政管理和法律法规都是世界各国普遍采
用的手段和工具。本节拟对主要发达国家运用行政和法律手段管理和
引导出版业的情况做一个简要梳理，以期为我们有效利用行政和法律
手段管理和引导出版业提供借鉴。

一、发达国家的出版行政管理

　　20 世纪 80 年代起，西方各国掀起"政府再造"的公共行政改革
浪潮，有力地推动了西方各国行政管理体系的变革。这场变革的核心
聚焦于：崇尚市场机制和市场力量，转换政府职能，减少政府干预。
这一公共行政改革浪潮对西方各国出版行政管理产生了深远的影响。
与此同时，因传播科技发展和媒介融合的影响，西方发达国家政府又
对其出版行政管理的体制和职能进行了不同程度的调整，这又进一步

改变了西方发达国家传统的出版行政管理体制。

经过公共行政管理变革的洗礼，当前西方发达国家基本形成了以服务、引导为主要职能，以文化、传媒、教育和外交部门为主导，财政、税收、工商和法律部门共同参与的出版行政管理体系。在行政管理机构设置上，以美国为代表的大部分西方发达国家都没有专门管理出版业的政府机构。各项出版行政管理工作分散在政府的各个相关职能部门。这是典型的以"功能监管代替机构监管"的行政管理模式[1]。如美国新闻署仅以对外宣传为目的开展扶持出版物翻译计划等；英国贸易工业部则将出版媒体业作为其发展战略的重要组成，负责对出版业的行业年度数据进行统计调查，并支持政府对印刷媒体免征增值税的政策。[2]

与美英的体制不同，当前仍有少数西方国家保留了职能相对集中的出版行政管理机构，如法国和俄罗斯。法国文化和交流部下设"图书与阅读司"，主管图书的创作、出版发行与阅读三个环节的工作。俄罗斯的新闻出版、广播电视与大众传媒部也担负了类似的管理职能。

然而，尽管受公共行政变革浪潮影响而调整了出版政府管理体制与方式；但是，西方发达国家的政府，考虑到出版在文化建构和社会控制等方面的特殊作用和影响，并没有因为管理体制变革而放松对出版的"意识形态控制"[3]，政府对价值的引导丝毫没有因此而放松。

1. 行政管理价值引导职能的实现途径

历史上，西方发达国家曾经实施过多种出版管理制度，如审查制

---

[1] 李新祥：《美传媒监管模式变革的动因考察》，《传媒观察》2011 年第 3 期。

[2] 杨贵山：《国际出版业导论》，北京大学出版社 2010 年版，第 12 页。

[3] 吴飞、王学成：《传媒文化社会》，山东人民出版社 2006 年版，第 78 页。

度、特别许可证制度以及保证金制度等。这些传统的出版行政管理制度，是在"出版自由"和"有限政府"等理念作用下逐步演变成现行体制的。其现行出版行政管理体制，也是从对出版业的全面行政管理转向借助法律、市场手段的管理。例如，从对市场准入管制向市场管理法制化的转变，从管理权限集中于政府转变为将部分行政管理权力下放至行业协会等市场中介组织。出版行政管理体制和方式的改变，并没有弱化其管理和规制出版业发展、引导出版价值的功能。西方发达国家出版行政管理的价值引导职能主要体现在政策扶持和内容审查两个方面。

1）政策扶持

西方发达国家对出版业管理采用的是区别对待政策。一般的商业性出版，主要交给市场，通过市场机制调节其发展。但是，对待具有意识形态性质的政治、文化类出版活动，尤其是对外出版活动等，政府则都会通过资助、税收减免，甚至是亲自参与到出版活动中去等不同方式予以扶持。它们不会将这部分出版活动完全交给市场。

在出版产业化程度极高的美国，政府同样会通过行政手段来扶持具有意识形态属性的出版活动。一方面，通过税收优惠政策扶持对外出版活动。美国的盈利性出版机构，像其他企业一样缴纳各种税收，税率通常在15%—34%之间，一般不能享受特殊的优惠政策。但是，对非盈利性出版机构不仅不征税，而且还会给予许多资助。其中，美国政府特别鼓励本国出版物的出口。对出口图书免征增值税和营业税[1]。实际上，美国政府鼓励对外出版、鼓励图书出口，就要是借助出版活动、借助出版物产品进行对外宣传，借以输入本国文化和价值观。这是美国对外文化输出的一种重要方式。另一方面，出于政治

---

[1] 李祥洲:《国外出版业宏观管理体系探析》,《出版科学》2004 年第 5 期。

利益考虑，美国政府在将大部分出版业务交给市场的同时，还牢牢掌控着一家规模庞大的政府出版机构——政府印刷局。该机构每年出版的政府出版物高达数万种之多，超过了美国任何一家出版社的出版规模和出版能力。政府印刷局其实就是一家专门为美国政府的意识形态宣传服务的官办出版机构。这是美国政府掌控意识形态、引导出版价值的典型方式。

2）内容审查

出版物是以其思想内容作用于人、影响人的。因此，对出版物内容的管制向来是各国政府规制出版、引导出版的重中之重。在以追惩制为内容规制方式的主要西方国家，一般可由出版者根据法律法规的相关规定自行决定出版内容，出版物出版之前通常无需接受政府或相关部门的审查。只有当出版物内容违反相关法律规定时，如出版物涉及煽动暴乱、诽谤、或者淫秽、种族歧视等内容，执法机关才会介入。出版物内容违法的处罚不仅包括没收、扣押、查封出版物，而且还可能追究相关责任人的刑事责任。但是，这并不意味着实行追惩制的西方国家就不会采用类似预审制的方式事前审查出版物的内容。

以美国为例，至少在这两种情形下，图书在出版前会被要求对其内容进行预防式审查。一是为"从政治上确保了政府意志的贯彻与执行"[1]，对直接进课堂的中小学教科书进行专门的审查。众所周知，中小学教科书事关青少年学生人生观、价值观和世界观的形成，意义重大。美国各州政府教育行政主管部门，在选用教科书之前一般都要组织教育专家对教科书的内容进行事先审定。只有通过审定的教科书，才能被采纳并进课堂。未通过审定的教科书，即使出版了也进不

[1] 孙洪军：《日本出版产业论》，中国传媒大学出版社 2009 年版，第 87 页。

了课堂。不仅美国，几乎所有西方发达国家都有关于教科书出版、选用的审读制度安排。二是以国家安全为借口对一些所谓敏感出版选题进行出版前的预防式审查。例如，供职于美国洛斯阿拉莫斯实验室的著名华人核物理学家李文和，由于被怀疑"向中国泄露核机密"遭逮捕并被起诉。出狱后，李文和计划撰写回忆录《我的祖国起诉我》。在与出版社签订出版协议后，联邦调查局就以国家安全为借口要求调看该回忆录的书稿。

2. 法国出版行政管理的价值引导

在法国，政府设有专门的出版管理行政机构，即文化和交流部下设的图书与阅读司。图书与阅读司专门负责图书的创作、出版发行与阅读三个环节的工作。其主要宗旨是制定扶持出版业的政策和为法国出版业参与国际竞争提供必要条件。在经济文化全球化背景下，法国政府依然奉行其独特的"文化例外"政策。法国政府以保护本国文化多样性为名，高度重视并扶持其出版业的发展，尤其重视对中小出版企业发展的资助。法国政府对出版业的重视及其配套的出版行政管理体系，为其在英美文化盛行背景下成为"文化大国"和"出版强国"做出了重要贡献。法国行政管理对出版的价值引导主要体现在以下四个方面。

1) 市场准入

1870 年法兰西第三共和国成立后，法国就逐步结束了出版特许制，实行出版登记制。如今，在法国创办出版单位，只要到经营管理部门登记，并遵守税务及工商管理方面的有关规定即可。无须向政府行政部门申报，没有专门的出版行政审批环节。

然而，登记制并不是法国出版市场开发的全部。其中，对于涉及文化传承和价值导向等社会影响较大的出版领域，如青少年读物出版领域，法国政府对其市场准入仍有较为严格的控制，不是任何人、任何单位都可以轻易涉足的。法国政府规定，创办青少年读物出版社需要具备以下条件：首先，出版单位必须由商业团体和行业协会创办而不能由个人创办，且在创办之前必须发表公开声明，表明不以青少年读物为盈利工具；其次，青少年读物出版社的负责人必须有 3 人以上，且应为法国国籍，享有公民权，并在其从事教育生涯中没有不轨行为或受处分的污点记录；此外，在申请程序上，青少年读物出版社的负责人还必须向司法部递交 4 份申请表，申请表上必须载有出版物的名称、责任人的姓名和地址、负责人委员会的成员、协会的名称和地址等内容。可见，出版登记制并非政府放任不管。出于对出版的社会功能、教化功能等方面的考虑，法国政府对诸如青少年读物出版之类的重要出版领域仍然具有相当的掌控力。显然，这正是法国政府以市场准入方式规制出版发展、引导出版价值的重要表现。

2）内容备案与追惩

从 1870 年起，法国正式结束了传统的出版物原稿审查制度，开始在出版物出版后对违法违规内容实行追惩制。其对出版物内容的监管和追惩主要是通过法律手段实现的。

作为版本备案制的发源地，法国在 1881 年的立法中规定了出版商有向行政机关送缴出版物样本的义务。出版商出版的正式出版物必须向政府指定部门送缴一定数量的样本，供政府备案用。对于具有特殊意义的青少年读物，出版商不仅要向行政机关送缴出版物样本，同时还有义务向法国司法部的审读委员会送缴 5 份样本，而且样本上必须载明负责人委员会成员的姓名和身份。政府依法专门成立了一个负责管理青少年读物的特别委员会——审读委员会，对青少年读物进行事后审读、追惩。可见，出版商送缴的呈缴本不仅是政府用于出版物的版本备案，而且还是政府对违法出版内容进行追惩的依据。

3）政府资助

法国政府将鼓励创作、发展阅读作为政府文化政策的重要方向。法国政府通过出版扶持计划等方式来引导法国出版业的发展。1947年，法国成立了专门的政府机构——国家图书中心，主要负责管理图书出版业的扶持和资助方面的工作。图书中心下设 15 个专家委员会，负责了解本专业的图书出版情况，并向图书中心提出资助建议。他们主要扶持文学创作，资助有价值的文化和科技图书的出版。其中，对法国文学名著的出版以及把法国图书翻译成外文更是给予大力支持。[1]

4）从业人员培训

出版社的管理者、编辑等出版从业人员是影响出版价值的重要力量。因此，以培训方式提升出版从业人员的政治、文化、法律等方面的素养，同样可以看作出版价值引导的重要举措。

法国对出版从业人员的教育培训工作十分重视。1984 年 2 月 24 日，法国政府对出版企业职业培训进一步制定了专门的法规。该法规规定，企业有义务对其职工进行职业培训，脱产培训期间，职工工资照发。该法规对培训机构、计划、内容、时间、经费等一系列问题作出了明确规定。目前，法国政府将教育培训从业人员的这部分行政管理职能下放给了行业协会。如由法国全国出版联合会领导下的出版职业学校（出版培训中心）是担任出版行业从业人员培训工作的主要机构。

---

[1] 新闻出版总署对外交流与合作司编：《海外新闻出版实录 2008》，人民出版社 2009 年版，第 12—13 页。

二、发达国家的出版法律法规

法律法规是大多数西方发达国家对新闻出版业进行调控和引导的主要手段。西方发达国家出版法的发展大致可分为两个历史时期：资产阶级革命至 19 世纪末；二战后至今。在第一个历史阶段，以英国、法国、美国为代表的早期资本主义国家逐步建立起了出版法律体系，成为其他国家效仿的典范。在第二个历史阶段，以德国、意大利、日本为代表的资本主义的后起之秀在封闭、守旧、为法西斯专政服务的出版法体系覆灭后，逐渐确立新的民主、自由的出版法制。

1. 西方发达国家出版法概况

出版法在西方主要国家一般指出版方面的法律、规范的总称，它系统性地规定出版行业中出版物的出版流程、出版内容、出版组织、出版者、发行者、出版市场的权利义务和行为规范，以及政府进行管理调控的方式、方法。

以英国、美国为代表的英美法系国家的出版法制对出版行业的法律调控多为"间接规定"，即在国家宪法中明确规定，不允许立法机关或者政府制定任何妨碍公民出版权利的专门法律。在英美法系国家，专门的出版法非常罕见，但诸多普通法、判例成为了调控出版业的法律法规。比如：英国没有专门出台一部综合性的出版法，但其在知识产权、商业法律、惩罚追责方面有诸多出版业可适用的法律。如《合同法》《权利法案》《淫秽出版物法》《消费者保护法》《青少年有害出版物法》等。美国完善全面的出版法律体系中也无专门的出版法，它依靠各种适用于出版行业的相关法律规范出版行业。如《宪法》《版权法》《反猥亵法》《公平交易法》《国家保密法》《间谍法》等。

以法国、德国为代表的大陆法系国家的出版法制对出版行业的法律调控为"直接规定"，即在国家宪法中明确规定立法机关或者政府可以制定专门的法律以保障公民的出版权利。在大陆法系国家，通常有专门针对出版行业出台的法律法规。比如法国出台的《出版自由法》《新闻出版法》《雅克朗法》；葡萄牙出台的比较完善的规范新闻和舆论的《新闻法》；德国出台的《新闻出版法》《传播危害青少年之文学作品法》《著作权法》等。这些国家的出版行业同时受到国家基本法和诸多普通法的规制。

西方发达国家立法权、行政权、司法权三权分立，相互独立和制约，政府主要依靠立法和司法程序来调控出版行业。西方发达国家的出版法制均为政府行政的依据，而非政府为了履行行政手段而制定的强制性规定。由于出版行业的行为规范涉及社会经济发展的方方面面，西方各国的出版法体系基本上都涵盖了民法、民事诉讼法、商法、刑法、刑事诉讼法、行政法六个法学大类，是一个庞大且复杂的法律体系。因此，不可能有任何一个国家制定出一部综合、全面、完整的出版法。

尽管西方主要国家的社会经济发展水平、出版业发展状况各不相同，但在出版法制建设方面仍有不少相同点：第一，用宪法、出版法保障公民出版自由的权利。西方各国均把宪法作为出版法制的重要立法依据，在宪法中对公民依法享有的出版自由权利和限制作了根本性的规定。第二，用版权法保护著作权、知识产权。西方主要国家大多制定了保护著作权不受侵害的版权法，并且逐渐加强对权利人的保护范围和力度。第三，用各种普通法规范出版市场。西方主要国家用法律对出版市场的竞争、市场秩序、发行渠道、销售环节等方面进行合理调整，维护出版市场的合理竞争和有序运营，打击垄断行为。第四，遵守国际或区域性公约。许多西方主要国家加入了国际公约，如

《世界人权宣言》《伯尔尼保护文学与艺术作品公约》《保护工业产权巴黎公约》《公民权利和政治权利国际公约》《世界版权公约》等。第五，规范舆论监督，对违法出版行为多实行追责性的惩罚机制。对于出版物，西方主要国家大多采用多部门综合管理的模式，各部门行政依据的法律各不相同。对于出版物的内容，大多采用事后审读的形式监管，对违法行为实施责任追溯追惩。

2. 西方发达国家法律对出版自由的规定

自由是西方发达国家出版的核心价值导向。马克思曾说：没有新闻出版自由，其他一切自由都会成为泡影。出版自由一般是指公民在法律允许的范围内，以文字或图画的形式在公开发行的出版物上表达思想和意见的自由。出版自由包括两个方面的内容：其一是著作自由，即公民有权自由地在公开出版物上发表作品；其二是设立出版单位的自由，如出版社、报社、期刊社等。

1）国际公约中对出版自由的规定

诸多国际公约中都有对出版自由进行的规定。其一，《世界人权宣言》中对出版自由的规定。1948 年 12 月 10 日联合国大会通过的《世界人权宣言》第 19 条规定："人人都有权享有主张和发表意见的自由；此项权利包括持有主张而不受干涉的自由，通过任何媒介和不论国界寻求、接受、传递消息和思想的自由。"

其二，《公民权利和政治权利国际公约》中对出版自由的规定。联合国大会于 1966 年 12 月 16 日通过了《公民权利和政治权利国际公约》，第 19 条规定："人人有权持有主张，并不受干涉。人人有自由发表意见的权利，而不论国籍，也不论口头的、书写的、印刷的、采取艺术形式的或通过它所选择的任何其他媒介……"

其三，《欧洲人权公约》《美洲人权公约》中对出版自由的规定。

其中,《欧洲人权公约》第 10 条规定:"人人有言论自由和权利,此项权利应包括保持主张的自由,以及在不受公共机关干预和不分国界的情况下,接受并传播消息和思想的自由,本条不应阻止各国对广播、电视、电影等企业规定许可证制度。"《美洲人权公约》第 13 条规定:"人人都有思想和发表意见的自由。这种权利包括寻求、接受和传递各种消息和思想的自由,而不论国界,或者通过口头、书写、印刷和艺术形式,或者通过自己选择的任何其他手段表达出来。"

2)发达国家法律法规对出版自由的规定

①美国

美国 1791 年通过的《权利法案》中明确规定每个公民都享有出版自由的权利。该法案明确规定禁止对出版自由设立法律。1787 年《宪法》中并未明确规定出版自由是公民的基本权利,但在之后的《宪法修正案》中添加了《权利法案》中关于出版言论自由的规定。该修正案第 1 条规定:"国会不得指定下列事项的法律:确立国教或者禁止信教自由;剥夺言论自由或者出版自由……"

②英国

英国是全世界首个实行出版自由的国家,1644 年英国政治学家约翰·弥尔顿在英国议会上发表了以《论出版自由》为主题的激烈演说,他的言论成为出版自由的最早经典理论。从 1695 年英国的出版领取许可执照制度废除后,英国真正实现了出版自由。1868 年英国废止了禁止报道和批评国会的诽谤法,至此标志着英国在法律上完全确认了出版及言论自由。

③法国

出版自由在世界上首次载入宪法是始于法国 1789 年的《人权宣言》。该宣言第 11 条明确规定:"思想和意见的自由交流是人类最宝贵的权利之一,因此,每个公民均有自由言论写作并发表的权利,但在法律限制内，否则将承担滥用该自由的责任。"1791 年，《人权宣言》被列入法国宪法序言。但实际上法国真正的出版自由是在自由化运动之后才得以实现的。直到 1881 年 7 月 29 日法国废止了出版的事前限制才标志着出版自由有了实质性的进展。经反复修改后出台的《出版自由法》在第 1 条规定了印刷和出版的自由，该法只限制扰乱社会秩序、破坏集体安全和损害个人利益的言论。

④德国

德国在 1949 年颁布的《基本法》第 5 条第 1 款中明确规定："通过摄影的出版自由和报道自由受到法律保障并且不设审查制度。"第 2 款将该自由限定为在一般法律和保护青少年及个人名誉的法律的限制下实行。该制度不仅适用于传统纸质传媒，同样适用于现代电子传媒，它把广播电视报道自由权和出版自由并列给予保护。

⑤日本

1868 年 6 月，日本明治政府出台了第一个关于新闻出版的法令《禁止私自印行报纸的太政官布告》，用于掌控报纸的印制发行权。1869 年 5 月制定的《出版条例》、1893 年 4 月的《出版法》、1899 年 3 月出台的《著作权法》、1909 年出台的《新闻纸法》都是日本政府为加强控制出版业专门出台的法律。日本 1889 年颁布《大日本帝国宪法》，该法第 29 条规定"日本臣民在法律范围内有言论著作印行集会和结社的自由。"此后，日本对新闻出版和言论自由有所放松。"二战"结束后，日本开始实行"三权分立"制度。1946 年 11 月颁布了新的《日本国宪法》，在该法第 21 条中明确规定"保障集会、言论和结社以及其他一切表达的自由权利，并且不对其进行审查"。自此，日本的出版自由有了宪法保障。此后，日本专门制定出台了《广播法》以保障言论自由。

3. 西方发达国家法律对出版物内容的引导

世界上对出版物内容的管理可分为预防制和追惩制。美国、英国是最早对出版物实施追惩制的国家，欧洲大陆国家则大多采用预防制。

1）美国

在美国，出版物的内容不得有犯罪性、淫秽和诽谤内容。对于出版物内容是否有损害公共利益的犯罪倾向的判断标准主要是依据1919年"兴克诉合众国"判决中霍尔姆斯确立的标准：违法出版物是使用文字的环境和性质均有明显现存的危险，以致国会有权制止该有危险、恶劣倾向的言论。对于出版物内容是否属于淫秽出版物的判断标准主要是依据1973年最高法院首席法官伯格在米勒案件中确立的"米勒标准"，即从整体上看该物品会促使人们产生色情淫欲，且无严肃的文学、艺术、科学或者政治价值的就属于淫秽。对于出版物内容是否有诽谤性质，主要的判断标准是：只要该出版物的言论有事实依据，则不属于诽谤。此外，任何泄露国家机密的，或者带有种族、信仰、民族、宗教歧视的，或者有可能损害公共秩序的出版内容均属违法出版物。

在青少年保护方面，联邦法律和纽约州法律对面向未成年人制作、传播淫秽色情出版物进行严厉的处罚：每制作传播一幅图片判刑5年，情节极其严重的最高判刑可达125年之久。

2）英国

英国1857年出台了《淫秽出版物法》，明确界定了淫秽出版物的标准，即任何出版物、文章，只要从整体上看具有侵蚀腐化读者的趋势，均属于淫秽出版物。该法同时详细规定了出版淫秽出版物的处罚办法。1959年该法的修正案中规定，发行、销售、租赁、散发、赠送淫秽作品的行为均属于犯罪行为。1964年，该法的修正案规定，任何以淫秽出版物营利为目的的人，包含出版商、印刷商、零售商、批发商等均会受到刑罚。1994年，英国出台了《刑事审判与公共秩序法》，该法把出版淫秽出版物认定为严重刑事犯罪。在《儿童保护法》《煽动兵变法》《诽谤法》《官方保密法》中，也有类似的规范出版物内容的规定。

在出版物违法的处罚上，英国采用连带责任制，即非法出版物的作者、编辑、出版人、印刷者、销售者均要受到处罚。

3）法国

在法国，根据《出版自由法》及有关法律的规定，禁止出版的内容包含：司法机密、未成年犯、国家机密、教唆犯罪、淫秽色情、虚假消息等内容。在法国，违法出版物主要包含两大类：损害公众利益的出版物，如内容低俗、价值取向违法、教唆犯罪；损害个人利益的出版物，如污蔑或者中伤他人。除此之外，出版物不得泄露国家机密、司法机密；不得复制罪行材料；禁止对未成年人犯罪进行报道。在法国，任何人对于有关自身的新闻、报道，均有答辩和更正的权利。

在青少年出版物管理方面，法国于1949年7月出台了《关于面向青少年的出版物法》。该法明确规定，青少年出版物的内容不得包含正面肯定犯罪行为、盗窃、撒谎、仇恨、淫秽、堕落，以及任何犯罪性的行为，或者带有种族歧视，有害青少年思想健康的行为的任何文字表述、插图、说明或者传闻。法国禁止向青少年销售、推荐、提供任何有害青少年健康的有淫秽、色情、犯罪性情节的读物。法国还在法律中明确规定建立监管青少年读物的委员会，督促政府对相关问题立法。

法国对非法出版物的扣押分为行政性扣押和司法性扣押两种。其中行政性的只适用于淫秽出版物，警察可以不经司法机关批准即可扣押。在出版物违法的处罚上，如果报刊登载的内容违法，则报刊主编按主犯惩处，作者、印刷、销售者按从犯惩处。

4）日本

日本在出版物内容管理立法方面有过几次失败的经历。日本政府1952年4月出台了《破坏活动防止法》，对教唆和煽动暴力行为的新闻和言论进行控制，但该法案引发了一次大规模的罢工抗议。1958年10月，日本政府又提出了《警察职务执行法》修正案，用于扩大警察的职权，赋予警察在公共安全或者公共秩序混乱时予以制止的权限。该法案由于民众反对的呼声太大而宣告失败。

在日本，贩卖、公开陈列淫秽的文字图画或者其他作品的要受到刑罚；损害他人名誉权、隐私权的，同样分别要受到《刑法》处罚和《民法》处罚。

在青少年保护方面，日本出台了《少年法》，该法第61条明确规定由家庭法院审判的犯罪的未成年人、因未成年时犯罪而被公诉的人的照片和报道不得在出版物上刊登。

5）韩国

韩国政府在《出版与印刷振兴法》第16条中规定，审查图书、期刊、漫画、报纸是否具有危害性，建立与出版物伦理有关的法定组织对出版物内容进行监督管理。根据该法，韩国成立了出版物伦理委员会，对各类纸质、电子出版物进行审读，对违法出版出版物的个人或者单位进行提醒、警告和处罚。

4. 发达国家法律对出版市场的管理

西方发达国家法律法规对出版市场并不直接干预，而是通过立法、执法为出版市场的有序运行创造公平的环境，让市场主体依法从事生产经营活动。

1）美国

美国政府主要通过在法律框架和经济体制中凸显文化产业的重要地位来促进文化产业的发展。美国近50年来一直对文化产业持宽松的管制策略，并用法律的制定和修订来影响各方利益、规范权责，为文化产业的发展提供制度和法律保障。美国的电影和传媒产业是国际性的标志性文化产业。美国在历次《版权法》的修订中，明确地规定了文化产业的政策导向，着重发展"内容创新"的"信息与文化产业"。美国充分利用税收立法扶持出版产业的发展。为此，美国政府出台了《国家艺术及人文事业基金法》《联邦税法》《网络免税法》等法律给予出版企业税收优惠，扶持和引导出版产业的发展。

在促进出版行业百花齐放方面，美国的《反托拉斯法》明确规定报业不得垄断，一切通过经济与财政手段垄断舆论或者妨碍出版自由的行为均属违法行为。

2）英国

英国政府主要通过法律、税收手段来管理和扶持出版产业发展。1997年，工党执政后，英国提出了"创意产业"计划，旨在通过知识产权立法、网络监管立法等手段为新兴的文化产业提供良好的市场环境。与美国类似，英国也出台了《关于刺激企业赞助艺术的办法》等税收立法促进出版产业的发展。

在促进出版行业良性竞争方面，英国政府在1965年颁布了《垄断与合并法》，该法第8条明确规定报纸合并的规模达到不得损害公共利益的程度。

3）法国

法国对于成立出版企业采用"登记制"的管理方式，即创办出版机构者在开业前只用在国家机关登记注册。在促进出版业繁荣方面，法国在 1944 年就明确规定一个公民最多只能拥有一家报纸，对于任何假借他人名义多拥有报纸均属违法行为；发行数量在 1 万份以上的日报以及 5 万份以上的周刊的领导人不得由商业或工业的领导人兼任。在当时，法国成立出版公司的资金门槛条件仅为成立其他类型公司的 1/10。但是，这些措施并未阻止报业合并的趋势，不少报业集团实际上掌控了多家报社。1984 年，法国出台了《新闻多元化及公开化法》，该法明确规定报业集团的日报发行量不能超过同类日报每日发行总量的 15%；日报的合并或者转让前必须向政府下设的专门机构申报审核。

4）德国

当前，德国约有出版社 2 万家，年发行报刊近万种，近年来每年出版的新书约 16 万种，其出版市场是世界上最高效、销售额最高的出版市场之一。《北莱茵－威斯特法利亚州新闻法》规定，德国公民创办出版机构无需登记注册或者国家机关批准。

5）日本

日本政府主要通过明确的文化产业战略和严密的法律规范、数字出版技术标准来保障和促进文化产业发展。1995 年，日本提出"文化强国"的战略，旨在通过健全知识产权法律体系、修订数字出版和版权法律制度等手段使日本文化产业，尤其是数字出版产业得到飞速发展。日本政府出台了《文化产业促进法》，用立法的手段明确推动"内容产业"的发展。

6）韩国

与日本政府的措施类似，韩国政府主要通过明确的文化产业规划、健全的法律、专业的数字出版管理部门来保障和促进文化产业发展。1998 年韩国确定了"文化立国"的发展战略；次年韩国政府就出台了关于文化产业的综合性法律《出版文化产业振兴法》，明确界定了文化产业和数字出版物的概念，并制定了振兴文化产业的基本政策。2002 年，韩国颁布《出版及印刷振兴法》，对网络书店的销售、定价等行为进行了规范。同年，韩国出台了《网络数字内容产业发展法》，促进网络数字内容产业的基础形成，并强化其竞争力。2006 年，《振兴游戏产业法》出台，为网络游戏产业的发展立法护航。2010 年，《数字出版产业培育法》颁布，该法规定韩国政府连续五年每年向市场投放 635 亿韩元，用于使电子书市场从 2009 年的 1300 亿韩元扩大到 2014 年的 7000 亿韩元以上。近年来，韩国政府多次对《振兴影像基本法》《振兴电影法》《著作权法》《演出法》《广播法》《唱片录像带暨游戏制品法》进行修订，被修改或者废止的内容多达 70%。

第五节　加强行政与法律引导出版价值的策略

我国行政管理与法律法规在引导出版价值方面，存在一些问题，这些问题的顺利解决，是以社会主义核心价值观引领出版业发展的前提。针对存在问题，借鉴发达国家经验，结合我国现阶段文化产业发展与社会转型的现实，可以从以下几方面加强行政与法律手段对出版价值的引导。

1. 推进依法行政，协调法律法规与行政管理的关系

依法行政的基本含义是指行政机关必须经法律授权并依据法律规定，行使行政权力、管理公共事务。依法行政是现代法治国家政府行使权力时所普遍奉行的基本原则。历史的经验证明，市场经济越发

达，越需要法制，这是由市场经济自主、平等、诚信等本质属性决定的。现代市场经济并不是自由竞争，而是有序化、制度化的经济，而这就需要法律制度来保障。市场经济的本质属性要求法制对市场进行引导、规范、保障和约束，没有法制，就不可能有市场经济的正常运行。因此，可以说，市场经济就是法制经济。

改革开放 30 多年来，从行政改革实践来看，依法行政从零散、策略性的宣告，到系统论述、战略性推进执行，我国政府在法制化建设和依法行政的道路上越走越远，取得了令人瞩目的成就。1999年，国务院召开依法行政工作会议，发布《全面推荐依法行政决定》；2004 年，国务院颁布《全面推进依法行政实施纲要》，明确将依法行政的目标界定为建设"法制政府"；2008 年，国务院发布《关于加强市县政府依法行政的决定》，将依法行政的战略表述进一步具体化。可以说，改革开放以来，我国在经济、社会、文化等各领域取得的成就与积极推进依法行政和进行行政制度改革是密不可分的。

协调法律法规与行政管理的关系主要应做好这样两个方面的工作。一是根据政府职能转变和"法制政府"建设的要求，科学界定政府的出版行政管理职能。传统管理体制中出版行政机构的哪些职能该继续保留、哪些该让渡给其他管理主体等，必须明确界定。该交给市场的交给市场，该交给行业协会的交给行业协会，该由其他职能部门承接的交给其他职能部门。解决好出版行政机构让渡出的权利或职能的重新安排问题。二是出版法制建设要及时跟进，进一步健全出版法律法规体系。各种普通法应该针对出版业发展需求增加与出版业相关的内容或条款，或者通过司法解释来覆盖出版行业。同时出版行政法规和部门规章亟待根据政府职能转变后的功能定位进行修订和完善，避免政府职能转变带来的管理真空。

2. 实行分类分级管理，提高管理工作的针对性

作为一个行业，出版业的不同领域有其共性特征。但是，由于出版物产品属性的不同、技术手段的不同、读者对象的差异，不同类型的出版业又具有完全不同的个性特征。不同类型的出版业自然有着不同的管理需求。因此，实行分类分级管理有助于提高出版管理工作的针对性和管理效率。

出版业分类管理，是指针对不同类型的出版领域采取区别对待的管理理念和管理方式。例如，对大众出版、教育出版和专业出版采取不同的管理策略。由于大众出版和教育出版具有鲜明的意识形态属性，而专业出版却几乎不涉及意识形态问题，因此，在管理上就可以区别对待，在市场准入、版号控制、内容审查等方面就不应该千人一面，应该采取个性化的管理策略。事实上，出版业发达国家出版管理的重点主要是具有较强意识形态属性的大众出版和教育出版，专业出版更多地交给市场。再如，传统的纸质出版和现代化的数字出版也具有全然不同的产业特征，现行的出版法律法规和出版行政管理手段对前者有效，但是对新兴的数字出版则不完全适用。只有制定更有针对性的管理策略，才能更好地管理好后者。又如，经营性出版业和公益性出版业本身就具有完全不同的行业属性，一套管理方案显然难以奏效。因此，基于上述三个维度对出版业实行分类有利于提升出版管理的效率。

出版物分级管理，则是指针对不同类型的读者，主要是不同年龄层次的读者采取区别对待的管理理念和管理方式。众所周知，不同年龄段的读者有着完全不同的心理和行为特征，对同一出版物内容的心理、生理和行为反应也不尽相同。因此，针对读者的年龄层次对出版物，主要是大众出版物实行分级管理就显得十分必要，尤其是对青少年的健康成长意义重大。英美等出版业发达国家早就实行了出版物分

级管理制度。出版业发达国家的实践证明，这一制度的实施对青少年的健康成长起到了很好的引导作用。

3. 更新管理理念，充分发挥市场因素的作用

曾几何时，市场、市场化、市场经济，在一些人的眼里是"万恶之源"。可是，又有谁敢说改革开放以来中国发生的翻天覆地的巨变不是得益于市场的作用和市场经济的发展呢？事实上，30多年来我国出版业的巨大发展同样也是得益于我国的社会主义市场经济体制改革和文化体制改革的不断深化。

虽然出版业的发展得益于市场或市场经济，但是，在涉及出版管理改革时，我们又开始怀疑市场，担心市场的负面作用，不敢将本该属于市场的权利交给市场。研究表明，行政管理在我国出版管理体系中发挥的作用过大，一些本应由市场承担的职能，如非意识形态领域的出版资源配置、市场准入等职能，至今仍然控制在出版行政机构手中。可以说，行政管理权限过大在一定程度上制约了我国出版业的发展。因此，在转变政府职能或建设现代政府的背景下，重新定位或优化政府的行政管理职能，向出版单位简政放权，充分发挥市场资源配置、市场伦理效应的作用，应该成为深化出版管理体制改革，引导出版业健康发展的重要选择。

从我国出版管理实践看，发挥市场作用的关键，是要进一步深化出版行政审批制度改革，大幅度减少出版行政审批事项、简化出版行政审批程序，用政府权力的"减法"换取市场活力的"加法"，创造更加公平公正的发展环境，最大程度地释放改革红利[1]。随着出版法制

---

[1] 陈树隆：《抓住关键环节推进行政审批制度改革》，http://theory.people.com.cn/
n/2013/0528/c245417-21639436.html

建设的不断完善，我国出版单位自我约束意识和能力会相应提升，同时，市场伦理效应也会发挥其积极作用。因此，出版行政审批制度的改革和深化，不仅不会导致出版意识形态功能的弱化，而且甚至还能在一定程度上激发出版单位服务主流社会价值建设的积极性。

我们的这一判断主要出于这样两个方面的考虑。第一，出版行政管理的弱化必然是以出版法制建设的强化作为前提的，完善的出版法制建设同样能够保障出版单位自觉坚持正确的出版导向，履行完整的出版职能。这是因为，出版法制建设的完善，必然导致出版市场主体违法违规成本的上升。只有遵纪守法的出版单位才能受到法律的保护，而违规违法的出版单位却需要付出法律规定的成本。在健全的出版法制环境下，出版单位的自我约束意识必然被唤醒，自我管制能力也一定会相应提升。不仅如此，我国的出版法律法规通常还确立了激励优秀出版单位、出版个人和出版物的相关规定。毫无疑问，出版法律法规的这些规定有利于激发出版单位服务社会主义主流价值观、服务社会主义先进文化、服务社会主义意识形态等建设的积极性。第二，市场伦理通过对市场主体行为的约束可以在一定程度上抑制市场的负面效应[1]。随着社会主义市场经济体制的不断完善，我国出版市场主体的市场伦理意识也会相应提升，出版主体的市场行为会更多地受到市场伦理的作用和影响，进而减少或避免其行为的负面效应，引导出版主体采取符合其伦理要求的出版行为。也就是说，市场伦理也可以起到抑制出版主体负面行为、引导出版主体积极行为的作用。

4. 加强出版行业中介组织建设

行业中介组织，是商品生产和交换发展到一定阶段的必然产物，

---

[1] 莫志宏：《市场的伦理效应》，《深圳特区报》2008 年 1 月 9 日第 3 版。

在现代市场经济条件下发挥重要作用。工业和信息化部部长苗圩就曾指出，"文化行业组织和中介机构在文化市场中具有服务、协调、自律和监督等重要功能，是文化产业大发展不可或缺的重要支撑"，并提出"加强文化行业组织和中介机构建设"的建议。出版业发达国家，普遍十分重视出版行业中介组织建设。如英国、德国、日本等国的出版行业协会在出版市场监管与引导方面发挥着十分重要的作用。韩国的出版行业协会在政府授权下甚至承担着某些出版物的内容审查职能。

　　然而，当前我国出版界对行业中介组织的功能和作用认识严重不足，我国出版行业中介组织建设十分落后，现有出版行业中介组织的目标与功能定位失当，未能有效发挥作用。在出版行政管理体制改革的当下，加强出版行业中介组织建设是承接政府出版管理职能转变、优化出版管理体制、规制和引导出版业健康有序发展的明智选择。

　　充分认识出版行业中介组织的作用和意义是加强我国出版行业中介组织建设的前提。刘金祥关于文化中介组织的研究有利于我们科学认识出版行业中介组织的作用和意义。他从社会文化主体架构视角，深入分析了"文化中介组织"存在的意义及其功能定位。他指出，"一个成熟的社会文化主体架构包括政府文化机构（立法组织和行政组织）、文化市场组织（文化企业和家庭）、社会文化组织（社会文化团体、社会文化中介等）三类组织形态。这是一个多元的三层结构，反映了现代社会文化组织体系中的三种力量和原则。"在这一社会文化主体架构中，"文化中介组织是一种特定的制度安排和供给产物"，"是致力于增进社会文化福利且以自身赢利为目的的团体行动者"。[1]

---

[1] 刘金祥：《社会文化服务体系中的中介组织》，《中国社会科学报》2011 年 11 月 30 日第 2 版。

基于这一研究，出版行业中介组织具有"增进社会文化福利"和服务出版行业"自身赢利"两个方面的作用和功能。

当前，我国出版行业中介组织建设的重点是厘清并科学处理出版行业中介组织和出版行政管理机构之间的关系，科学定位出版行业中介组织的功能，避免出版行业中介组织成为"二政府"。在我国，一些行业协会类中介组织被戏谑为"戴市场的帽子，拿政府的鞭子，坐行业的轿子，收企业的票子，供官员兼职的位子"的"二政府"。这是对我国一些行业协会类中介组织作用与功能定位失准现象的一种形象的讽刺。事实上，在我国行业协会类出版行业中介组织建设中，也部分存在上述现象。如果不能正确处理好出版行业中介组织和出版行政管理机构之间的关系，就会严重影响出版行业中介组织的作用与功能。出版行政管理机构是从政府与公众的利益出发来规制、引导和服务出版业发展的；而出版行业中介组织则是从出版行业的利益出发来规制、引导和服务出版业发展的。两者的管理功能虽然相近，但是各自的出发点却并不相同。因此，它们在出版管理体系中扮演的角色自然也就不完全相同。

出版行业中介组织虽然是从出版行业的利益出发来服务出版业发展的，但这并不意味着它仅仅只服务于出版业发展的经济目标。事实上，任何类型的出版行业中介组织，不管是出版类行业协会、学会，还是版权中介、咨询机构、信息组织等都具有信息沟通、市场协调、行业自律或服务监督等方面的作用。出版中介组织的这些作用，正是其引导出版价值建设的具体体现。

第七章 出版基金

在西方国家，通过政府拨款、企业资助、社会捐赠等渠道建立起来的出版基金，在扶持、资助出版业发展方面起到了重要作用。如，作为全球出版强国，美国出版产业的发展，离不开美国的三大联邦政府基金会——美国国家科学基金会、美国国家人文基金会、美国国家艺术基金会提供的支持。而我国在推进出版业大发展大繁荣的过程中，也开始认识到出版基金在其中能够发挥的效用。为此，在《新闻出版业"十二五"时期发展规划》中就明确提出了要充分发挥国家出版基金的导向作用，不断提升新闻出版产品的质量和水平，加强精品力作的生产；要积极争取建立国家阅读基金，设立国家读书节，逐步建立全民阅读工程建设长效机制；要加大政府投入，争取国家财政，加大对国家出版基金、农家书屋工程可持续发展资金、民族文字出版专项资金、"走出去"专项资金等的支持力度。由此可见，国家对出版基金的发展、建设给予了高度重视，对出版基金在倡导精品生产、引领阅读风尚等方面的引导示范作用予以了高度认同。

本章从出版基金的基本概念出发，在阐述出版基金的概念、特征、类型与功能的基础上，以国家出版基金为例重点分析出版基金的引导效果，调查分析我国出版基金的发展现状及存在的问题，提出完善我国出版基金建设的政策建议。

第一节　出版基金概述

　　基金，可以理解为"通过国民收入的分配和再分配形成的具有特定用途的资金，如积累基金、消费基金等"[1]。我们通常所说的基金主要是指投资基金，虽然出版基金也属于基金的范畴，但实际上其与一般投资基金有很大不同。然而，当前国内无论是理论研究还是政策关注，对出版基金的认识均显不充分，对其概念、特征等基本问题尚未厘清。为此，我们将对出版基金的概念、特征、类型和功能进行阐述。

一、出版基金的概念

　　"基金"来源于英文中的 fund 或 foundation。其中，fund 即所谓的"基金"，其有三层含义：一是指特别用途的资金；二是指公共来源和用途的资金；三是指特别资金的管理机构[2]。可见，基金至少包括两方面的内涵：一是从其资金关系层面看，基金是指专门用于某种特定目的并进行独立核算的资金[3]。其可以用于营利目的，如投资基金，此类基金的资金来源一般为企业出资；也可以是非营利的，如救济基金、教育奖励基金等，此类基金的资金来源则可以是国家拨款、社会

[1] 夏征农：《辞海》（1999 年缩印本），上海辞书出版社 2000 年版，第 661 页。

[2] 英国培生教育出版有限公司编：《朗文当代英语辞典》，外语教学与研究出版社 2004 年版，第 665 页。

[3] 苏大军：《基金·股票·债券》，《中外企业文化》2007 年第 10 期。

募捐、企业资助等形式。从其组织性质层面看，基金是指管理和运作专门用于某种特定目的并进行独立核算的资金的机构或组织[1]，这种基金组织，可以是非法人机构，也可以是事业性法人机构，还可以是公司性法人机构。

而 foundation 则对应"基金会"，可理解为 fund 范畴里的一个特殊部分。它具有两层含义：一是指通过捐赠形成的特别资金；二是指用捐款创办的事业，如慈善机构、财团、基金会等[2]。与基金的不同之处在于，基金会的财产是特殊的，用于公益的捐赠财产。因此，基金会也可以简单定义为，基于捐赠的公益基金。我国《基金会管理条例》规定，基金会是利用自然人、法人或者其他组织捐赠的财产，以从事公益事业为目的，按规定成立的非营利性法人。因此，可将公益性视为基金会区别于基金的本质属性之一。

出版基金属于基金的一种，是指专门为了资助特定出版活动而设立的具有一定数量的资金及管理和运作这些资金的机构或组织。出版基金，主要是为了资助无法通过市场资源配置完全解决所需资金的出版项目而设立的一种资金形式。在出版活动中，有的出版项目由于投入大、周期长、受众面窄、市场利润少等原因，导致企业参与生产的积极性较低，然而其中有很多不乏社会效益显著、意义深远的项目。因此，单纯依靠市场配置资源，会产生市场失灵现象。设立出版基金的目的就在于，通过资助更多的优秀出版物、正外部性效应显著的出版项目的实施，以弥补出版市场资源配置失灵，促进出版业的发展和繁荣。

可见，从基金来源看，出版基金主要是通过政府拨款和社会捐

---

[1] 苏大军:《基金·股票·债券》,《中外企业文化》2007 年第 10 期。

[2] 特朗博、史蒂文森编:《牛津英语大词典》,上海外语教育出版社 2004 年版，第 1049 页。

赠。从基金性质看，出版基金侧重于追求社会效益，以资助公益性出版项目为主，不以营利为主要目的，但它也同样资助一些正外部性较为显著的出版产业项目。从基金名称看，有些基金虽然名称里不含"基金""出版基金"等字样，但是也承担了类似出版基金的职能，具有相似的组织结构和运作模式，这类基金和机构也包含在本书研究范围内，如社科基金后期资助项目。

　　国外的基金资助传统由来已久，出版基金的发展也较为成熟。首先，其资金来源不仅仅局限于政府，还充分调动了民间资本。例如，美国各类基金会中，由政府特别是联邦政府设立的所占比例非常小，99%以上是私人基金会[1]。其次，基金资助对象和范围非常广泛。如德国联邦文化基金会（The German Federal Cultural Foundation）的资助对象既包括出版商、博物馆、艺术协会、美术馆、艺术图书馆、教育机构、文化中心、媒体公司等出版文化机构，也包括艺术家、作家和翻译家等个人；资助范围不仅包括图书出版，还包括期刊和数字化出版项目，以及一些重要的出版文化活动。此外，资助范围也从国内扩大到国外，以支持优秀引进项目的翻译出版。如德国翻译基金就为我国张爱玲所著的《倾城之恋》的德语版翻译出版工作提供了资助[2]。

　　出版基金引入我国时间不长，至今不足 30 年，且在近些年才逐渐为出版界所重视。1988 年夏，山东科技出版社在自身经济条件并不宽裕的情况下决定每年筹措 50 万元设立"泰山科技著作出版基金"，

[1]《美国三大联邦政府基金的组织管理及启示》，http://www.npf.org.cn/NewNewDetailed.aspx?id=7&nid=1505

[2]《德国联邦文化基金会的组织管理及启示》，http://www.npf.org.cn/NewNewDetailed.aspx?id=7&childId=701&nid=1598

专门补贴具有国际先进水平的科技专著的出版[1]。这是我国最早设立的出版基金。"泰山科技著作出版基金"的设立受到了社会各界的关注，我国的出版基金建设工作也由此走上了议事日程。1989 年 3 月七届政协二次会议上，我国首次在正式场合提及并讨论了出版基金问题[2]。随后，各种出版基金纷纷涌现，党政部门、出版企业、高等院校、科研机构等竞相加入设立出版基金的行列。2007 年由国务院批准、新闻出版总署及财政部等部门发起设立的"国家出版基金"，是继"国家自然科学基金""国家社会科学基金"之后的国家设立的第三大基金，也是我国目前水平最高、影响力最大的综合类出版基金，旨在资助优秀公益性出版项目。

从基金来源看，我国大多出版基金主要依靠政府拨款或机构出资。其目的主要用于资助那些难以通过市场机制解决出版问题的优秀著作，资助高水平，填补学科领域空白，集学术之大成，有重要的思想、科学或文学艺术价值的学术出版物，优秀盲文、少数民族文字等公益性出版物，以及"三农"读物、未成年人读物、推动中国文化"走出去"等出版项目。其资助方式主要是给予直接成本补助，比如补贴出版物的编辑、稿酬、版权费、校对、排印装、复制、原辅材料或资料购置等费用。

二、出版基金的特征

出版基金既具有基金的一般特征，也具有与其他基金不同的特殊属性。其基本属性主要包括：

---

[1] 许迎辉：《科技出版基金设立十年来的回顾与展望》，《编辑之友》1999 年第 1 期。
[2] 林学之：《国家出版基金专题研究》，华中师范大学 2012 年硕士学位论文。

一是资金的集合性。基金是将众多非特定的、分散的不定额度资金集中起来的资金集合。资金的集合特性，有利于发挥分散的资金难以达成的目的，资金集合的规模优势，能有效保证其特定目标的实现。基金一般由特定的管理机构统一管理，表现出了一种集合理财的特点。基金管理机构一般拥有专业团队，能够对集合起来的资金的使用做出科学化决策。例如，加拿大社会科学和人文科学研究理事会管辖下的学术出版基金，负责对申请项目进行审核的出版委员会成员就有 60 名之多，确保了资助项目的高质量和权威性[1]。

二是资金核算的独立性、管理的自治性。基金作为一种独立核算的资金形式，其独立性意义重大，能够保证基金财产的安全和独立运作。基金的管理组织具有独立管理基金的权利和能力，能在诸如组织内部的人事安排、员工聘用、责权分配、资金筹措与管理、任务安排与规划等方面，独立自主地进行决策和行动。从法律视角看，基金会一般不受政党、政府和社会力量的控制，不是政府机构或其附属部门，也不隶属于任何企业。我国的《基金会管理条例》也规定了基金会具有的运作独立性。独立性能保证基金不被用于其设立宗旨之外的其他目的。但是，这也并不意味着基金与政府或企业完全没有关系，相反，许多基金都需要得到政府或企业的资金支持。因此，基金的自治性仅代表着法律上的独立，而不代表经济上的完全独立。

三是有明确的组织管理结构。基金或基金会管理机构应当是一个正式的、制度化的组织，有成文的组织机构和章程。组织内部有相应的职权等级体系，有明确的角色和任务分配，以保证每个成员的行为与组织目标相符合。有目标准则用于评估和检查组织的活动

---

[1] 龚少明：《加拿大学术出版基金的运行机制》，《科技与出版》1996 年第 4 期。

和成果，还有相应的运作程序、管理制度、战略规划等，能够开展经常性和持续性的活动。《基金会管理条例》对基金会设立的上述方面的条件均做出了明确规定。

然而，由于出版业具有经济与文化的双重属性，这就决定了服务于出版业发展的出版基金，也具有一些区别于其他一些基金（基金会），尤其是投资基金的特殊属性。

一是公益性，其宗旨侧重于服务出版业的社会效益。首先，与投资基金财产来源于投资者不同，出版基金的资金主要来源于财政拨款或社会、个人捐赠，实际上是一种公益性资产，具有鲜明的公益色彩，因而出版基金的资助对象也以公益性出版项目为主。例如，我国国家出版基金在其宗旨中开宗明义地指出了其主要资助范围包括优秀盲文、少数民族文字、"三农"读物、未成年人读物等公益性出版项目。其次，与投资基金作为完全竞争的市场参与者不同，出版基金通常是在市场失灵的情况下发挥作用的，且其资助对象是无法通过市场资源配置解决出版资金的优秀出版物及出版项目，出版基金更侧重于其社会效益的发挥和实现，这也体现了出版业把社会效益放在首位的价值追求。

二是目的性，其主要资助方向目标明确。任何出版基金的设立都有明确的宗旨或目的，一般都规定了明确的资助对象与资助范围。如，德国翻译基金主要用于资助德译文学作品。我国国家出版基金主要资助范围包括优秀盲文、少数民族文字、"三农"读物、未成年人读物等公益性出版项目。山东泰山科技著作出版基金主要用于资助高水平科技著作的出版。一般而言，政府出资设立的出版基金，通常具有明确的价值导向性。其资助的对象不仅应具有科学、技术、文化或学术价值，而且还需要符合特定的价值诉求。

三、出版基金的类型

基金（基金会）有多种类型。在国外，依据不同的划分标准基金会有不同的分类，最为常见并被广泛采用的分类方法是美国基金会中心提出的，其依据资本来源、管理模式、运作方式等，将基金会大致分为两大基本类型和四个种类。两大基本类型为资助型基金会和业务型基金会，前者包括独立基金会、公司基金会、社区基金会，后者主要是运作基金会[1]。在我国，由于政治、经济和文化背景的不同，在实践中产生了不同于西方的基金会分类方法。比较常见的有按照基金会资金来源、基金会资助范围、基金会设立主体、基金会登记注册地域以及与政府的关系等进行分类。基金会的分类方法对出版基金具有一定借鉴意义。此外，出版基金因资金来源形式、设立主体等的不同，会导致其运作方式、管理模式等存在差异。因而，本书对于出版基金，主要依照其资金来源及设立主体进行分类。

按照资金来源，出版基金可分为公募基金和非公募基金，这也是《基金会管理条例》中对基金会类型的官方划分方法。公募基金是可以直接面向公众募捐的基金，其登记注册的原始基金额度较高、规模较大。根据募捐活动范围还可进一步划分为全国性公募基金和地方性公募基金。非公募基金则是指不得面向公众募捐的基金，资金来源于特定组织或个人的捐赠，一般登记注册的原始基金额度较低，规模相对较小，活动范围无地域限制。目前，我国的出版基金绝大多数属于非公募基金，不公开面向公众募集资金，如韬奋基金会就属于非公募

---

[1] 李莉：《中国公益基金会治理研究——基于国家与社会关系视角》，中国社会科学出版社 2010 年版，第 36—37 页。

基金会。

　　按照设立主体的不同，出版基金可分为：政府类出版基金、企业类出版基金、高校与研究机构类出版基金、社会或个人出版基金。

　　政府类出版基金，是指由中央政府或地方政府财政划拨专项资金成立的出版基金。根据出版基金设立的政府部门的不同，政府类出版基金又可以分为全国性出版基金和地方政府出版基金。全国性出版基金通常由中央各部委设立，资助对象面向全国。除新闻出版总署设立的出版基金外，中央各部委设立的出版基金，其资助领域大多以其分管领域有关的行业类著作出版为主，如科技部、原铁道部、国家测绘局、国家海洋局等均出资设立了与其分管领域相关的出版基金。地方政府出版基金，是由地方政府及其职能部门（主要是新闻出版行政管理部门）设立的出版基金，资助对象通常限定在当地出版单位出版的出版物或当地作者撰写的著作。我国绝大部分的省、直辖市、自治区均设立了面向本地区的出版基金。政府类出版基金通常资助范围较为广泛，如国家出版基金作为我国级别最高的政府类出版基金，同时也是我国最大的综合类出版基金，资助范围涵盖综合类、社科类、文艺类、儿童类、科技类、教育类、少数民族类、特殊群体类等。此外，政府出版基金借助财政拨款支持，无论是资助范围、资助力度及其发展状况等，均好于其他类型的出版基金。

　　企业类出版基金，主要是指出版企业依靠自身利润或自筹资金成立的出版基金。出版企业设立的基金，资助对象通常为在本社出版的重要著作。在转企改制浪潮的席卷之下，中国的出版单位开始面向市场、接受市场经济的考验。一方面，在转企改制过程中，一些经营绩效较好的出版企业，为了吸引优秀的作品，也为了回馈社会、体现企业的社会责任，开始出资成立出版基金，资助在本社出版的出版物的创作或出版活动；另一方面，市场经济条件下，部分如科技著作、学术著作、大部头丛书等，没有直接经济效益或经济效益低下的出版物，面临着出版难的问题。为解决这些问题，同时也为提升企业的社会影响力，形成并巩固本社的出版品牌优势，一些出版社也尝试设立出版基金来解决各自出版领域存在的图书出版难的困境。例如，在科技领域，电子工业出版社设立的"电子科技专著出版基金"、化学工业出版社与中国石油和化学工业协会共同设立的"国外优秀科技著作专项出版基金"；在人文社科领域，商务印书馆设立的"商务印书馆语言学出版基金"等，均对各专业领域优秀成果的产出起到了积极的推动作用。然而，也需要看到，由于企业类出版基金严重依赖于出版企业的经营状况，因而不仅相互间的资助力度差别明显，资助、运作也存在一定程度上的不稳定性。

高校与科研机构类出版基金，是指高校或科研机构为鼓励科研产出、资助优秀的学术成果出版而设立的出版基金。高校与科研机构的主要职责就是从事教育事业和科学研究，其设立的出版基金主要是出于学术目的，资助对象通常也是高校或科研机构研究人员的学术著作或教材。教育部对高校设立出版基金非常重视，于 2002 年颁发的《高等学校出版社管理办法》第二十五条指出："高等学校出版社应该建立学术著作和教材出版基金，支持高等学校教材和学术著作的出版。基金主要来源于出版社上缴的部分收益、院系（所）的专项科研或项目经费、社会捐助资金等。"[1] 为贯彻落实这一文件精神，近年来近百所高校出版社纷纷设立了面向本校的专项学术著作或教材出版基金，使高校成为全国出版基金最集中的领域。除了高校外，科研机构也是设立出版基金的重要力量，不少国家和省级科研机构都设立了专

---

[1]《教育部关于印发〈高等学校出版社管理办法〉的通知》，http://www.moe.edu.cn/publicfiles/business/htmlfiles/moe/moe_24/200407/1054.html

门的出版基金。如中国科学院设立的"科学出版基金"，自设立以来已累计投入出版资金超过 5000 万元，择优资助科技学术期刊 600 多种（次）、图书 1000 多种，成为目前国内年投入资金额度最大、资助出版科技书刊种数最多的出版基金之一。又如，中国社会科学院系统不仅设立了面向全院的"中国社会科学院出版基金"，而且一些院属研究所（如经济研究所、农村发展研究所等）也设立了相应的出版基金。由于我国的高等院校及科研机构众多，学术著作出版的资助需求也较为强烈，因而高等院校及科研院所也成为了我国出版基金建设的主力军。此外，在大众、教育、学术出版三大出版领域中，学术出版的正外部性效应最为明显，市场配置资源的失灵现象最为严重，高校与科研机构设立的出版基金，不仅有效地弥补了学术出版存在的市场失灵问题，也为繁荣学术出版、推动科学研究做出了突出贡献。

　　社会或个人出版基金，是指由社会组织（包括行业协会）或个人等社会力量自发捐赠设立的出版基金。此类出版基金的资助对象和资助范围，受其出资设立的社会组织或个人的影响较大，并无显著的特性。此类基金中常见的有三种形式。一是行业协会或学会等组织机构设立的出版基金。由于行业协会或学会属于非营利机构，自身无资金来源，国家拨款的经费也有限，因而多联合其对应行业的企业共同设立。如中国科学技术协会联合中国长江三峡集团公司设立的"中国科协三峡出版资助项目"、中国石油和化学协会与化学工业出版社等多家单位成立的"国外优秀科技著作出版基金"等。二是出版行业外的社会组织，包括法人组织出资设立的出版基金。比较有代表性的有，由光彩事业投资管理有限责任公司于 1998 年 7 月出资 3200 万元在北京大学设立的"光彩著作基金"。三是个人出资设立的出版基金。如"深见东州中日文化研究出版基金"，就是由热衷于中日友好事业、长期致力于促进中日两国文化交流的日本文化人、实业家深见东州先生个人出资 150 万元人民币于 2000 年 7 月在浙江大学设立的，主要用于资助中国日本学研究成果的出版 [1]。

四、出版基金的功能

概括起来讲，出版基金的功能主要体现在弥补出版市场失灵、调节出版资源配置、满足出版服务的公共需求、引导出版活动的价值取向、服务文化走出去等方面。

1. 弥补出版市场失灵

文化体制改革以来，我国出版业初步建立起了面向市场的经营格局。除极少数公益性出版单位之外，绝大多数出版单位业已转变为自主经营的市场主体。在这种背景下，出版资源的配置基本是由市场来完成的。应该说，市场配置出版资源的确在相当程度上促进了我国出版业的繁荣发展，但是，这种资源配置方式也有它的弊端。对于学术著作之类的经济效益较差的出版选题，出版单位从经济效益角度考虑往往不愿意涉足，从而导致出版物市场结构失衡，严重影响出版业整体功能的发挥。这就是所谓出版市场失灵现象。

一般而言，政府干预是弥补市场失灵的基本方式。要解决出版市场失灵现象，也同样需要有适度的政府干预。其中，出版基金正是政府干预出版失灵问题的有效手段。出版基金通过对公益性出版项目的资助、扶持，能够平衡经营性出版和公益性出版之间的矛盾，弥补出版市场失灵。实践证明，出版基金在弥补出版市场失灵方面能起到很好的作用。近年来，我国高校和科研机构类学术著作出版基金对缓

---

[1] 徐丽芳:《中国学术出版基金研究》,《出版发行研究》2006 年第 10 期。

解学术著作出版难问题，我国国家出版基金对促进优秀盲文、少数民族文字、"三农"读物出版，国家社科基金外译出版项目对推进优秀民族文化"走出去"等都起到了很好的作用。国外对于学术出版存在的市场失灵问题，主要也是通过出版基金资助方式来解决的。早在1941 年，加拿大社会科学和人文科学研究理事会（Social Sciences and Humanities Research Council，简称 SSHRC）就出资设立了专门的学术出版资助项目（Aid to Scholarly Publications Program，简称 ASPP），凡是加拿大籍的作者写出的高质量学术著作，都可以申请 ASPP 的出版基金 [1]，其资助范围非常广泛。

2. 优化出版资源配置

市场和政府是出版资源配置的两种手段，两者相互作用、互为补充。市场配置出版资源的出发点是经济效益，市场需求或销售量大的出版领域是出版资源集中投放的领域。相反，市场面窄、需求量小的出版领域则出版资源相对匮乏。要引导将有限的出版资源投放到市场面窄、需求量小的出版领域，就只有依靠政府手段。

政府通过出版基金的支持，不仅可以直接缓解出版资源匮乏领域的资源短缺局面，而且出版基金的投入还可以带动出版企业资源的跟进，进一步优化资源短缺领域的出版资源配置，更好地促进资源短缺领域的出版活动的开展。近些年来，我国政府及高校和科研机构两类出版基金每年向学术著作出版等资源短缺领域直接投入不少于数十亿元资金，直接缓解了相关领域出版资源紧张的局面，保证了相关领域出版工作的顺利开展。事实上，政府及高校和科研机构类出版基金，

---

[1] Goss Gilroy Inc., Formative Evaluation of the Aid to Scholarly Publications Program *(ASPP)*, Social Sciences and Humanities Research Council, http://www.sshrc-crsh.gc.ca/about-au_sujet/publications/aspp_evaluation_part2_final_e.pdf

以出版成本补贴的方式给予资源短缺领域出版活动必要的资金支持，降低了出版成本和风险，还可以带动广大出版单位踊跃参与相关领域的出版活动。由此可见，出版基金可以通过直接投入和带动出版单位资源的跟进两种方式达到优化出版资源配置的目的。

3. 引导出版价值取向

出版的价值取向直接影响甚至决定着读者或广大公众的价值观，是事关出版工作社会效益的核心问题。出版价值取向一旦出现偏差，其负面的社会影响将是十分严重的。因此，即使在市场经济条件下，也不能将出版业完全交给市场，政府需要通过某些方式来规制和引导出版业发展，以避免其出版价值取向出现偏差。其中，借助出版基金引导出版价值取向不失为一种行之有效的办法。

前新闻出版总署署长柳斌杰在国家出版基金管理委员会第二次全体会议上指出："要充分发挥国家出版基金的导向和示范作用，集中力量打造一批前所未有、国家急需、惠及当代、传之后世的精品力作，突出重点，宁缺毋滥。就目前来看，国家出版基金资助和评审方式还有待丰富，特别需要立足当前，着眼长远，站在战略高度和国家利益的角度，集中各方智慧，策划重大选题，展开联合攻关，力争打造一批具有导向、引领和示范作用的传世力作。"[1] 国家新闻出版广电总局党组书记、副局长蒋建国也同样指出："加强对出版产品创作生产的引导，充分发挥国家出版基金、民文出版专项资金等的导向作用，精心策划一批体现国家意志、代表国家水平、凝聚当代中国各个领域创新

---

[1] 韩东：《发挥导向作用 打造精品力作——2010 年度国家出版基金资助项目述评》，《中国新闻出版报》2011 年 1 月 26 日第 3 版。

成果的标志性出版项目，催生更多精品力作。"[1]事实上，出版基金的所谓导向或示范作用正是针对出版价值导向而言的。

出版基金的价值导向作用主要是通过基金设立的宗旨及资助对象体现出来的。以我国国家出版基金为例，《国家出版基金资助项目管理办法》第二条明确规定了国家出版基金设立的宗旨是"用于鼓励和支持优秀公益性出版项目的出版"；第四条则明确界定了国家出版基金资助的对象是"坚持党的出版方针、政策，对推动社会主义先进文化建设，促进经济、社会和谐发展和文明进步产生重要作用的涉及古今中外社会科学、自然科学等学科门类和多种媒体形态的优秀公益性出版项目"。国家出版基金正是通过这样的宗旨和资助对象来体现其出版价值导向的，以引导出版单位"坚持党的出版方针、政策"，"推动社会主义先进文化建设，促进经济、社会和谐发展和文明进步"。

4. 满足出版公共服务需求

出版不是一种单纯的经济活动。除经济属性之外，出版还具有教育、科学和文化属性。满足公共文化需求也是出版业的重要使命。

出版业服务公共文化需求主要体现在两个方面：一是创作生产丰富的优质的公共出版物产品；二是积极参与全民公共阅读活动。对这两者，出版基金都可以发挥很好的作用。就前者而言，无论是政府型出版基金，还是出版企业类出版基金，每年投入大量资金资助文化精品的出版，为出版市场提供了大量优质出版物产品，极大地丰富了文化市场。就后者而论，各类出版基金所发挥的作用更是可圈可点。以美国"国家艺术基金"（The National Endowment for the Arts，简称

---

[1] 蒋建国：《推进全民阅读　建设学习大国》，http://news.xinhuanet.com/newmedia/2014-08/05/c_126835081.htm

NEA）为例。为满足民众的公共阅读需求，"国家艺术基金"每年投资 100 万美元创立"Big Read"公共阅读项目。通过该项目，在全国范围内选定一批社区图书馆或非营利组织，向其提供资金支持以帮助其开展社区公共阅读活动，达到推广公共阅读的目的。Big Read 先后为超过 1000 个阅读项目提供赞助，覆盖了全美 50 个州以及哥伦比亚特区、波多黎各和美属维尔京群岛，总共近 300 万美国人参加了 Big Read 活动，有效地满足了美国民众的公共阅读需求 [1]。近年来，我国实施的全民阅读推广活动、农家书屋工程等，也有不少出版基金的积极参与。这些活动更是惠及数以亿计的普罗大众。

5. 服务文化"走出去"战略

文化软实力是国家综合实力的重要组成部分，而文化"走出去"是培育和提升国家文化软实力的重要方式。世界各国，特别是发达国家，纷纷将文化"走出去"确立为国家文化发展战略。出版物是文化传播与传承的重要载体，出版"走出去"是文化"走出去"的一种重要形式。

出版基金在服务文化"走出去"中可以扮演十分重要的角色。发达国家在这方面有着丰富的经验。例如，法国政府专门设立了图书文化基金会用来鼓励图书出口。该基金的资助范围包括：一、对出口图书的运输补贴，如补贴空运费的 30%—50%；二、对出版商出口图书的书价补贴；三、资助出口图书的专门组织——法国出版业国际署，代表法国在世界各大书展中参展；四、鼓励出版商参与国际出版业务活动，对出版商开展国际合作等业务提供必要的资助；五、资助

[1] 黄潇：《美国公共阅读项目"Big Read"——大阅读大回报》，《出版参考》2013 年第 7 期。

将法文著作翻译成外文。并对以下 3 种情况优先予以帮助：向法语地区国家出口图书以及与其他国家开展合作出版业务，以扩大法语、法国文化的影响，并开展研究工作；开展其他国际活动；翻译出口法国著作[1]。再如，日本政府也设立了一些出版基金用于资助日文书籍的对外翻译出版以及出版机构的对外交流活动。其外务省设立的国际交流基金会，主要用于资助日本文化、社会科学和艺术领域的优秀日文书籍在海外的翻译和出版，同时还资助出版商参与国际书展。日本文化厅实施的日本文学出版计划，以及日本文学出版计划办事处实施的日本文学出版项目，同样都致力于资助日文小说在海外的翻译和出版。政府以从出版商那里购买大量出版产品捐赠给国外的公共图书馆、教育机构和研究机构的方式来支持出版商的对外发展。出版商也因有了政府这个隐性消费者保持其市场利益，为其在参与国际竞争时解除了后顾之忧，更能有力地推动文化产业的对外扩张[2]。

我国政府也十分重视利用出版基金服务于出版业"走出去"。2008 年 10 月，新闻出版总署、财政部印发的《国家出版基金资助项目管理办法》确定的 10 项主要资助范围就包括"对推动中国文化'走出去'具有重要意义和作用的出版项目"。2010 年，国家社科基金正式设立中华学术外译项目。国家社科基金的学术外译项目主要立足于学术层面，资助我国哲学社会科学研究优秀成果以外文形式在国外权威出版机构出版，进入国外主流发行传播渠道，以增进国外对当代中国以及中国传统文化的了解，推动中外学术交流与对话，提高中国哲学社会科学的国际影响力。可见，出版基金在服务文化"走出去"方面可以发挥十分独特的作用。

---

[1] 余敏:《国外出版业宏观管理体系研究》，中国书籍出版社 2004 年版，第 101—102 页。

[2] 娄孝钦:《日本图书出版走出去资助基金分析》，《出版发行研究》2011 年第 4 期。

第二节　出版基金的引导效果分析

从理论上讲，出版基金在弥补出版市场失灵、调节出版资源配置、满足出版公共服务需求、引导示范出版价值取向等方面能够发挥重要作用。但是，在具体的出版实践活动中，出版基金效用的发挥还有赖于多方面因素的影响。本节拟以我国国家出版基金为例，分析探讨出版基金的实际引导效果。

一、国家出版基金概述

国家出版基金自成立以来为推动我国出版业发展，尤其是促进出版业社会效益提升方面做出了重要贡献，业已成为我国出版价值引导的重要机制。

1. 国家出版基金简介

2007 年，经国务院批准，国家出版基金正式设立，成为了继国家自然科学基金、国家社会科学基金之后的第三个以国家名义设立的专项基金。《国家出版基金资助项目管理办法》[1] 明确提出，由新闻出版总署、财政部等部门组成国家出版基金管理委员会，对该基金进行专门管理；由隶属于原新闻出版总署的国家出版基金规划管理办公室

---

[1]《国家出版基金资助项目管理办法》，http://www.npf.org.cn/NewNewDetailed.aspx?id=10&nid=1808

（以下简称"基金办"）负责日常工作[1]。基金一方面来源于中央财政拨款；另一方面也会依法接受自然人、法人或其他组织的捐赠，主要用于资助出版物的直接成本输出和与出版基金有关的组织管理支出。

国家出版基金秉持繁荣发展我国新闻出版事业、鼓励支持优秀公益性出版物的出版、提高文化软实力[2]的宗旨，支持涉及古今中外多种学科门类、多种媒体形态的优秀公益性出版项目。《国家出版基金资助项目管理办法》明确规定的资助范围包括：第一，学术研究价值高，具有填补某一学科领域空白的功能，或能够反映国内外最新科学文化成果的出版项目；第二，具有重要思想价值、科学价值或文学艺术价值，对维护国家稳定、民族团结具有特殊意义的出版项目；第三，具有很高史料价值的出版项目；第四，优秀盲文、少数民族文字、"三农"、未成年人读物出版项目；第五，对推动中国文化"走出去"具有重要意义和作用的出版项目；第六，国家委托的项目和其他优秀公益性项目。

国家出版基金每年评审一次。基金办官方网站每年春季公布《国家出版基金资助项目评述》，总结上一年度国家出版基金的成果，10月31日前发布下一年度资助项目申报指南，全国各出版社根据申报指南申报项目，由高级专家进行评审，确定基金资助项目。国家出版基金有较为规范的评审运作制度，其规定评审专家应具有高级专业技术职务或相当于高级专业技术职务的行政职务，且具有较高学术（专业）水平，在学科（行业）具有一定的威望和影响；评审过程包括三审三评，申报单位必须在规定时间内提交相关材料，经过严格的材料审查和专家评审，并于15天公示后最终确定公布。

---

[1] 邹彬：《国家出版基金管理制度功能分析与完善》，《中国出版》2013年第8期。

[2] 林学之：《国家出版基金专题研究》，华中师范大学2012年硕士学位论文。

2. 国家出版基金资助情况分析

国家出版基金官网，仅较系统地公布了 2010—2014 年度国家出版基金资助项目的基本信息，2007—2009 年的数据无法获取。因此，相关分析主要基于这 5 年的公开信息进行。

1）项目申报与立项情况分析

图 7-1 是根据国家出版基金官网信息整理的申报、资助项目数统计情况。从申报项目数量看，除 2012 年外，统计期内申报项目数量总体呈上涨态势，2014 年的申报项目数比 2010 年翻了一翻。从资助项目数量看，5 年统计期内，前 4 个年度呈明显上升态势，且增幅明显；但最后一个年度资助项目数量较前一年度有所下降，降幅为 6.76%。项目资助率呈不均衡分布，最高年度的资助率达 35.4%，最低年度仅有 18%，两者相差近一倍。

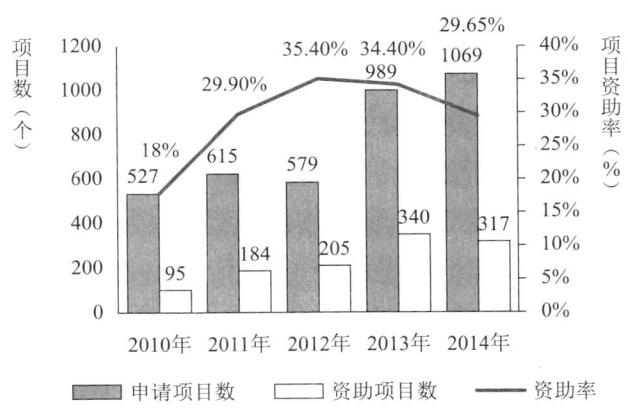

图 7-1　国家出版基金申报、资助项目数统计 [1]

---

[1] 根据基金办官方网站历年数据整理。

上述数据表明，国家出版基金每年资助的项目数虽然总体上呈现上升态势，但是，资助率却稳中有降，前两年升后两年降。这实际上表明了，出版单位申报项目的积极性在持续增长，说明国家出版基金对出版单位的出版活动起到了应有的引导作用。

2）项目资助额度情况分析

国家出版基金的年度投资规模数据不全。从基金设立至 2014 年的 8 年间，我们仅掌握了 4 个年度的数据。分别是 2007 年的 2 亿元、2012 年的 3 亿元、2013 年的 3.5 亿元和 2014 年的 4.5 亿元。其中，统计期 5 年中有两年的数据缺失。

从单个项目的资助额度看，获得资助 100 万元以下的项目数量占比最大，5 年间有 3 个年度的占比超过 70%，其中，2011 年高达 76.09%，占比最低的 2010 年也达到 46.32%。获得资助 500 万元以上的项目数量占比最小，5 年间只有 1 个年度的占比超过 10%，低于 5% 的就有 3 个年度，其中，占比最低的 2011 年仅达到 2.17%。具体数据详见图 7-2。上述数据显示，从资助强度看，国家出版基金支持的中小型出版项目数量最多，其目的应该是考虑到基金资助项目的覆盖面，希望能够覆盖更加宽泛的资助对象。

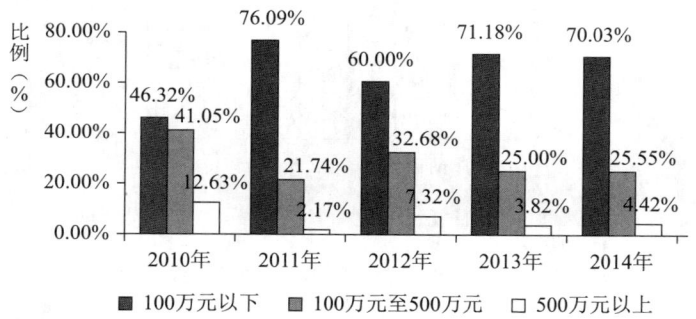

图 7-2　国家出版基金资助项目额度统计图

3）基金资助出版对象情况分析

从受资助的出版物类型看，在图书、音像制品、电子出版物与多媒体出版物四个类型中，图书项目的资助比例保持最高，均在90%上下浮动。占比最高的2011年达93.48%，最低的年度2013年也有88.53%。电子出版物的资助比例最低，统计期5年中仅有3个年度有项目入围，其中的2011年和2014年均没有项目获得资助。多媒体出版物和音像制品两类出版物不温不火，统计期的受资助规律不明显。详细情况见图7-3。

上述数据表明，国家出版基金主要资助的出版物类型是图书出版项目，对包括多媒体出版物在内的其他出版项目重视还不够。造成这种现象的主要原因是，图书这类传统出版物的社会认知度较高，评价标准相对好掌握。因此，容易受到国家出版基金的重视。需要指出的是，包括电子出版物、多媒体出版物在内的新兴出版物代表了出版物发展的方向，更受年轻受众的欢迎，应该受到国家出版基金的重视。在今后的出版基金资助对象中，应该适当增加资助比重，甚至适当放宽评审标准，向新兴出版物项目倾斜。

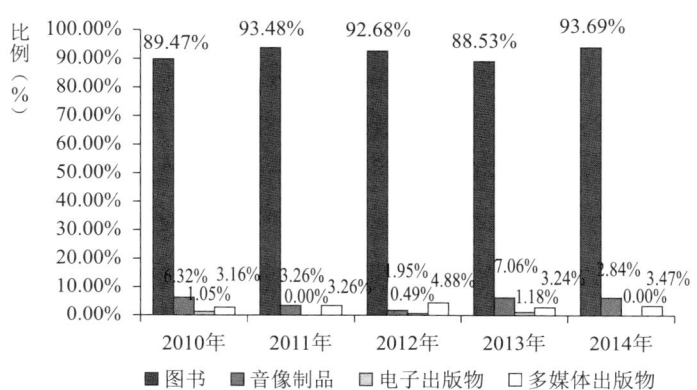

图7-3　国家出版基金资助的出版物类型情况

从受资助项目的内容分类看，在国家出版基金资助的社科类、科技类、文学艺术类、工具书类、少儿类、民文类、古籍类 7 类出版物中，社科类项目每年所占比例最高，5 年的资助占比在 34.34%—49.27%，平均占比超过 43%；科技类次之，5 年的资助占比在 19.57%—28.28%，平均占比超过 24%；文学艺术和工具书类出版项目占比不稳定，且总体上处于下降态势；少儿类出版项目不仅占比小，而且后 3 年没有项目入围；民文和古籍类项目受资助数量占比最低，但是按年处于持续上升态势，其中古籍类涨幅更为明显，从 2010 年的 1.01% 增长到 2014 年的 7.45%。具体数据详见表 7-1。

上述数据表明：第一，学术与科技类出版项目是国家出版基金资助的主要出版类型，这与《国家出版基金资助项目管理办法》规定的资助范围高度吻合。《办法》中资助范围的第一条就是"学术研究价值高，具有填补某一学科领域空白的功能，或能够反映国内外最新科学文化成果的出版项目"。从实践看，也是为了解决市场经济条件下学术与科技著作出版资源配置严重不足的现实问题。第二，民文和古籍类出版项目正在受到国家出版基金的重视，反映了我们国家对优秀民族、传统文化传承与传播的重视。

表 7-1　国家出版基金受资助项目内容分类一览表（单位：个 / 百分比）

年份	社科类	科技类	文学艺术类	工具书类	少儿类	民文类	古籍类
2010	34 34.34%	28 28.28%	21 21.21%	11 11.11%	2 2.02%	2 2.02%	1 1.01%
2011	84 45.65%	36 19.57%	26 14.13%	23 12.50%	4 2.17%	4 2.17%	7 3.80%
2012	101 49.27%	46 22.44%	17 8.29%	18 8.78%	0	10 4.88%	13 6.34%

续表

年份	社科类	科技类	文学艺术类	工具书类	少儿类	民文类	古籍类
2013	146 42.94%	90 26.47%	63 18.53%	17 5.00%	0	9 2.65%	15 4.41%
2014	166 44.15%	89 23.67%	62 16.49%	17 4.52%	0	14 3.72%	28 7.45%

4）项目承担单位与地区分布情况分析

国家出版基金项目申报，分中央部委和省级地方出版行政主管部门。其中，中央级出版单位通过中央部委申报，地方出版单位通过省级地方出版行政主管部门申报。统计期 5 年内，两级出版单位的申报数据见图 7-4。5 年来，中央级出版单位申报项目数 427 项，地方出版单位申报数量为 714 项，地方出版单位申报数量约占 60% 左右。

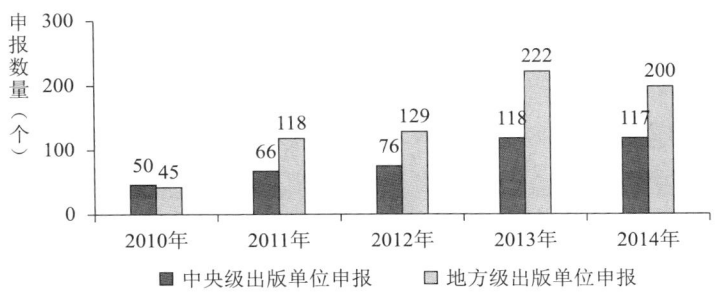

图 7-4　国家出版基金项目申报单位统计图

从受资助出版单位来看，2008—2014 年间，共有超过 500 家出版单位获得国家出版基金资助。其中，受资助项目次数前十位出版社如图 7-5 所示。位列前四位的出版社分别是：中华书局、人民出版社、人民文学出版社和商务印书馆。它们或是老牌知名的出版社，或是具有较大社会影响力的出版社。其中，老字号出版社中华书局、商务印书馆以人文社科学术著作和辞书出版见长，人民出版社主要出版哲学和社会科学著作，人民文学出版社则是国家级专业文学出版单位。位列第五至十名的出版单位，同样是各具特长、特色鲜明的重要出版机构。如新疆人民出版社、西藏人民出版社是地方特色鲜明的公益性出版单位。特别值得注意的是，在名列前十的受资助出版单位中，仅有上海交通大学出版社和化学工业出版社两家科技出版机构。这与国家出版基金支持文化与公益性出版项目或许有一定的关系。但是，从长远看，还是应该适当强化对大型专业科技出版单位的支持。

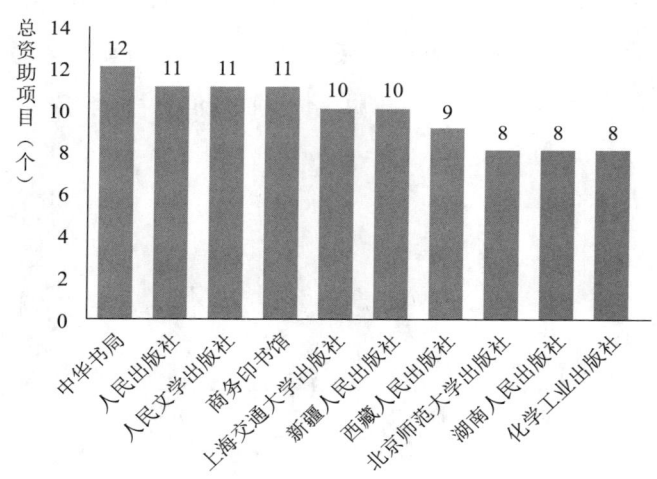

图 7-5   排名前十位的国家出版基金受资助出版单位

　　从受资助项目的地域分布看，2008—2014 年间，共有 31 个省、自治区、直辖市获得国家出版基金资助，实现了国家出版基金对全部省区市的全覆盖。获得资助项目总数位前二十名的省市如图 7-6 所示（其中，北京市的数据排除了中央级出版单位）。总体而言，除了广东、浙江在前二十中排名较为靠后外，受资助项目省域分布情况大体上与我国当前各地文化、经济及出版业发展水平相契合。在此特别值得关注的是新疆、广西、西藏等地均跻身前二十强。进一步分析表明，国家出版基金对民族地区出版业的扶持力度很大。西藏仅在 2013年获得的资助项目数就是过去五年总量的 3 倍，资助总额达 13 倍；新疆获得资助项目数占过去五年总量的 61.5%，资助总额是过去五年总量的 67.7%[1]。2014 年，我国五个少数民族自治区共有 27 个项目获得资助，占到总量的 8.5%；总资助额达 3047 万元，占全国总资助额度的 7.9%。这些都突出体现了国家出版基金对少数民族地区出版文化事业的支持[2]。

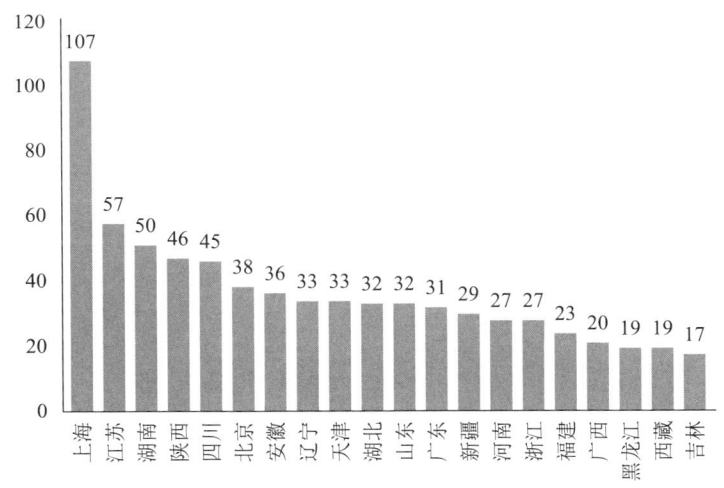

图 7-6　国家出版基金资助项目地区分布统计图

[1]《2013 年国家出版基金评审立项工作综述》，http://www.npf.org.cn/NewNewDetailed.aspx?id=4&nid=1689

[2]《2014 年国家出版基金评审立项工作综述》，http://www.npf.org.cn/NewNewDetailed.aspx?id=4&nid=1658

二、引导效果分析

国家出版基金成立以来，先后投入 20 多亿元，支持 500 多家出版社的 1000 多个出版项目，很好地支持了转型期出版业的健康发展。下面拟从出版资源配置、出版精品培育、扶持公益出版和支持出版"走出去"四个方面对国家出版基金的引导效果作一个简要分析。

1. 出版资源配置的效果分析

如前述，出版基金具有优化配置出版资源的功能。国家出版基金在促进我国出版资源优化配置方面发挥了积极作用。通过对 2010—2014 年间国家出版基金资助项目情况的系统分析，国家出版基金至少从以下两个方面促进了我国出版资源的优化配置，缓解了这些领域出版资源严重短缺的问题或困难。

其一，较好地缓解了学术著作出版资源短缺的困难。众所周知，学术著作虽然对促进科学发展和文化传承具有极其重要的科学和文化价值，但是其市场面窄、需求量小、出版学术著作的经济效益不高。因此，学术著作出版资源短缺是市场经济条件下出版业面临的一个共性问题。2010—2014 年间国家出版基金资助的出版项目中，社科类和科技类著作在其资助的 7 个门类出版项目中分列第一、第二位。其中，5 年资助社科类出版项目数量占全部资助项目总数的 43%，科技类占 24%。两者之和高达 67%，超过国家出版基金全部资助项目总数的 2/3。如此大的资助比重，为学术著作出版提供了极大的资金支持，有效缓解了学术著作出版资源紧张的局面，为转型期学术著作出版提供了有力的资金保障。

其二，一定程度上缓解了经济文化相对落后地区出版资源短缺的困难。与经济文化发展的不平衡一样，我国出版业发展的地区差异也很突出。有限的出版资源高度集中于少数经济文化发达地区，经济文化欠发达地区出版资源严重短缺。国家出版基金在缓解经济文化相对落后地区出版资源短缺方面做出了较大努力，取得了较好成效。从图7-6中可以看出，经济文化欠发达的新疆、广西、西藏等民族地区获得国家出版基金资助项目数均跻身前二十强。另有数据显示，西藏仅在2013年获得资助的项目数就是前五年总量的三倍，资助总额更是高达13倍。客观地讲，如果以实力来衡量，这些民族地区出版业发展水平很难进入全国二十强；但是，其获得国家出版基金的数量却超过其他出版业发达地区。这正是国家出版基金有效发挥其资源配置功能的最好例证。

2. 出版精品培育的效果分析

20世纪90年代，出于对当时出版业"浮躁"现象的忧虑，一些人开始倡导"精品出版"的理念，强调图书生产必须由规模数量型向质量效益型转化，必须树立精品意识与精品效应[1]。例如，南方日报出版社社长周洪威认为"出版精品是实现文化理想正途"[2]。《新闻出版业"十二五"时期发展规划》中将"加强精品力作的生产"作为了重点任务之一，并提出"充分发挥中国出版政府奖、国家出版基金的导向作用，不断提升新闻出版产品的质量和水平"。

出版精品的培育或打造既可以依靠市场力量，也需要借助政府资源。其中，政府类出版基金正是政府培育或打造出版精品的有效手

---

[1] 王金楚：《论图书编辑的精品意识》，《河南大学学报（社会科学版）》1999年第3期。

[2] 周洪威：《出版精品是实现文化理想正途》，《中国新闻出版报》2010年11月29日第6版。

段。我国国家出版基金在出版精品培育方面做出了极大的努力，收到了很好的效果。

国家出版基金成立以来，就十分注重投入重金打造出版精品。出版精品力作的培育或打造需要大量的人财物力投入。国家出版基金虽然经费并不充裕，但是每年都会安排可观的经费支持一些大型精品出版项目，单个项目的资助额度可达 500 万元以上。2008—2014 年获得国家出版基金的资助项目中，属于大型出版精品工程项目的总计 201项，占其资助项目总量的 14.66%，大型出版精品工程年均受资助占比约为 15%，2011 年比例最高，达 23.53%。详情见图 7-7。出版基金的高额投入为这些重大出版项目成为出版精品打下了坚实的经济基础。加之后续的严格监管和验收评估，又为获得高额资助的出版项目成为出版精品提供了制度约束，进一步提升了这类项目成为出版精品力作的几率。

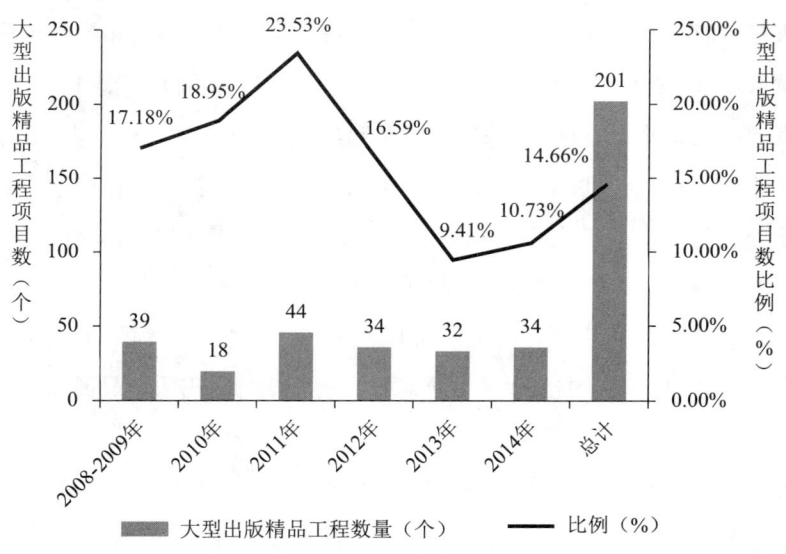

图 7-7   国家出版基金资助的大型出版精品工程项目统计图

　　近年来的实践证明，国家出版基金培育出版精品的理念和尝试起到了很好的效果。在出版基金重点资助的项目中，不少成果成为了精品力作，获得了中国出版政府奖、中华优秀出版物奖等国家最高出版奖励。据不完全统计，在2008—2012年国家出版基金资助的项目中，共有22部作品获得了中国出版政府奖和中华优秀出版物奖。中国出版政府奖是我国新闻出版领域的最高奖，每三年评选一次。2008—2011年仅评选两次，每年60种图书，两届共评出图书120种。而当时我国每年出版图书高达20—30万种，六年累计出版图书远远超过100万种之多，获奖的几率之低可以想象。可是，国家出版基金资助项目的获奖比例要远远超过未受资助的出版品种。这应该可以从一个侧面证明国家出版基金资助的出版项目所具有的高水准。从这个意义上讲，国家出版基金在培育出版精品力作方面可以说是卓有成效的。

　　3. 支持公益性出版的效果分析

　　公益性出版是指直接服务于国家及公众公共利益的出版活动，主要包括政治读物、公共文化及民族、古籍出版等方面的主要内容。与经营性出版相比，公益性出版虽然具有非常重要的政治及文化等社会意义，但其经济效益却相对较低。然而，在市场经济条件下，大多数出版单位都是独立的市场主体，追求经济利益是其从事出版活动的根本诉求（当然，这并不排斥经营性出版单位部分从事公益性出版活动）。因此，必须有适当的制度设计与安排来确保公益性出版活动的开展。在出版体制改革过程中，我国保留了少数"事业体制"的出版单位，它们被定义为公益性出版单位。目前，我国公益性出版单位主要有人民出版社、民族出版社、中国盲文出版社、科技日报社、农民日报社、中国社会科学杂志社、民族画报社等少数几家。这少数几家公益性出版单位正是我国公益性出版活动的实施主体。

　　考察国家出版基金支持公益性出版的效果，可以从分析基金资助这些公益性出版单位出版项目的情况入手。据不完全统计，自国家出版基金成立以来，先后资助公益性出版单位出版项目共计 184 项。资助项目最多的 2013 年，共有 47 个项目获得资助，最少的年度 2010 年也有 12 个项目获得资助。各年度资助项目数见图 7-8。从获资助项目数量看，呈总体上升态势。从资助项目占比看，虽然每年度的资助比例相对稳定，大约在 13% 上下。但是，这一比例却仍然远远高于经营性出版单位获得项目的比例。占全国出版单位总数不到 5% 的公益性出版单位却能获得 13% 左右的资助项目，不能不说是国家出版基金对公益性出版的偏爱和政策倾斜。

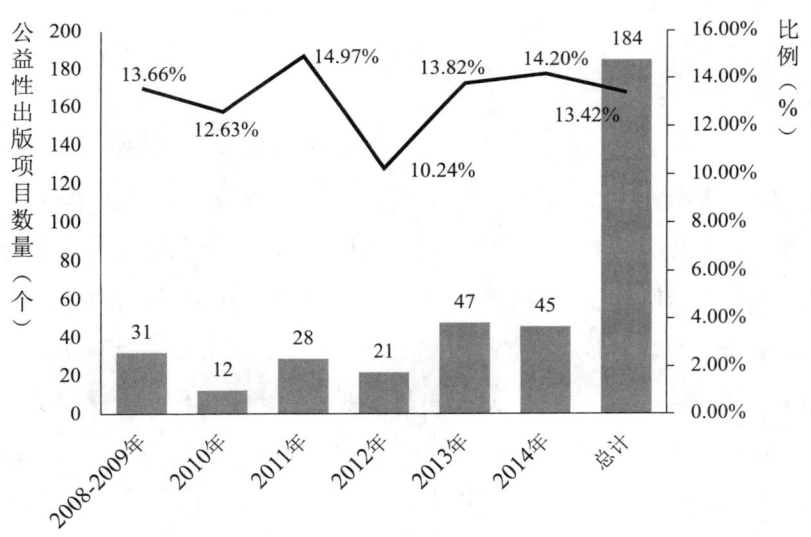

图 7-8　国家出版基金资助的公益性出版项目统计图

　　国家出版基金资助的公益性出版项目主要集中于农家书屋工程、

盲文出版工程、重点民文出版译制工程等领域。一些受资助项目出版后取得了很好的社会效果。例如，2008—2009 年基金资助的连环画出版社出版的《漫画中国历史》丛书，以连环画和口语化的方式讲述中国历史故事，该丛书重印了数次，并免费输送至了多省的农家书屋，成为人民群众喜闻乐见的图书品牌[1]；同年资助的辽宁科学技术出版社《建设社会主义新农村科技丛书》，其中的 10 种图书被列入 2010 年全国农家书屋采购目录[2]。

4. 支持出版"走出去"的效果分析

近年来，我国出版"走出去"取得了很好的业绩，出版物版权输出逆差显著缩小，大量优秀出版物版权输出到西方发达国家，为世界了解中国、为中华优秀文化"走出去"做出了巨大贡献。这些成绩的取得是广大出版单位共同努力的结果，同时也是与相关政策的支持密不可分的。国家出版基金一直以来都积极支持出版"走出去"战略，为相关项目的立项给予有利的政策支持。

2004 年，国务院新闻办公室与原新闻出版总署启动了鼓励各国出版机构翻译出版中国图书的"中国图书对外推广计划"（该计划 2009 年更名为"中国文化著作翻译出版工程"）。2009 年，新闻出版总署又推出致力于推广中国经典著作的"'经典中国'国际出版工程"。国家出版基金对这两大"走出去"出版工程给予了极大支持，先后资助其中的出版项目 37 个。各年度支持情况见图 7-9。

[1] 国家出版基金规划管理办公室：《2013 年度国家出版基金资助项目评审结果公示》，http://www.chinaxwcb.com/2013-01/30/content_262505.htm

[2] 国家出版基金规划管理办公室：《2009—2010 年国家出版基金资助项目结项验收综述》，http://www.chinaxwcb.com/2011-08/30/content_227722.htm

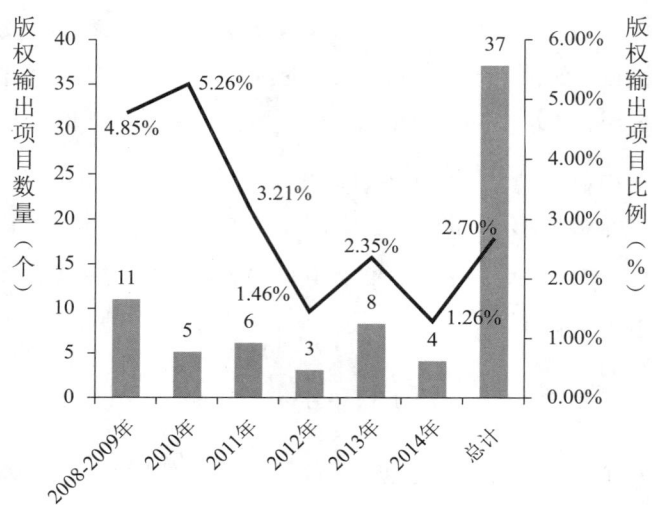

图 7-9　版权输出项目统计图

除这两大"走出去"工程外，国家出版基金还大力支持各出版单位积极与国外出版社进行版权合作，推动优秀出版物"走出去"。国家出版基金每年度的《申报指南》，都将对外交流列入资助项目范畴，向符合条件的出版项目提供资助。

国家出版基金资助对外出版项目取得了很好的效果。例如，2012年7月，国家出版基金项目成果展在香港书展上举行，参展的87个项目代表了国家水准，代表了国家文化形象，彰显了中国出版"走出去"的实力[1]。2012年8月，上海交通大学出版社与英国爱思唯尔出版集团签署协议，一次性输出国家出版基金资助成果"大飞机出版工程"五部精品学术专著的英文版版权[2]。同年，百花洲文艺出版社与西

---

[1] 朱侠：《国家出版基金项目成果参加香港书展活动纪实》，http://www.chinaxwcb.com/2012-07/30/content_248033.htm

[2] 韩阳：《上交大社携手爱思唯尔输出"大飞机出版工程"版权》，《出版参考》2012年第 25 期。

班牙出版社合作，输出其国家出版基金资助项目"中华文化丛书"系列中的《孙子的战争智慧》加利西亚语版权[1]。2013 年，北京国际图书博览会上，国家出版基金资助项目成果"中国 56 个民族神话故事典藏·名家绘本"获得了韩国出版商的青睐[2]。在 2014 年 10 月，国家新闻出版广电总局在第 66 届法兰克福书展上，举办"纪念一战、二战以及中国人民抗日战争胜利主题书展"，国家出版基金资助出版的《远东国际军事法庭庭审记录》参加展览[3]，受到广泛关注。2014 年 12 月，国家出版基金规划管理办公室在第十五届大陆书展上举办国家出版基金成果展，展示了 100 余种、近 2000 册精品项目成果，同样受到了广泛关注和一致好评。

第三节　我国出版基金发展的现状、问题与对策

与美、英、法等发达国家相比，我国出版基金发展历史较短，管理与运作方式也相对落后。但自 2007 年国家出版基金成立以来，我国出版基金发展迅速，基金的类型和数量增长很快，管理与运作水平也在不断提升。本部分拟对我国出版基金发展的现状、问题与对策作一个简要分析。

---

[1] 姜舒:《百花洲文艺社〈孙子的战争智慧〉版权输出西班牙》，http://www.chinaculture.net/bencandy.php?fid=4&id=1370

[2] 金宗云:《从图博会版权输出审视中国文学走出去》，http://www.ce.cn/culture/gd/201309/07/t20130907_24722965.shtml

[3] 柴野:《法兰克福书展国际研讨会:"东京审判"不能被忘却》，《光明日报》2014 年 10 月 10 日第 8 版。

一、我国出版基金的发展现状与问题

改革开放以后，我国何时开始出现出版基金很难查考。目前能够了解到的最早的出版基金是 1988 年中国人民解放军总装备部设立的"国防科技图书出版基金"和山东科技出版社设立的"泰山科技著作出版基金"。到 2006 年，中国科学技术信息研究所高清奇做了一个调查，其结论是"目前我国已有各类出版基金 111 个。统计范围不包括没有出版社的高等院校和科研机构利用科研经费设立的出版基金"[1]。

为掌握我国出版基金发展的现状，2014 年底我们又进行了一次较为系统的调查。根据出版基金设立主体的不同，将出版基金分为政府出版基金、企业出版基金和社会团体类出版基金[2]，并分别调查。其中，政府出版基金的调查，主要是针对国家新闻出版广电总局、财政部、科技部等部委网站及各省级行政区新闻出版行政管理部门网站进行的；企业出版基金的调查，主要是针对全国 22 家出版集团以及各出版社网站进行的；社会团体类出版基金的调查，主要是针对"985 高校"和"211 高校"的 116 所高校及科研机构、行业协会等社会组织的官方网站进行的。调查结论是全国共有各级各类出版基金 242 个。以下现状与问题分析正是基于此次调查的情况展开的。

1. 基金类别多，但发展不平衡

根据出版基金设立主体的不同，将出版基金分为政府出版基金、企业出版基金和社会团体类出版基金。其中，社会团体类出版基金包

---

[1] 高清奇:《全国出版基金发展现状与分析》,《科技与出版》2006 年第 6 期。

[2] 社会团体类出版基金包括：行业协会出版基金、高校与研究机构出版基金、社会或个人出版基金等。

括行业协会出版基金、高校与研究机构出版基金、社会或个人出版
基金。调查统计显示，现有 242 个出版基金中，政府出版基金 67 个，
企业出版基金 22 个，高校与研究机构类出版基金数量 142 个，协会
与其他社会组织设立的出版基金 11 个。具体情况如图 7-10 所示。在
此需要特别说明的是，由于我们受资料来源的限制，个人出版基金未
能列入调查范畴。以此标准看，我国出版基金类别众多，种类齐全，
几乎涵盖上述所有基金门类。

　　进一步分析显示，我国出版基金虽然类别齐全；但是，不同类别
基金的发展极不平衡。其中，高校与研究机构类出版基金数量最多，
占比最大，占我国出版基金总数的 55%，呈一家独大的局面。政府出
版基金 67 个，占比近 29%，规模数量相对适中。企业出版基金和协
会与其他社会组织类出版基金，合计只有 33 个，占比还不到 14%，
规模数量太小。由于不同类别基金设立的宗旨和资助的对象与范围不
尽相同，出版基金的不平衡发展会影响其整体功能的发挥。例如，出
版类行业协会，作为重要的出版行业中介组织，对全国出版业发展负
有协调与指导责任。出版行业协会类基金的缺失不仅不利于协会自身

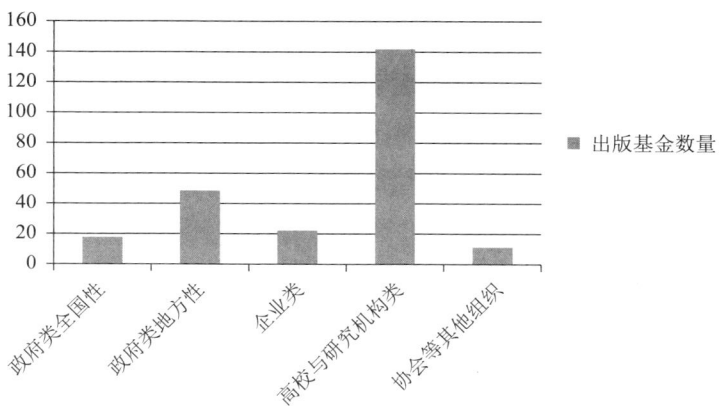

图 7-10　我国出版基金设立主体的类型分布

功能的发挥，而且也会影响出版基金整体功能的发挥。因此，我国出版基金在未来的发展中应该更多地鼓励企业和协会与其他社会组织类出版基金的设立，以期建立起不同类型出版基金协调发展的格局。

2. 基金来源单一，公募基金数量少

从基金来源看，我国现有的 242 个出版基金主要以非公募基金为主，基金来源主要是基金设立者自筹。只有极少数出版基金是公募基金，可以面向社会募集资金。在 67 个政府出版基金中，非公募基金数量为 54 个，占政府出版基金的 80.60%；公募基金数量为 13 个，占政府出版基金的 19.40%。也就是说，我国政府出版基金的来源主要是中央及各地方财政拨款，依法接受自然人、法人或其他组织的部分捐赠，资金来源渠道单一。22 个企业出版基金均由各出版集团及出版社内部筹资设立，或与政府部门联合设立，属于非公募基金。其他各类出版基金中公募基金的比例也都很低，具体数据如图 7-11 所示。

单一的基金来源是影响我国出版基金发展的重要制约因素。单靠政府财政拨款或基金发起者自筹资金，不仅难以进一步做大出版基

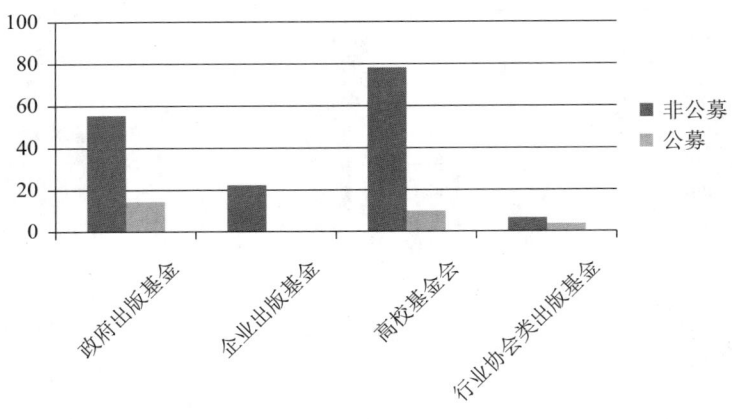

图 7-11　我国各类出版基金的性质

金，而且现有出版基金中有些甚至难以持续。因此，应该尽可能争取政府相关政策的支持，设立更多的公募性出版基金。唯其如此，才有可能从根本上解决出版基金"盘子"过小、资助强度不够等问题。

3. 基金规模偏小，资助强度偏低

基金规模的大小是决定基金影响力的关键因素。调查发现，我国现有各类出版基金在资金规模上明显偏小，而且不同类型出版基金的资金规模差距较大。除国家出版基金外，其他基金多则千余万，少则数十万的规模。有限的资金规模，自然不可能带来较大强度的项目支持。这正是影响我国出版基金效用的根本原因。

从类别上看，政府类出版基金的资金规模相对较大。国家出版基金 2014 年规模已达 4.5 亿元，2007 年以来累计投入达 19 亿元。单个出版项目的资助强度大致分为：100 万以下、100 万至 500 万以下和500 万元以上三个档次。其中，500 万元以上的资助项目数量非常少。科技部 1997 年设立的"国家科学技术学术著作出版基金"，资助总经费达到 5000 多万元，年资助 500 万元左右；"国家自然科学基金重点学术期刊专项基金"自 1999 年设立起，逢偶数年受理申请，资助总金额也已达到 5000 多万元，每年资助金额 700 多万元。地方性出版基金中，2013 年湖北省新闻出版广电局设立的"湖北数字出版专项资金资助项目"每年资金投入高达 2000 万元，单个项目的资助强度 100 万元左右。

企业出版基金资助规模大多没有公开其相关数据，资助额度主要视各出版集团及出版社内部财力状况而定。财力较为雄厚的出版集团资助力度相对较大，如"安徽出版集团出版发展基金"和"湖北长江出版集团出版专项资金"由集团每年拿出 3000 万元专门资助精品出版项目，而大部分企业出版基金资助额度约在 50 — 500 万之间。出

版单位设立的出版基金，资助对象就在单位内部，是企业内部资源的一种再分配，主要是起一个引导作用。其资助强度的大小没有实质意义。

社会团体类出版基金规模则以 100 万元左右居多。"985 高校"及"211 高校"出版基金中可查询到其初始资金规模的数量有 82 家。资金规模在 100—300 万的基金数量最多，达到 38 家，占比 46%；规模在 400—500 万元的 18 家；规模在 2000 万元以上的占 19 家。可见，高校类出版基金的资助额度相对较低。行业协会出版基金中，除我国新闻出版界唯一的公益性基金会——韬奋基金会的规模为 2000 万元，其他行业协会出版基金的资金规模多在 100—300 万之间。这些类型出版基金的资助强度更低。

4. 基金地域分布不均，多集中于经济文化发达地区

在 242 个出版基金中，全国性出版基金有 18 个，其余的 224 个均为地方性出版基金。通过对 224 个地方性出版基金的分类统计发现，它们在地域分布上极不平衡，具体分布情况如图 7-12 所示。地方基金数量居前五的省市分别是北京、上海、湖北、江苏、广东。其中，北京地区的出版基金数量多达 43 个，遥遥领先于其他省市；上海、湖北、江苏、广东等地的出版基金数量则在 15 个上下，明显高于其他省市。其他大部分省市的出版基金数量均在 5—10 个之间，西藏、青海、甘肃等九个省份的出版基金数量均低于 3 个。

出版基金的地域分布，大致与地方的经济文化教育发展水平相关。基金数量位列前五的省市中，除湖北外，均为经济发达地区，而湖北虽然经济不够发达但其却是教育大省。相反，出版基金数量少的地区，通常是经济文化和教育均相对落后的地区。基于这一现象，全国性出版基金，尤其是政府主导的全国性出版基金在确立资助对象

时，应该从引导资源合理配置的角度考虑，适当向地方性出版基金数量少的欠发达地区倾斜。

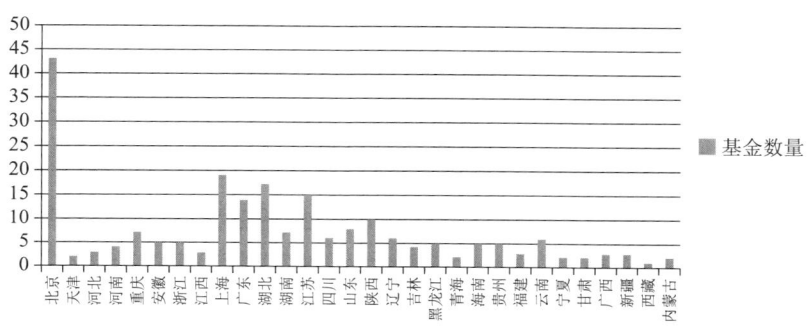

图 7-12　我国各地出版基金数量分布（不包括港、澳、台）

5. 基金资助对象过于集中

出版基金的资助对象主要是出版物。按照出版物内容，可以粗线条地将出版基金的资助对象分为大众类、教育类、学术类和专项类出版。大多数出版基金都明确限定了其资助对象的范围。通过查阅基金章程、参照基金申报指南、参考基金过往的资助历史，按资助对象的不同，对现有 242 个出版基金进行了分类研究。

统计结果显示：我国现有出版基金的资助对象过分集中，一些领域基金分布较为集中，而另外一些领域基金数量却非常少。在现有 242 个出版基金中，资助对象为学术类出版的有 127 个，资助教育类出版的 94 个，资助大众类出版的 12 个，资助专项类出版的只有 9 个，分别占出版基金总数的 52.48%、38.84%、4.96% 和 3.72%。出版基金资助对象的这种分布格局，显然是与现有出版基金的设立主体多为高等学校、高校出版社和科研机构直接相关的。虽说学术出版、教育出版获得大量出版基金的资助并无可厚非，但是，它从另一个侧面反映出大众出版（如文学、科普读物等）和其他专项出版（民文出版、盲文出版等）等领域没有受到应有的重视。从出版基金的公益性角度看，这也不是出版基金健康发展的一种表现。因此，加强大众类和专项类出版基金建设应该成为未来我国出版基金建设的重点。

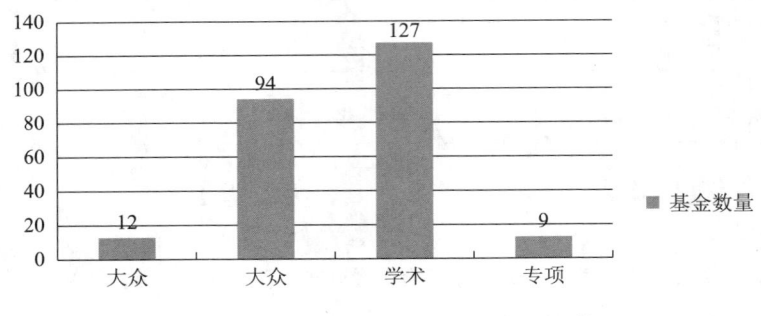

图 7-13　我国出版基金资助类型分布 [1]

二、优化我国出版基金建设的建议

改革开放以后，我国出版基金建设虽然取得了不少成绩，对扶持和引导我国出版业发展起到了积极的促进作用；但是，其发展过程中也还存在不少问题，既影响了出版基金效率和效益的发挥，也没有完全达到有效扶持和引导出版业发展的初衷。下面拟基于对我国出版基金建设现状与问题的调查与分析，提出进一步优化我国出版基金建设的几点建议。

---

[1] 专项基金主要是针对专门的出版项目的出版基金，如"经典中国国际出版工程资助项目""重庆市报刊发展专项资金资助项目""湖北数字出版专项资金资助项目"等。

1. 提高对出版基金整体功能的认知

　　设立出版基金的目的，实际上是为了扶持和引导社会效益显著但经济效益较差的优秀出版物的出版。要达成这一目的，必须了解出版基金扶持和引导出版活动的机制与机理。这里需要掌握两个核心问题。一是什么是社会效益显著的出版物？二是为什么社会效益显著的出版物会出现经济效益差的现象？

　　那么，什么是社会效益显著的出版物？其实这是一个很难回答的问题，答案会因人而异。研究表明，衡量出版物的社会效益至少可以有以下三个指标：一是科学价值；二是文化与历史价值；三是政治与意识形态价值。就科学价值而言，至少有两类出版物可以视为社会效益显著的出版物，其一是反映科学技术前沿创新性成果的科技出版物；其二是通俗易懂地宣传普及科学理论、技术与方法的科学普及读物。就文化与历史价值而言，代表先进文化发展方向和反映世界各国优秀民族文化的著作都是社会效益显著的出版物；就政治与意识形态价值而言，阶级属性是评价其社会效益的关键因素，只有符合统治阶级主流意识形态和价值观的出版物才可能成为社会效益显著的出版物。

　　至于社会效益显著的出版物为什么会出现经济效益低的现象，则只能从经济学的视角来理解。在市场经济条件下，作为市场主体的企业是以经济效益为第一诉求的。企业衡量经济效益的标准主要是市场规模、消费需求、市场竞争等指标，它们并不直接关心社会效益。然而，符合社会效益显著标准的以上三类出版物，或者由于内容专深，或者由于受众群体小，或者由于兴趣与爱好的不同等原因，往往难以给企业带来显著的经济效益。因而，这类出版物的出版往往难以通过市场手段获得足以支撑其发展的必要资源，从而形成所谓的市场失灵现象。

出版基金建设就是要通过调节出版资源配置，解决社会效益显著的出版物出版资源短缺问题，借助出版基金的资金投入，扶持和引导具有显著社会效益的出版物的出版。这就是出版基金的整体功能。然而，我国现有出版基金却未能完整地理解和把握这一功能。首先，对出版物社会效益的理解和把握存在偏差。在我国现有的 242 种出版基金中，高校、科研机构类出版基金占有很大比重。但从其资助的出版项目看，主要都是本单位的教师和科研人员所完成的教材和科研成果。这些教材和著作的理论和学术水平，且不说与全国同类出版物相比，就是从其本单位看，也算不上是社会效益显著的出版物。我们的调查发现，一些大的学科专业，如法学、经济、管理、新闻传播等学科，每年出版教材和学术著作数量十分庞大，而这其中就有相当比重是由所属高校和科研机构设立的出版基金资助出版的。可见，一些出版基金不是在扶持和引导社会效益显著的优秀出版物的出版，而是在鼓励出版的低水平重复，造成有限出版资源的浪费。严重背离了设立出版基金的初衷，有违出版基金的功能。然后，对出版基金配置的理解也存在偏差。在我国现有的出版基金中，不少基金对出版项目所需经费实行全额配置，配置内容涉及出版物的编辑、稿酬、版权费、校对、排印装、复制、原辅材料及资料购置等直接成本费用支出。事实上，出版基金只是一种出版引导资金，是通过基金支持的杠杆作用引导市场资源共同完成出版物的出版，通常不是全额支持。这种全额支持的做法，不仅难以引导市场资源参与优秀出版物的出版活动，而且甚至还会导致出版单位借机套取资金的不法行为，导致有限出版基金资源的浪费。

由此可见，提高对出版基金整体功能的认知，对优化我国出版基金建设十分必要。提高对出版基金整体功能的认知，关键是要解决两个方面的问题：一是从社会效益视角从严把握优秀出版物的标准；二是充分认识出版基金引导市场资源的杠杆作用。

2. 科学整合现有出版基金资源

我国出版基金建设从数量上看业已初具规模。如果现有基金都能够很好地发挥其功能，那对我国出版业的发展将起到更大的推动和促进作用。然而遗憾的是，现有的不少出版基金还没有很好地履行其应有功能、发挥其应有的作用。主要表现在以下两个方面：第一，现有出版基金的价值引导效果不明显。在几大类出版基金中，除政府类出版基金，如国家出版基金等，较好地发挥了引导出版价值导向的功能之外，其他出版基金引导出版价值的作用均不明显。当前我国出版市场普遍存在的低俗、庸俗、媚俗现象，甚至反主流价值观现象等，与出版基金的价值引导不力不能说没有关系。第二，现有出版基金的资源配置效果较为有限。由于现有出版基金大部分主要是采用全额资助的方式支持入围的出版项目，这种"硬"补贴的方式发挥不了引导市场资源配置的杠杆作用。有限的出版基金，如果不能用以引导市场资源的踊跃进入，而是单纯进行基金的全额补贴，那它的资源配置效果就可想而知。

造成这种结果的原因虽然是多方面的，但现有出版基金缺乏必要的协调与整合，各自为政、画地为牢是其中的主要原因。242个出版基金，主体各不相同，宗旨与目标自说自话，评审标准与方法因人而异，整体效果可想而知。因此，加强我国出版基金建设的关键步骤是要对现有出版基金进行必要的协调与整合。所谓整合现有出版基金资源，是指在充分尊重各出版基金独立运作权利的前提下，以提升现有出版基金资源配置和价值引导合力为目标，加强不同出版基金之间的协调与配合。

整合现有出版基金资源，可以从以下两个方面着手：第一，建立出版基金主体协商制度。现有的 242 个出版基金，分别由不同性质、不同行业的单位或机构牵头设立和管理。虽然这些单位或机构发起成立出版基金的初衷并不完全相同，但是，在支持优秀出版物出版这一点上应该是有广泛共识的。这一共识就是我们提议建立出版基金主体协商制度的前提和基础。建立出版基金主体协商制度，可以由国家新闻出版广电总局或某个全国性出版行业协会来牵头，广泛吸引现有出版基金参与。出版基金主体协商，首先是分析当前出版基金建设现状与问题，共商我国出版基金建设思路；其次是要针对出版基金建设与管理的一些共性问题展开讨论，在广泛协商形成共识的基础上，达成某些具有一定约束力的制度安排；然后是要在不同出版基金之间进行充分信息沟通基础上，交流经验、借鉴得失，完善各自的基金建设方案。第二，搭建全国出版基金信息共享平台。该平台可由出版基金主体协商制度牵头单位负责建设与管理。平台的核心功能主要包括：一、介绍各出版基金的基本情况；二、公布各出版基金申报、评审、资助与结项信息；三、发布各出版基金的活动信息；四、宣传普及与出版基金相关的基本知识。

3. 广泛调动社会资源参与出版基金建设

近 30 年来，我国出版基金发展迅速。特别是在 2006—2011 年期间的十多年时间里，我国新增出版基金超过 100 家。出版基金的这种发展势头表明，当前我国社会对出版基金建设是十分重视的。数据显示，在各类社会机构或组织中，高校与研究机构对于出版基金建设的积极性最高，现有的 242 个出版基金中有 142 个是由高校与研究机构牵头设立的。其次是政府部门，由政府部门牵头设立的出版基金有 67 个。可见，高等学校、研究机构和政府部门参与出版基金建设的积极性较高。但与这两类机构或组织形成强烈反差的是企业、行业协会、其他社会组织或个人参与出版基金建设的积极性却不高。在我国现有242个出版基金中，企业出版基金22个，协会与其他社会组织出版基金仅仅有11个。也就是说，我国现有出版基金主要是依靠政府资金建立起来的，在动员社会力量参与出版基金建设方面做得还很不够。

虽然说政府出资设立出版基金天经地义，但是，政府资源毕竟是有限的，仅仅依靠政府资源是很难将出版基金做强做大的。当前，我国出版基金资助范围不够宽、资助项目数量不够多、资助强度不够大等都是因为资金来源有限。更何况单纯依靠政府资金也不利于出版基金整体功能的发挥。因此，广泛动员企业、行业协会、其他社会组织或个人等社会力量积极参与，应该成为我国出版基金建设的战略选择。

动员社会力量参与出版基金建设，重点需要做好以下三个方面的工作：一是大力加强对出版基金建设战略意义和重大作用的宣传。出版机构本身就承担着文化宣传职能，但是却从不重视对自身工作意义和重要性的宣传。如果我们能够利用好自身的宣传优势，让社会各界对支持优秀出版物出版的意义有充分的认知，就能够为吸引社会力量参与出版基金建设营造良好的社会环境。二是积极争取政府的相关政策支持，对捐资设立出版基金的个人和企业给予更为优惠的税收减免，以激发社会资源参与出版基金建设的积极性。三是充分利用国家现行基金管理制度，改变出版基金的筹资方式，争取设立更多的出版公募基金，面向社会公开募集出版基金，以吸收更为广泛的社会资源参与出版基金建设。

4. 强化出版基金运营管理

出版基金，只有公开透明、规范运作，才能实现良性发展。强化出版基金运营管理就是要做到公开透明、规范运作。

　　为系统掌握我国出版基金的运营管理情况，我们对我国现有 242
个出版基金公开其基金章程（管理条例或管理办法等）及公布年度申
报通知等信息的情况进行了专项调查。调查结果显示：242 个出版基
金中，有 202 个基金有公开的章程（管理条例或管理办法等）及公布
了年度申报通知，占现有基金总数的 83%。从公开信息中找不到这方
面信息的有 40 个，占现有基金总数的 17%。各类基金的分类统计数
据如图 7-14 所示。总体上讲，单从这一指标衡量，绝大多数出版基
金的管理是符合规范的。

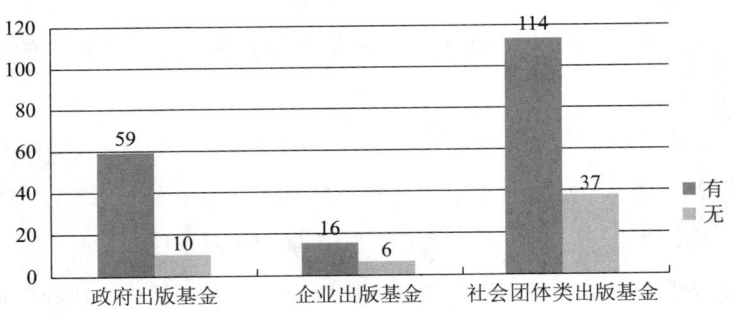

图 7-14　我国出版基金的制定有管理条例及信息公开情况

　　然而，通过对部分出版基金章程（管理条例或管理办法等）及公
开申报通知等信息的文本分析，很多出版基金章程中规定的申报条件
不明确，大多以定性为主，评审标准模糊，评审程序也不够规范。其
中，还有一些出版基金官网信息更新滞后，对基金的正常申报工作显
然有一定负面影响。可见，形式上的规范并不意味着操作层面的规
范。2013 年，民政部对全国基金会进行过一次系统的评估[1]，我国现有
的出版基金无一进入 3A 以上等级。这也在一定程度上反映出了我国

[1]《2013 年度全国性社会组织评估等级结果公告》，http://www.chinanpo.gov.
cn/2351/77126/index.html

出版基金较低的运作与管理水平。

　　强化出版基金运营管理，核心是要强化基于项目流程的制度管理，关键是要建立基于项目流程的相关管理制度。一是要强化申报环节的管理。必须建立基金申报指南和申报细则公开制度。明确申报条件、程序、方式和时间等基本要求。二是要强化评审环节的管理。要制定严格评审程序、评审标准和资助标准；要组成高水准的评审委员会，并建立回避、申诉等制度；要有严格的公示制度。三是要强化检查环节的管理。要对项目实施进展和经费使用情况进行中期检查，建立定期检查或不定期抽查相结合的中期检查制度。四是要强化验收或结项环节的管理。要建立终期成果评审验收制度和项目经费决算与审计制度。

第八章 图书评论

图书评论，是图书出版工作的有机组成部分，是沟通出版者、作者和读者的桥梁。它在营造文化氛围、引导文化消费、指导读者阅读、促进图书价值实现等活动中发挥着独特的作用。本章拟从图书评论的基本理论出发，阐释图书评论的内涵、特征及功能，分析当前我国书评工作的发展现状与存在不足，提出改进我国书评工作的意见和建议。

第一节　图书评论概述

图书评论有着悠久的历史，在文学界、文艺界、教育界、出版界等不同学科领域均有着广泛的应用，是这些学科领域共同关注的主题。为科学了解和有效运用图书评论这一重要的理论和工具服务出版业发展，本节拟对图书评论的概念、特征、类型与功能等基本理论问题作一个简要分析。

一、图书评论的概念与特征

了解和掌握图书评论的产生与发展、概念与特征是科学运用图书评论这一理论和工具服务出版业发展的基础。

1. 图书评论的产生与发展

图书评论的对象是图书，从这个意义上讲，图书评论是随着图书产生之后出现的。春秋时孔子对《诗经》的评论文字"《诗》三百，一言以蔽之，曰思无邪"通常被视作我国最早的图书评论的雏形。孔子的弟子子夏，为《诗经·国风》的首篇《关雎》撰写的评论文章——《诗大序》，则被看作较早的、系统的图书评论。载于成书于春秋末年的《左传》的《季札观乐》，也被认为是吴国公子季札对《诗经》的评论，是一篇比较完整、系统的书评文章。一般认为，我国图书评论的起源应不晚于春秋时期，距今至少已有两千四百多年的历史。当然，也应该看到，以《论语》《诗大序》及后世众多的诗话、文论为代表的古代图书评论，都只是作者为了阐发自己的文艺思想、观点主张"立一家之言"而进行的个人文学评论活动，更多的属于文艺评论的范畴，并非旨在揭示所评图书的思想内容、为读者服务的现代意义上的书评。

现代意义上的图书评论，大致源于清末民初的 20 世纪初期。晚清时期，道统崩坏，各种社会思潮风起云涌。为宣扬民主与科学，引进西方书籍、开馆办报遂成为改良社会风气的良方。民国初年，媒介技术的发展与社会风气的转变使得面向公众的大规模传播活动成为可能，图书数量的激增又为书评活动的开展提供了前提条件，创刊办报的时兴更为书评活动提供了必要的阵地。现代图书评论正是在这个背景下借由报刊的载体逐步发展起来的。创刊于 1915 年的《新青年》杂志就专门开设了"书报介绍"专栏，用以宣传新式文学、鞭挞旧派文学。同一时期的《大公报》《申报》等全国性大报也设有图书评论相关的副刊。

中华人民共和国成立初期，中宣部、国家新闻总署、出版总署等有关部门就下发了多个关于重视书评、推进书评工作的文件。1985 年 5 月，中宣部出版局则组织召开了建国以来的全国第一次图书评论工作会议，就确立了图书评论在出版工作中的重要地位。会议指出"搞好书评对推动出版事业的发展和指导读书活动，促进精神文明建设，具有积极作用"[1]，进而提出了加强书评工作的倡议。1989 年，中宣部出版局推动成立了中国图书评论学会[2]。我国老一辈出版人胡乔木、许力以等高度重视书评工作，他们曾多次在公开场合强调书评对于出版工作的重要意义。1979 年，许力以在主持制

---

[1] 徐召勋：《图书评论学概论》，河南大学出版社 2006 年版，第 122 页。

[2] 伍杰：《中国书评二十年》，《出版科学》2002 年第 1 期。

定《出版社工作暂行条例》时指出："书评是监督和推动图书出版的重要武器，应及时介绍好书，对于那些不好的和有错误倾向的图书，也要以马克思主义的观点给予分析和批评，以引起出版者和读者的注意。"[1] 进入新世纪以来，党和国家领导人依然高度重视和发展书评工作。2014 年 10 月 15 日，习近平总书记在全国文艺工作座谈会上强调："要高度重视和切实加强文艺评论工作，运用历史的、人民的、艺术的、美学的观点评判和鉴赏作品，倡导说真话、讲道理，营造开展文艺批评的良好氛围。"

图书评论在西方的出现相对较晚。两河流域的美索不达米亚人用黏土烧制成泥版用以记录的楔形文字，是西方现存的最早的文字资料，其后又以莎草纸和羊皮纸为书写材料，但从中均未发现典型的图书评论文本。西方现代意义的图书评论大致可以追溯到 12 世纪。随着造纸术的传入以及文艺复兴的开始，造纸术、活字印刷术为图书的广泛传播提供了技术支撑，文艺复兴又极大地激发了西方社会的文化需求。到 17 世纪，书业杂志得以成为西方现代图书评论的主阵地。19 世纪以后，书评更是成为学术交流的重要形式，创刊于 1851 年的《纽约时报》是美国乃至世界最负盛名的图书评论报刊。20 世纪以来，学术性与商业性并重成为西方图书评论的新趋势。出版的高度商业化对图书营销提出迫切要求，图书评论的促销功能渐渐受到重视，一系列针对大众图书的书评成为主流。《纽约时报》《法兰克福评论报》《明镜周刊》等刊载的书评文章往往能极大促进所评图书的销售，对引领社会阅读风向具有相当大的影响力。

---

[1]《新时期图书评论工作引领者》，《中国新闻出版报》2014 年 10 月 15 日第 7 版。

2. 图书评论的概念

图书评论，简称书评，顾名思义就是对图书的评论。对书评内涵的辨析是学界长期争论却久而未决的理论问题。出版行业管理者、书评家、学者等各自从不同角度，对书评的内涵进行过各自的界定。例如，原中宣部出版局局长伍杰在《中国书评二十年》一文中指出，"我们时代的书评是指用马克思列宁主义观念，对图书包括对它的形式、内容进行科学的分析评论"[1]。著名书评家吴道弘在《书评例话》中指出，"图书评论是以图书为对象所进行的介绍、评论和研究的一种科学认识活动"[2]。潘文坤则认为，"书评是一种常规评论文体，它以某部书籍为评论对象，通过简要的介绍，评价其主要特点，向读者推荐阅读"[3]。上述这些定义，角度不同，结论各异。

那么，到底该怎样定义图书评论呢？所谓图书评论，是指书评人对特定图书的内容和形式、作者的立场观点和方法、图书消费所带来的影响与效应等进行的分析与评价，旨在促进读者、作者和出版者之间的沟通和交流而进行的一种文化创作活动。把握图书评论的这一内涵，需要厘清以下几个与图书评论有关的概念。

一、图书评论与内容介绍。两者都揭示图书的内容，且内容介绍中往往不乏一定程度的评论文字；但二者的区别在于评论的深度和倾向性。书评是对图书的思想内容进行深入剖析的价值评判活动，侧重点在"评"；内容介绍则是以揭示图书内容梗概为主的描述性活动，侧重点在"述"。

二、图书评论与图书广告。许多图书广告不仅有对图书内容的介

---

[1] 伍杰：《中国书评二十年》，《出版科学》2002 年第 1 期。

[2] 吴道弘：《书评例话》，中国书籍出版社 1991 年版，第 33 页。

[3] 潘文坤：《谈谈编写科技书评的方法》，《世界图书》1988 年第 8 期。

绍，更有借名家之笔对图书的评价、判断性文字，但二者的价值诉求却完全不同。图书广告以促进图书宣传、扩大图书销量为主要目的，其商业性取向显然不同于图书评论的文化追求。但某些创作水准较高、具有一定文艺价值的图书广告作品，从文本上来看也有与书评类似的功效。

三、图书评论与读后感。读后感是读者阅读图书之后记录下的个人感想、随笔，其中固然也有对图书内容的介绍和评价；但读后感纯粹站在读者的主观角度，可以就个人感受畅所欲言，而书评虽不可避免也带有书评人的主观色彩。但相对而言，讲求评论的客观性和公正性，必须做到持论公允、有的放矢。

3. 图书评论的特征

一般认为，图书评论具有如下几个基本特征。

一、评论对象的专指性。图书是图书评论的特定对象，正如徐召勋教授在《图书评论学概论》中所指出的，"书评只限于对图书的评论，对报纸、刊物、电影、戏剧等的评论，都不能称为书评"[1]。书评的内容包括图书的形式和内容、思想及影响等，这有别于一般的文艺评论，单纯对作者的观点主张或者某种文艺思潮进行评论的文字是文艺评论而不是书评。

二、评论主体的多元性。书评的主体即书评人，书评是书评人开展的一项文化创作活动。书评的主体既可以是某领域具备深厚专业素养的专家学者，也可以是具有较高文学素养的文学家、作家等，甚或是出版社、报刊社（尤其是书评报刊）的专职编辑，还可以是普通的读者。当然，传统的书评人主要以前三者为主。而随着网络的兴起，

---

[1] 徐召勋:《图书评论学概论》，河南大学出版社 2006 年版，第1—2 页。

几乎所有公众只要具备基本的网络接入条件，都可以自由发表对图书的评论意见，成为所谓的网络书评人。书评主体不断泛化，这也是现代传媒技术发展对书评的重要影响之一。因此，网络时代的图书评论人既可以是专事此业的书评人，也可是偶尔为之的普罗大众。

三、服务对象的指向性。书评是沟通出版者、作者和读者的桥梁。出版者可以借助书评扩大图书影响、促进图书销售；作者可以倚重书评了解其作品的社会反响；读者则可以借助书评来挑选图书。但从本质上讲，读者才是图书评论的直接服务对象，好的书评应以引导、服务读者的阅读活动为其终极价值追求。著名图书评论家萧乾先生将是否面向读者、服务读者作为区隔书评和文艺批评的标准来看待。他指出，"书评和文艺批评的区别就在于面向对象的区别。面向作者，目的是为了纠正作者的创作偏向和误区，供作者参考的评论是文艺批评。面向读者，目的是指导大众购书和阅读的评论是书评"[1]。

四、文化与商业的结合性。图书评论是一项文化创造活动，坚守文化操守是书评人的本分，丧失了文化性的书评绝不是真正的书评。然而，在出版市场化的背景下，读者的阅读消费会受到来自多方面因素的影响。图书评论又被赋予了扩大图书影响力、促进图书消费的重任。一篇好的图书评论不仅要能够起到引导阅读的文化作用，而且还要能够起到促进图书销售的功效。商业性就这样成了当今书评的附属属性。因此，图书评论是一项文化性与商业性结合的活动。

五、表现形式的多样性。书评的表现形式，主要是指书评传播媒体的形式。狭义的图书评论，一般仅指以文本方式见之于报刊媒体的评论文章，而评论人对某本图书的口头评述或者其他非文字形式的评论一般不被理解为书评。事实上，这种理解过于狭隘。广播、电视、

---

[1] 萧乾:《萧乾书评理论与实践》，河北教育出版社 1999 年版，第 6 页。

网络等现代传播工具同样可以作为图书评论的媒介。国内外不少广播、电视、网络媒介上都有专门的书评栏目或频道，其播出的书评节目同样具备了图书评论的一些基本要件（主体、客体、服务对象等)，而且其有效的互动方式带来了比报刊书评更好的效果。因此，广播、电视、网络书评同样属于图书评论范畴。从拓宽书评阵地的视角看，书评表现形式的多样化，也有利于扩大书评的传播范围，有利于发挥书评的功能。

二、图书评论的类型

图书评论的类型多种多样，依据不同的分类标准，大致可分为以下几类。

按写作形式来分，主要有议论体、叙述体、语录体、序跋体、书信体等形式。议论体书评，是围绕着图书的内容主旨展开深入详尽分析评价的一种书评形式，是最为常见的一种书评写作形式。叙述体书评，其寓评论于叙述之中，在叙述中表达出书评人的见解和倾向。语录体书评，是口头评论的文字记载形式。序跋体书评，是以序跋方式揭示图书主旨负载于书前或书后的评论文字，或作者自序，或请人代序。书信体书评，最初是以通信的形式谈及个人体会、与友人交流读书心得的一种书评形式，发展至现代渐渐演变为没有特定收信对象、专为评论图书而作的一种书评形式。

按价值取向来分，书评可分为独立书评和商业书评两类。从时序上来说，书评产生之初基本都是独立书评，随着出版活动的日益商业化，作为一种重要促销工具的商业书评才开始得以出现。

独立书评是指坚持客观公正原则，对图书的思想内容做出不偏不倚评判的一种书评类型。独立书评强调书评人对图书内容的公正评价和对读者的阅读引导作用。独立书评涉及两个重要的关键点：一是指书评人在经济上不依附出版商、作者等利益集团；二是指书评人坚持独立客观的评论准则和职业操守。独立书评的作者，被称作"独立书评人"。独立书评人，与图书出版机构无利益关联，往往是出于文化追求对所钟爱的图书进行客观公正的分析评价，其行为往往是自发的、零散的、无组织的。图书出版数量的增长和读者对阅读品种选择的需求，激发了书评媒介对独立书评的兴趣。一些书评媒介开始关注独立书评的社会影响力与对刊物文化品位提升的意义，主动与独立书评人展开合作，进而催生了现代西方的"独立书评人制度"的诞生。《纽约时报·书评周刊》是建立独立书评人制度的先驱。1896 年 10 月 10 日《纽约时报》周六副刊刊登了第一则独立书评，正式开启"独立书评人制度"的探索[1]。《纽约时报》"独立书评人制度"的主要内容包括：每周由预读编辑从出版商和作者寄来的图书中挑选 20—30 本作为当期备选书目；再从各领域挑选称职的专家邀请其就这些备选图书撰写书评；对于所邀请书评人实行严格的"签约书评人制度"，通过签订协议杜绝书评人与出版商、作者的任何裙带关系。《书评周刊》依靠其优质的书评人团队形成独立的图书意见市场，树立良好的公信力。《书评周刊》的权威性和优厚稿酬又促使书评人更加敬业和负责。《书评周刊》进而逐渐发展成为美国覆盖面最广、影响力最大的书评刊物。《书评周刊》的成功，也使得"独立书评人制度"在其他西方国家得以推广，被其他报刊纷纷效仿，进而发展成为一种十分重要的书评制度。"独立书评人制度"下的书评以其客观公正的特点在读者心中树立起良好的公信力，在指导读者阅读、引领社会阅读风尚方面

---

[1] Inaugural book review issue, *The New York Times*, October 10, 1896, http://timesmachine. nytimes.com/timesmachine/1896/10/10/issue.html

发挥着极其重要的作用。与西方相比，我国的"独立书评人制度"发展较为滞后，尤其是具备良好职业操守的独立书评人严重短缺，导致大量讲"人情"甚至"拿钱说话"的书评的滋生。因此，借鉴西方经验建立"独立书评人制度"应该成为我国书评事业发展的基本方向[1][2]。

所谓商业书评，是指市场化运作、以追求书评所产生的商业利益和经济价值为导向的书评。图书出版的商业化与市场化，在极大地满足和丰富了人们阅读需求的同时，也给作者和出版企业追求商业利益带来了巨大的压力。为扩大图书销售，出版商和作者逐渐重视书评的促销功能，开始雇佣专职书评人撰写书评，商业书评随之出现。当今网络媒体的兴起更是为商业书评提供了用武之地。有研究显示，作为全球最大的图书网络零售商，美国亚马逊网上书店的大量商业书评对其图书销售起到了十分显著的促销作用[3]。应该说，商业书评在扩大图书宣传、促进图书销售，甚至包括推动书评发展等方面都发挥过积极作用。然而，在实际运作过程中，此类书评往往容易使其过分追求经济价值而牺牲文化追求，一味地向"钱"看，进而导致商业书评市场"一片赞歌"，书评的公信力受到严重挑战。2008 年，豆瓣网曾曝光某出版商雇用网络用户为旗下图书撰写吹捧性评论，以达到增加图书销量的效果，就曾被质疑为商业欺诈[4]。2012 年 5 月，盛大"云中书城"投入数百万元重金悬赏"白金书评人"，对旗下网络文学作品进

---

[1] 田志凌：《中国呼唤独立书评人》，《科技与出版》2005 年第 2 期。

[2] 《中国独立书评人何去何从》，http://www.rongshuxia.com/zt/2010/shuping/index.html

[3] DBW: Book Marketing the Old Way Versus the Way That Works Today, *Digitalbookworld*, 2014-09-30, http://www.digitalbookworld.com/2014/book-marketing-the-old-way-versus-the-way-that-works-today-part-1-book-reviews/

[4] 张麒麟：《商业性网络书评的文化内涵及其知识传播价值》，《图书馆杂志》2013 年第 11 期。

行评论包装，并将销售收入与书评人分成。由此可见，商业书评是一把"双刃剑"，如果运用不当就会带来适得其反的效果。

按载体平台来分，主要有本版书评、报刊书评、广播电视书评和网络书评。

本版书评是以序跋的形式刊登在图书正文前后，或以名家推介的形式载于图书封底、腰封的书评形式。它是对本版书的评论，也是图书销售中广泛采用的宣传方式。本版书评以其与所评图书结合紧密的特点，对读者的购买行为能够起到立竿见影的促进作用，是发挥书评引导功能较为直接的实现形式。

报刊书评是指以报刊为载体发布的图书评论文章。报刊以其发行量大、覆盖面广、成本低的优势，成为基础性书评载体平台。一些知名书评报刊旗下往往聚集了一大批优质的书评人团队，对读者的阅读引导影响显著。报刊书评堪称书评中最为成熟也最具公信力的书评形式。

报刊书评，还可以细分为专业书评报刊书评和报刊书评栏目书评两类。其中，专业书评报刊，以刊载书评文章为主，其书评多集学术性、知识性、可读性于一体。如中国图书评论协会主办的《中国图书评论》杂志，就是我国书评领域最具权威性、学术性的专业书评期刊，有"我国图书评论领域的国家队"的美誉[1]。报刊书评栏目，是指各类报刊开设的专门刊登书评文章的报刊专栏。这类书评报刊具有受众广泛、书评类型丰富、语言风格"接地气"等优势，往往拥有更广的读者覆盖面。

广播电视书评，通常体现为带有评论或推荐形式的读书节目，如

---

[1] 柳斌杰：《深入贯彻落实党的十七届六中全会精神　大力推进中国图书评论事业繁荣发展》，《中国图书评论》2012 年第 2 期。

美国的《奥普拉脱口秀》、凤凰卫视的《开卷八分钟》节目等。广播电视书评利用多媒体技术能更为全面形象地展示所评图书，同时借助节目主持人的声望往往能够达到意见领袖的效果。但是，由于这类节目的受众面较窄，因而它只是书评的一种辅助方式，普及程度较低。

　　网络书评是一种新兴的书评形式，以网络为载体，借由互联网的高效传播在书评领域声势日隆。其评论主体相较于传统书评人更具平民化、草根化的色彩。如亚马逊、当当等图书电商网站就汇聚了一大批以普通购书用户为评论人的书评人群体，基于兴趣圈的豆瓣网也开设有"读书"频道，上传有大量读者撰写的书评文章。

三、图书评论的功能

　　图书评论是我国社会主义出版事业的重要组成部分，在营造阅读氛围、指导读者阅读、促进图书销售、增进读者与作者及出版者之间的信息交流等方面能够发挥巨大作用，对繁荣社会主义出版事业具有重大意义。图书评论所具有的上述作用，主要是源于其所具有的阐释、导读、评价及促销等基本功能。

1. 阐释功能

　　任何文艺创作，其社会功能和审美价值的实现，都是以作品能够被社会公众所理解为基础的。图书作为人类审美创造高度发达的产物，是作者思想理念、艺术情致的凝炼和结晶。图书的内容由显性的符号层和隐性的内涵层两个层面构成。对大多数普通读者而言，显性的符号层也许容易理解，但隐含在内涵层中的作者的情感内蕴及思想观点，并不是一般普通读者轻易能够理解得了的。对不同学科领域图书作品内涵层的认知和理解，通常受制于读者自身的阅读能力和鉴赏水平。一般普通读者往往需要具备专业素养的书评人对其进行阐明和释义。从这个意义上说，书评通过其阐释功能可以在读者和图书、作者之间构筑起一道沟通的桥梁。

我国古代文人对儒家典籍的注、疏、评点等书评形式就突出体现了这一功能。如前述孔子的弟子子夏为《关雎》所作《诗大序》，文章指出："《关雎》，后妃之德也，风之始也，所以风天下而正夫妇也。故用之乡人焉，用之邦国焉。风，风也，教也；风以动之，教以化之。故诗有六义焉：一曰风，二曰赋，三曰比，四曰兴，五曰雅，六曰颂。"文章首先对《关雎》的主旨进行了阐发，而后又进一步归纳提炼出"六义"，这正是在原作基础上基于评论人独到见解进行的再创造。

再如《纽约时报·书评周刊》评中国作家姜戎《狼图腾》的文章（载于 2008 年 5 月 4 日）。文章认为："《狼图腾》这本书也确实捕捉到了中国人对于物质和道德困境的普遍焦虑，数百万人弃离乡村，去寻求中产阶级的生活方式，而后者对环境而言恰恰是不可持续的。本书的文学诉求并不明晰，而姜戎希望通过良性的保守主义改造中国国民性的愿望也未竟其功。但是，也很少有其他关于今日中国的书可以与之相提并论，借助《狼图腾》一书，读者可以观察到中国人在迈向现代化的坎坷道路上困惑的自我形象。"该书评揭示了小说《狼图腾》的创作主旨与文学诉求，将原作者所欲表达的内蕴与寄托明白地展现在读者面前，便于读者对作品的深入认识，也体现了书评的阐释功能。

现代接受美学理论认为，图书等文艺作品的现实价值应当是创作者赋予原作的意义和接受者领略到的意义不断叠加的动态演进过程。因此，作为图书的接受者和再创造者，书评人对图书的解读与阐释，不仅仅是一个解码译码的过程，更是评论人对原作现实意义的价值增值和意蕴叠加的过程。通过对图书的阐释，普通读者领会到的就不单是原作者的思想内蕴，更饱含着书评人的独特见解与启发，从而加深了读者对图书内涵的理解。

2. 导读功能

所谓导读，就是引导读者选择阅读范围、正确领会阅读内容进而提高阅读效果，它要解决的是读者读什么和如何读的问题。我国每年出版新书多达 40 余万种，以个人有限的精力，终其一生也无法尽阅。面对浩瀚书海，读者必须经过一个选择过程。一篇好的书评文章就具有为读者筛选、推荐好书的功能。

朱自清先生所著《经典常谈》就是这样的好书评。《经典常谈》由 13 篇推介中国文化典籍的导读性书评构成，前 9 篇针对某一具体典籍展开评论，如《说文解字第一》《周易第二》《尚书第三》；后4 篇则是对某一类书的评论，如《诸子第十》《辞赋第十一》《诗第十二》《文第十三》[1]。先生用简明切实的文字要言不烦地介绍了我国文化遗产中的经典作品，是一般读者了解中国古代文化经典的入门指南，很好地解决了"读什么"的问题。同时朱自清先生针对每本经典深入浅出地向读者传授了阅读方法，解决了"如何读"的问题。

再如，《那些过目难忘的好小说》也是一篇很好的导读性书评。作者指出："暗地里我把小说分成四种：第一种是可以连读 N 遍的精品，每读一回都有新感受；第二种是只读一遍，但能够记得某些细节的好书；第三种是读来顺畅过后就忘的一般作品；最后一类比较暴力，会边读边骂这种没有职业精神的作者。能否在放下书后回忆起细

---

[1] 马晓声：《论导读性书评》，《中国图书评论》2004 年第 11 期。

节来，基本就是我衡量一本书好坏的标准了。"[1] 紧接着，作者以自己的取舍标准向读者推荐了张海迪的《天长地久》、辛夷坞的《致我们终将逝去的青春》、李师江的《福寿春》等一系列小说，并分别就其写作特色、成功缘由进行了阐述。

一篇好的书评能够引导一部分读者如何去阅读，而一批好的书评，则能够引导整个社会如何去阅读，在全社会范围内营造起健康向上的阅读氛围和环境。这正是国家重视包括书评在内的文艺评论建设工作，不断强调加强文艺评论的重要原因。

3. 评价功能

书评，不进行评价毋宁称"图书介绍"，这是前述探讨书评的内涵与特征时已明确了的。鲁迅曾指出："批评家的职务不但是剪除恶草，还得灌溉佳花。"一方面，书评通过书评人对图书作品的表现形式及思想意蕴进行美学评点及价值判断，告诉读者什么是美善，什么是丑恶；另一方面，书评人对图书及其出版活动的褒奖或批判，也有利于出版者及作者发现问题，甚至影响出版者的出版理念及出版运作。

如果说图书评论的阐释功能是解读作品、辨析思想，那么，其评价功能则是通过甄别美丑来树立楷范或标准，使得图书的创作生产有可资依循的典范以借鉴。不同于对图书的阐明、释义，图书评论评价功能的发挥需要书评人动用全部的理论积淀和艺术实践经验对图书作品的表现形式和思想内蕴进行深入思考，进而做出价值评判。以此引导读者的审美取向、欣赏水平，最终影响作者的创作倾向和创作动机，影响出版者的选题组稿与出版导向，将其引向有利于培养文艺审

---

[1] 江筱湖：《那些过目难忘的好小说》，《中华读书报》2007 年 9 月 12 日第 9 版。

美趣味、弘扬社会主义核心价值观的创作导向中来。

对图书作品的评价，是图书评论中更为深入细致的二次审美创造过程，具有主观性和客观性相统一的特点。一方面，客观性是保证图书评价的审美价值得到真实、公正评判的基本原则，也是每一个书评人理应具备的基本学术修养；另一方面，任何评价都必然是书评人不同文化立场、审美理想和价值尺度的综合体现，不可避免会受到评论人个人艺术经验、价值取向的影响。因此，图书评论也具有主观性的特点。因此，要有效发挥图书评论的评价功能，书评人既要坚持客观、公正的原则，又要充分发挥个人的主观能动性，保持个性特征，而不应心存偏见或是人云亦云。

我国著名文学家茅盾先生所撰写的书评文章《怎样评价〈青春之歌〉》（发表于《中国青年》1959 年第 4 期）就是坚持主观性和客观性相统一的典范。杨沫的《青春之歌》是 20 世纪 50 年代涌现出的最优秀的长篇小说之一；然而在初次发表时社会上对其评论意见褒贬不一，且以否定意见为主，茅盾的这篇书评就是在当时否定意见占上风的背景下发表的。文章首先回顾了当时社会上对《青春之歌》的批判意见，一针见血摆明自己的观点："自从《中国青年》第二期发表了具有代表性的郭开同志的《略谈对林道静的描写中的缺点》以后，《中国青年》第三期和《文艺报》第二期都发表了对郭开表示不同意见的文章。这几篇文章都批评了郭开同志的论点，也指出了郭开同志思想方法的主观性和片面性；我看这些批评都是正确的。"紧接着，从小说的教育意义、对小说中林道静这个人物的评价、小说的主要缺点三个方面进行了全面深入的分析。文章结尾一锤定音做出总结性评价："《青春之歌》是有一定教育意义的优秀作品，思想内容上没有原则性的错误，艺术表现方面却还有需要提高之处；因而，像郭开同志那样全盘否定它，而且从思想上否定它，是不对的！"[1]

4. 促销功能

正如前文所述，文化性是图书评论的灵魂，商业性则是现代书评的应有之义。强调书评的文化性绝不意味着在产业化环境下可以忽视书评的商业性。事实上，在图书市场竞争日趋激烈的今天，书评尤其是商业书评对于扩大图书宣传、促进图书销售具有显著效果。一方面，书评可以向读者通报书情、广而告之，起到促进出版者和读者信息交流的作用。图书市场上经常存在着出版者有书却找不到目标读者、读者有购书需求又不知向何人购买的现象，书评就是沟通双方供求信息、缓解供需矛盾的一大利器。另一方面，不同于图书广告单纯向消费者传达商品信息，书评凭借其文化性与商业性相统一的特性，可以起到引导读者消费的作用。书评是对图书商品的思想和内容深刻阐释、评价的手段，在宣传图书的同时会潜移默化地影响读者的欣赏趣味和购书倾向，从而引导读者形成合理、健康的消费需求。

关于书评对图书的促销效果，以美国著名电视节目《奥普拉脱口秀》最具代表性。1996 年奥普拉在其脱口秀中推出了一个新版块——"奥普拉读书俱乐部"，每月向观众推荐一本书。《奥普拉脱口秀》的这个新版块，属于电视节目类书评。就是这样一个电视书评节目，成为了美国文学界、出版界的发动机。他们奉奥普拉为女皇。被她推荐过的图书基本上销量都会增加十几万册至几十万册不等。默默无闻的作家经她点石成金便可一夜成名。

美国经济学家理查德·巴特勒（Richard Butler）研究小组的研究报告《从无人问津到超级畅销：测度奥普拉读书俱乐部选书的影响》

---

[1] 吴道弘编：《书评例话新编》，首都师范大学出版社 2010 年版，第 153—160 页。

(From Obscurity to Bestseller: Examining the Impact of Oprah's Book Club Selections) 利用《今日美国报》的畅销书排行榜，详细分析了"奥普拉读书俱乐部"自 1996 年开始至 2002 年暂停期间所推荐的 45 本非儿童图书的销售数据，发现只有 11 本书在她推荐前已经上榜，但全部排在 25 名之后。但在这 45 本书中奥普拉推荐的前 11 本书，则全数在一周时间内冲入《今日美国报》畅销书排行榜的四甲。2003 年 6 月，奥普拉读书俱乐部重新开张，这次的幸运儿是企鹅出版集团的《伊甸之东》(East of Edin)。这本始发于 1952 年的小说，一经奥普拉的推荐，出版社疯狂加印了 120 万册。2005 年 10 月，奥普拉在节目中推荐了一本回忆录《岁月如沙》(A Million Little Pieces)，被节目推荐之后，这本书瞬间登上了亚马逊排行榜的首位，狂卖了 200 万册，在短短两个半月的时间里成为 2005 年销量仅次于《哈利·波特与混血王子》的畅销书 [1]。

　　电视节目类书评如此，其他类型书评的促销效果也不可小嘘。例如，《纽约时报·书评周刊》所刊登书评对图书销量的促进效果也十分明显。斯坦福大学教授艾伦·索伦森（Alan Sorenson）等人的研究成果《负面宣传的正面效应：负面书评也能增加销量》(Positive Effects of Negative Publicity: When Negative Reviews Increase Sales) 显示，无论是正面书评还是负面书评，只要见载于《纽约时报·书评周刊》，都具有显著的促销效果 [2]。

---

[1] 邱冠华:《爱书人的世界》，北京图书馆出版社 2008 年版，第 17—20 页。

[2] Alan Sorenson, Jonah Berger, "Positive Effects of Negative Publicity: When Negative Reviews Increase Sales", in *Marketing Science*, 2010, 5, 29.

第二节　我国图书评论工作的现状分析

改革开放 30 多年来，我国图书出版能力有了大幅度的提升。目前，我国每年新出图书 40 多万种，业已成为全球第一出版大国。然而，丰富的出版品种，参差不齐的图书质量，为读者的阅读选择带来了巨大挑战。"读什么书"成了困扰大众读者的一大难题。应该说，做好图书评论工作是直面这一挑战、解决这一难题的有效举措。然而，遗憾的是，当前我国的图书评论工作却不尽如人意，存在的问题不少，未能有效地发挥其应有的作用。

一、出版界对书评重视不够、运用失当

对书评和书评工作的重要性，书评学界甚至是广大读者已有充分认知。例如，著名书评家萧乾先生就曾将书评的功能形象地比喻为"筛子、镜子和轮子"[1]。李婧璇提供的数据显示，52.76% 的人把书评作为"购书参考"，更有 6.75% 的人"以读书评替代读书"[2]。可见，书评学界和广大读者对书评的重要性已有充分的认知。然而，遗憾的是，出版界对书评及书评工作的重要性却缺乏认识，在出版实践中对书评的运用策略失当。

---

[1] 梁雪云：《书评：文化的筛子、镜子和轮子——萧乾书评思想研究》，《戏剧之家》2012 年第 9 期。

[2] 杨雅莲：《书评营销也要恪守图书本质》，http://www.bkpcn.com/Web/ArticleShow.aspx?artid=112298&cateid=B0403

1. 书评研究不受重视

在我国出版学的相关研究中，编辑、出版、印刷与发行研究是重点，图书评论研究则是薄弱环节。我们对中国国家图书馆馆藏出版学文献的调查中发现，2004—2014 年国图收藏的图书评论相关书籍仅有 400 余部。其中，关于书评理论研究的著作仅有不到 20 部，仅占总量的 5%。书评理论研究的不足正是对书评及书评工作重要性认知不够的重要体现。相关研究论文的数量同样也能反映人们对相关问题的重视程度。我们对 CNKI 收录的 2004—2014 年书评学术论文数量的统计发现，统计期间有关书评研究论文数量虽然总体上保持平稳，但十多年来论文的数量基本没有增长。特别值得注意的是，自 2011 年来书评研究论文的数量呈下降趋势，且下滑态势明显（如图 8-1 所示）。

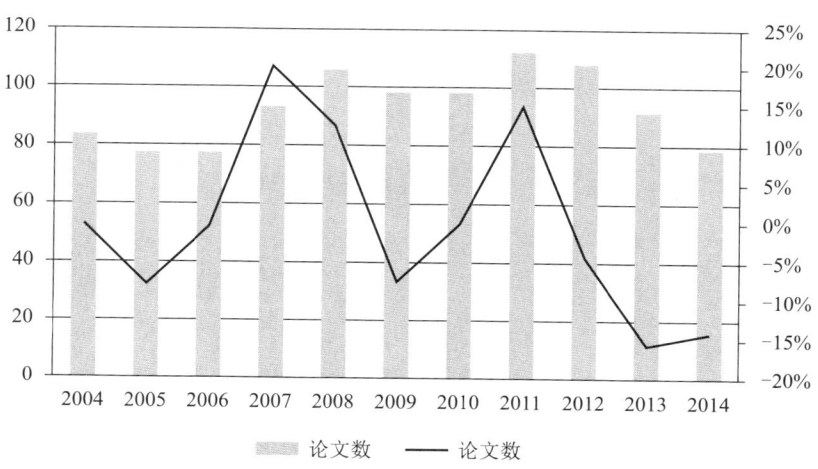

图 8-1　2004—2014 年中国知网收录的书评研究论文情况

2. 没有建立起有效发挥书评作用或功能的机制

在英美等出版业发达国家的出版企业，一般都建立起了一套充分发挥书评作用与功能的管理机制。英美等国家的出版企业，在图书正式出版上市之前的三四个月左右专门印制供书评媒体或书评专家撰写书评使用的"书评本"（Review Copy）。"书评本"的费用往往会占到图书首版预算费用的 5%—10%。与此同时，出版商还会为"书评本"配备出版简讯、作者简历、与本书内容有关的背景资料、作者已发表的其他出版物书评精选以及小礼品等全套的宣传材料。"书评本"出版后，出版商有一套完整的联系书评媒体、评论家的计划[1]。编辑根据每本新书的特点及重要程度精心选定书评媒体，并不断与书评编辑沟通，向书评媒体跟踪落实"书评本"的收寄情况。在图书出版后，编辑还会核对书评媒体名单上有哪些媒体发表了书评，以此对名单上的媒体进行增减，为下一本新书的宣传促销做准备[2]。正是这样一套完整的利用书评的企业管理机制保证了书评在其图书宣传促销中能够发挥应有的作用。调查发现，我国出版企业基本没有建立起类似的利用书评的机制。实际上，这正是我国出版界不重视书评作用的一种表现。

3. 书评尚未成为一种有效的宣传促销手段

出版企业图书宣传促销的手段和方法虽然多种多样，书评只是其中的一种，但是，出版业发达的英美等国对书评的宣传促销功能却给予了高度的重视。书评是发达国家图书宣传促销的重要工具。然而，与此相反，我国出版企业图书宣传促销中更倾向于话题营销、事件营

---

[1] 玛丽莲·罗斯、汤姆·罗斯著，张静译：《售书攻略：作家、小型出版社赢利指南》，河北教育出版社 2005 年版，第 31—35 页。

[2] 王蕾：《美国的书评宣传》，《江苏图书馆学报》2002 年第 1 期。

销、活动营销等快速、有噱头的营销方式等[1]，而较少运用书评开展图书营销。我国出版界尚未将书评当作一种有效的图书宣传促销工具，这一点从中美两国每年公开发表的书评文章数量上可以得到充分印证。相关调查统计表明，我国每年专业书评杂志刊发的书评不足 4000 篇。相比之下，美国仅《纽约书评》《柯克斯书评》《学校图书馆杂志》《精品》《推荐书目》等几家影响力较大的专业书评刊物年书评数量就已高达 1 万余篇[2]。

4. 批评性书评不足，书评的公信力不够

我国出版界不仅书评数量严重不足，而且为数有限的书评多以"褒奖"式书评为主，多数书评都是为出版社和作者唱赞歌的，客观公允的批评性书评严重不足，书评的公信力大打折扣。20 世纪 80 年代原中国图书评论学会会长伍杰就曾注意到了这一现象。伍杰先生指出，"在繁荣的书评园地里，批评性书评并不繁荣，甚至可以说有些冷清"[3]。我们对 2013 年 11 月 1 日—2014 年 10 月 24 日《中国出版传媒商报》的调查统计发现，其刊载的 396 篇书评中，批评性书评只有 12 篇，仅占其中的 3%。

批评性书评是对图书实事求是、公正准确、有理有据的分析批评，道出原著的问题和不足[4]。好的批评性书评不仅不会影响图书的销售，甚至还能够起到促进销售的作用。英美等出版业发达国家都十分

---

[1] 王玲：《全媒体书评时代意味着什么？》，http://www.chinaxwcb.com/2007-09/07/content_82159.htm

[2] 数据来自 Academic Search Complete (EBSCO)(ASC)：http://search.ebscohost.com/login.aspx?profile=ehost

[3] 伍杰：《实话实说：书评的学风和文风》，《中国图书评论》1988 年第 10 期。

[4] 伍杰：《书评理念与实践》，河南大学出版社 2006 年版，第 80 页。

重视对批评性书评的运用，而且采取严格的措施确保书评的独立性。《纽约时报·书评周刊》就采取严格的选择书评图书对象程序和书评家回避制度以保证书评媒体独立发声的权利。英国书评界专门设立了"斧头奖"来奖励优秀的书评人和"愤怒、有趣、犀利"的书评[1]。我们完全有理由相信，这正是其书评公信力高，促销效果好的重要缘故。

二、图书评论功能失衡

如前文所述，书评具有阐释、导读、评价及促销等四大基本功能。实际上，这四大功能可以概括为两个方面，即文化功能和商业功能。应该说，在一个健全的书评体系中，这两个方面的功能不可偏废，需要同时兼顾。过度强调其中一个方面而忽视另一个方面都是有害的、不可取的。

然而，从我国书评工作实践来看，我们在这两个方面功能的处理上存在明显偏差，书评的商业功能被过度滥用，而其文化功能则被严重忽略，从而导致图书评论的功能严重失衡。

商业功能虽然是书评的重要功能，但是，书评商业功能的开发和利用却是有条件的。首先，商业书评对于图书的宣传推荐必须是客观公允的。事实上，我国书评实践中普遍存在红包书评、人情书评等书评"潜规则"。从而导致大量的书评文章对所评图书夸奖过誉、推荐过度、广告色彩强烈。调查数据也表明，34.97%的人认为目前书评广告色彩浓厚，超过一半的人认为书评中存在过多溢美之词[2]。新华网转发的一篇特稿，更是直指当前红包书评的泛滥，致使书评遭遇了诚信

---

[1] 吴平、徐振云：《书评界的困顿现状及其救正》，《出版广角》2014年第13期。

[2] 杨雅莲：《书评营销也要恪守图书本质》，http://www.bkpcn.com/Web/ArticleShow. aspx?artid=112298&cateid=B0403

危机[1]。

　　商业书评的书评人原则上应该是"独立书评人"，而不应该是图书商品的直接利益相关方。无论是《纽约时报·书评周刊》，还是"奥普拉读书俱乐部"的书评都完全遵循这一原则要求。然而，我们国家的情况却全然不同。正如王晓渔所指出的，我国"书评的主体既不是书评作者，也不是书评媒体，而是出版机构的营销部门。新书出版之后，营销部门便邮寄样书给书评作者，收回文章之后再分发到各个媒体，甚至稿费也是由出版机构负责发放"[2]，我们对《山东商报》、《重庆晚报》和《武汉晚报》三家都市报 2014 年 1 月 1 日—2014 年 10 月 24 日期间，书评版块中所刊登的书评进行的定量分析结果显示：《山东商报》、《重庆晚报》和《武汉晚报》书评作者主要是图书作者、图书编辑、策划人或译者等图书利益相关方。这类书评的比例分别为其刊发书评总数 89%、87%、74%（如图 8-2）。

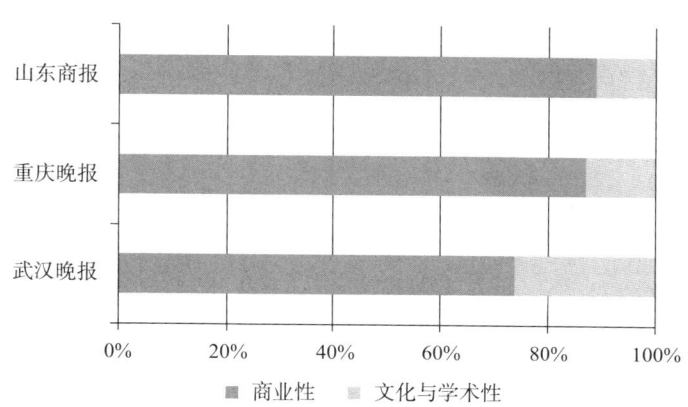

图 8-2　都市报书评版块商业性书评与学术性书评所占比重

[1] 赵明宇：《红包书评泛滥，书评遇诚信危机》，http://news.sina.com.cn/cl/2005-03-03/22365259510s.shtml

[2] 王晓渔：《我们的书评观》，《中国图书评论》2008 年第 1 期。

文化功能是书评的本质功能。书评家萧乾先生曾指出:"我深感书评对于一个国家的文艺事业——对于整个文化事业的重要性。它是读者的顾问,出版界的御史;是好书的宣传员解说员,是坏书的闸门。"[1] 然而,受到市场经济和出版产业化的影响,书评的商业气息越来越重,书评逐步沦为出版商的销售工具,其文化功能被严重忽视,被商业功能所淹没。书评的文化功能被忽视、被淹没的后果是极其严重的。它不仅会严重损害书评的公信力,影响图书出版商的利益,而且还会误导读者文化消费的价值取向,影响社会主义核心价值观的践行。忽视书评文化功能的现象必须改变。本书认为,借鉴出版业发达国家的成熟经验,积极推行"独立书评人制度"不失为明智之举。

三、图书评论园地建设滞后

书评园地是承载书评文章的载体。作为传播书评文章的渠道、组织开展书评工作的阵地,书评园地的建设直接影响着书评工作的开展和书评功能的发挥。无论是与出版业发达国家书评园地建设的水平相比,还是以我国出版业发展对书评园地建设的要求来衡量,我国书评园地建设都存在显著不足。书评园地建设的落后成为制约我国书评工作健康发展的重要因素。那么,我国书评园地建设滞后主要表现在哪些方面呢?

---

[1] 徐雁、谭华军:《知行合一: 倡导书评独立品格的萧乾》,《图书馆杂志》2013 年第 11 期。

1. 专业书评报刊数量偏少

专业书评报刊是指专门以刊登书评文章为主的报刊，它是书评园地的关键组成部分或核心成员，在书评工作发展中扮演着十分重要的角色。

20 世纪八九十年代是我国专业书评报刊发展的黄金时期。这期间陆续创办了《博览群书》《中国图书评论》《书城》《书与人》《书屋》《中华读书报》等多家专业书评报刊，专业书评报刊总数接近 20 种（表 8-1）。这些新兴专业书评报刊对营造良好的社会阅读氛围、引领社会阅读思潮、指导大众阅读等方面起到了很好的作用。然而，专业书评报刊的春天并没有持续太久。进入 20 世纪末，不少专业书评报刊陆续关张，到目前仅剩 8 种（图 8-3）。这里有一个特别值得关注的现象，进入新世纪以来，在已有专业书评报刊不断关张的同时，我国没有一种新的专业书评报刊创刊。这表明我国专业书评报刊园地缺乏新鲜血液，后继乏力。

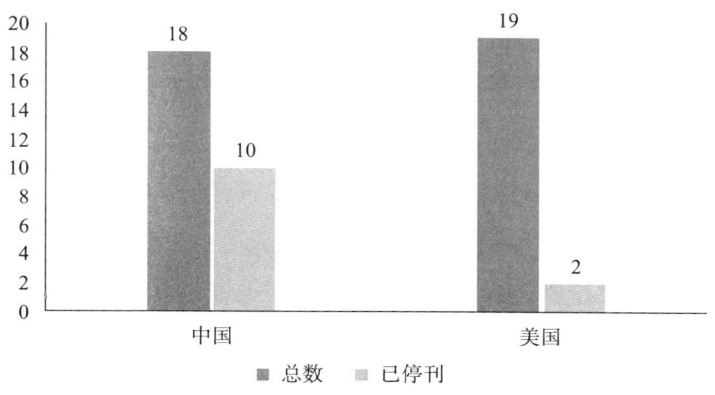

图 8-3 中美专业书评报刊总数、停刊数对比图

出版业发达国家的专业书评报刊发展始终保持良好态势，可以为

其书评工作的发展提供良好的支撑。以美国为例，全美总计有专业书评报刊 19 种（表 8-2），其中，仅在 1997 年有一种刊物（*San Francisco Review of Books*）停刊，其他运行正常。从图 8-4 中还可以看出，进入新世纪以来美国有 5 种新的专业书评报刊诞生，有新的血液不断注入专业书评报刊园地。

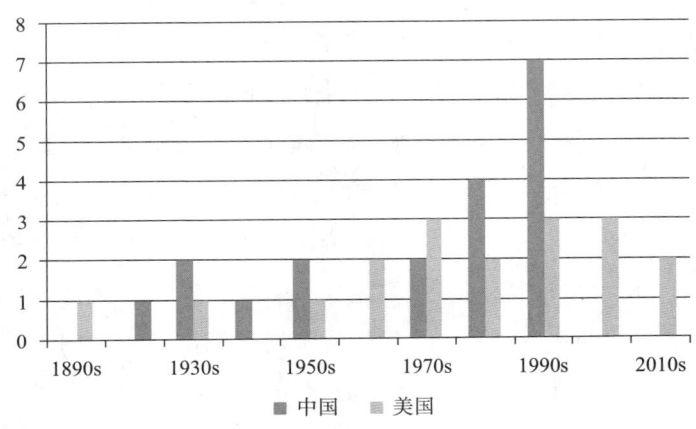

图 8-4　中美专业书评报刊创办情况图

那么，是什么原因导致我国专业书评报刊大量停刊呢？这种现象与我国专业书评报刊的目标定位过宽有一定关系。调查发现，我国的专业书评报刊中有 44% 是综合性书评报刊，而美国的同一指标仅为 26%。美国的大多数专业书评报刊均专注于服务特定的小众市场，目标市场定位精准。如《美国图书评论》《沉思者书评》等都只针对中小出版社的出版物进行评论。这就保证了其书评的专业性和针对性，更好地满足了特定的需求，在读者心目中确立了不可替代的地位。

表 8-1　中国专业书评报刊一览表

报刊名	类型	成立时间	主办单位	备注
图书评论	期刊 / 不详	1932 年	南京图书评论社	已停刊（1936 年）
读书与出版	期刊 / 综合性	1935 年	上海生活杂志	已停刊（1948 年）
西书精华	期刊 / 针对欧美读物	1940 年	西风月刊社	已停刊（1941 年）
书刊简报	报纸 / 不详	1952 年	编辑委员会	已停刊（1953 年）
世界图书	期刊 / 以国外书刊为主的综合性期刊	1956 年	中国图书进出口总公司	已停刊
书林	期刊 / 不详	1979 年	上海人民出版社	已停刊
读书	期刊 / 综合性	1979 年	生活·读书·新知三联书店	
书刊导报	报纸 / 综合性	1984 年	《书刊导报》社	已停刊
博览群书	期刊 / 综合性	1985 年	光明日报社	
文汇读书周报	报纸 / 综合性	1985 年	文汇报社	2015 年休刊，回归母刊《文汇报》
中国图书评论	期刊 / 综合性	1987 年	中国图书评论杂志社	
书摘	期刊 / 综合性	1992 年	光明日报报社	已停刊
书城	期刊 / 主要针对文史、社科类图书	1993 年	上海三联书店和上海市出版工作者协会	曾几度休刊
书与人	期刊 / 主要针对文史、社科类图书	1993 年	书与人杂志社	已停刊

续表

报刊名	类型	成立时间	主办单位	备注
中国书评	期刊/综合学术书评	1994 年	——	1996 年停刊，2005 年复刊
中华读书报	报纸/综合性	1994 年	新闻出版署、光明日报社和中国出版工作者协会主办	
书屋	期刊/针对文史图书	1995 年	中南出版传媒集团股份有限公司	
书缘	期刊/不详	1996 年	辽宁省新闻出版局	已停刊

表 8-2　美国专业书评报刊一览表

报刊名	类型	成立时间	主办单位	备注
The New York Times Book Review	期刊/综合性	1896 年	The New York Times	
Booklist	期刊/综合性	1905 年	美国图书馆协会（ALA）	
Kirkus Reviews	期刊/综合性	1933 年	Kirkus Media	
School Library Journal	期刊/针对图书馆员、媒介专家	1954 年	Media Source Inc.	
The New York Review of Books	期刊/综合性	1963 年	Rea S. Hederman	
Book Review Index	期刊/书评索引	1965 年	Gale and part of the Thomson family of information businesses	

续表

报刊名	类型	成立时间	主办单位	备注
San Francisco Review of Books	期刊/不详	1975 年	——	1997 年停刊
American Book Review	期刊/针对独立出版社、中小型出版社的出版物	1977 年	ABR and UHV's Dean of the School of Arts and Sciences	
The Lion and the Unicorn	期刊/针对儿童文学（学术书评）	1977 年	Johns Hopkins University Press	
The Bloomsbury Review (TBR)	期刊/针对小型出版社、地区型出版社、大学出版社以及跨国出版社	1980 年	Owaissa Communications Company, Inc.	
Ruminator Review	期刊/针对中小出版社	1986 年	Ruminator Press	
Choice	期刊/针对学术出版	1993 年	Association of College and Research Libraries（ACRL）	
Black Issues Book Review	期刊/针对非裔美国人的作品	1998 年	William E. Cox, Adrienne Ingrum, and Susan McHenry	2007 年停刊，书评网站依然运行
Areté	期刊/针对新作家、新作品	1999 年	Craig Raine	
Claremont Review of Books (CRB)	期刊/针对政治类图书	2000 年	Claremont Institute	
Bookmarks	期刊/综合性	2002 年	Bookmarks Publishing, LLC	

报刊名	类型	成立时间	主办单位	备注
Shelf Aware-ness	期刊 / 针对出版商、图书代理商、文学经纪人、图书馆员等	2005 年	Shelf Awareness	
Jewish Review of Books	期刊 / 针对犹太文学	2010 年	Tikvah Fund	
Los Angeles Review of Books (LARB)	期刊 / 针对文学作品	2013 年	——	

2. 非专业书评报刊的书评栏目缺失

非专业书评报刊开设的"书评栏目"也是书评园地的重要组成部分。开设"书评栏目"的非专业书评报刊通常是大众报刊，其受众面广、发行量大、社会影响深远。非专业书评报刊开设的"书评栏目"在书评园地建设中占有举足轻重的地位，深受世界各国图书评论界人士的普遍重视，英美等出版业发达国家的一些大型报纸普遍开设有专门的"书评栏目"。

然而，我国非专业书评报刊媒体"书评栏目"的发展状况并不乐观。不仅开设"书评栏目"的非专业书评报刊媒体数量少、比重低，而且近年来大量开设有"书评栏目"的报刊媒体纷纷撤销业已设置的"书评栏目"。2012 年，《中国新闻出版报》的调查统计显示，全国开设有"书评栏目"的报纸共计 150 家。其中，党报 12 家，机关报 66 家，都市报 72 家 [1]。这仅占到当年全国出版的 1918 种报纸的

---

[1]《百家读书媒体全展示》，《中国新闻出版报》2012 年 4 月 23 日第 12 版。

7.82%[1]。可见，我国非专业书评报刊书评栏目严重缺失。更令人忧虑的是，近年来大量报纸媒体纷纷撤销业已设置的"书评栏目"。对上述 150 家报纸的调查发现，从 2012—2014 年的两年间，竟然有 41 家报纸撤销了"书评栏目"，占设置有"书评栏目"报纸总数的 27.3%。其中，都市报书评版的撤销比例最大，高达 30.6%（参见表 8-3）。

表 8-3　党报、机关报、都市报书评版下滑比例

	2012 年设置书评版报纸数量	2014 年撤销书评版报纸数量	下降比例
党报	12	1	8.3%
机关报	66	18	27.3%
都市报	72	22	30.6%

3. 广播电视读书节目不景气

广播电视媒体的"读书节目"也是书评园地的一员，它是以主持人介绍或嘉宾访谈等方式向受众宣传推荐图书的文化类节目。在我国，很少有广播电台开设书评节目，电视台对开设书评节目倒是曾经热心过一阵子。1996 年，我国第一个电视类读书节目——央视《读书时间》与观众见面。随后，各卫视掀起了读书节目的创办高潮，最多时曾达 50 多个。但在经历了昙花一现的繁荣后，电视类读书节目在收视率之战中节节败退，以至于不得不退出历史舞台。2004 年，读书类电视栏目的领头羊——央视《读书时间》停播。稍后，北京电视台的《东方书苑》、上海电视台的《阅读长廊》、湖南电视台的《爱晚书

---

[1]《2012 年全国新闻出版业基本情况》，http://www.gapp.gov.cn/govpublic/80/684_2.shtml

亭》、凤凰卫视中文台的《开卷有益》等 10 余个电视读书节目也相继
消失 [1]。目前，仅有凤凰卫视的《开卷八分钟》、央视科教频道的《读
书》、北京青少的《书香北京》和浙江卫视《华少爱读书》四档节目
依然在播。由此可见电视类读书节目的颓势与不景气了。

表 8-4　我国目前仍在播的读书节目的基本情况

节目	播出频道	创办年份	播出时间	节目时长
书香北京	BTV-青少	2011 年	①周一至周五 20:23 ②每周日 6:30、22:30 ③现改为每周一、二 15:17	45 分钟
开卷 8 分钟	凤凰卫视	2007 年	周一至周五 17:05—17:15	8 分钟
华少爱读书	浙江卫视	2013 年	每周一晚 23:26	20 分钟
读书	CCTV-10 科教频道	2004 年原名《子午书简》 2011 年改名为《读书》	①首播：12:05（每日）（已停播）② 2011.6.13 改名为《读书》，每周一至周五 23:20 ③改为每周日、周一 22:45	51 分钟

电视读书节目不仅数量少，而且其播出时段安排更是令人沮
丧。众所周知，电视读书节目的效果应该是与其播出时段安排直接相
关的。

一般认为，晚间 19:00—21:00（或 20:00—22:00）和节假日的白
天是广播电视节目的黄金时间 [2]。然而，几乎所有电视读书节目都没有
安排在这个所谓的黄金时段的。通过调查，我们发现，读书类电视

---

[1] 袁玲：《当读书节目集体死亡》,《新闻前哨》2007 年第 1 期。
[2] 陆晔、赵民：《当代广播电视概论》，复旦大学出版社 2002 年版，第 64 页。

节目大多分布在工作日的 15:00—16:00 和 23:00—24:00，以及周末的
20:00—24:00 之间的非黄金时段（详见图 8-5）。仅有河北卫视的《读
书》节目曾被安排在周一晚间的黄金时间 20:00 播出，后来被调至周
二晚 23:00 播出，到 2013 年停播。另有一些节目，如《书香北京》和
《读书》的播出时间被频繁调整，每一次的结果都是离黄金时段越来
越远。

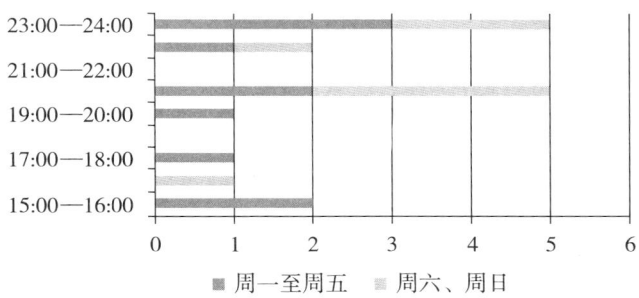

图 8-5　读书类电视节目时段分布

4. 网络书评平台发育不健全

　　网络书评是随着互联网的发展与普及而产生的一种新兴的书评形
式，借由互联网的高效传播其在书评平台中的地位声势日隆。由于网
络具有进入门槛低、覆盖范围广、自由表达、及时反馈等特点，这就
极大调动了普通民众参与书评创作的热情。因而，网络书评的评论主
体相较于传统书评人也更具平民化、草根化的色彩。

　　按照网站类型的不同，网络书评平台可划分为四类：一是专业化
书评社区、网站，如读写人、中国书评网以及已经消失了的大众书评
网、Digbook 书评影评网等；二是商业网站读书频道，如新浪、搜狐、
凤凰、豆瓣网读书频道等；三是网络书店书评，如当当网、亚马逊等

的读者评论；四是分散于社会化媒体平台上的书评，如博客、微博、微信公众号等。应该说，上述四类网络书评平台在我国均有所发展，但是各类平台的发展尚不健全，存在的问题也还不少。

第一，专业化书评网站数量不足。据不完全统计，目前我国运营中的专业书评网站仅有读写人、中国书评网、我爱喵呜网三家。其中，读写人是一个书评杂志、书评博客、中英文读书资源整合平台，网站中的书评资源主要来源于优秀的专业书评人和有口碑、有品质的书评媒体。中国书评网则是由江苏省出版物发行业协会主办的江苏发行网下设的子网站，其书评主要是针对中学生阅读课外书目所做的评论。最新一篇书评发表于 2010 年 6 月，此后再无更新。我爱喵呜网是一个小众的专业书评网站，所评图书主要是文学类书籍和畅销书，每篇书评的平均阅读量仅在 100 次左右。此外，值得一提的是曾红火一时的"大众书评网"。该网站有"中文第一书评网"的美誉。它与北大出版社、机械工业出版社、中央编译出版社等多家知名出版社建立了良好的合作关系，在书评领域颇具影响。然而，目前该网站业已消失，网络上已经搜索不到它的相关信息。

第二，商业网站读书频道内容同质化严重。商业网站读书频道占据了网络书评的半壁江山。目前，我国有书评网站 23 家，其中 15 家是商业网站的读书频道，占总体的 65.2%。商业网站读书频道，主要是以转载纸媒书评为主，较少进行原创，因此相互之间内容同质化现象较为严重。例如，一篇题为《在李安电影里遇见孔子和海德格尔》的书评，就同时出现在 2014 年 12 月 3 日凤凰读书频道和新浪读书频道的书评栏目置顶首页。商业网站读书频道中唯一一家特立独行的网站是豆瓣读书频道。与其他商业网站读书频道不同的是，它以用户原创书评为主，在出版界、书评界和读者中均有一定影响。

第三，网络书店书评缺乏规范的管理机制。网络书店的书评是读者买书的重要参照，具有很好的销售促进功能，深受出版社的青睐。然而，近年来，一些出版社为扩大其图书在网店的影响，采用"买榜""刷书评"等不正当竞争方式在网店进行促销。类似事件被媒体曝光后严重影响了网络书店书评的声誉和影响率。这也从一个侧面折射出了网络书店书评运作的不规范。为有效规范网络书店书评的运作，规避网店书评被滥用，国外的一些知名网络书店，如亚马逊采取了一系列有效的防范措施。亚马逊采取的措施包括：对书评人进行实名认证、向书评人颁发认证证书、特邀书评人制度、按读者打分对书评人进行排名，等等[1]。亚马逊的这些措施对规范网络书店书评的运营起到了很好的作用，值得我们借鉴。

第四，社会化媒体平台书评的内容质量良莠不齐。社会化媒体的发展和普及迎来了"人人都是自媒体"的时代。在这样一个自媒体时代，没有了门槛，任何类型、水平的书评都能够自由发布；没有了"守门人"，书评文章不用受到编辑干预和报刊版面的限制；没有了时间差，书评上网的第一时间就可以被读者看到。因此，自媒体为个人创作、发表书评提供了极便捷的条件。然而，正因为没有了上述制约或限制，书评的数量虽然得到增长，但其整体内容质量却良莠不齐。

综上所述，当前我国书评园地建设还存在诸如专业书评报刊数量偏少、报刊书评栏目缺失、电视读书节目不景气、网络书评平台发育不健全等多方面的问题。由于文化产品评论的影响力与其传播平台建设息息相关[2]，因此，采取有针对性的措施强化书评园地建设，应成为改进和优化我国图书评论工作的重要"抓手"。

---

[1] 陈诗沁、尤建忠：《浅议亚马逊的书评机制与书评建设》，《出版参考》2012 第 Z1 期。

[2] 方卿：《加强文化产品创作的生产引导》，《中国社会科学报》2014 年 8 月 6 日第 630 期。

四、我国图书评论队伍建设不力

图书评论工作的发展，离不开书评队伍的建设。只有建立起一支素质好、能力强、结构优的书评队伍，才能为书评工作的发展提供有效的智力支持。一般说来，书评队伍主要由书评编辑和书评人两个方面的力量构成。其中，书评编辑是书评工作的组织者与业务管理者。书评工作的组织与策划、书评文章的选择、书评稿件质量的把关等都离不开书评编辑。书评人则是书评内容的智力提供者，是书评创作的主体。没有了书评人，书评工作就没有了源头活水。书评质量的高低相当程度上取决于书评人素质和能力的高低。

1. 书评编辑队伍建设亟待加强

1985 年，时任中宣部出版局副局长伍杰先生就曾指出："目前我们的书评队伍一是散而少；二是质量不够高。"[1] 书评队伍的所谓"散"、"少"和"质量不够高"不仅是针对书评人的，而且也是针对书评编辑的。30 多年后，我国书评编辑队伍建设不仅不见起色，甚至较之当时还有所恶化。

一是书评编辑队伍"散"的现象不仅没有改观，而且日趋严重。在出版系统中，编辑队伍始终是一支重要力量，向来受到出版单位的高度重视。不同系列的编辑，如科技编辑、文学编辑等，往往都有自己的组织如学会、协会等，定期或不定期开展业务或学术交流活动。可是，书评编辑却是一盘散沙。20 世纪末，中国图书评论学会还曾组织书评编辑开展少量的业务或学术活动，如"全国书评理论研讨会"

---

[1] 徐召勋:《图书评论学概论》，河南大学出版社 2006 年版，第 130 页。

等。可是，进入新世纪以来，类似的全国性书评理论研讨会已难觅踪迹，甚至连小范围的理论研讨会、培训活动，也极度缺乏。可见，缺乏行之有效的组织是书评编辑队伍"散"的根本原因。要改变这种"散"的现象，中国图书评论学会、中国编辑学会等全国性的"书评学"和"编辑学"群团组织应该适当组织一些有针对性的业务或学术活动。

二是书评编辑队伍"少"的现象依然没有改变。书评编辑通常是与书评媒体直接关联的。书评媒体数量多，书评编辑的数量相应也多；反之亦然。我国书评编辑的数量虽然没有一个精确的统计，但是，近年来这一数量不是增加了而是减少的判断应该是可信的。一来我国专业书评报刊的数量从高峰时的近 19 种减少到目前的 8 种，减少了一半以上。与之相适应，专业书评报刊编辑数量显然大幅度下降了。二来我国非专业书评报刊媒体"书评栏目"数量从高峰时期的 150 个减少到目前的 109 个，降幅达到 27.3%。相应地，书评编辑自然也大幅度减少了。从书评编辑与书评媒体的相关性看，要维持一定规模的书评编辑数量就必须搭建起一定规模的书评媒体平台。否则，要维持书评编辑队伍的稳定只能是一句空话。

三是书评编辑队伍"质量不够高"的现象依然严峻。书评编辑的工作服务性强，是典型的"为人作嫁衣裳"。只有那些有着强烈文化责任感、使命感和奉献精神的人，才愿意投身于此。历史上，诸如艾思奇、郭沫若、茅盾、费孝通、萧乾等赫赫有名的大学者、大作家，都曾积极投身书评行业，甚至成为书评编辑队伍中的一员。正是因为他们所具有的文化责任感、使命感和奉献精神使然。然而，在市场经济条件下，具有这种强烈文化责任感、使命感和奉献精神的人似乎越来越少。一个行业从业人员素质与质量的高低，与这个行业的社会地位或受重视的程度之间大体上成正向相关关系。从这个意义上讲，当前我国书评编辑队伍"质量不够高"也是与书评行业的社会地位不高或书评行业受重视程度不高等直接相关的。同样道理，近年来我国书评编辑队伍质量的下降，也是与我国书评行业社会地位或受重视程度的下降直接相关的。因此，要提升书评编辑队伍的质量不仅要靠公众的文化责任感、使命感和奉献精神的提升，而且还要从提升书评行业的社会地位着手。只有两手抓，书评编辑队伍质量的提升才有希望。

2. 书评人队伍建设亟待加强

如前述，书评人是书评创作的主体，书评人的素质和能力直接决定着书评的质量。当前，我国书评人队伍建设存在着两个方面的突出问题：一是书评人队伍的专业性；二是书评人队伍的独立性。

无论从书评写作的本质要求看，还是从书评业发达国家的成功经验看，专业性都是书评人队伍建设的内在要求。书评的写作是基于书评人对图书作品的专业解读与专业判断。只有专业化的书评人团队，才能撰写出高水准的书评文章，才能保证书评功能的有效实现。英美等书评业发达国家的书评人大多都是相关学科领域的知名专家学者。知名书评媒体《南方都市报·阅读周刊》负责人戴新伟指出，国内的书评人大多仍然是单打独斗的"散兵游勇"，与之相比，国外的书评人队伍则专业得多，他们首先是某方面的专家，然后才是书评人[1]。调查发现，我国书评人队伍的专业化程度非常低。2011 年，《中国图书商报》针对 73 位书评人开展的"中国书评人生存状况独家调查"显示：62% 的书评人是媒体从业者，18% 是大学教师，其他还有自由职

---

[1] 王烨、王睦广：《媒体人：呼唤更多独立书评人》，《南方都市报》2014 年 11 月 21 日第 SA35 版。

业者、公务员、企业人员等。从这些数据不难看出，专家、学者所占比例极低。那么，到底是什么原因使得我国的专家学者不热衷于图书评论工作呢？一般认为，书评的文化价值、学术价值得不到社会的认可是其直接原因。正如《众作家齐解"书评时代"》一文指出，书评的学术价值被低估，图书评论不能参与现代大学的考核机制，是影响专家学者参与评论图书意愿与积极性的重要原因。[1] 由此可见，只有改进高校、研究机构对专家学者的学术成就考核机制，将书评成果纳入学术考核体系，认可书评作品的学术和文化价值，方能调动专家学者参与书评工作的积极性，进而提升我国书评人队伍的专业性。

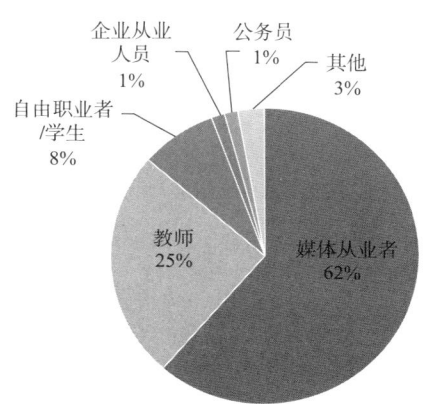

图 8-6 我国书评人职业分布

　　独立性是我国书评人队伍建设面临的另一个突出问题。研究表明，独立性是维护书评公信力的最基本的要求。书评人如果不独立，与图书出版商或作者存在某种利益关联的话，那么，书评的客观性、公允性就会受影响，书评的公信力自然就会受到质疑。从实践看，我

---

[1] 赵大伟：《众作家齐解"书评时代"》，《南方都市报》2013 年 8 月 14 日第 RB13 版。

国书评人队伍建设的独立性严重缺失，一些书评人依附出版商生存，另外一些则与图书作者存在或明或暗的利益关联。半个多世纪以前，我国著名作家、翻译家萧乾先生的断言"职业化的书评家终将诞生"至今仍然没有实现 [1]。不仅如此，近年来，"红包书评""人情书评"等不正之风更是大行其道、愈演愈烈，书评的公信力也因此而丧失殆尽。在这种背景下，社会上对于建立独立书评人制度的呼声也越来越高。

"独立书评人制度"虽然是由美国《纽约时报·书评周刊》开创的，但它已成为当今出版业发达国家普遍采用的一种制度，并成为维护书评公信力的重要利器。"独立书评人制度"在切断书评作者与出版商和图书作者之间利益关联的同时，可以保证为优秀书评作者提供优厚的报酬。正如庞贝所指出的，在欧美等出版业发达国家，独立书评人是一份报酬优厚、地位崇高的职业 [2]。

我国尚未建立类似的"独立书评人制度"。书评人的不独立，一定程度上是与其低廉的工作酬劳相关的。当前，我国书评人地位低、待遇差，完全不具备"独立"的基本条件。2011 年，《中国图书商报》曾经做过一次关于"书评人收入"的专题调研[3]。其结果显示：月收入在 1000 元以下的占受访对象总数的 72%，月收入在 1000—2000 元之间的占受访对象总数的 25%，月收入在 2000 元以上的为 0，无人选择。具体情况见图 8-7。

---

[1] 周志明：《呼唤独立书评人》，《文学报》2013 年 5 月 16 日第 9 版。

[2] 庞贝：《书评可当社论做——美国〈纽约时报〉独立书评机制的启示》，《新闻知识》2008 年第 8 期。

[3] 韩晗：《中国书评人生存状况独家调查》，http://www.bookdao.com/article/18746/

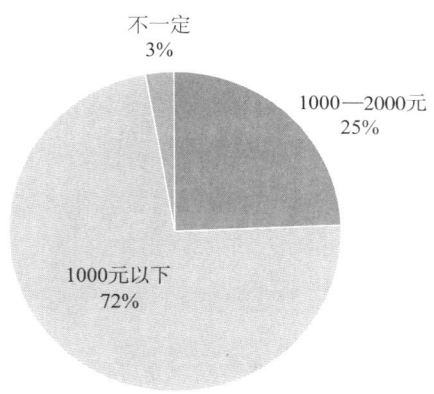

图 8-7　书评人每月来自书评的收入

第三节　图书评论引导出版价值效果分析

　　图书评论，具有阐释、导读、评价及促销等四大基本功能，是引导出版价值的重要机制。它可以通过对图书作品内容的阐释和推荐、对作者立场观念的分析和评价等，来影响或引导读者的阅读选择和文化消费、作者的创作和出版社的出版理念与出版行为。那么，当前我国的图书评论工作是否发挥了引导出版价值的作用呢？下面我们将对图书评论引导图书阅读、图书创作和图书出版三个方面的效果作一个简要的定性分析。

一、图书评论引导图书阅读的效果分析

　　阅读学的研究表明，读者的文化消费是一种社会行为。读者的阅读选择虽然主要取决于其兴趣与爱好，但同时还在相当程度上受到各

种社会因素的影响。其中，图书评论正是影响读者阅读选择的重要因素。国内外的调查数据都表明，"报纸杂志上的书评与推荐"是读者选购图书主要的信息来源[1]。好的图书评论、有效的图书评论工作对于引导读者阅读可以起到很好的引导作用。然而，从当前阅读工作实践看，我国图书评论工作未能很好地发挥这一作用。

1. 从读者对象看

当前，我国的书评所评图书多数以成年读者阅读的图书为主，虽然较好地实现了引导其阅读活动的功能。然而，从读者对象的总体上看，关注的读者对象较为单一，针对青少年读者和老年读者等特殊读者群阅读需要的书评较少，尚不能做到为这类读者群的阅读活动起到推荐、引导作用。

一方面，就青少年读者而言，从其心理发展与阅读发展特点看，兴趣爱好正处于形成过程中，求知欲与阅读需求旺盛，阅读的可塑性强，阅读内容对身心发展影响显著。如果能够较好地对青少年的阅读活动加以引导，不仅可以塑造其良好的阅读习惯与阅读行为，形成并提升其阅读品位，而且也有利于青少年身心的健康发展。反之，则会严重影响其身心健康发展，严重的还会诱发其违法犯罪行为的发生。近几十年来，青少年违法犯罪现象频发，与部分图书、报刊杂志、电影电视等传播的不利于其身心健康发展的内容，被青少年盲目模仿有很大关系。日本4名中学生模仿漫画情节打劫宅男的沉痛教训[2]，引人深

---

[1] 参见中国新闻出版研究院：《2004 年全国国民阅读调查主要发现》，http://www.china.com.cn/zhuanti2005/txt/2004-12/23/content_5737173.htm；萧乾：《书评研究》，商务印书馆 1935 年版，第 1 页。

[2] 关超：《日本 4 名中学生模仿漫画情节，专门打劫宅男》，http://world.huanqiu.com/exclusive/2013-05/3964519.html

思。为此，就需要通过书评的推荐等方式引导其阅读取向与阅读活动。

　　然而，我国图书评论工作却未能很好地发挥其引导青少年阅读的作用，针对青少年读者的书评极少，导致了其阅读选择的盲目性。当前，我国没有一种针对青少年读者的书评刊物和报刊书评栏目，清一色的综合性、社科类学术书评期刊以及主要针对大众消费需求的报刊书评栏目。而美国则创办有针对儿童文学图书的书评期刊，为儿童的图书阅读提供帮助与指导，如美国约翰·霍普金斯大学出版社创办的《狮子与独角兽》(*The Lion and the Unicorn*) 书评期刊。而我们通过对当当网"青少年励志""成功励志""中老年养生"这几类图书2014年畅销书排行榜上榜图书，在专业书评刊物与报刊书评栏目中的书评数量的调查统计也发现：与主要面向上班一族的"成功励志"类图书的书评数量相比，直接面向青少年的励志类读物的书评数量与之相差甚多，平均每本图书书评数量尚不足 2 篇；而整个 2014 年畅销书排行榜中"11—14 岁"读者群上榜图书的书评数量平均也仅为 2 篇 (详见表 8-5)。由此大致可以看出，当前针对青少年读者的书评数量极少，青少年的阅读活动得不到应有的引导与塑造。

表 8-5　当当网 2014 年畅销书排行榜部分图书书评数量调查统计

(单位：篇)[1]

图书类别	青少年励志	成功励志	中老年养生	儿童读物 (11—14 岁)
书评数量	1.7	8.3	2.6	2

---

[1] 为保证数据的分布均匀与代表性，分别调查上述各类图书 2014 年畅销排行榜前 100 本中前 10 本 (1—10)、中间 10 本 (41—50)、后 10 本 (91—100) 的上榜图书，在中国知网、读秀上检索到的在专业书评刊物、报刊书评栏目上所刊载的书评数量，调查时间为 2015 年 9 月 6 日—2015 年 9 月 7 日。

另一方面，就老年读者而言，其阅读需求主要以关注健康、休闲生活类图书为主。以健康养生类图书为例，随着近年来健康养生生活理念与方式的流行，一大批标榜"健康养生"的图书纷纷涌现，然而，其内容却参差不齐。既有如由清代曹廷栋写就的汇集清代以前各家养生思想及个人养生体会的老年养生随笔《老老恒言》，也有如最终被驳斥有违"养生理论"的张悟本的《把吃出来的病吃回去》等图书。大量标榜"养生"的图书充斥市场，但是却鲜少有专业书评对其进行评鉴，为读者尤其是更为关注健康养生生活方式的老年读者甄别优劣。对当当网"中老年养生"类图书2014年畅销书排行榜上榜图书书评数量的调查结果显示，"中老年养生"类图书平均每本的书评数量仅为2.6篇，《老老恒言》就占据了其中的44篇。正是由于大量关于养生、长寿的图书缺乏专业书评的推荐、评价，才误导了一大批读者，使得张悟本之流贻害了不少老年读者。针对张悟本现象，有评论指出，张悟本现象的出现，除了媒体的"推波助澜"外，专业人士的失声也难辞其咎[1]。

2. 从阅读对象视角看

从其阅读对象，也即书评所评论图书的类型看，主要分为两类：一是满足普通大众休闲生活需求的大众读物；二是满足特定读者专门性需求的专业读物。

就大众读物而言，其品种数量多，但质量也参差不齐，而读者的需求又不具有专指性，这也决定了需要一定的评价工具去伪存真、甄别优劣，书评在理论上就是一种主要的评价工具，影响或引导着读者

---

[1] 石剑锋：《张悟本倒掉的背后："神书"是如何制造的？》，http://news.ifeng.com/society/2/detail_2010_06/02/1576505_0.shtml

的休闲阅读选择与文化消费。

　　然而，当前我国的书评工作却未能很好地发挥其在读者休闲阅读与文化消费中的引导作用，好的出版物缺乏书评的推介，坏的作品也没有书评来批判。目前，我国每年图书出版品种数量超过了 40 万种，即使除去课本、图片以及再版重印的部分，每年出版的初版书籍也超过了 20 万种，其中，"文化、科学、教育、体育""文学""艺术"等以满足大众休闲阅读为主的初版图书品种数就占了一半以上[1]。但是，我国每年的书评数量却远远满足不了大众读物出版的需求。我们对全国每年发表的书评数量进行了初略的调查估算：专业书评报刊方面，2014 年《读书》《中华读书报·书评周刊》《博览群书》《中国图书评论》《书屋》这几本主要的专业书评刊物，其刊载的书评数量（排除了非评价图书的学术论文）分别为 266 篇、475 篇、128 篇、332 篇、247 篇，总计 1448 篇；其中针对大众读物的书评数量，假若以《中华读书报·书评周刊》为参照系，相关调查数据显示《中华读书报·书评周刊》刊载的大众读物的书评数量约占一半[2]，由此我们估算全国专业书评刊物每年刊载的针对大众读物的书评数量约为 700—800 篇。非专业书评报刊书评栏目方面，目前我国共有 109 家报刊媒体设有书评栏目，我们抽取了其中的三家——《武汉晚报》《重庆晚报》《山东商报》作了调查统计。这三家媒体的书评栏目在 2014 年总共约评论了 530 种图书，其中大众类图书占了 460 种，平均每家媒体刊载的大众类图书评论约为 150 多篇，由此我们估算全国非专业书评报刊每年刊载的大众类图书评论数量约为 15000 篇。通过我们的初略统计估算可以发现，全国每年发表的针对大众读物的书评数量与其图书出版数

---

[1]《2012 年—2014 年全国新闻出版业基本情况》，http://www.gapp.gov.cn/govpublic/80.shtml

[2] 何星：《〈中华读书报〉"书评周刊" 2012 年书评综述》，《今传媒》2013 年第 4 期。

量相比可谓是杯水车薪，难以满足其对书评的需求，这还没有排除重复评论的数量。

我国每年新出版的大众读物数量众多，但是相关的书评数量却严重不足，这就极易导致好的出版物缺乏书评的推介，同时坏的作品也没有书评来批判。如，在第二届国家出版政府奖中获奖的《中国历代著名文学家评传》《红袋鼠幽默童话》等优秀图书竟然没有书评进行推荐、评价[1]。由此带来的现实后果就是，当前三俗作品大行其道、鱼目混珠。

就专业读物而言，其内容的专业性强，读者需求的针对性、专指性更强，无论是在选择阅读还是理解认知方面，都更需要专业书评的阐释、导读与推荐，书评对于专业书籍的选择显示出更显著的影响力。英国《物理学公报》期刊作的一项调查结果表明，购买物理方面专业书籍的读者，80% 是受书评影响[2]。

在引导专业读物阅读方面，我国的书评工作也存在较大问题。首先，是关系书评、人情书评现象十分普遍。由于职称晋升等考评体系方面的原因，不同学科领域的专家、学者、科研人员所出版的学术著作，均需要他人给予一定的评价（通常是积极评价）以提升个人学术影响力，这就导致了关系书评、人情书评满天飞。对此，社会[3]、学术界[4]、书评界[5]无不痛斥当前人情书评的不良风气。我们对《山东商报》、《重庆晚报》和《武汉晚报》三家都市报 2014 年 1 月 1 日—

---

[1] 调查时间为 2014 年 12 月前。

[2] 沈颐：《建阅读社会，从书评开始》，《图书馆论坛》2006 年第 2 期。

[3] 赵明宇：《红包书评泛滥，书评遇诚信危机》，http://news.sina.com.cn/cl/2005-03-03/22365259510s.shtml

[4] 孙宝端：《中国书评发展之管见》，《出版发行研究》2005 年第 12 期。

[5] 孤岛：《呼唤真正的"独立书评人"》，载白云驹主编：《文艺锐批评（下）》，中国文联出版社 2013 年版，第 477—478 页。

2014 年 10 月 24 日期间书评栏目所刊载书评进行的调查结果也显示：《山东商报》《重庆晚报》和《武汉晚报》书评作者主要是图书作者、图书编辑、策划人或译者等图书利益相关方。这类书评的比例分别为其刊发书评总数的 89%、87%、74%。其次，与关系书评现象严重相反的，则是名家名品的书评数量有限、缺乏评荐。中国社会科学院旗下的《中国社会科学》和《历史研究》这两本权威学术刊物同时取消了各自的书评栏目。据相关负责人介绍，优秀书评的匮乏使学界乃至整个书界出现了批评的真空，缺乏优秀的、有深度的学术书评使得其不得不取消了书评栏目 [1]。

二、图书评论引导图书创作的效果分析

从文艺创作的视角看，繁荣文艺创作、推动文艺创作树立正确的价值导向，需要加强文艺评论工作。习近平总书记在 2014 年文艺工作座谈会上的讲话、中共中央于 2015 年 9 月 11 日审议通过的《关于繁荣发展社会主义文艺的意见》均强调了这一点，明确指出要"高度重视和切实加强文艺理论和评论工作"。由此可见，加强图书评论工作对作者的图书创作具有重要意义。图书评论，通过对作者创作手法、方式、理念尤其是创作思潮及价值取向等方面开展积极的评论活动，通过其所创设和倡导树立的审美导向、价值导向的创作标准，影响作者的创作活动、引导作者在创作过程中树立正确的价值导向。对此，从当前图书评论工作的现状看，网络书评较之传统书评（传统媒体刊载的书评），其引导效果较好，传统书评引导图书创作的功能发挥仍有待进一步加强。

---

[1] 赵明宇：《红包书评泛滥，书评遇诚信危机》，http://news.sina.com.cn/cl/2005-03-03/22365259510s.shtml

1. 网络书评方面

网络书评与网络出版物创作之间双向互动较为紧密，且日益紧密，网络书评的影响力贯穿于网络出版物创作者的创作全过程。与传统出版物先创作后出版的流程不同，由于互联网的实时性特征以及网络出版物（主要是网络文学）消费的碎片化特性，网络出版物的创作过程表现出了较为明显的动态性特征，具体表现为创作与阅读消费同步。作品是以连载形式创作发布的，并通过持续更新吸引读者的关注。同时，加之互联网的交互性特征，在创作过程中，创作者与读者之间往往存在着一定的互动交流，除了点击量（购买数量），评论数量也成为了体现一部作品关注度、影响力的重要方面。因而，网络出版物创作者十分重视网友的网上评论，求关注、求"撒花"、求点评，有的甚至根据读者网上的评论修改后续故事情节的发展、人物的命运等，类似于国外电视剧根据观众的反应等一边编剧拍摄一边播放。可见，网络书评对于网络出版物的创作有着重要的影响。

《失恋 33 天》的成文过程就是这方面的典型代表。鲍鲸鲸的《失恋 33 天》是"互动式"网络文学创作的缩影，该作品源于豆瓣网上一个失恋的姑娘将其失恋后的心情记下来上传。这个名为《小说或是指南》的贴子发贴之后引起极大反响，很多有失恋经验的人都希望将自己的故事写进小说。于是豆瓣网开始了有史以来阵容最强大的现场直播写作，于是也就有了集天下失恋者之所得的日记体直播小说——《失恋 33 天》。

当然，网络书评对于网络创作的引导效果更多的时候则是消极的。为了提升点击量、阅读量，很多创作者往往会迎合读者、投其所好，"读者是上帝"是网络文学写作与阅读所通行的基本规则 [1]。这种

---

[1] 宋宇晟:《评论家谈网络文学：大神级作家写作要引领读者》，http://www.chinanews.com/cul/2014/02-18/5848046.shtml

迎合演变到后来不断走向庸俗、低俗、媚俗，当前，网络文学领域作为"三俗"作品泛滥的重灾区，主要就是众多创作者过于迎合读者庸俗、低俗、媚俗的文化需求所致。

2. 传统书评方面

传统书评方面，其导向作用则存在弱化倾向。当前，我国文化出版活动中存在着"三俗"等突出的问题，很重要的一部分原因正是由于书评引导图书创作的作用发挥不足，由于书评导向功能的弱化甚至边缘化。这主要表现在以下两方面。

首先，未能充分认识到书评引领图书创作导向的重要作用，在书评理论研究中，关于书评指导创作理念、引导创作风尚方面的研究不足。我们通过 ROST 词频分析对中国知网上检索到的有关图书评论理论研究论文的主题、关键词的词频分析（见图 8-8、图 8-9），发现无论书评理论研究的主题还是关键词，有关书评指导创作理念、引导创作风尚等方面的研究很少，更多的是从读者导读的视角分析、研究书评的引导功能，仅有少数几篇研究从作者的角度探讨了书评的功能。可见，当前对书评引导图书创作的作用认识不足，这反映在现实生活中，则表现为：一是图书创作的跟风现象严重，存在着抄袭模仿、千篇一律的突出问题。最典型的就是《细节决定成败》一书，中国国家图书馆馆藏目录中检索到的以《细节决定成败》为书名的心理励志类图书就多达 60 多种。针对图书跟风现象，《中国青年报》的一项社会调查也显示，近 16000 名受访者中有 79% 认为当前跟风现象严重并痛感此种现象[1]。二是图书内容的"三俗"现象严重，作者图书创作的品

---

[1] 洪欣宜、向楠：《书摊遍布林书豪，79% 公众痛感图书跟风炒作严重》，《中国青年报》2012 年 4 月 12 日第 7 版。

位、倾向、格调存在着庸俗、低俗、媚俗等问题。上述这些问题的产生，与书评未能很好地引导作者的创作方向、创作的价值取向有很大关系。

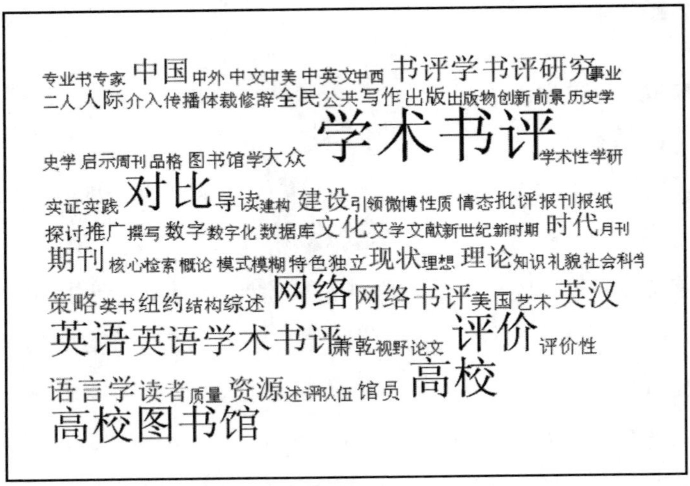

图 8-8   书评理论研究主题的词频分析

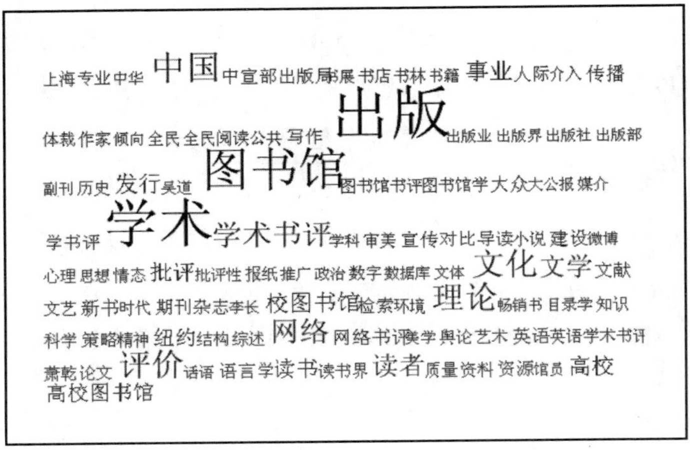

图 8-9   书评理论研究关键词的词频分析

其次，由于人情书评之风盛行，书评未能很好地发挥其引领、推动"百花齐放、百家争鸣"的应有作用。评论工作，应当遵循"百花齐放、百家争鸣"，图书评论在坚持事实的基础，允许说真话、敢于说真话，由此才能引领推动学术争鸣，繁荣作品创作。然而，当前我国图书评论工作却存在不少"为人情说话"的现象，缺少有的放矢的批判声音，尽是大唱赞歌、互相吹捧的附和之声。这不仅制约了学术争鸣、文艺争鸣，也抑制了书评批评引导功能的发挥，造成了图书创作空有数量欠缺质量。可以看到，虽然我国每年出版图书数十万种，但是真正的精品却少之又少，我国出版图书（尤其是学术著作）的"走出去"效果不甚理想就是其重要表现。国家版权局的统计数据显示[1]，多年来，我国的版权引进与输出之间一直存在着较为严重的逆差问题。

三、图书评论引导图书出版的效果分析

图书评论，以图书为评论对象，是建立在图书得以出版的基础之上的；因而，书评在对图书作品进行价值评判的同时，通常也会对图书的出版过程（活动）及其理念等进行评价。通过对出版工作者及出版单位的出版理念、出版活动的分析、评价，有利于帮助出版者找出出版过程中存在的问题，并对出版者的出版理念及其出版运作产生积极影响。早在 1979 年制定、颁布的《出版社工作暂行条例》中，就明确指出："书评是监督和推动图书出版的重要武器，应及时介绍好书，对于那些不好的和有错误倾向的图书，也要以马克思主义的观点

---

[1] 数据详见：http://www.ncac.gov.cn/chinacopyright/channels/6125.html

给予分析和批评，以引起出版者和读者的注意。"[1]原《人民日报》副总编辑谢宏也指出，图书评论能够优化和净化图书出版，引领国内国外出版大局和某一类图书的出版大局[2]。从当前的书评实践看，图书评论在引导出版人的出版理念、出版活动方面，总体上还是发挥了一定的积极作用，但尚有待进一步加强图书评论在引导图书出版方面的作用。

1. 从出版理念视角看

出版理念，简单理解，就是出版工作者或出版单位对出版活动的认识、价值判断及追求。出版理念贯穿于出版物制作的全过程，反映在了出版单位的企业文化、经营理念与方式、出版品种与品位等各方面。出版理念对出版活动具有指导作用，影响出版社的出书方向和图书品味[3]。出版人出版理念的培育与树立，受多方面因素的影响。其中，图书评论通过对出版人的出版活动，尤其是其在出版过程中的价值取向与价值追求的评判，通过对科学出版理念精神的宣扬与倡导，对出版人树立正确的出版理念具有积极的引导作用。当前的图书评论工作，在引导出版人的出版理念方面也确实发挥了相当的作用。

一方面，在书评的理论研究中，关于书评对引领出版方向、对树立科学出版理念与编辑思想的影响的研究，为推动书评工作实践重视对出版单位出版理念与追求、出版工作者的编辑思想的评述，营造了良好氛围。虽然从读者与图书视角研究书评及书评工作是书评理论研究的重点，但是通过图 8-8、图 8-9 以及对当前书评理论研究文献

---

[1]《新时期图书评论工作引领者》，《中国新闻出版报》2008 年 10 月 15 日第 7 版。

[2] 谢宏：《图书评论与文化生态》，《中国图书评论》2007 年第 9 期。

[3] 侯晋公：《论出版理念》，《出版发行研究》2004 年第 4 期。

的深入分析，我们发现，关于书评对引领出版方向、对树立科学出版理念与编辑思想的影响的研究，还是得到了研究者们相当的重视与关注，彰显了书评引导出版理念的学术价值，进而也推动了书评工作中对出版理念评述的重视。这突出表现在，专业书评报刊开辟专门的栏目对出版人在出版过程中所展现出的出版理念与出版价值追求进行评述，为其他出版人提供了很好的学习与效仿的标杆。如，《中国图书评论》的"书评空间"、《读书》的"著译者言"、《博览群书》的"书人故事"、《书屋》的"人物春秋"等，通过介绍、评述出版历史上著名出版人的编辑思想及出版社的出版理念，为当前的出版工作者培育和树立正确的出版理念提供了参考榜样。

另一方面，当前书评工作对出版理念的引导效果也仍存在需要加强之处。图书评论引导出版人培育和树立正确的出版理念，可以通过对那些值得倡导的出版理念进行褒奖实现，也可以通过对那些不值得倡导的出版理念进行批判实现，而后者更有警醒与引起出版同仁注意的价值。然而，当前书评对出版理念的评价，主要以褒奖为主，对那些与时代所倡导的出版理念发生背离的，批判较少，也使得书评引导出版理念的效果尚未得到充分显现。为此，要充分发挥书评引导出版理念的功能，仍需加强对那些背离了社会主义核心价值观的出版取向的批判。

2. 从出版活动视角看

图书评论，对选题策划、编辑加工、印刷复制与营销发行等出版活动也发挥着重要的引导作用。书评，能够为选题策划提供信息参考与指明方向，引领某类图书的出版方向甚至是整个出版大局；有助于出版者认识和发现编辑加工与复制印刷活动中存在的问题，督促并引导其加强改进出版工作、规范出版行为；能够指导发行工作并提升其效果。当前书评对出版活动的督促、引领效果，不同的出版环节其引导效果不一。

书评对选题策划活动的引导效果方面，当前的书评工作在一定程度上发挥了其沟通出版信息、为选题策划提供信息参考、指明出版方向的功效。无论是专业书评报刊的栏目设置，还是非专业书评报刊栏目刊登的内容，"书业动态""新书推介""畅销榜单"等都是常见栏目与内容，这为出版选题策划提供了信息参考，有助于策划编辑掌握当前的出版趋势与阅读趋势，紧跟社会阅读潮流。然而，都依赖新书推介、畅销榜单，也极易造成选题的雷同。从某种意义上说，当前图书出版选题雷同、跟风现象突出，与书评的写作形式重推介轻分析、阐释不无关系。当前我国每年所发表的书评，除了专业书评刊物刊载的书评多以专业性、学术性、系统性书评为主外，其他媒介刊载的书评有相当部分的形式为简介式"新书推介"书评，缺乏对图书选题与内容特点、市场定位等方面内容的分析、评述。由此，策划编辑在采取市场紧跟策略紧跟社会阅读潮流时，就很难规避其选题、内容与市面图书趋同。

书评对编辑加工与印刷出版活动的引导效果方面，需要区分看待传统媒介书评与网络书评。一方面，随着我国图书出版数量的猛增，而书评版面数量的日益缩减，需要评论的图书越来越多，加之近些年来我国图书的编校、印制质量不断提升，对图书内容质量、观点论断进行评判日趋得到重视，而评论图书编校、形式质量的书评日益弱化至边缘地位。如，《中华读书报·书评周刊》的"社科版"为了响应读者呼吁，鼓励读者将在读书过程中发现的小问题，如知识性错误（尤其是硬伤）、不妥当的观点、编辑处理的不当等，撰写成评论文章发表，特设置了"求疵录"专栏；而我们对《中华读书报·书评周刊》2014 年刊载书评的调查发现，2014 年"求疵录"专栏全年发表的文章数量仅有 4 篇。当前，图书出版活动中粗制滥造的现象依然较为严重，仍然需要书评指出图书形式质量方面的问题。然而，评述图书编校、形式质量的书评日益边缘化，不利于出版者发现其编辑出版活动中存在的问题，并引导其加强改进出版工作。

另一方面，网络书评虽然注重对图书排版、印刷等形式质量的评价，如图 8-10 所示，当当网的图书商品评论中，重点将消费者对图书装帧设计方面的评论进行统计、展示。这在一定程度上能够弥补传统媒介书评存在的不足，督促出版单位加强改进、提升图书形式质量。但是，由于网络书评受限于其评论者的学识、鉴赏水平，书评运作的不规范等因素，当下网络书评的影响力仍较有限，对读者购买意愿的影响并不明确[1]。由此，也影响了出版社对网络书评的态度，出版社是否愿意根据网络书评的意见改进其编校、印刷工作也难以估量。基于此，本书认为，当前网络书评对于编辑加工与印刷出版活动的引导效果仍然有限。

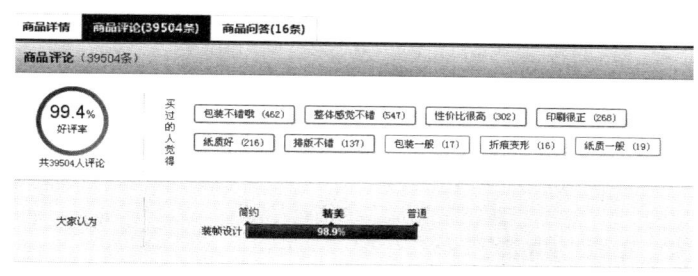

图 8-10　当当网图书商品评论示例图

书评对发行工作的引导效果方面，促销功能是书评的基本功能之一，在实体书店销售时代，无论是在国内还是国外，书评一直作为书

---

[1] 李亮：《网络书评对购书意愿的影响》，《科技与出版》2013 年第 8 期。

店进货的重要参考，尤其是在看样征订难以实现的情况下，印有图书短评的征订目录，就成为了书店进货的重要依据。即使是在今天，书评依然是指导发行工作、提升发行工作效果的重要手段和工具，书评理论研究中"发行"是其中一大研究热词（详见图8-9），书店也仍在利用内容包含图书短评的海报开展营销推广活动，出版社更是积极关注豆瓣网等书评网站和电商网站的用户评论，以改进其发行策略。然而，在我国，尚未建立起有效发挥书评作用或功能的机制，书评也尚未成为一种有效的宣传促销手段，因而，书评指导并提升发行工作的效果仍有待加强。

第四节　改进我国图书评论工作的建议

以上分析表明我国图书评论工作存在多方面的问题和不足，在引导出版价值方面没有起到其应有的作用。有鉴于此，本节将从树立科学的书评观念、搭建更多书评平台和完善独立书评人制度三个方面提出改进和优化我国图书评论工作的几点建议。

一、树立科学的书评观念

1. 科学书评观的具体表现

观念决定了人对事物的看法，指导着人们的实践活动。科学的观念能够给实践活动以科学的指导。科学的书评观念能够强化人们对书评作用和意义的认识，指导加强和切实改进书评工作。树立科学的书评观念，就是要充分认识书评在指导读者阅读、强化出版价值导向、引领社会阅读风尚方面的重要意义；就是要平衡书评的商业功能与文化功能，既重视书评强化信息交流、促进图书销量、繁荣文化市场的商业价值，也保持书评的文化性与独立性，坚守书评人的职业操守与精神追求，坚决抵制和纠正一味"唱赞歌"和"拿钱说话"的不正之风。科学的书评观念具体表现在以下几个方面。

重视书评的批评意义。评价功能是书评的本质功能，书评通过书评人对图书作品的表现形式及思想意蕴进行美学评点及价值判断，告诉读者什么是美善，什么是丑恶，从而起到贬抑文化庸品、褒扬文化精品的社会作用。当前，书评的褒奖有余而批评不足，对书评的批评意义认识不足，批评性书评更是少之又少。正如伍杰在《书评理念与实践》中所言，我国书评界批评性书评太少，"不管图书价值、水平如何，一味吹捧，大唱赞歌。无中生有，无好说好，小好说大好，随意拔高"[1]。业界同仁也纷纷指出，"书评的力量在于肯定，也在于批评"[2]，"书评中的批评正在消失，许多批评家堕落，真知灼见的批评难以生存"[3]。可见，当前我国的书评工作存在只注重书评的正面评价功能，而忽视了书评应有的批评功能的问题。发挥书评的评价功能，更重要的是要重视发挥书评的批评功能，即鼓励批评性书评。

强化书评在出版过程中传递信息、宣传促销的应用。在图书市场竞争日趋激烈的今天，书评对扩大图书宣传、促进图书销售具有显著效果。一方面书评可以向读者通报书情、广而告之，起到促进

---

[1] 伍杰：《书评理念与实践》，河南大学出版社 2006 年版，第 78—79 页。

[2] 王烨：《书评的力量：在于肯定也在于批评》，http://paper.oeeee.com/nis/201411/23/297229.html

[3] 周怀宗：《作家哲夫：书评中的批评正在消失　许多批评家堕落》，http://ex.cssn.cn/st/st_zjkfg/201411/t20141125_1414675.shtml

出版者和读者信息交流的作用；另一方面书评通过对读者的潜移默化之力可以引导读者形成合理、健康的消费需求。一篇好的书评、一个成功的书评栏目或节目，创造图书销售奇迹的成功案例比比皆是。然而，在我国当前的出版活动中，对书评的作用与应用存在着认识上的误区，认为书评只是出版过程中的一项辅助工作，无关紧要，未能将书评视为一种有效的宣传促销手段，从而导致书评促销功能弱化。

坚守书评的独立性。所谓书评的独立性，其实质就是独立的书评人发出独立的声音[1]。严格来说，只有建立在客观公正、不偏不倚基础上的书评才算真正的书评。书评的独立性是保证其真实性、公信力的文化良心，然而在当前的书评工作中，书评人依附于出版机构、受惠于作者的现象十分普遍，正是由于书评人与出版者、作者的利益链条和裙带关系，严重危害了书评的独立性，才使得书评的社会功能受到极大抑制。因此，书评的独立性原则是科学书评观的重要体现。

2. 如何树立科学的书评观

树立科学的书评观念，需要政府、行业协会、出版企业及书评工作者的共同努力。

政府，首先应重视并采取积极措施加强图书评论工作，为书评工作的健康发展、为科学书评观念的树立营造良好的社会环境。然后，应加大对书评刊物、书评栏目、书评频道的监管，对严重违背主流价值导向、偏离书评工作价值观念、缺乏社会公信力的书评刊物、栏目或频道给予必要的惩戒。

---

[1] 李大星：《书评的痛苦，痛苦的书评》，《中国编辑》2002 年第 1 期。

行业协会，应积极推动书评理论与方法研究，为书评实践的有效开展提供理论支撑。当前，我国有关书评的学术研究较为薄弱，未能对书评实践起到指导作用。作为沟通纽带的书评学会、编辑学会等行业组织，应在推动书评理论研究方面有所作为。例如，可以通过组织理论研讨会、学术讲座、优秀书评作品评奖等多种形式推动书评理论建设。

出版企业，要重视书评在出版活动中的运用，借鉴出版业发达国家出版商的成功经验，建立一套适合企业自身的书评工作运行机制、业务流程与管理体制。重点抓好三个方面的工作：一是将书评工作纳入出版业务流程进行管理，确保书评在作者、出版社和读者之间起到必要的信息沟通作用；二是有针对性地与书评平台或专业书评人士建立起高效、稳定的业务合作关系，确保样书选送、书评作者遴选、书评文章撰写、书评文章刊载等按出版计划同步有序展开；三是定期开展书评工作绩效评价，为优化工作提供信息支持。

书评工作者，首先要正确认识书评工作的意义和价值，树立正确的书评观，要有"敢说真话"的职业操守和"风骨嶙嶙"的文化担当，避免与作者和出版商发生直接或间接的利益勾连；同时还要具备良好的专业文化素养或学术价值判断能力，以专业化的学术或文化标准介绍、批评或推荐出版物。良好的职业道德和高水准的职业能力是衡量专业书评人的两大重要条件。

二、强化书评园地建设

图书评论功能的发挥有赖于书评园地的建设。没有足够的书评报刊、书评栏目、书评频道和书评网站，也就没有书评工作的繁荣和发展。20 世纪末以来，我国书评园地建设步入"低潮"，大量书评报刊、书评栏目、书评频道歇业关张，书评园地的空间受到严重挤压，影响了书评工作的发展。正如某些自由书评人所抱怨的："这些年来，我们有很多文学批评的刊物，都在市场的大潮中悄无声息地消失了，批评没有了发表的平台和空间。"[1] 可见，加强书评园地建设，搭建更多书评平台是改进我国图书评论工作的重中之重。强化我国书评园地建设，重点可从以下两个方面着手。

1. 调动多方力量参与书评园地建设

书评园地建设是一项长期而艰巨的工作，投入大，经济效益相对有限但社会效益显著。因此，书评园地建设不宜单纯依靠媒体自身的力量，而应该充分调动政府、相关行业组织、媒体、出版企业等相关各方的力量共同参与。唯有如此，书评园地的发展才可能持续，书评的社会功能才能得到有效发挥。

政府在书评园地建设方面大有可为。首先，政府应该为书评报刊、书评栏目、书评频道等各类书评媒体建设创造宽松的政策环境。一是在版号审批控制较为严格的情况下，对书评报刊、频道的创办给予优先支持，鼓励符合条件的单位积极创办书评报刊等书评媒体；二是在新闻出版"转企改制"过程中，将书评媒体定位为公益性出版单位，享受公益性出版单位的政策待遇。其次，在加强书评工作监管的同时，定期对优秀的书评媒体、书评人和书评作品给予必要的政府奖励。美国的国家书评奖，在鼓励图书批评、阅读及书评创作方面发挥了积极作用 [2]。我们国家可以在"出版政府奖"等奖励体

---

[1] 周怀宗：《作家哲夫：书评中的批评正在消失 许多批评家堕落》，http://ex.cssn.cn/st/st_zjkfg/201411/t20141125_1414675.shtml

[2] National Book Critics Circle: Supporting Book Criticism and Literary Culture Since 1974, http://www.bookcritics.org/about/

系中单列优秀书评媒体奖、优秀书评人奖和优秀书评作品奖等专项
奖励。

出版、编辑、阅读、书评等相关行业组织也可以在书评园地建
设中发挥其独特的作用。一方面，它们可以整合书评媒体、书评人等
书评工作相关方的力量，代表相关方的利益，积极寻求政府出版行业
主管部门对书评园地建设的政策支持，为书评园地建设营造良好的环
境；另一方面，它们还可以组织书评工作相关方开展书评园地建设经
验交流与理论研究，以提升书评园地的建设水平。美国国家书评家协
会在"鼓励优秀书评创作、促进行业信息交流"[1]方面就发挥着极其
重要的作用，是美国书评界的强力粘合剂和助推器。成立于 2006 年
的中国图书评论学会虽然在推进我国书评业发展方面发挥过一定的作
用，如创办了学会会刊《中国图书评论》，但是它在更好地服务书评
园地建设方面还有很大的发挥作用的空间。而其他相关行业组织，如
中国出版工作者协会、中国编辑学会以及相关阅读学会等在书评园地
建设方面则很少投入精力。但是，这些行业组织同样应该重视书评园
地建设。

媒体本身就是书评园地的主体，只有各类书评媒体的健康发展才
有书评园地建设的繁荣。在媒体产业市场化不断推进的大背景下，大
多数媒介组织更为看重的是媒介的经济效益，对于受众面相对较窄、
经济效益较低的书评工作明显重视不够。这不仅是 20 世纪 90 年代以
来我国大批书评媒体纷纷停业的重要原因，同时更是近年来我国书评
园地发展低迷的根本原因。因此，调动媒体参与书评园地建设的积极
性才是振兴我国书评园地发展的根本出路。

图书出版单位不仅仅是书评园地繁荣的受益者，同时也应该成

---

[1] National Book Critics Circle, http://en.wikipedia.org/wiki/National_Book_Critics_Circle

为书评园地建设的参与者。在书评园地建设中，图书出版单位可以发挥其独特的作用，成为书评媒体的密切合作者，积极参与、配合媒体书评工作的开展。第一，与书评媒体建立通畅的图书出版信息沟通机制，在图书出版上市前及时准确地向书评媒体通报重点图书出版计划，为媒体组织有针对性的书评工作提供信息支持；第二，组织好"书评本"样书的出版与选送工作，为书评媒体组织书评文章的撰写提供图书实物支持；第三，积极搜集书评报道反馈信息，配合书评媒体开展书评工作效果评价，为改善和优化后续的书评工作提供信息支持。

2. 科学定位不同类型书评媒体的功能与对象

书评园地由专业书评报刊、非专业书评报刊的书评栏目、广播电视书评节目和网络书评栏目或频道等构成。不同类型的书评媒体具有各自不同的传播特征，各自的受众群体、互动性能、传播效果均不尽相同。因此，书评园地中的各类不同书评媒体不应该千篇一律，以同一种模式开展书评工作，而应该依据各自的特点科学定位各自的对象与功能。

专业书评报刊，通常拥有一支书评专业素养好的专职书评编辑和书评作者队伍，具有相对明确和稳定的受众群体，了解出版市场动态和阅读市场需求。因而，它是书评园地中最有条件将书评的专业性和大众化密切结合的一种书评媒体。相较于其他类型的书评媒体，专业书评报刊的功能应该相对宽泛。既要营造积极健康的文化消费氛围，引导大众阅读，服务社会主流价值的践行；又要宣传推介优秀图书作品，服务出版工作的两个效益；还要为图书评论工作树立标杆和典范，服务于书评事业发展。因此，专业书评报刊的目标受众应该是与所评论图书的所有相关人员，大致包括：大众和专业读者、图书出版者、图书作者、书评编辑、图书评论人。尽管他们使用专业书评报刊的目的各不相同，但是他们都是专业书评报刊的目标受众。

非专业书评媒体的书评栏目，应该根据媒体自身的目标受众和媒介特征来定位其书评功能和目标受众对象，不可千篇一律。例如，都市报的书评栏目，目标受众范围广、地域性强；但专业性要求低，因而其功能应该定位于推介娱乐消闲类大众出版精品，引导大众娱乐阅读消费。服务对象主要是普通大众和图书出版商。再如，党报党刊的书评栏目，目标受众主要为机关、企事业单位的工作人员，目标对象相对集中且单一，对于出版物的导向性有明确要求，因而其功能应该定位于宣传推介社会主义主流价值读物，力求从主流价值观视角引导文化消费。又如，各专业领域的学术性报刊，目标读者系相应学科的专业人士，其书评栏目的目标受众必须与学术性报刊的目标读者相吻合；其书评栏目的功能只能以学术性、文化性为主。

广播电视书评节目，虽然较之纸质媒体书评具有更丰富、直观的表现力，但是它也同时具有受时长限制导致信息容量小的缺陷。广播电视书评节目的功能和对象定位应该充分考虑广播电视媒体自身的功能和对象定位。众所周知，广播电视媒体受众面广、受众构成复杂；媒体功能单一，以娱乐消闲为主。因此，广播电视书评节目的目标受众也应该是一般的普通大众而非专业人士。书评对象也应定位于一般的大众读物，尤其是大众畅销书。书评功能应以服务于大众的娱乐消闲阅读需求为主，根据大众文化消费热点及时推介畅销书，同时兼顾出版商或图书作者的商业诉求。

网络书评栏目或频道，与传统书评媒体相比，具有观点表达自由、互动性好、传播快捷等显著特点，深受广大网民和出版商的欢迎，正逐步成为现代书评媒体家族的新宠。从受众定位看，网站的受众就是网络书评栏目的目标受众。大型门户网站的书评栏目，如新浪读书频道的目标受众就是该门户网站的广大网民；而专业网站书评栏目，如豆瓣读书频道的目标受众则是该专业网站的网民。从功能定位看，网络书评栏目倒是有明显的共性，即文化性和商业性并重。一方面，网络书评栏目可以充分发挥其自由表达观点的特点，更好地服务于学术、文化的多样性发展；另一方面，它又可以与图书作者或出版商合作，充分服务于作者或出版商的商业利益。当然，后一功能的实现必须建立在书评客观公允的基础上，如果为了商业利益违背客观性原则，只会有损网站的公信力，带来适得其反的效果。报道显示，我国的豆瓣网和当当网就曾出现过商家雇佣"水军"撰写虚假书评的案例[1]。与此相反，美国著名的网络书评社区Goodread 却有很强的自律意识，对虚假书评和恶意诋毁作者的书评予以管控，坚决删除。[2]

三、建立和完善独立书评人制度

研究表明，独立书评人制度是西方出版业发达国家书评事业健康发展的重要制度保障。借鉴西方发达国家的成功经验，建立独立书评人制度应该成为我国书评事业发展的不二选择。

我国虽然存在独立书评人队伍，但是，却没有建立起严格意义

---

[1] 张麒麟：《商业性网络书评的文化内涵及其知识传播价值》，《图书馆杂志》2013 年第 11 期。

[2] DBW: Exploring the Murky Waters of Unreliable Consumer Book Review, *Digitalbookworld*, 2014-09-30, http://www.digitalbookworld.com/2013/exploring-the-murky-waters-of-unreliable-consumer-book-reviews/

上的独立书评人制度。2006 年 7 月，响应业界关于"职业书评人联合起来、形成集团军优势"的呼吁，我国曾经成立了所谓"职业书评人联盟"。然而，"联盟"成立仅一年半就宣告解散了。目前，我国的独立书评人大多都是"单打独斗"，尚没有形成一支专业、稳定的队伍。作为个体的书评人，其利益得不到有效保障，其行为又缺乏约束与监管。建立起独立书评人制度将有助于这两个方面问题的解决。

建立独立书评人制度的核心，就是要通过一定的机制确保书评人与所评图书的作者和出版商之间没有利益关联，对图书的评价没有受到作者和出版商的影响，是书评人独立判断的结果。要达到这一要求，一般可以通过以下机制进行控制。第一，书评媒体在向旗下签约书评人组稿前，实施严格的审查程序，确保书评人的独立性。如《纽约时报·书评周刊》就与签约书评人特别约定：书评人不得与该书作者师出同门，也不可以是同学关系、同事关系和亲属关系等[1]。第二，书评媒体规定，书评人在书评刊发之前需发表"本人与该书作者没有任何关系"的正式声明。美国的一些大型书评媒体对书评人基本都有这种要求。第三，书评发布后，书评媒体还会对书评的客观性进行监管。如果发现有刻意歪曲的情况，将对书评人的声誉造成极其严重的负面影响。因而，一般书评人都不会"冒天下之大不韪"以赌上整个职业生涯。

建立和完善独立书评人制度，是一项涉及面广、影响深远的系统工程，需要政府、媒体、书评行业组织和社会公众等各方力量的协同合作和积极参与。其中，政府，主要是出版行政管理部门，要为独立

---

[1] 庞贝:《书评可当社论做——美国〈纽约时报〉独立书评机制的启示》,《新闻知识》2008 年第 8 期。

书评人制度的建立营造积极良好的政策氛围和环境，出台相关支持和鼓励政策。书评媒体则是建立和完善独立书评人制度的主体力量，媒体单位应该建立起维护独立书评人制度运作与管理的体制机制。书评行业组织，可以在建立独立书评人制度的研究、服务与监管等方面扮演重要角色。社会公众，是监督书评媒体和书评人的独立性的重要力量，可以为这一制度的建立起到其他力量不可替代的作用。

第九章 出版奖励

奖励，同法律、道德等一样，是人类社会人文管理体系的重要组成部分，是奖励主体针对奖励对象的某种积极行为或正面效应所给予的物质或精神激励，是惩罚的对立统一体。奖励具有激励奖励对象、示范社会公众、引导价值取向等多方面的积极效应。奖励是社会激励系统的重要组成部分，被广泛应用于各个社会领域。古今中外，各个地区、各种组织、各个行业都有运用奖励手段的记录。

加强出版奖励建设，对于营造良好的出版环境、鼓励积极的出版行为、引导健康的阅读消费、创作生产优秀出版物产品等，都有很大的现实意义。因此，出版奖励机制建设，已经成为促进我国出版业繁荣发展、引导出版业坚持"为人民服务，为社会主义服务"的方针、坚持"把社会效益放在首位"的评价准则的重要战略选择。十六届六中全会通过的《中共中央关于深化文化体制改革推动社会主义文化大发展大繁荣若干重大问题的决定》指出："要建立公开、公平、公正的评奖机制，精简评奖种类，改进评奖办法，提高权威性和公信度。"

当前，我们国家出版奖励机制建设尚不够完善，存在奖励主体多头分散、标准混乱、程序欠规范、影响力有限等问题，制约了出版奖励功能的发挥，不利于出版业的健康发展。因此，进一步完善我国出版奖励机制意义重大。

第一节　出版奖励概述

　　1979 年，中国出版协会、中国美术家协会主办了"第一届全国书籍装帧艺术展览暨评奖"活动。《黄河东流去》《雪城》《世界儿童文学丛书·童话卷》三种图书获此殊荣。此次评奖活动在出版界、插图装帧界、美术界、新闻界引起了极大的反响，掀起了书籍装帧艺术设计的高潮，催发了从装帧设计理论到实践方面的创新与争鸣，拉开了出版奖励制度的序幕。进入 20 世纪八九十年代，我国图书出版的奖项纷纷诞生。各种图书出版奖励制度的建立，对推动我国出版业发展起到了积极的促进作用。本部分拟对出版奖励的概念与功能等基本问题进行简要分析。

一、出版奖励的内涵

　　出版奖励是通过专家、读者、社会舆论界及政府主管部门或社会行业组织的推荐、评选、表彰等形式，对优秀出版物和出版人才给予肯定的评价和精神与物质的奖励，来达到促进文艺创作，提高出版物质量，推动出版事业和文化事业繁荣的一种评奖活动[1]。出版奖励可分为广义出版奖励和狭义出版奖励。广义的出版奖励泛指一切对优秀出版物、在出版领域做出成就的单位或个人予以奖励的活动。它既包

---

[1] 侯捷:《中国市长手册：国情、世情、政策、法规卷》，中国城市出版社 1995 年版，第 535 页。

括非正式的、临时的奖励，也包括正式的、制度化的奖励；既包括自发性的奖励，也包括自治性的奖励；既可以是个人行为，也可以是团体、政府或社会和市场行为；在形式上既可以是精神激励也可以是物质奖励，具体可体现为授予荣誉称号或给予一定的物质鼓励[1]。狭义的出版奖励特指以"某某奖"等类似形式命名的专门性的、制度化的出版奖励活动，由特定的组织（即评奖主体），依据正式的奖励章程和评价标准，按既定的评奖运作程序评选出优秀出版物、优秀出版单位及个人。本书所指的出版奖励，除特别说明外，均是指狭义的出版奖励。

1. 出版奖励的评奖主体

评奖是一个系统的过程，从申请报批、策划筹备、正式评选到后期的宣传等工作，都必须有专门的组织，即评奖主体，对该过程进行统筹管理与调控。出版评奖的主体包括政府、企业、行业团体等，他们以作为奖励的主办或承办单位的形式，组织实施对优秀出版物、出版单位及出版工作者的评选活动。

按其评奖主体的不同，出版奖励大致可以划分为政府奖励、行业团体奖励、企业奖励。

政府奖励，属层次递进型奖励，即根据行政级别，将出版奖励分成若干层级，如国家级、省部级、厅局级、县市级等。各层级都设立了相对应的奖项，高层级的奖励从低层次的相应获奖成果、单位或人员中评出，层层递进。如隶属中央，由新闻出版总署主办的"中国出版政府奖"；隶属地方，由湖北省政府主办的"湖北出版政府奖"等。

---

[1] 徐顽强、熊小刚等:《国家科技奖励体系中的非政府奖项研究》，中国科学技术出版社 2013 年版，第 1 页。

政府奖励基于政府的权威性与影响力，在政府、行业团体、企业三大出版奖励主体中的权威性最高，且通常其评审条件、程序也较为严格。一般而言，政府奖励具有行政色彩较重、强调奖励效果导向性等显著特点。

行业团体奖励，属于相互独立型奖励，彼此不存在层次递进关系。行业团体主要包括行业协会、行业学会、高校与研究机构、社会组织等。如由中国作家协会发起的"茅盾文学奖"、中国出版协会主办的"中国韬奋出版奖"等。行业团体奖励是我国出版奖励的重要组成部分。出版行业团体是介于政府与出版企业之间的一种非政府性、非营利性的社会团体，是政府与出版企业联系的桥梁和纽带，因而，行业团体奖励同时具有政府奖励和企业奖励的特点。在我国，由于出版行业团体发展不够成熟，其独立性未完全形成，对政府的依赖性较强，所以我国行业团体奖励尤其是行业协会奖励中存在较多的政府因素。政府奖励与行业奖励并非彻底分开，有的奖励由政府与行业团体合办，如已成为出版三大奖之一的"中华优秀出版物奖"。当然，在我国的行业团体奖励中，也不乏相当数量的有影响力的奖项，如"全国书籍装帧艺术展暨评奖""茅盾文学奖""韬奋出版新人奖"等。行业团体奖励的资金来源较多元化，有的是个人捐赠设立基金会，如茅盾先生为茅盾文学奖捐赠了 25 万元稿费；有的来源于社会捐赠，如李嘉诚基金会为鲁迅文学奖赞助 500 万元等。

企业奖励，也属于相互独立型奖励，与上述两类奖励的不同之处在于，其评奖主体是一种营利性组织。企业性质的出版奖励，主要是出版企业设立的出版奖项。企业奖励更多是对出版物市场化的一种承认，奖励对象主要侧重于市场化程度高、经济效益好的出版物，或为企业做出重大经济贡献的出版个人。该类奖励与企业的经济效益直接挂钩。企业奖励有其独特的作用和功能。它将企业的经济效益引入评奖机制中，以奖励的形式推动出版物创作生产，提高出版工作人员的竞争意识和市场意识，活跃出版市场，使得"出版—经济—社会"形成相互影响、相互促进的良性循环。当然，企业奖励也有明显的不足，过度的商业化不利于出版业整体功能的发挥。

从出版奖励主体角度看，我国不同主体的出版奖励发展极不平衡。其中，政府出版奖励发展较好，行业团体奖励有待加强和改进，企业奖励亟待规范。2005 年，国家出台了《全国性文艺新闻出版评奖管理办法》，对全国性文艺、新闻、出版评奖主办单位的资格作了严格限定。我们应该在这一《办法》的指导下，进一步完善我国出版奖励主体建设。

2. 出版奖励的评奖对象

评奖对象是指所有参与评奖活动并被评价的对象，可以是作品，也可以是申报成果的出版单位或个人。作品是出版活动的最终劳动成果，是思想性与艺术性的直接体现。对作品进行奖励既是对作品本身精神文化价值的肯定，也是对作品再生产（编辑、加工、生产）的出版单位和编著人员的肯定和激励。

按评奖对象进行分类，出版奖励大致可以分为作品奖、个人奖和组织奖。

作品奖，即授予出版物的奖项。出版物是出版活动的最终体现，对出版人、单位的奖励都需通过其编辑出版的出版物体现出来。因而，作品奖是出版奖励中最重要、最常见的奖项。作品奖按照出版物类型的不同，又可分为图书奖、期刊奖、论文奖和电子出版物奖。如国家图书奖、国家期刊奖、中华优秀出版物论文奖、国家电子出版物奖等。作品奖的评奖，仅以作品本身的价值作为评价对象，应排除作者、出版者的名望或声誉等非作品因素的干扰。因此，在评审作品奖时，通常采用匿名评审制，隐去出版物的作者、出版单位等信息。如英国皇家学会"青少年图书奖"是英国科普图书中重要的作品奖项，用以奖励青少年创作的优秀科学传播类书籍。该奖的评审对象仅为申报的作品，主要从作品本身开展评审，如科学（科学知识、科学理解、科学实践、对科学家的描述、科学史等）在书的内容、叙事及主题的表现形式，图书是否具有趣味性和可获得性，图书的质量高低等[1]。该奖仅对书籍的语言和出版的时间有一定的要求，但是对作品之外如作者和出版单位等，均无任何限制。

个人奖，即授予优秀的出版工作人员的奖项。出版是一项智力活动，出版人在出版活动中发挥着十分重要的作用。一部优秀的作品背后，凝聚着众多出版工作人员的付出。从内容的编辑加工到形式的装帧设计，从内容处理到印刷复制，从产品生产到分销发行，都凝聚着广大出版工作者的心血。个人奖正是对出版人在出版岗位上做出优秀成绩的肯定。根据岗位的不同，出版奖励中的个人奖，可分为编辑奖、装帧设计奖、发行奖、企业家奖等。如"中国好编辑"评选活动、全国新闻出版行业领军人才奖、中国百名优秀出版企业家等奖项。成功的个人奖励策划，对于出版业发展具有非常重要的意义。2013 年，由百道网和百道新出版研究院发起并组织的第一届"中国好编辑"评选活动就产生了很好的反响。该奖专门聚焦编辑这一出版业最为核心的角色，评选标准即以书为证，凡是策划或编辑过有内容价值和市场价值图书的编辑都可以成为候选人，然后进行同行投票和专家评选[2]。该评奖活动为出版界搭建起了一个好编辑的发现与推荐平台。

---

[1] Royal Society Young People's Book Prize, *The Royal Society*, 2014-11-22, http://royalsociety.org/awards/young-people/

[2] 中国好编辑评选简介，http://www.bookdao.com/Election2014/Index.aspx

　　组织奖，即授予出版单位、出版机构等组织的奖项。出版单位是催生优秀出版作品的发源地，也是优秀出版人展示出版才能的舞台。设立出版组织奖，对鼓励广大出版单位多出优秀作品、培育优秀出版人才意义重大。根据职能的不同，出版奖励中的组织奖，可分为出版奖、发行奖、印刷奖等，如中国出版政府奖之先进出版单位奖、全国百佳图书出版单位、中国书刊发行奖、毕昇印刷奖等。我国出版组织奖的评审，主要由国家新闻出版广电总局和各相关行业协（学）会如中国出版工作者协会、中国书刊发行业协会、中国编辑学会等组织，奖励方式主要是以精神激励为主。

　　3. 出版奖励的评价标准

　　评奖需要依据一定的评价标准进行，其评价标准是该奖项的内涵和指向，是评审委员会甄选、评价参评对象的标准。明确、细化、科学、规范的评价标准对奖项的评选具有积极指导意义，是决定出版奖项代表性、权威性、公正性的主要指标。从世界范围看，但凡具有重大影响力的奖项，无不具有一套严格、科学、规范的评价标准及机制。如享誉世界的新闻奖——普利策奖，其设奖门类非常广泛，包括新闻类和艺术类门下的 21 个子类目，其对每类参评作品都有科学而详细的评奖标准，对于奖项的所有子类目的获奖标准都做出了详细的、非常具有参考性的定义。这些评价标准经过评奖组委会的反复推敲和实践的检验，具有很好的操作性。

　　"把社会效益放在首位、社会效益和经济效益相统一"的文艺工作评价标准，实际上，也应该是各类出版奖励的评价标准。只有坚持"把社会效益放在首位"的评价标准，才能保证出版业的正确政治导向和出版业的健康发展；只有坚持"社会效益和经济效益相统一"的评价标准，才能保证出版物市场的繁荣和出版业的可持续发展。弱化

"把社会效益放在首位"的评价要求，会造成出版方向的迷失；忽视"社会效益和经济效益相统一"的评价要求，则会导致出版动力的不足。中国出版政府奖的评奖较好地坚持了这一评价标准。在中国出版政府奖的评奖章程中，对于参评出版物的评奖标准，既包括"社会效益显著，在本学科领域、本行业或在全国有较大影响，具有较高的知名度和品牌效应"，也包括"深受读者喜爱，有一定的市场占有量"。评选先进出版单位奖、优秀出版人物奖的首要标准为：按照邓小平理论和"三个代表"重要思想的要求，模范执行党和国家各项方针、政策，一贯遵纪守法，坚持正确的出版方向，自觉为全党全国工作大局服务；认真落实科学发展观，力促发展，勇于改革，不断创新，取得了明显的社会效益和经济效益，在社会主义物质文明、精神文明和政治文明建设中取得显著成绩[1]。

4. 出版奖励的评奖程序

评选程序，即评奖活动的具体运作流程。该流程是否科学严谨不仅是影响评奖工作质量的重要因素，更是衡量一项评选活动是否权威的一个重要标准。奥斯卡金像奖在观众心目中得以鹤立鸡群，便是得益于其规范公正的"评奖程序"。它由美国电影艺术与科学学院全体会员投票选出入围者与得奖者，选票交由洛杉矶的瓦特豪会计公司统计，在颁奖典礼上予以揭晓。整个评选过程完全公正公开，而且由数千人同时参与，个别人士根本无从操纵得奖结果。因此，该奖不仅在全球影迷中具有至高的公信力，甚至赌徒都因为相信奥斯卡评奖结果的公正无私而把这个奖拿来大赌一番[2]。

---

[1]《中国出版政府奖评奖章程》，http://data.chinaxwcb.com/zhuanti/zfj/zhangcheng.html
[2] 郝建：《硬作狂欢》，上海三联书店2004年版，第355页。

　　严谨规范的评奖程序一般应包括确定参评资格、初评、复评、终评在内的四个完整的评审环节。在评审的全流程中每个环节均应坚持遵照公开、透明、规范的原则。在我国出版奖励的评审中，较少按照这一程序进行。高层次的政府奖评审，通常采用先由下一级出版行政管理部门推荐，再由承担评审工作的出版行政管理部门组织专家评审的作业流程。如中国出版政府奖的评审就是采用这一流程进行评审的。而一些层级相对较低的出版奖励评审，其程序更为简单，通过一个评审专家委员会一次性评审即可确定奖项的归属和评奖结果。

二、出版奖励的功能

　　出版奖励制度，是我国出版管理制度的重要组成部分。原国家新闻出版总署新闻发言人张毅君曾指出："引导出版事业和出版产业的健康发展，是出版行政管理部门的重要职责。历史经验充分证明，在我国出版业繁荣发展过程中，评奖活动已成为引导和激励出版业繁荣发展的有效手段之一。"[1] 事实上，出版奖励在甄别出版物产品、激励优秀出版物创作、示范出版同行和引导读者阅读消费等方面具有其他管理手段所不具备的独特作用。当前，我国出版业正处于转型发展时期，出版体制的变革、观念的更新、经营方式的调整和市场需求的多元等，给现行出版管理理念和管理方式提出了严峻挑战。充分理解和科学调用出版奖励的功能，完善现行出版奖励制度，无疑有利于我国出版管理体制改革的深化和我国出版业的健康发展。概括起来讲，出版奖励大致有以下四个方面的基本功能。

---

[1] 卓宏勇：《出版总署新闻发言人就中国政府奖评选答记者问》，《中国新闻出版报》2008年2月22日第1版。

1. 甄别功能

所谓甄别功能，可以简单地理解为，对出版物产品内容或价值的一种判断、鉴别和区分的作用。出版物评奖的过程，实质上，是按照一定的评价标准甄别评价出版物内容优劣或价值高低的过程。在这一过程中，评奖者对参评出版物进行去粗取精，优中择优，评出内容最优、价值最高的优秀作品。

随着出版业的发展，世界各国的出版能力都在不断提升、出版规模迅速扩大、出版产品数量与日俱增。全球每年出版图书数百万种，单是我国年出版量就超过了 40 万种。况且往年出版的可供图书，更是数以千万计。然而，由于出版观念、创作水准、编校能力等差异，最终推向市场的出版物内容和价值也参差不齐。既有低劣平庸的作品，也有优秀的出版物，当然更有大量既无益也无害的中性产品。对读者而言，出版奖励的这种甄别功能具有非常好的指导意义。普通读者对于作品的判断力和鉴赏能力往往不足，即使有这个鉴别能力也不一定有时间和精力。因此，借助专家的慧眼来挑选优秀作品对大多数普通读者而言就是一种既保险又省力的好办法。这就是出版奖励受到广大读者欢迎的原因。

不妨以美国国家图书奖为例，看看出版奖励的甄别功能。美国国家图书奖，是由美国图书出版商协会、美国书商协会和图书印刷协会于 1950 年共同创立和组织的，是美国最重要的图书奖之一。其目的是评选全美当年出版的最优秀的文学图书。该奖设有最佳小说奖、最佳非小说奖、最佳诗歌奖和最佳少年文学奖四大奖项。通过由多位相关领域的重要专家组成独立评审团进行评选。每年由出版社从美国全年出版的数万种图书中推荐约千种图书参加竞选。每个独立评审团均须阅读参加竞选的几百种图书，并从中挑选出五种最优秀图书。最后，每个类别再从独立评审团挑选的图书中选出最优秀的五种书。经过这样层层筛选和甄别，各个奖项所评出来的图书都是优中选优、精中拔精。因此，历届美国国家图书奖的获奖作品均产生了极好的社会影响。如《苏菲的选择》《紫色》等不仅深受广大读者的欢迎，销售量大增，而且还被改编成电影。

2. 激励功能

出版奖励的激励功能，主要是指出版奖励所带来的荣誉感对获奖者（主要是作品的作者和出版者）的工作热情和积极性的一种激发作用。激励理论认为，人具有多层次多方面的需要，针对这些需要而采取的激励措施，能将人的需要转化为工作的热情和动力，能调动工作的积极性，提高工作效率。这正是出版奖励具有激励功能的理论基础。

出版物的作者和出版者属文化工作者范畴。他们从事出版物创作和生产活动更多地是出于一种教育、科学、文化使命感和精神追求。提升精神或文化的创造力和创新力，主要依赖于作者和出版者工作热情和积极性的提升。出版奖励所带来的荣誉感，正是激发其工作热情和积极性的重要因素。因此，出版奖励对作者和出版者的激励作用远超过其他任何手段。

在美国"凯迪克奖"的评奖中，一些获奖者在首次获得该项奖励后，创作出越来越多的优秀作品，进而出现反复多次获奖的现象。这或许与该项奖励的激励效果有某些联系。"凯迪克奖"是美国最具权威的图画书奖，被誉为图画书中的"奥斯卡"奖，迄今为止已有70多年的历史。每年由美国图书馆协会邀请教育学者、专业人士和图书馆员组成评审委员会，从该年度出版的数万种图画书中选出一个首奖和二至三个佳作奖，同时颁赠"凯迪克奖"。获得该奖的作品是千里挑一的公认的杰作，并毫无例外纷纷成为当年最为畅销的图画书。在凯迪克奖的历史上，从 1938—2014 年，共有 177 位画家的作品获得凯迪克大奖。其中，6 位得主获奖 5 次以上，79 位获奖 2 次以上。而玛利亚·布朗（Marcia Brown）以得奖 9 次的记录，成为史上获得该奖次数最多的得主。1955 年，玛利亚·布朗凭借《灰姑娘》首次斩获凯迪克大奖，此后再接再厉，先后 8 次获得该奖，留下了一系列脍炙人口的经典儿童图画书，如《从前有只老鼠》《迪克·惠廷和他的猫》等。凯迪克奖激励着一代又一代图画创作者，创作了无数凝聚高超艺术价值和特殊创意的卓越绘本，建造了一座文学结合艺术的儿童图画书宝库。

3. 示范功能

出版奖励的示范功能，是通过出版奖励所树立的行业标杆或榜样对出版业同行所具有的一种积极效应，即为同行提供一个努力的方向或学习的榜样。俗话所讲的"榜样的力量是无穷的"，就恰好揭示了奖励的示范功能。权威的评奖结果，无论是优秀作品，还是获奖单位和个人，实际上就是评奖者为同行树立的标杆或榜样。通过评奖向外界尤其是同行传递这样的信号：他们是你们的目标、是你们需要努力的方向。实践证明，在出版管理实践中，以奖励的方式树立优秀出版物、出版单位和出版人典范所起到的积极示范作用，甚至超过了某些政策或文件的效用。

中国出版政府奖设立以来，无论是该项奖励的获奖图书，还是获奖出版单位和个人，都成了全国出版界争相仿效或学习的榜样。2008 年，首届中国出版政府奖评奖结果揭晓。中央文献出版社出版的《毛泽东传（1949—1976）》等 50 种图书、十月杂志社等 50 家出版单位、北京电视艺术中心音像出版社毛凤昆等 50 名出版个人获此殊荣。

2008 年 2 月 27 日晚，首届中国出版政府奖颁奖典礼在北京展览馆剧场举行，对获奖作品、单位和个人予以隆重表扬。此次评奖和表彰活动，在全国出版界产生巨大影响，获奖的作品、单位和个人为出版业界同行树立了学习的标杆和榜样，对促进我国出版业健康发展起到了很好的示范作用。

4. 引导功能

出版奖励的引导功能，可以理解为，通过出版奖励所倡导的出版或文化消费理念与导向对社会公众的阅读消费需求所产生的影响。出版奖励的影响不仅仅限于作者和出版者，而且还有广大社会大众。影响力大、权威性强的出版奖励，对大众的阅读消费需求影响深远。出版奖励对阅读消费的影响可以从以下两个方面来看：

一是通过出版奖励向读者推介符合评奖者价值观和意识形态的出版物产品，引导读者阅读消费的价值取向。世界各国出版管理者无不深谙这其中的奥妙，因此，它们都积极利用出版奖励的这一功能传播其主流价值观和意识形态。1958 年秋，苏联作家鲍里斯·帕斯捷尔纳克被授予但最终却放弃诺贝尔文学奖的事件，正是苏联和西方国家利用诺贝尔文学奖评奖进行价值观和意识形态斗争的鲜活例证。在我国，出版管理者也能较好地利用出版奖励来引导阅读消费。正如张毅君所指出的，中国出版政府奖就是"作为引导广大作者多写好书，推动出版单位多出好书，引领广大读者多读好书的一种有效手段"而设立的，先进性和导向性是中国出版政府奖评选的首要标准。[1] 王大庆在总结首届中国出版政府奖评奖特点时指出，其中的第一个特点就是

---

[1] 卓宏勇：《出版总署新闻发言人就中国政府奖评选答记者问》，《中国新闻出版报》2008 年 2 月 22 日第 1 版。

"着力选出体现先进文化前进方向、体现社会主义核心价值体系、体现时代精神风貌的精品力作"[1]。

　　二是通过对获奖作品或作者的宣传，刺激读者的阅读消费需求。一些获得出版大奖的作品及其作者，在获奖前可能影响有限；但是，获奖之后通过多种方式的宣传推广往往会成为文化消费市场的热点，成为广大青年读者追捧的明星和焦点。作家丁玲的长篇小说《太阳照在桑干河上》1948 年在哈尔滨出版单行本，当时的发行量仅为 5000 册。1949 年，中国人民文艺丛书社将其列为丛书之一，印数也不足万册。同年，该书被苏联汉学家波慈德聂耶娃译成俄文，并于 1952 年获得苏联人民委员会颁发的"科学和文学艺术斯大林奖"。获奖后，社会需求迅速增加，截至 1954 年 6 月，短短两年时间，该书"北京新一版"印刷 10 次，总印 295400 册[2]。这样的发行量在新中国小说发行历史上实属罕见。无独有偶，陈忠实的小说《白鹿原》获得茅盾文学奖后，创造了发行 130 万册的奇迹[3]。玛格丽特·杜拉斯的《情人》在获得法国龚古尔文学奖之后，销量也由 25 万册突破 100 万册。

第二节　出版奖励的引导效果分析

　　出版奖励虽然在促进出版业健康发展方面具有多方面的功能，但是，这些功能的实现却不同于出版行政管理和法律法规管理那样直

---

[1] 王大庆:《首届中国出版政府奖揭晓》,《中国新闻出版报》2007 年 11 月 5 日第 7 版。

[2] 丁玲:《太阳照在桑干河上》,人民文学出版社 1952 年版,版权页。

[3] 张英、徐卓君:《13 年了,陈忠实还在"炼钢"》,《躬耕》2006 年第 9 期。

接，通常是潜移默化地发挥作用。因此，评价出版奖励的效果难度很大。本节拟以中国出版政府奖为例，尝试着对其引导出版业发展的效果作一个简要评价。

一、中国出版政府奖概述

中国出版政府奖，分为图书奖、音像制品电子出版物网络出版物奖、毕昇优质印刷复制奖、装帧设计奖、先进出版单位奖和优秀出版人物奖等六个单项奖。本部分我们仅以其中的第一个子项"图书奖"为例进行分析，不涉及其他子项。因此，本部分的中国出版政府奖专指其中的图书奖。

1. 中国出版政府奖的设立

20 世纪 80 年代以来，随着我国出版事业的发展，全国性的出版评奖活动逐渐增多。单是前国家新闻出版总署就设立了包括国家图书奖在内的共 22 个全国性出版奖项，中国出版工作者协会下设包括韬奋出版奖在内的共 9 个全国性出版奖项。这些奖项在检验我国出版成果，鼓励创新、繁荣文化等方面，起到了积极作用。但是，在评奖过程中也出现了一些问题，如奖项重复设置、评选不够规范等，具有品牌效应、社会影响力的出版奖项较少，影响了评奖活动功能的发挥[1]。

为规范全国文化出版领域的出版奖励工作，2005 年，国务院出台

---

[1] 曹亚宁：《评奖激励带动出版市场繁荣发展》，《中国新闻出版报》2008 年 4 月 17 日第 2 版。

了《全国性文艺新闻出版评奖管理办法》[1]。为贯彻《办法》精神，新闻出版总署将其主办的 22 个全国性的出版评奖整合为一个奖项，即中国出版政府奖。我国出版奖励的这次整合，既是保持了原有出版奖励的延续性，又提升了国家出版奖励的权威性。中国出版政府奖自 2007 年首次开评以来，每三年评选一次，总计奖励数额 200 个，其中图书奖名额 60 个。

中国出版政府奖是我国出版领域的最高奖项。为了保证中国出版政府奖的公正性、科学性、权威性，新闻出版总署为此建立起了一套严格的奖励评选机制。

首先，设定参评图书范围及标准。参评图书必须是由国家新闻出版行政管理部门批准成立的新闻出版单位正式出版并公开发行的图书，出版时间 1 年以上，质量优秀，并且具备以下条件之一：内容健康向上，对于传播、积累科学技术和文化知识，促进经济发展和社会进步具有较大贡献；社会效益显著，在本学科领域、本行业或在全国有较大影响，具有较高的知名度和品牌效应；深受读者喜爱，有一定的市场占有量；具有重要思想价值、科学价值或者文化艺术价值。

然后，建立评奖机构、规范评奖程序。成立中国出版政府奖评奖工作领导小组，负责奖项的指导、组织、协调，下设评奖办公室，负责评奖的日常工作，由领导小组批准成立图书评审委员会，委员会成员均是各个领域的专家和学术带头人，十分熟悉所在领域的前沿成果，每届任期三年。候选图书作品采取自下而上、基层推荐、逐级审核的方法。各地各部门将推荐的图书候选作品报送评奖办公室，由评

---

[1]《〈全国性文艺新闻出版评奖管理办法〉颁布施行》，《人民日报》2005 年 3 月 7 日第 9 版。

奖办公室送至图书评审委员会评审。评审委员会对参评作品从出版时限、版权归属、选题数量等六个方面进行严格的资格条件审查，最终采取无记名投票的方式评选出获奖图书。评审结果经公示后报总署党组审定，审定结束后，由新闻出版总署举行中国出版政府奖颁奖仪式，公布图书获奖作品，并向获图书奖的出版物颁发荣誉证书。

2. 近三届评奖结果数量分析

自 2007 年首次开评以来，中国出版政府奖至今已评出三届获奖图书作品。三届评选结果分别于 2008、2011、2014 年公布，获奖图书数量分别为 60、60、56 种，共计 176 种。各届获奖图书数量及占 6 个子项获奖总数的比例如图 9-1 所示。其中，第三届获奖数量并未完全按照 60 种的固定名额，而是本着客观公正、严格严谨、优中选优、宁缺勿滥的原则，最终评选出获奖图书 56 种 [1]。这体现出中国出版政

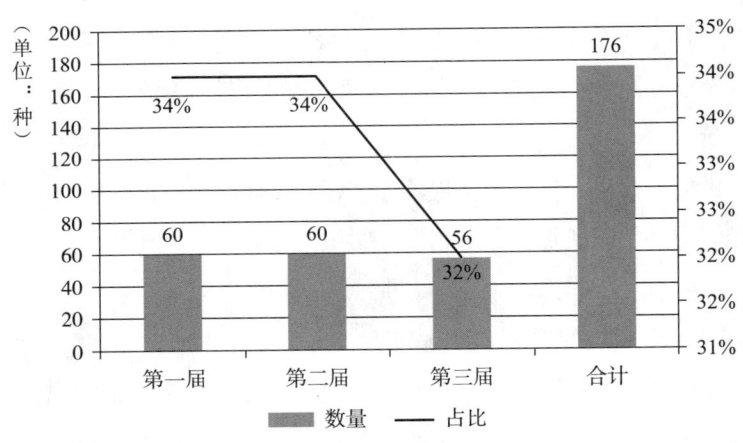

图 9-1　近三届中国出版政府奖获奖图书数量及占比

---

[1] 马莹：《三届中国出版政府奖检阅十年出版成就》，《中国出版传媒商报》2014 年 1 月 3 日第 45—47 版。

府奖作为出版行业最高奖的专业水准。

从获奖图书的学科分类看，参评及获奖图书口径宽、涵盖面广。中国出版政府奖图书奖，将参评及获奖图书分为社会科学、科学技术、文学、艺术、青少年读物（含科普图书）、辞书工具书、古籍整理和少数民族文字图书共 8 大类 56 个细类。图 9-2 是三届图书奖评选中各类图书的获奖数量及占比情况。图 9-2 数据显示，社科类及科技类图书是获奖最多的两大类别，均有 48 种图书获奖，两类获奖图书数量之和占获奖图书总量的 54%，占比远远高于其他类别。其他六类的比例分别处于 6%—10% 之间，总比例也只有 46%。社科类及科技类获奖图书占据如此之大的比重，一方面由于其包含的细类较多、每年的图书出版总量大；另一方面，社科类及科技类图书同属于学术出版的范畴，其获奖比重大体现出国家对科学技术、学术研究的高度重视。

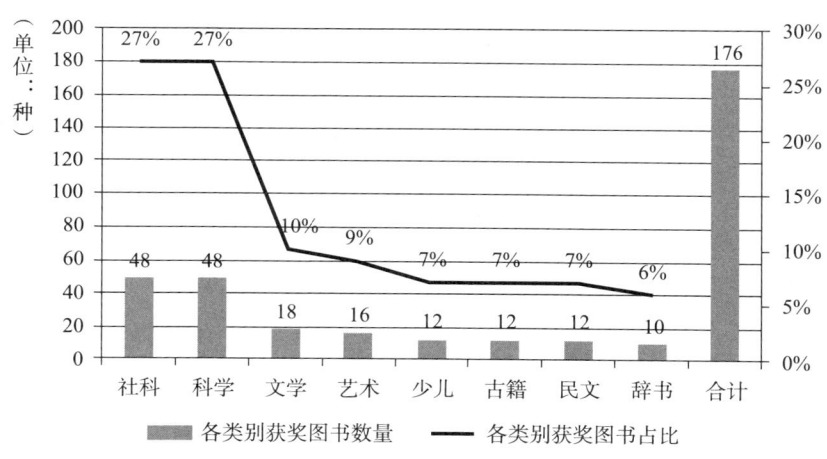

图 9-2　获奖图书数量的学科分布及占比

如果分届次考察，各类获奖图书获奖数量的届次变化不大。社科类和科技类图书每届获奖数量都在 16 种上下，其他 6 类也基本没有什么变化。可见，中国出版政府奖图书奖评奖的学科结构整体比较稳定。这种较为稳定的获奖结构，既是奖项建设较为成熟的一种表现，也有利于保证评奖活动的稳定性。

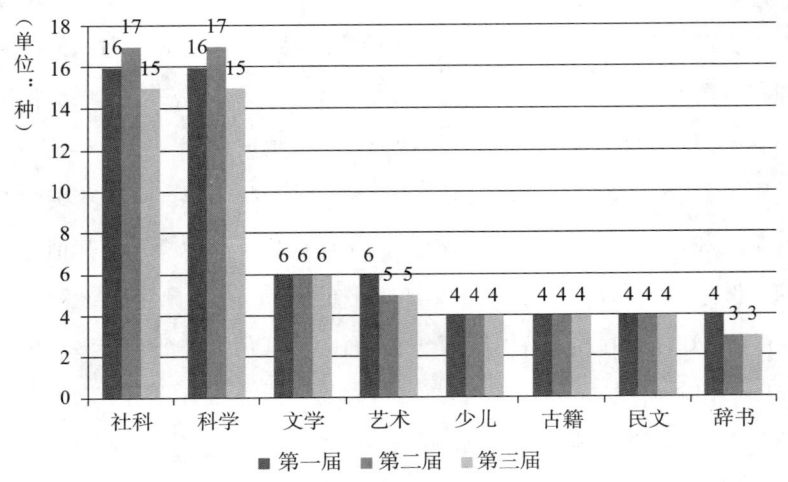

图 9-3　图书奖获奖数量的届次变化情况

从获奖图书的出版单位分布看，176 种获奖图书花落 118 家出版单位。获奖图书数量排名前十位的出版社如表 9-1 所示。118 家出版社中，科学出版社以 8 种获奖图书高居榜首，中华书局以 6 种紧随其后，人民出版社、商务印书馆等名社也表现不俗。可见，名社、品牌出版社在图书精品生产方面具有较为突出的垂范作用。这些排名靠前的出版社不仅在获奖数量上出类拔萃，而且主要获奖图书的类别与其出版专长、出版特色吻合度较高。如中华书局、上海古籍出版社作为古籍出版社的名社，古籍类图书在其获奖图书中占据多数，分别占比 83%、80%；科学出版社、湖南科学技术出版社的主体获奖图书也凸显了其科技社的属性。这表明出版社只有认清自身出版优势、依托自身专业特长、发挥自身出版特色，才更有可能产出高质量的精品图书，从而在图书评奖中脱颖而出。

表 9-1　获奖图书数量前十位的出版社

排名	出版社名称	获奖图书数量（种）	获奖图书类别构成
1	科学出版社	8	科技 6、社科 1、艺术 1
2	中华书局	6	古籍 5、社科 1
3	民族出版社	5	民文 5
3	上海古籍出版社	5	古籍 4、社科 1
3	中国社会科学出版社	5	社科 3、文学 1、辞书 1
6	人民出版社	4	社科 4
7	商务印书馆	4	辞书 3、社科 1
8	北京大学出版社	3	社科 2、文学 1
8	河北教育出版社	3	科技 1、文学 1、艺术 1
8	湖南科学技术出版社	3	科技 3

　　从获奖图书出版单位的地域分布情况看，获奖图书出版单位覆盖了全国大多数省级行政区（港澳台除外），覆盖面较广。118 家获得图书奖的出版社中，中央出版社 52 家，占比 44%，地方出版社 66 家，占比 56%。获奖的 66 家地方出版社来自全国 20 个不同的省级行政区，占省级行政区（港澳台除外）总量的 65%。江苏省获奖的出版社数量最多，共 11 家，上海市次之，共有 10 家。这两个地区获奖出版社的数量，远远高出其他省级行政区。两地的获奖出版社，大多隶属当地大型出版集团——江苏凤凰出版传媒集团与上海世纪出版集团，彰显了大型出版集团在生产图书精品方面的竞争优势及"规模效应"。

　　获奖的地方出版社，大部分来自东部沿海及中部地区，只有少数来自西部地区。获奖地方出版社的地域分布数据见图 9-4。这表明精品图书的产出能力与经济文化发展水平存在正向关联，经济文化发展水平越高，出版业越发达，精品图书的产出能力越强。同时，这种地域上的差别也揭示了我国出版业不均衡发展的格局，表明西部及少数民族地区的出版实力远落后于东、中部地区。虽然出版业的非均衡发展是一种正常现象，但是，采取适当措施鼓励西部及少数民族地区出版业发展也同样应该引起出版管理层的重视。

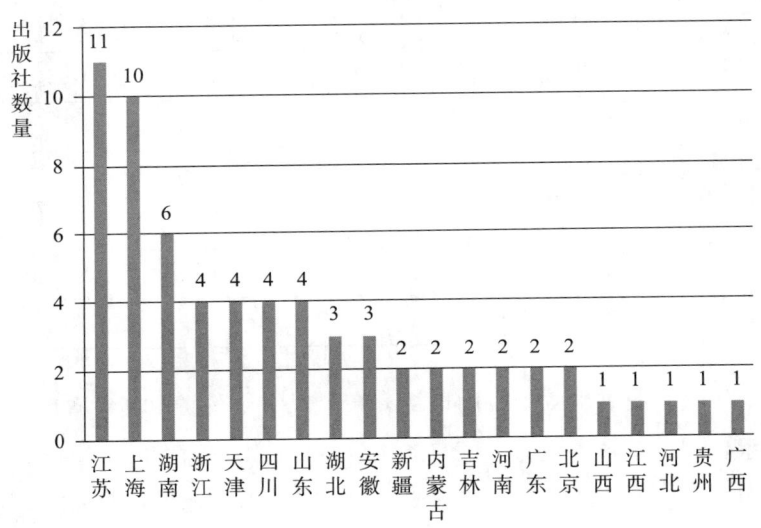

图 9-4　图书奖获奖地方出版社的地域分布

二、中国出版政府奖引导效果分析

2007 年中国出版政府奖设立以来，已进行了三届评奖，先后有 176 种获奖图书、118 家出版单位获得其中的图书奖。下面我们拟从出版奖励功能中具有可量化属性的激励功能、示范功能和推广功能出发，试图对其奖励效果作一个简要分析。

1. 激励效果

如前述，我们将出版奖励的激励功能界定为对作者创作生产热情和积极性的刺激。因此，考察出版奖励的激励效果，就只能基于获奖图书作者进行分析。

通过对近 3 届图书奖获奖图书作者的分析，我们发现，在社会科学类和青少年读物类均有同一作者两次获奖。在社科类中的"马列主义、毛泽东思想"子类中，著名史学专家金冲及先生和中共中央文献研究室主任逄先知共同主编的《毛泽东传（1949—1976）》荣获了首届出版政府奖图书奖。金冲及先生是我国著名史学专家，在研究辛亥革命史和中国现代史方面颇有建树。荣获首届中国出版政府奖，给了金老先生更充足的创作动力。那些别人不愿意钻研、或新或旧、如山如海的史料，被他视为精神食粮，不"吃"不行。他决定将过去专题研究中接触到的大量原始资料综合起来，进行纲要性著述，年逾古稀开始写作《二十世纪中国史纲》[1]，历时三载得以完成。这部心血之作又于 2011 年荣获第二届中国出版政府奖图书奖。再如，在青少年读物类中，著名作家曹文轩创作的少儿题材长篇小说《青铜葵花》于2008 年荣获首届中国出版政府奖图书奖。在此激励下，他坚持自己的创作理念，完成作品《曹文轩纯美绘本》（6 册）。该作品在 2014 年荣获第三届中国出版政府奖图书奖。事实上，像中国出版政府奖一样，在"五个一工程奖""中华优秀出版物奖"等重大出版奖励评选中，都出现过同一作者多次获奖的现象。

虽然我们不能将同一作者连续获奖的原因完全归因于中国出版政府奖的激励功能，但是，中国出版政府奖这一出版领域的最高荣誉给

---

[1] 户华为、金冲及:《乐在学途未知老》,《光明日报》2014 年 6 月 30 日第 11 版。

了作者新的创作动力应该是不可否认的。因为不少获奖者在获得此项殊荣后发表感言时，都表示要再接再厉，以更大的热情，创作出更多更好的优秀作品。可见，中国出版政府奖设立短短数年时间、区区三次评奖，就在激励作者创作热情和积极性方面有着不俗的表现。

2. 示范效果

出版奖励的示范功能是指出版奖励对出版同行的正面影响。比如，某一题材的图书获奖后，对同一题材出版物出版的带动效应。

为了解中国出版政府奖的示范效果，我们对"马列主义、毛泽东思想类"及"艺术类"两个门类的图书获奖后下一年度同类图书出版增长率进行了详细的统计分析，以考察不同的获奖比例是否会对相应类别的图书出版量增长情况产生影响。

选择这两个类别主要是出于两个方面的考虑：一是这两个门类的获奖数量和比例差别较大，具有典型意义。其中，"马列主义、毛泽东思想类"是中国出版政府奖 8 大类中的 56 个子类之一，但是在第一和第二届图书奖中分别有 3 种和 4 种图书入选，所占比例远远高于其他小类（平均每个子类只有一种图书入选）。"艺术类"是中国出版政府奖的 8 个大类之一，但是获奖图书数量却很低。在第一和第二届图书奖中，"艺术类"共有 11 种图书入选，尚未达到 8 个大类的平均数。二是这两类图书的出版都具有良好的社会效益。马列主义、毛泽东思想类图书，反映了马克思主义中国化及中国特色社会主义理论研究的新进展，不仅具有较高的学术研究价值，而且对于弘扬和坚持社会主义核心价值体系、巩固全党全国各族人民团结奋斗的思想基础具有重要意义。艺术类图书是随着我国经济社会全面发展而迅速成长的一个出版门类，对提升民众的艺术修养有着重要帮助，社会效益不可低估。

统计显示（详见表 9-2）：2009 年，也就是首届图书奖揭晓后的第一年，全国马列主义、毛泽东思想类图书出版种数达 495 种，较上年度增长 24.06%；而艺术类图书出版种数为 15067 种，较上年增长仅为 13.76%。2012 年，即第二届图书奖公布后的第一个年度，全国马列主义、毛泽东思想类图书出版种数达 604 种，较上年度增长高达 26.62%；而艺术类图书出版种数为 19825 种，较上年增长仅为 18.10%。数据显示，图书奖评奖结果对同类图书出版增长率存在显著影响。马列主义、毛泽东思想类图书的获奖率高，其下一年度出版增长率也高；艺术类图书获奖率低，其下一年度出版增长率也低。也就是说，从学科门类看，获奖率高的学科门类，图书出版增长率也高；反之亦然。这就表明，中国出版政府奖具有显著的示范效果。

表 9-2　样本类图书获奖的下一年度同类图书出版量增长情况 [1]

届次	图书类别	获奖数量	获奖后一年度同类书出版量	较上年度增长率
第一届	马列主义、毛泽东思想类	3	495 种	24.06%
	艺术类	6	15067 种	13.76%
第二届	马列主义、毛泽东思想类	4	604 种	26.62%
	艺术类	5	19825 种	18.10%

再从原创性视角看，中国出版政府奖的示范效果也可圈可点。重视原创是中国出版政府奖的一贯主张。在三届图书奖获奖作品中，

[1] 数据来源于:《2009 年全国新闻出版业基本情况 》，http://www.gapp.gov.cn/govpublic/80/99.shtml;《2011 年全国新闻出版业基本情况 》，http://www.gapp.gov.cn/govpublic/80/101.shtml。

原创作品大致都在 30% 左右。第一、二、三届分别为 30%、23% 和 29%，不但原创图书精品比例可观，而且涉及门类较多[1]。其中，原创性这一特点在少儿类获奖图书中表现得尤为明显。例如，首届获奖图书《小肚兜幼儿情感启蒙故事》，就是中国原创低幼童书的代表，是中国作者为中国儿童而写，真正符合中国儿童的心理发展特点;《图画书：阅读与经典》填补了国内关于图画书理论的空白，同样体现了原创性[2]。再如，第三届获奖图书《彩乌鸦中文原创系列（20 册）》由 18 位儿童文学一线作家共同创作而成，他们充分发掘原创儿童文学优质资源，围绕生命、爱、成长、人与自然的主题，打造出了贴近儿童生活的原创精品。中国出版政府奖对少儿图书原创作品进行倾斜，源于长期以来我国少儿图书原创出版的乏力与不足，引进版少儿图书在少儿图书市场占据较大比重，很多出版社奉行"拿来主义"政策[3]，使我国在少儿图书版权贸易中处于不利格局。因此，中国出版政府奖对儿童原创作品的表彰，旨在同 2006 年启动的"三个一百"原创工程一道对少儿出版市场形成政策导向及激励。据统计，2010 年出版市场上少儿图书的引进版与国产版比例由 2005 年的 7:3 缩小到 5:5，少儿精品力作不断涌现，出现了杨红樱、曹文轩、秦文君、汤素兰等一批极富创作力的优秀少儿作家，少儿图书版权输出稳步增长，一些优秀原创少儿图书已经进入欧美国家主流市场，如杨红樱的《淘气包马小跳》《笑猫日记》等作品，其国际影响力日益扩大[4]。

---

[1] 商报数据专题组：《首届中国出版政府奖：历史性检阅的数据化解读》，《中国图书商报》2008 年 2 月 26 日第 Z01 版。

[2] 王大庆：《专家学者怎么看中国出版政府奖》，《光明日报》2008 年 2 月 28 日第 5 版。

[3] 刘永红：《提升少儿原创出版竞争力》，《编辑学刊》2005 年第 3 期。

[4] 邬书林：《总结经验　认清使命　努力提高我国少儿出版水平》，《出版发行研究》2011 年第 8 期。

3. 推广效果

出版奖励对获奖优秀出版物的推广，能够培育读者健康的阅读需求，营造积极向上的社会阅读氛围。作为出版领域的最高奖励，中国出版政府奖对获奖作品的宣传推广效果应该优于其他出版奖励。

了解出版奖励对获奖作品的推广效果，最简单的办法就是统计其获奖前后的销量变化。然而，由于图书的发行量或销售量在一定期限内被看作商业秘密，出版社一般不愿意公布具体的销售数据。虽然我们也曾尝试着联系过几家获奖图书出版社，他们只表示获奖后销售量有增长，但都以各种原因迟迟不提供具体的销售数据。因此，我们只好寻求一种替代的方法，即分析统计获奖作品在获奖前后以非付费方式见诸媒体的数量变化情况，具体包括有关获奖图书的书评文章和新闻报道。书评指对图书的内容与形式进行评论并就图书对读者的意义进行研究的一种社会评论活动，它是宣传图书、引导读者阅读，提高图书质量，以及进行学术研究和讨论的重要手段。图书报道则是围绕图书出版本身及延展性事件进行的新闻报道，其数量可反映图书的社会热度。图书的书评及报道数量越多，对图书的推介作用越明显。因此，我们以图书获奖时间为节点，通过比较获奖图书的书评及报道数量在获奖后一年与获奖前一年的变化，来测量中国出版政府奖的推广效果。

本次统计分析的数据来源是中国知网；统计分析对象是第一、二届中国出版政府奖图书奖[1]；检索词是全部 120 种获奖图书的书名；统计区间是获奖前后各一年时间。第一届中国出版政府奖揭晓

---

[1] 第三届奖项的揭晓时间为 2014 年 1 月，无法统计该届图书获奖后一年的书评及报道数量，因此本书仅对前两届的统计数据进行分析。

时间为 2008 年 2 月，统计区间为 2007 年 2 月—2008 年 2 月和 2008
年 2 月—2009 年 2 月；第二届中国出版政府奖揭晓时间为 2010 年 3
月，统计区间为 2009 年 3 月—2010 年 3 月和 2010 年 3 月—2011 年
3 月。

　　统计结果如图 9-5 及图 9-6 所示。数据显示：在第一届图书奖获
奖图书中，获奖之后一年书评及报道数量小于、等于、大于获奖之前
一年的图书种数分别为 15 种、23 种、22 种。剔除重复后，获奖后一
年书评及报道数量大于获奖前一年的图书比重约为 60%。在第二届图
书奖获奖图书中，获奖后一年书评及报道数量大于获奖前一年的图书
比重约为 75%。由此可见，绝大多数图书在荣获出版政府奖之后一年
内书评及报道数量较获奖前有明显提升。这一结果表明，中国出版政
府奖对获奖作品起到了一定的宣传推介作用。

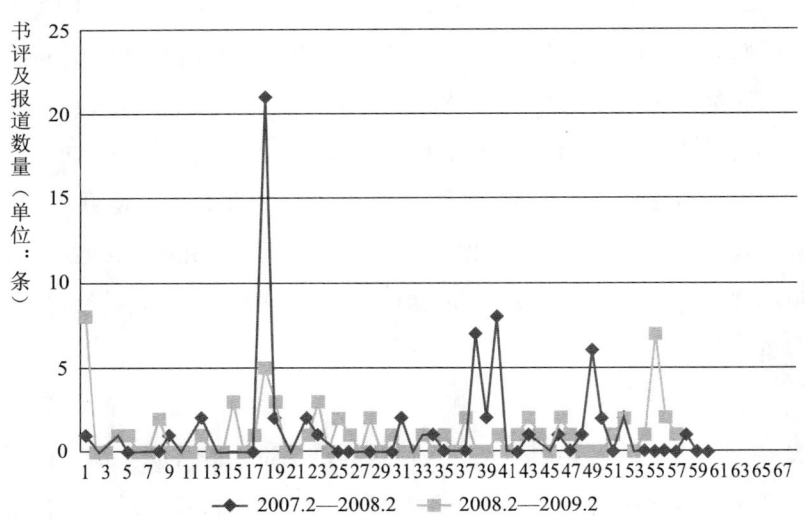

图 9-5　第一届获奖图书获奖前后一年书评及报道数量折线图

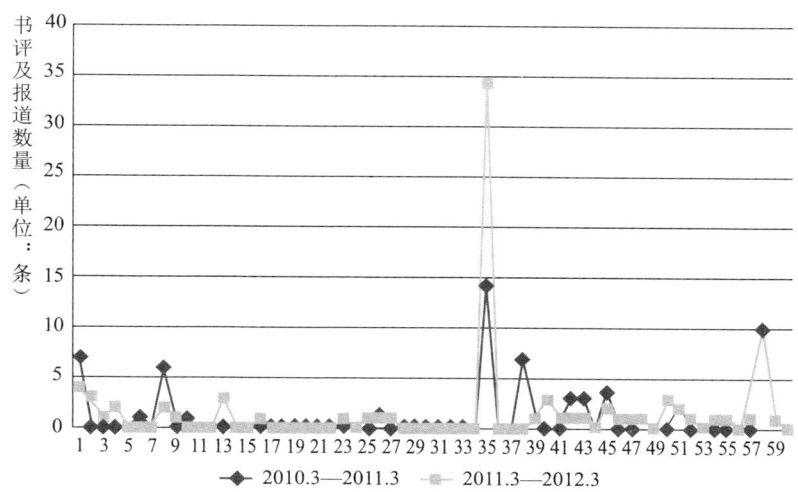

图 9-6　第二届获奖图书获奖前后一年书评及报道数量折线图

三、中国出版政府奖引导效果评价

　　作为政府在出版领域设立的最高奖项，中国出版政府奖在促进我国出版业健康发展，尤其是引导出版价值导向、坚持社会效益优先原则等方面的确起到了很好的作用。但是，如果从奖励功能的整体性角度看，中国出版政府奖的功能开发还存在一定的局限，还有很大的改进空间。

　　第一，中国出版政府奖的社会效益相对显著，但经济效益不明显。科学的出版奖励制度必须同时兼顾社会效益和经济效益，既要能服务于正确出版导向的坚持，又要能服务于出版产业的发展。在 2014年 10 月 15 日召开的全国文艺工作座谈会上，习近平总书记明确强调，"一部好的作品，应该是把社会效益放在首位，同时也应该是社会效益和经济效益相统一的作品"。然而，中国出版政府奖虽然在甄别优秀出版物、激励作者、示范出版业同行、引导阅读导向等方面都较好地发挥了作用；但是，在刺激阅读消费需求、扩大优秀出版物发行等方面却未见其显著贡献，获奖出版物的销售量也不见明显提升。一些出版单位为冲击中国出版政府奖，投入巨大；但获奖后却难以获得相应的经济回报，甚至为冲击这一奖项而背上经济包袱。显然，这种现象也是有悖于中国出版政府奖设立的初衷的。因此，从长远看，中国出版政府奖必须设法解决两个效益背离的矛盾，提高获奖给出版单位带来的经济效益。如果获奖不能给出版企业带来好的经济效益，将会给其持续发展带来忧患或危机。

第二，中国出版政府奖对出版行业影响较大，但整体社会影响不够。出版奖励虽然是以服务出版行业为主的，但是，服务出版行业却是与其自身的社会影响相一致的。诺贝尔奖、奥斯卡奖也都是行业或领域奖励，但是，他们服务行业发展是建立在其巨大社会影响基础之上的。正是因为有了重大的社会影响，他们才能更好地促进行业的发展。中国出版政府奖虽然为出版业界所追捧，受到广大出版单位的重视，但是，其社会影响却十分有限。读者对获奖图书知晓率低，媒体对获奖作品报道少。尽管绝大多数图书在获奖后的书评及报道数量呈增加趋势，但获奖后图书书评及报道数量的整体水平仍然偏低（详见图 9-5 及图 9-6）。第一届获奖图书的平均值为 1.02，第二届为 1.45，并且各个类别之间的差异较为显著（见表 9-3）。要扩大中国出版政府奖的社会影响，需要新闻出版行政机构强化对中国出版政府奖自身的宣传；需要颁奖机构、新闻媒介和获奖单位密切协作，采取积极措施强化对获奖作品的宣传推介。

第三，中国出版政府奖对出版环节的影响较大，对出版物发行环节影响有限。出版业是由编印发等环节构成的一个完整的产业链条。只有这三个环节联动，出版产业才能协调发展。但是，中国出版政府

表 9-3　中国出版政府奖获奖后各类图书书评及报道数量均值

届别＼图书类别	社科	科技	文学	艺术	少儿	辞书	古籍	民文	总体均值
第一届	0.81	1.31	0.5	0.5	2.75	1	0.75	0.75	**1.02**
第二届	1	0.24	6.33	1	0.75	3.67	1.5	0.75	**1.45**
两届均值	**0.91**	**0.78**	**3.42**	**0.75**	**1.75**	**2.34**	**1.13**	**0.75**	—

奖图书奖的获奖作品，对这一产业链中的发行环节影响严重不足。一些图书获奖后，不仅实体书店见不到，就连网上书店也同样见不到。出版人经常说"出版是中心、发行是龙头"，但是如果发行这个"龙头"的作用不能被很好地调动起来，获奖作品怎么到达读者手中呢？出版物再优秀，又该如何发挥作用呢？因此，中国出版政府奖应该设法建立一种促进出版产业链不同环节联动的机制，出版单位更应该强化获奖作品的分销力度，书店等发行机构应该提高对获奖作品发行重要性的认知，多方共同努力扩大中国出版政府奖在发行环节的影响，以确保获奖作品能够顺利地进入发行环节。

第三节　我国出版奖励机制建设的现状、问题与对策

我国政府和出版业界对出版奖励机制建设十分重视。改革开放初期，中国出版协会等就着手组织相关出版评奖活动。近 30 多年来，我国出版奖励机制建设取得较好成效，出版奖励体系较为完备，出版奖励项目发展迅速，出版奖励在促进出版业健康发展尤其是引导出版价值导向方面发挥着十分重要的作用。但是，如果从出版业发展的要

求看、以更为严格的标准来衡量，我国出版奖励机制建设中仍然存在一些问题和不足。因此，分析其现状、问题和不足，寻找科学的发展对策，对进一步完善我国出版奖励机制具有现实意义。

一、我国出版奖励发展现状

据不完全统计，目前我国有各类各级出版奖项将近192项。从设奖主体看，既有新闻出版行政部门、出版类行业协会，也有出版企业。从奖励对象看，既有图书、期刊、音像与电子出版物等出版物产品，也有出版单位和出版人。从奖励范围看，既有面向全国的、行业的或地区的，也有限于本单位的。从奖励手段或方式看，既有物质奖励，也有精神激励。奖励的主体、对象、范围和手段应有尽有。我国出版奖励的发展现状，大致可用这样两句话来表述：一是出版奖励制度初步建立；二是出版奖励体系较为完备。

1. 出版奖励制度初步建立

改革开放以来，我国出版奖励发展十分迅速。自从1979年中国出版协会联合中国美术家协会主办"第一届全国书籍装帧艺术展览暨评奖"活动以来，我国各种出版奖励项目纷纷设立。到目前为止，各类出版奖励项目达到近200项。为掌握我国各类出版奖励的发展脉络，我们根据设奖时间对我国各类出版奖励项目作了一个大致梳理。图9-7数据显示，2000年以前我国设立的出版奖项数量总计57项，2001年后新设立奖项数量为135项。尽管不同时间段新增奖励项目的数量存在显著差异，增长速度并不规律；但是，2001年以后增长更为迅速的态势却非常明显，这一特征在2006—2010年期间表现得更加突出，5年时间新增加项目68项。

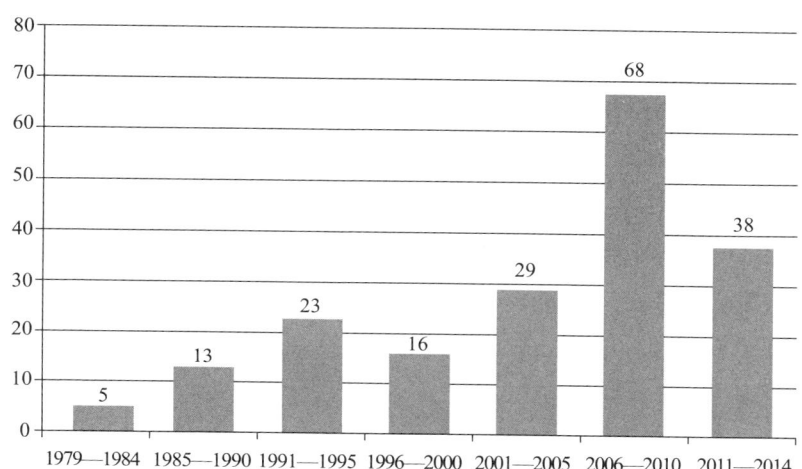

图 9-7　各时间段新设出版奖项数量

从 30 多年来的发展历程看，推动我国出版奖励制度建设的主要力量是政府出版行政部门和出版行业协会。由它们主办的全国性出版奖励项目是我国出版奖励体制的核心。从改革开放到 2005 年《全国性文艺新闻出版评奖管理办法》出台时，原新闻出版总署设立和主办的全国性出版奖励项目就有 22 项之多，由中国出版工作者协会负责和主办的全国性出版奖励项目也有 9 项。具体奖励项目情况见表 9-4。

表 9-4　2005 年新闻出版总署和中国版协负责的出版奖项

主办单位	奖励项目名称
新闻出版总署	国家图书奖
	中国期刊奖
	全国优秀音像制品奖
	全国优秀电子出版物奖
	中国书刊发行奖

续表

主办单位	奖励项目名称
新闻出版总署	全国优秀科普读物奖
	毕昇奖
	全国优秀科技图书奖
	全国优秀少儿读物奖
	全国百佳出版工作者奖
	全国新闻出版系统先进工作者、先进集体奖
	中国古籍整理图书奖
	中国辞书奖
	全国民族图书奖
	全国优秀美术图书奖
	全国优秀教育图书奖
	全国优秀外国文学奖
	全国优秀青年读物奖
	全国优秀文艺音像制品奖
	全国优秀科技音像制品奖
	全国优秀教育音像制品奖
	全国著作权好新闻奖
中国版协	中国图书奖
	全国书籍装帧艺术展览评奖
	森泽信夫印刷技术奖
	全国优秀畅销书排行榜
	全国出版科研优秀论文奖
	中国韬奋出版奖
	全国优秀中青年图书编辑奖

续表

主办单位	奖励项目名称
中国版协	中国书刊发行行业双优单位奖
	全国报业先进经营管理工作者、先进生产工作者奖

由于包括出版业在内的文化行业奖项设置过多，存在奖项设置重复、评奖过于频繁、评奖欠规范等问题。2005 年，为规范和改进全国性文艺新闻出版评奖活动，国家出台了《全国性文艺新闻出版评奖管理办法》。《办法》对全国性文艺新闻出版评奖主办单位的资格、奖项审批、评奖周期、评奖程序、评奖纪律等都做出了明确规定。在这种背景下，新闻出版总署将其主办的 22 项全国性出版奖励项目合并为中国出版政府奖，中国出版工作者协会则将其主办的 9 项全国性出版奖励项目合并为中国优秀图书奖和韬奋出版奖。至此，由政府和行业协会主办的全国性出版奖励项目的数量大大减少，但其规范化程度和权威性大幅度提升，全国性出版奖励体制得到进一步完善。

事实上，在我国出版奖励制度中，除政府和出版行业协会两大主体外，还有一个非常重要的奖励主体，即党的宣传部门。如，1992 年，中共中央宣传部发起设立精神文明建设"五个一工程"评选活动，对获奖单位与入选作品颁发"精神文明建设五个一工程奖"获奖证书。该奖项每年评选一次，由省部一级党委推荐申报。"五个一工程"包括：一部好的戏剧作品，一部好的电视剧（片）作品，一部好的电影作品，一部好的图书（限社会科学方面），一部好的理论文章（限社会科学方面）。

除国家层面的出版奖励之外，地方党委、政府、出版行业协会或出版企业还设立有面向相应地区、系统和部门的出版奖励。如江苏省级"五个一工程奖"、湖北省出版政府奖和中国大学出版社图书奖等。

地方性出版奖励，虽然影响相对较小，但其地方特色鲜明、针对性强，可以发挥全国性出版奖励不可替代的作用。因此，我们认为，地方性出版奖励是我国出版奖励体制的重要基础。

2. 出版奖励体系较为完备

经过 30 多年的努力，我国业已建立起了较为完备的出版奖励体系。下面我们分别从四个不同视角对此作一个简要分析。

首先，从奖励主体视角看，我国已初步形成了以政府为主、党委和行业协会为辅、其他社会组织作为补充的出版奖励主体体系。作为出版奖励主体的政府部门主要有国家新闻出版广电总局、其他部委 (如文化部)、地方新闻出版行政机关；党委主办出版奖励的主体包括中宣部和省级党委宣传部；行业协会主要涉及中国出版工作者协会及省级出版工作者协会、中国书刊发行业协会及省级书刊发行业协会、中国编辑学会及省级编辑学会等。从影响来看，上述三类出版奖励主体中，政府发挥着主导作用，其他两类主体起着辅助作用。除上述三类奖励主体外，少数出版科研机构或杂志社也部分参与出版奖励评审活动，一定意义上讲也可以看作是出版奖励主体。例如，"引进输出优秀图书奖"就是由中国版协国际合作出版促进会、中国新闻出版研究院和出版参考杂志社联合主办的。

其次，从奖励对象的视角看，我国一些主要出版奖励项目基本涵盖了出版活动的各个主要方面。其中，出版物是主要的奖励对象，出版单位和出版人也被纳入一些主要的奖励对象范畴。以中国出版政府奖为例，其《评奖章程》规定，中国出版政府奖设 6 个子项，奖励数额共计 200 个。各子项奖励数额如下：(一) 图书奖数额 60 个；(二) 音像制品、电子出版物、网络出版物奖数额 20 个；(三) 毕昇优质印刷复制奖数额 10 个；(四) 装帧设计奖数额 10 个；(五) 先进出版单位奖数额 50 个；（六）优秀出版人物奖数额 50 个。可见，从覆盖面及名额指标分配看，中国出版政府奖的奖励对象设置较为科学。当然，这与中国出版政府奖是一个综合性出版奖项，由原来的 20 多个专门奖项合并而成有直接关系。相比较而言，其他大多数出版奖励主要是针对相对单一的对象设置的。例如，"五个一工程奖"就是专门针对图书的，而且还是社会科学的图书。

再次，从奖励方式视角看，我国的出版奖励同时包括物质奖励和精神奖励两种方式，但以精神奖励为主，物质奖励为辅。无论是政府出版奖励，还是协会奖励，奖金额度都很低，主要是以精神奖励为主。以韬奋出版奖为例，其《奖励办法》规定："1. 对获奖者授予奖杯、奖状及奖金，并通过新闻媒介在全国通报表扬。2. 奖金由中国韬奋基金会提供，每届的奖金数额另行规定。"

最后，从奖励管理体系视角看，一些全国性出版奖励一般都出台了较为规范的章程或管理办法，对奖励设立的宗旨、奖励对象、评审办法等做出了明确的规定。如政府奖中的中国出版政府奖、协会奖中的韬奋出版奖等都出台了各自的评奖办法。从操作层面讲，诸如中国出版政府奖、韬奋出版奖等重要出版奖项的评审也较为规范，基本能够按照相关章程或评审办法进行操作。

由此可见，从总体上看，我国出版奖励体系业已初步形成，而且无论从奖励主体、奖励对象、奖励方式，还是从奖励管理视角看，也都较为完备，基本不存在明显的结构缺失。

二、我国出版奖励建设存在的问题

出版奖励机制与奖励体系建立取得了一定成效，并不意味着我国出版奖励制度就不存在问题。事实上，我国出版奖励建设存在的问题还不少，现行出版奖励机制和奖励体系还很不完善。其中，较突出的问题主要有以下几个方面。

1. 出版奖励功能失调

在出版奖励制度的诸多功能中，我国出版奖励过分侧重于其中的出版物产品的价值甄别、示范与引导功能，强调的主要是对出版社会效益的引导，而不太重视出版奖励对出版物的宣传推介功能，忽视借助市场手段向社会或公众进行必要的宣传推荐，在获奖优秀作品更广泛地走进市场、为广大读者积极消费方面做得不够。如果将出版奖励的功能分为社会功能和经济功能的话，那么，我国出版奖励的这两大功能则明显失调，重社会功能，轻经济功能。

出版奖励功能失调，会严重影响出版奖励制度的最终效用。众所周知，优秀的出版物作品如果没有足够的市场占有率，不能为广大消费者所接受，那么，它所荷载的内容和价值观终究是难以发挥效用的。通过单纯重视社会效益的出版奖励制度即使催生了再多的优秀出版物产品，只要不为读者所消费，其效用终归是有限的。不仅如此，在市场经济条件下，出版奖励如果不能给出版单位带来一定的经济效益，那么，它们参与的积极性也会下降，出版奖励则会难以持续。因此，更新观念，提升对出版奖励整体功能的认知，适当加强出版奖励的经济功能，是更好发挥出版奖励制度作用的明智选择。

2. 出版奖励主体结构失衡

从奖励主体视角看，我国已初步形成了以政府为主、党委和行业协会为辅、其他社会组织作为补充的出版奖励主体体系。但是，各类奖励主体的结构却严重失衡，从主体数量上政府类出版奖励占据绝对优势。在所调查的 192 个出版奖项中，政府类出版奖项有 119 个，约占六成。包括行业协会在内的其他各类奖励主体共计约占四成（详见图 9-8）。

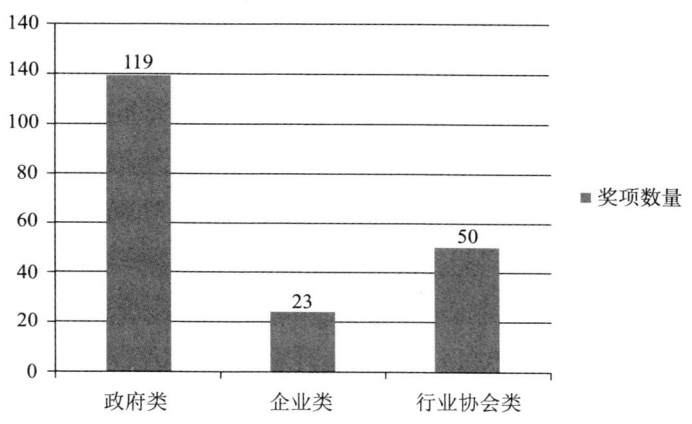

图 9-8 出版奖项评奖主体的类型分布

出版业作为意识形态的重要领域，政府部门在我国出版业中的宏观管理功能一直受到重视。政府主导出版奖励也不足为奇。但是，出版奖励如果过分依靠政府的力量，也会有负面影响。在出版业发达国家，出版类行业协会在出版奖励建设中都发挥了基础和主导的作用。例如，美国国家图书奖就是由美国图书出版商协会和美国书商协会等联合主办的，英国的布克奖、法国的龚古尔奖、德国图书奖等均是由出版行业协会主导的。出版行业协会作为政府与出版单位沟通的纽带和行业自律与自我管理的组织，理应在奖励优秀出版活动方面发挥更大作用。因此，我们应该可以适当借鉴出版业发达国家的经验，加强以出版类行业协会为主的出版奖励主体建设。

此外，我国出版奖励主体结构失衡还体现在地区分布上。经济文化发达地区，各类主体设置出版奖励的积极性相对较高，出版奖励项目数量多，而经济文化欠发达地区，各类主体设置出版奖励的积极性

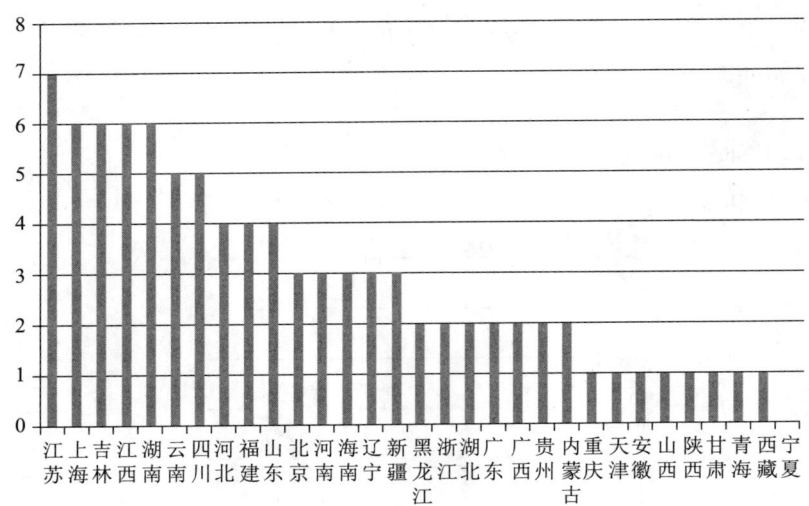

图 9-9　地方各省出版奖项数量分布（不包括港澳台）

相对较低，出版奖励项目数量相对有限。调查统计表明，以江苏、上海、湖南、吉林、江西为代表的 5 个省市，出版奖项数量分别超过了 5 个，其中江苏省达到 7 个；包括四川、云南、山东等在内的我国大部分省市，出版奖项数量在 2—5 个之间；而陕西、西藏、青海等西北地区的少数省市，出版奖项数量大多在 2 个以下。具体分布情况见图 9-9。可见，各地的出版奖励设置严重不平衡。因此，政府或一些有条件的社会组织应该设置一些专门针对经济文化欠发达地区的出版奖励项目，支持和鼓励其出版业发展。

3. 出版奖励对象结构有进一步优化空间

出版奖励对象无非就是出版物产品、出版单位和出版人。总体上讲，我国出版奖励对象的结构基本上是合理的。以出版物为主，兼顾出版单位与出版人。在我们调查的 192 个出版奖项中，综合性奖项一般同时涵盖上述三种奖励对象，如中国出版政府奖，而单项奖励则只

针对一种特定的对象，如韬奋出版奖。在全部调查样本中，三类奖励
主体所设立的出版奖励各自覆盖的奖励对象数据见图 9-10。

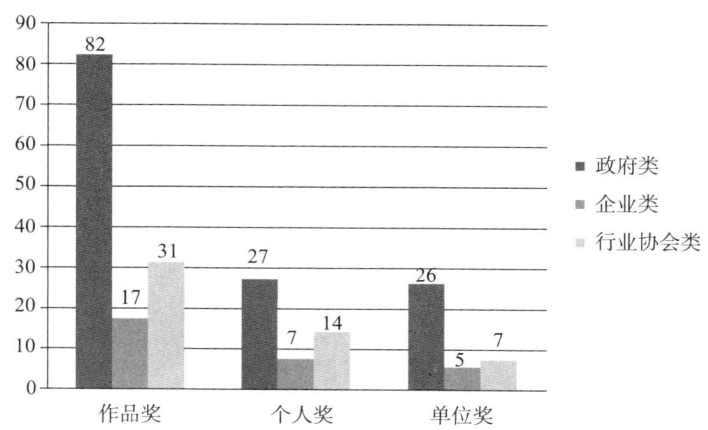

图 9-10　不同出版奖励的奖励对象分布情况

图 9-10 数据显示：在全部 192 项出版奖励中，针对出版物作品
的奖项有 130 项，占全部奖项的约 67%；而针对出版人和出版单位的
奖项分别为 48 项和 38 项，分别占比大约是 25% 和 20%。由于出版
物作品是出版人及出版单位的劳动成果，是出版活动价值和效益的直
接体现，因此，从这个意义上讲，出版奖励主要针对出版物作品是合
理的。

但是，如果我们从出版物作品来看，出版奖励对象的结构就有
进一步优化的空间。主要表现为，出版奖励应该适当向图书和期刊之
外的新兴出版物倾斜。随着出版技术的发展和进步，图书、期刊之外
的音像制品、电子出版物和网络出版物等新形态出版物发展迅猛，深
受市场欢迎，但是，很多出版奖励还是以图书和期刊等传统出版物为
主。以中国出版政府奖为例，在其每年 200 个激励名额中，图书奖占
60 个，而音像制品、电子出版物和网络出版物奖合计只有 20 个。虽

说图书的出版数量远远高于音像制品、电子出版物和网络出版物，但是，从趋势上看，各类新兴出版物的发展态势更好，它们代表着出版物发展的未来。因此，我国出版奖励对象的结构存在进一步优化的空间，应该适当向新兴出版物形态倾斜。

4. 出版奖励评审有待进一步规范

出版奖励的效果是与奖励评审过程直接相关的。只有做到评奖标准科学、过程规范、结果公正，奖励的公信力才高，效果才好。以这样的标准衡量，我国出版奖励评审还存在一些不足，有待进一步规范。

从评奖标准来看，我国大多数出版奖励的评价标准较为抽象或模糊，不够具体，操作性不强。我们运用 ROST 词频分析软件对国家级出版奖项评奖标准文本进行词频分析，得到的评奖标准词频分布显示如图 9-11。

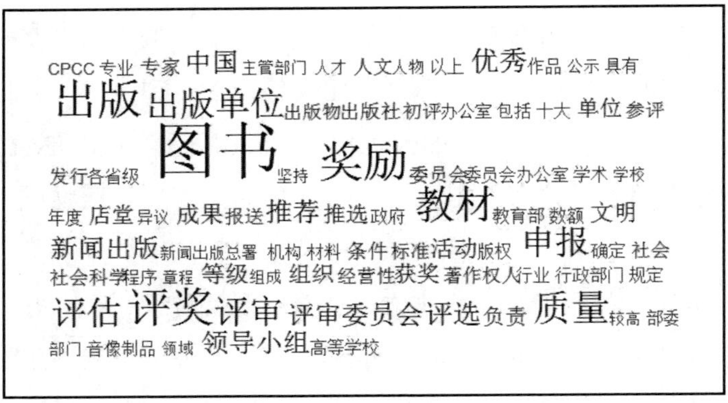

图 9-11　国家级出版奖项评奖标准文本的词频分析

图 9-11 显示：在评奖章程或评奖标准的词频分布中，排除"图书""出版""奖励"等与评奖标准无关的高频词后，评奖章程或评奖标准中其他词语的词频分布十分零散，并无较为显性的评价标准。而

在具体的评价指标上，除了"优秀""推荐""质量""等级"等较为模糊不清的衡量标准外，很少看到有其他具体可操作的评价标准。

再从奖励评审过程看，出版奖励评审的规范化程度较低。对192项出版奖励的全样本调查结果显示，相当比例的出版奖励评审既没有规范性评奖章程，也没有评审专家回避制度，还没有评审信息的公开。具体调查结论见图9-12。

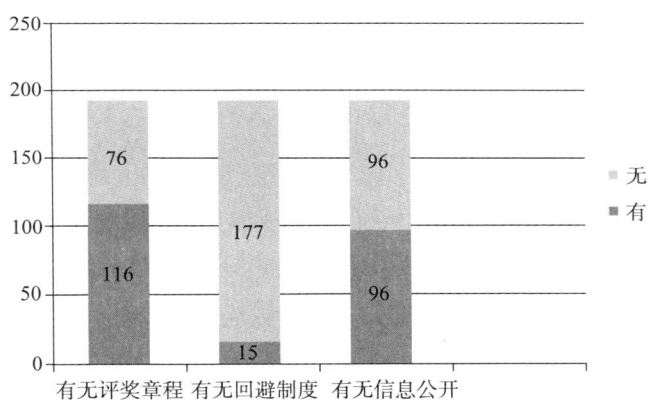

图9-12　评奖过程中评奖章程、回避制度、信息公开的实行情况

在全部192个样本中，仅六成出版奖项在评审活动中有具体的评奖章程和规范化的制度文本，而剩余四成的出版奖项中，有的奖项只有一个指导文件，并没有具体评选方案和办法，有的奖项则只说明设立评审委员会，没有具体的评奖章程。在有评奖章程的出版奖项中，绝大部分在评选过程中都设有评审委员会，也没有在网站上公布入围名单，明确提出实行评审专家回避制度的奖项则很少。在调查的192个出版奖项中，只有不到10%的出版奖项在评选过程中实行了回避制度。关于评审信息公开，问题也很严重。即使是那些在媒体网站上可以查到入围名单的奖项，在主办方官方网站上也有一半未公布相关评审信息。各类不同奖励主体的信息公开比例见图9-13。

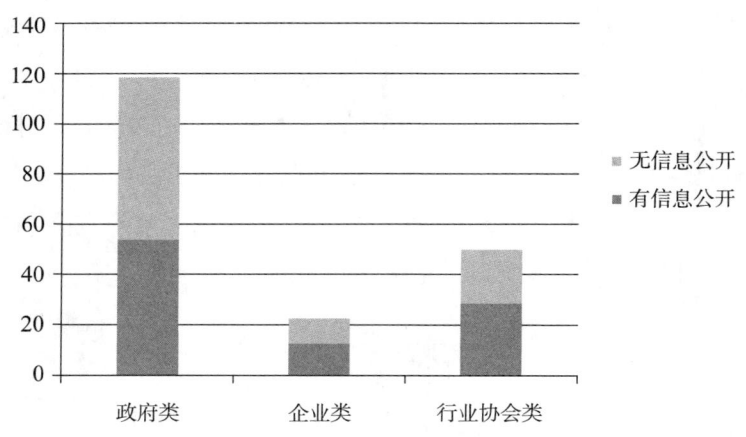

图 9-13   不同类型出版奖励的信息公开情况

由此可见，我国出版奖励评审中的确还存在不少问题，而且有些问题还很严重。这或许是影响我国出版奖励公信力与权威性的重要因素，是制约与影响我国出版奖励功能与效益的重要障碍。因此，必须及时采取有针对性的措施予以改进。

三、完善我国出版奖励机制建设的对策

党的十七届六中全会通过的《中共中央关于深化文化体制改革、推动社会主义文化大发展大繁荣若干重大问题的决定》强调："要建立公开、公平、公正评奖机制，精简评奖种类，改进评奖办法，提高权威性和公信度。"文化部部长蔡武指出，"健全评奖激励机制，为文艺创作营造宽松良好的外部环境"[1]。作为文化产业的重要组成部分，出版业同样面临着建立健全出版奖励机制的问题。建立健全出版奖励机

---

[1] 蔡武：《正确认识处理文化文艺的双重属性》，http://www.ce.cn/culture/gd/201410/25/t20141025_3774279.shtml

制主要可以从以下几个方面着手。

1. 科学规划奖项设置布局

近年来，我国出版奖励发展迅猛，奖励项目数量和规模增长迅速。但是，奖励项目的高速增长也带来了不少问题，如项目设置重复、评审不规范、标准模糊、奖励效用下降等。我们的研究发现，这种规模的快速扩张与相关问题的出现，是与过去 30 多年来我国出版奖励项目的设置处于一种完全自发的状态分不开的。无论是政府、协会，还是企业或其他社会组织，只要有设立出版奖励项目的意愿，几乎都可毫无障碍的设立。没有一个政府机构或社会组织来规划或协调出版奖励项目的设立。客观地讲，出版奖励项目的快速增长，并没有起到鼓励和引导出版业快速健康发展的应有作用。因此，在经过了快速的规模增长后，应该是到了通过科学规划项目设置，适当控制规模、调整结构和提升绩效的时候了。

出版奖励项目设置的科学布局，可以基于以下一些原则：

一是规模适度原则。以我国当前的出版规模衡量，我国现有出版奖励的数量和规模已经足够大了。如果已有奖励项目都能够充分发挥效用的话，足够支持我国出版业的发展。事实上，奖励项目的规模太大、数量太多、获奖太容易，其效用也会大打折扣。因此，当前的主要工作不是设立更多的出版奖励项目，而是设法提升现有出版奖励项目的管理与运作水平，扩大其影响。

二是品牌至上原则。出版奖励的效用是建立在其品牌影响力基础之上的，缺乏知名度和公信力的出版奖励项目很难产生重大的社会影响。我国出版奖励的整体效用偏低正是与其品牌影响力不够直接相关的。现阶段，我们可以重点建设好中国出版政府奖、"五个一工程奖"和韬奋出版奖三大出版奖项。通过加大投入、提高标准、严格管理等举措，将其打造成为知名度高、公信力好的知名出版奖励品牌，并以此带动我国出版奖励品牌整体影响力的提升。

三是"双效"并重原则。出版奖励的四大功能既有社会效益导向功能，也有经济效益导向功能。但是，当前我们似乎只关注出版奖励的社会效益，严重忽视了其经济效益方面的功能。出版奖励的主办者，应该解放思想、更新观念，在出版奖励设立的宗旨、评审的标准中明确强调奖励的经济功能或市场标准。只有"双效"俱佳的作品，才能纳入评审对象范畴。没有市场、没有读者的作品，不能参加评奖。事实上，我国党和政府所强调的文艺工作必须坚持贴近实际、贴近生活、贴近群众的"三贴近"原则，也是要强调文艺作品要能够为人民群众所接受。实际上，这就是在强调文艺作品要有市场、有需求。

2. 严格规范奖励评审制度

《中共中央关于深化文化体制改革推动社会主义文化大发展大繁荣若干重大问题的决定》强调："要建立公开、公平、公正评奖机制。"建立公开、公平、公正的出版评奖机制，主要有赖于严格规范的奖励评审制度建设。当前，我国出版奖励评审的制度建设，重点应该放在以下三个方面。

一是评审专家管理制度。建立评审专家管理制度，重点需要做好这样几个方面的工作。第一，建立出版奖励评审专家库。根据一定标准广泛遴选同行专家，系统收集专家的相关资料，如专家的简历、职称、专长、学术成就、道德信任度、年龄等，建立动态专家库。第二，随机抽取评审专家。根据每次评审任务安排，从专家库中随机抽取评审专家。第三，实行评审专家回避制度。借以排除与参赛对象有利害关系的专家。第四，评审专家投票实名制。将评审专家的评审权置于阳光下，接受大众监督，促使其认真履行评审职能。

二是信息公开制度。一方面，要扩大信息公开的范围。从评选活动的进程来说，评奖主体需要在评选活动开始之前公开评奖章程和评选标准；在评选过程中，公开评奖运作的整个流程；在评审完成后，及时在官方网站及其他网络平台公布入围名单和评选结果。另一方面，就信息公开渠道而言，要实行公开渠道多元化。评奖主体应主动通过正式文件、官方网站、报刊、微博、微信、客户端等便于公众知晓的方式公开，充分告知大众奖项评选的相关信息，使公众了解评奖的情况，便于参与和监督。

三是评审监督制度。健全、完善的评审监督机制，不仅应该包括评奖主体的内部监督，还应该包括由社会力量组成的外部监督。就内部监督而言，出版评奖机构内部应设立监督委员会，切实确保评奖宗旨的贯彻落实及评选过程的规范、公正。而外部监督，则是评奖主体利用报刊、网络，尤其是官方微博、微信、客户端等新媒体平台，充分发动广大人民群众的力量，搭建多维度、立体式的"监管网"[1]，引入社会公众参与监督，以弥补内部监督的不足。

3. 重点强化获奖作品宣传推介工作

当前，我国近200项出版奖励每年评选出的优秀出版物数以千计。然而，其中的大多数出版物获奖后并没有进行必要的宣传推介，不少优秀作品依旧默默无闻。这既有悖于出版奖励的宗旨，也不利于优秀出版物效益的发挥。要提升我国出版奖励的影响力，更好地推广优秀作品，强化获奖优秀作品宣传推介工作势在必行。强化获奖作品

---

[1] 黄凤兰：《艺评奖存在的问题及解决建议》，http://theory.people.com.cn/GB/10779284.html

的宣传推介，应与强化对出版奖励活动的宣传推介结合起来，重点做好以下几个方面的工作。

一是吸引公众参与出版奖励的评审。通过改变单纯依靠专家评审的方式，吸引部分公众参与评审，有利于提高出版评奖活动的影响力。我国其他一些文化奖项评审都有引入公众参与的做法，而且深受公众欢迎，效果很好。电影界的大众电影百花奖就是一例。第 23 届百花奖评选时，大众评委 25 人，占到评委总人数的 25%。相比之下，我国出版奖励评审活动的公众参与度很低。调查显示，全部 192 项出版奖励中有公众参与评选的奖项仅占 20%。其中，政府类出版奖项评选活动的公众参与度最低。具体数据见图 9-14。即使少数出版奖励评审活动允许公众通过网络投票、读者座谈会等形式参与，但是，大众评委所起到的作用却无从知晓。这正是影响公众参与积极性的重要原因。因此，提升公众参与度，对扩大出版奖励的影响，对宣传推介优秀出版物作品均有现实意义。

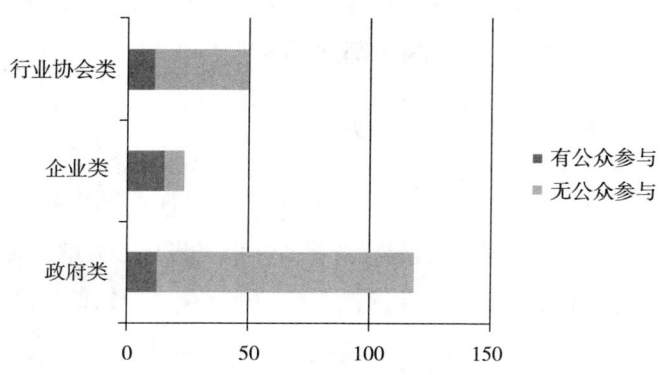

图 9-14　不同评奖主体在评选程序中公众参与情况

二是加强出版奖励以及获奖成果的媒介宣传，提升出版奖励及获奖作品的媒体关注度。当前，我国出版奖励的媒介宣传推介工作相对落后，即使是一些重大出版奖项的评选活动，见报率、上镜率、上网率也都很低。2003—2013 年间，有关"出版评奖"的新闻报道量仅有 347 条，而同期有关"文艺评奖"的新闻报道量却有 1626 条。从时序看，有关"出版评奖"的新闻报道量呈下降态势，而有关"文艺评奖"的新闻报道量却呈明显的上升态势。具体数据见图 9-15。这表明，加强出版奖励以及获奖成果的宣传推介已刻不容缓。

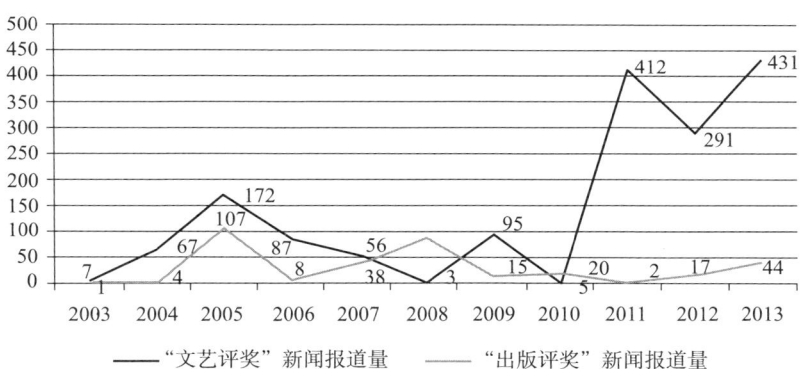

图 9-15　2003—2013 年媒体关于"文艺评奖"和"出版评奖"报道情况 [1]

　　三是加强出版产业链各环节之间协作，强化获奖优秀出版物的市场分销工作，提升书店的图书发行能力。分销是出版产业链的最后一个环节，是实现出版物价值的"最后一公里"，对出版物价值的实现具有十分重要的意义。获奖优秀出版物要进入市场、到达读者手中，必须经过书店的分销发行这一环节。获奖作品的价值实现，是需要书店参与的。如果不能调动书店的积极性，获奖作品价值就难以实现。这正是获奖作品的出版单位必须加强与书店合作的前提。此外，出版物的获奖，本身就具有了促销的意义，是很好的"卖点"，书店应该

---

[1] 数据来源：新华网舆情监测系统及百度搜索引擎，监测时间：2003.1.1—2013.12.31。

有积极参与获奖作品分销的积极性。这又为出版社和书店双方的合作创造了有利条件。然而，我国当前的现实情况是，获奖作品的分销却得不到书店的积极支持，许多获奖作品难以进入书店。这其中的原因虽然是多方面的，但是，从本质上讲还是出版产业链各环节之间的协作出了问题。如果不能改变这种状况，加强出版产业链之间的有效协作，再好的作品也难以走进市场、走入消费者。正是基于这一认知，加强出版产业链各环节之间协作应该成为扩大获奖作品市场影响力的重要抓手。

参考文献

马克斯·韦伯著、朱红文等译:《社会科学方法论》,中国人民大学出版社
　　1992年版

威尔伯·施拉姆等著、陈亮等译:《传播学概论》,新华出版社1984年版

沃纳·赛佛林、小詹姆斯·坦卡德著,郭镇之、徐培喜译:《传播理论:起
　　源、方法与应用》,华夏出版社2000年版

米哈依洛夫著、徐新民等译:《科学交流与情报学》,科学技术文献出版社
　　1980年版

丹尼尔·F. 史普博著、余晖等译:《管制与市场》,上海三联书店、上海人民出
　　版社1999年版

爱弥尔·涂尔干著、陈光金等译:《道德教育》,上海人民出版社年2006版

沃尔特·李普曼著、林珊译:《舆论学》,华夏出版社1989年版

约翰·B. 汤普森著、高铦等译:《意识形态与现代文化》,译林出版社2012
　　年版

戴安娜·克兰著、赵国新译:《文化生产:媒体与都市艺术》,译林出版社
　　2007年版

玛丽莲·罗斯、汤姆·罗斯著,张静译:《售书攻略:作家、小型出版社赢利
　　指南》,河北教育出版社2005年版

凯特·福克斯著、姚芸竹译:《英国人的言行潜规则》,生活·读书·新知三

联书店 2010 年版

毛泽东:《毛泽东论新闻宣传》,新华出版社 2000 年版

胡乔木:《胡乔木回忆毛泽东》,人民出版社 2003 年版

中共中央宣传部干部局:《德国文化产业概观》,中华书局 2010 年版

毕一鸣、骆正林:《社会舆论与媒介传播》,中国广播电视出版社 2012 年版

郭庆光:《传播学教程》,中国人民大学出版社 1999 年版

蔡志强:《价值引导制度 社会和谐与党的执政能力建设》,江苏人民出版社 2013 年版

陈力丹:《舆论学:舆论导向研究》,中国广播电视出版社 1999 年版

辜晓进:《走进美国大报》,南方日报出版社 2004 年版

邓瑜:《媒介融合与表达自由》,中国传媒大学出版社 2011 年版

程立茹:《文化产业金融创新问题研究 国别经验与典型案例》,中央民族大学出版社 2014 年版

方卿、徐丽芳:《科学信息交流研究》,武汉大学出版社 2005 年版

何群:《文化生产及产品分析》,高等教育出版社 2006 年版

胡和平、肖丽君:《影视与社会主义核心价值》,中国广播电视出版社 2013 年版

胡晶晶:《价值自觉与文化领导:文化产业发展中主流意识形态的责任及其实现研究》,合肥工业大学出版社 2014 年版

胡泳:《众声喧哗:网络时代的个人表达与公共讨论》,广西师范大学出版社 2008 年版

黄波涛:《中华文化"走出去"的财政政策研究》,社会科学文献出版社 2013 年版

崔永东:《中西法律文化比较》,北京大学出版社 2004 年版

张中秋:《中西法律文化比较研究》,法律出版社 2009 年版

张国华:《中国社会主义法制建设的理论与实践》,鹭江出版社 1986 年版

吴伟光:《网络新媒体的法律规制》,知识产权出版社 2013 年版

黄虚峰:《文化产业政策与法律法规》,北京大学出版社 2013 年版

何敏:《文化产业政策激励与法治保障》,法律出版社 2011 年版

刘邦驰、王国清:《财政与金融》(第五版),西南财经大学出版社 2013 年版

李珉:《促进文化产业发展的财税政策研究》,西北农林科技大学出版社 2011
　年版

李启明:《财政与金融》,西北农林科技大学出版社 2011 年版

杨京钟:《中国文化产业财税政策研究》,厦门大学出版社 2012 年版

曾康华:《财政支出学》,对外经济贸易大学出版社 2011 年版

李颖、肖艳旻:《中国文化产业金融论》,经济管理出版社 2013 年版

蒋晓丽、石磊:《传媒与文化》,华夏出版社 2008 年版

李春雷:《风险社会视阈下的媒介文化研究》,中国社会科学出版社 2012 年版

李一鸣、刘军:《产业发展中相关理论与实践问题研究》,西南财经大学出版
　社 2006 年版

刘国强:《媒介身份重建:全球传播与国家认同建构研究》,四川大学出版社
　2009 年版

刘海龙:《大众传播理论》,中国人民大学出版社 2008 年版

刘康:《文化·传媒·全球化》,南京大学出版社 2006 年版

刘明:《街头政治与"颜色革命"》,中国传媒大学出版社 2006 年版

刘茜:《知识经济与文化产业》,文化艺术出版社 2002 年版

刘志明:《中国舆情指数报告 (2013)》,社会科学文献出版社 2014 年版

陆晔、赵民:《当代广播电视概论》,复旦大学出版社 2002 年版

孟繁华:《传媒与文化领导权——当代中国的文化生产与文化认同》,山东教
　育出版社 2003 年版

祁述裕:《中国文化产业发展战略研究》,社会科学文献出版社 2008 年版

乔桂明:《文化产业的金融支持与服务创新》,苏州大学出版社 2013 年版

邱冠华:《爱书人的世界》,北京图书馆出版社 2008 年版

任仲文:《推动社会主义文化大发展大繁荣典型实例与经验启示》,人民日报
　　出版社 2011 年版

孙有中:《美国文化产业》,外语教学与研究出版社 2007 年版

王迎新:《大众文化的意识形态功能研究》,南开大学出版社 2014 年版

吴飞、王学成:《传媒·文化·社会》,山东人民出版社 2006 年版

熊澄宇:《文化产业研究 战略与对策》,清华大学出版社 2006 年版

徐蓉:《核心价值与国家形象建设》,复旦大学出版社 2013 年版

徐顽强、熊小刚等:《国家科技奖励体系中的非政府奖项研究》,中国科学技
　　术出版社 2013 年版

杨娟:《中国媒介生产融合研究》,中国广播电视出版社 2014 年版

杨立元:《创作动机论》,吉林大学出版社 2007 年版

叶飞霞:《引领文化与文化引领》,人民出版社 2012 年版

张京成、沈晓平、张彦军:《中外文化创意产业政策研究》,科学出版社 2013
　　年版

张玉国:《国家利益与文化政策》,广东人民出版社 2005 年版

郑金洲:《教育文化学》,人民教育出版社 2000 年版

郑兴东:《受众心理与传媒引导》,新华出版社 2004 年版

朱建纲、朱尔茜:《"十二五"时期新闻出版产业政策研究》,人民出版社 2013
　　年版

朱贻庭:《当代中国道德价值导向》,华东师范大学出版社 1994 年版

朱兆中:《中国社会主义意识形态建设纵论》,上海人民出版社 2003 年版

邹广文、徐庆文:《全球化与中国文化产业的发展》,中央编译出版社 2006
　　年版

徐召勋:《图书评论学概论》,河南大学出版社 2006 年版

吴道弘:《书评例话》,中国书籍出版社 1991 年版

吴道弘:《书评例话新编》, 首都师范大学出版社 2010 年版

伍杰:《书评理念与实践》, 河南大学出版社 2006 年版

萧乾:《萧乾书评:理论与实践》, 河北教育出版社 1999 年版

宋原放、李白坚:《中国出版史》, 中国书籍出版社 1991 年版

叶再生:《出版史研究 (第五辑)》, 中国书籍出版社 1997 年版

吴永贵:《中国出版史》, 湖南大学出版社 2008 年版

张煜明:《中国出版史》, 武汉出版社 1994 年版

肖东发:《中国图书出版印刷史论》, 北京大学出版社 2001 年版

孙洪军:《日本出版产业论》, 中国传媒大学出版社 2009 年版

陆本瑞:《外国出版概况》, 辽海出版社 2003 年版

杨贵山:《国际出版业导论》, 北京大学出版社 2010 年版

余敏:《国外出版业宏观管理体系研究》, 中国书籍出版社 2004 年版

罗紫初:《出版学基础》, 山西人民出版社 2005 年版

向洪、江涛:《出版产业论》, 四川人民出版社 2002 年版

方卿:《出版产业链研究》, 高等教育出版社 2011 年版

黄先蓉:《出版法规及其应用》, 苏州大学出版社 2013 年版

范军:《2013—2014 中国出版业发展报告》, 中国书籍出版社 2014 年版

图书在版编目（CIP）数据

出版价值引导研究 / 方卿等著. — 北京：商务印书馆，2018

ISBN 978 - 7 - 100 - 16600 - 3

Ⅰ.①出…　Ⅱ.①方…　Ⅲ.①出版业—研究—中国　Ⅳ.①G239.2

中国版本图书馆CIP数据核字（2018）第210365号

出版价值引导研究

方卿　徐丽芳　许洁　等著

商　务　印　书　馆　出　版
（北京王府井大街 36 号　邮政编码 100710）
商　务　印　书　馆　发　行
北京市艺辉印刷有限公司印刷
ISBN　978 - 7 - 100 - 16600 - 3

2018年10月第1版　　开本 787×960　1/16
2018年10月北京第1次印刷　　印张 32¾
定价：75.00元